21世纪高职高专精品教材·财政金融类

网络金融

Wangluo Jinrong

（第三版）

崔泽园 主 编

邓雪莉 张 茜 副主编

东北财经大学出版社
Dongbei University of Finance & Economics Press
大连

图书在版编目（CIP）数据

网络金融 / 崔泽园主编. —3版. —大连：东北财经大学出版社，2017.2
（2018.1重印）
（21世纪高职高专精品教材·财政金融类）
ISBN 978-7-5654-2590-5

Ⅰ. 网… Ⅱ. 崔… Ⅲ. 金融网络–高等职业教育–教材 Ⅳ. F830.49

中国版本图书馆CIP数据核字（2016）第296957号

东北财经大学出版社出版

（大连市黑石礁尖山街217号 邮政编码 116025）

网 址：http://www.dufep.cn

读者信箱：dufep@dufe.edu.cn

大连雪莲彩印有限公司印刷 东北财经大学出版社发行

幅面尺寸：185mm×260mm 字数：410千字 印张：17.5

2017年2月第3版 2018年1月第5次印刷

责任编辑：李丽娟 曲以欢 石建华 责任校对：齐 心

封面设计：张智波 版式设计：钟福建

定价：32.00元

第三版前言

近年来，以第三方支付、网络信贷机构为代表的互联网金融模式越发引起人们的高度关注。互联网金融是指传统金融机构与互联网企业利用互联网技术和信息通信技术实现资金融通、支付、投资和信息中介服务的新型金融业务模式。互联网金融不是互联网和金融业的简单结合，而是在实现安全、移动等网络技术水平上，被用户熟悉接受后自然而然为适应新的需求而产生的新模式及新业务。在互联网金融发展的过程中，国内互联网金融已呈现出多种多样的业务模式和运行机制。

在这种形势下，我们对《网络金融》（第二版）及时进行了修订。第三版主要更新了已经过时的知识点和相关数据、案例，特别增加了一章阐述P2P网络借贷的相关内容，以适应当前网络金融领域的发展形势和人才培养的需求；此外，引入二维码数字技术，将进一步理解本书的有关知识点及相关拓展内容，以二维码的形式嵌入书中，通过手机扫描二维码可以阅读相关知识点或观看相关视频，以增强学生自主学习和情景学习的效果。本书内容丰富全面，涉及电子货币、电子支付系统、网上银行业务、网上证券业务、互联网保险业务、网上安全支付技术、P2P网络借贷等内容。本书编写目的明确，针对性强，注重理论与实践相结合，全书大量引用真实的经典案例，实践性强，并且每章后都附有实践教学内容，便于锻炼学生实践操作的能力。

本书第三版仍由崔泽园担任主编。本次修订工作的具体分工为：山西省财政税务专科学校金融学院王波修订第1章，山西省财政税务专科学校金融学院张茜修订第2、5章，山西省财政税务专科学校金融学院常江修订第3章，山西省财政税务专科学校金融学院康丽华修订第4章，山西省财政税务专科学校金融学院陆丽君修订第6章，山西省财政税务专科学校金融学院邓雪莉编写新增加的第7章，山西省财政税务专科学校金融学院崔泽园修订第8章，山西省财政税务专科学校财政税务学院傅晓娟修订第9章。全书由崔泽园负责统稿并定稿。本书在编写过程中参考了大量文献，吸收了相关的观点和内容，在此对相关作者表示衷心的感谢。

由于编者水平有限，加之网络金融的发展日新月异，所以书中难免有疏漏和不当之处，敬请广大读者提出宝贵意见和建议（编辑邮箱：792329342@qq.com），以便日后我们不断地修改和完善。

编　者
2016年12月

目　录

第1章　网络金融概述

学习目标

在学习完本章之后，你应该能够：了解网络金融的产生背景及其在国内外的发展概况；明确网络金融对传统金融形成的挑战及其自身面临的不足；熟知网络金融的概念和特征；掌握网络金融的六大模式。

引　例

互联网金融元年十大热点事件

2013年作为互联网金融元年，最具影响力的十大热点事件包括：

12月31日，"余额宝"规模突破1 800亿元。银河证券统计显示，截至2013年12月31日，余额宝（即天弘增利宝货币基金）的规模已经达到1 853.42亿元，成为市场上规模最大的公募基金。

10月28日，"百度金融中心——理财"正式上线，互联网巨头百度进军互联网金融。随即，百度携手华夏基金、嘉实基金等"行业王牌大佬"推出的"百发""百赚"系列基金产品，日均开户数、日均销售额均创下年度记录，引发新一轮网络理财狂欢。

10月10日，苏宁云商获批基金销售支付结算牌照，加入电商平台金融战。早在2012年7月，易付宝便获得第三方支付资质牌照，此次第三方支付资质牌照的获得，让易付宝可介入基金，为基金提供支付服务。

8月13日，工信部成立互联网金融工作委员会。当日下午，由26家金融机构发起的互联网金融工作委员会正式成立。工行、农行、建行、浦发银行、平安银行、国泰君安等系列金融机构都在发起名单内，京东商城、易宝支付、新浪支付、宜信等公司也在其中。

8月9日，中关村互联网金融行业协会成立。当日，京东商城、当当网、拉卡拉、用友软件等33家单位发起成立了中关村互联网金融行业协会。这是全国范围内第一家互联网金融的行业组织。同时，中关村互联网金融信用信息平台也于当日启动。

8月7日，京东宣布进军互联网金融。当天，京东透露"京保贝"融资业务在4个月后上线，个人融资理财业务将于2014年1月底前上线。直至12月中旬，京东旗下第三方支付公司网银在线获得基金销售支付结算牌照。

8月5日，微信上线"微信支付"功能。当日，微信5.0正式上线，早前外界猜测的"支付功能""公众平台分类"等功能得到验证，不仅捆绑了腾讯旗下的电商平台"易购"，也推出了便民的话费支付、水电费支付以及虚拟货币购买等。

从2013年8月起，爆发了P2P倒闭潮，2013年为该行业的"洗牌"年。网贷之家数据显示，2013年全国主要90家P2P平台总成交量490亿元，平均综合利率为23.24%；有74家平台出现提现困难，其中大部分集中在第四季度。

7月6日，新浪获得第三方支付资质牌照。新浪支付科技有限公司业务范围包括互联网支付、移动电话支付。此后新版微博客户端将推出个人用户的钱包、卡包功能，其中钱包将推出手机充值、水电煤缴费等生活服务类功能，卡包则包含会员卡、优惠券的领取及购买功能。

建行、农行等成立互联网金融中心，传统银行转型互联网金融。2013年6月，农业银行成立"互联网金融技术创新实验室"，对互联网金融相关的关键性技术领域主动进行前瞻性研究。建设银行在推出善融商务后，2013年首推"智慧银行"，在过亿网银用户的基础上，与UC浏览器、新浪微博、腾讯微信合作，开发"微博客服""手机浏览器插件支付""微信银行"等，试图打造传统银行的"互联网金融"体系。

资料来源：佚名. 2013互联网金融元年十大热点事件盘点 [EB/OL].（2014-01-09）.http://finance.qq.com/a/20140109/013652.htm.

这一案例表明：互联网思维如同当代的文艺复兴，从以银行为主体的"贵族金融"到网络冲击下初步形成的"普世金融"，互联网金融让"理财"等观念及行动开始渗透到普通民众的生活，影响并改变着传统的金融业态和格局。

1.1　网络金融的概念与特征

1.1.1　网络金融的概念

视频：新常态新成效："互联网＋"金融加出融资高效率

网络金融，也叫互联网金融，是利用互联网技术和移动通信技术等一系列现代信息科学技术实现资金融通的新兴金融服务模式。互联网"开放、平等、协作、分享"的精神渗透到传统金融业态，对原有的金融模式产生重大影响，并衍生出诸多创新性金融服务方式，因此，凡是具备互联网理念和精神的金融业态及金融服务模式都可统称为网络金融。

虽然网络金融是互联网与金融相结合的产物，但它却不是二者的简单相加，而是现代经济进入互联网时代，在金融行业所表现出来的新特征、新技术、新平台、新模式和新实现形式。互联网技术在第三次工业革命中诞生，它的最大价值并非来源于自身，而是对已有行业潜力的再次挖掘，用互联网思维去提升传统行业。金融的最基本功能是投资、融资、支付，即货币资金的聚集、运用、支付等功能，而依托于移动支付、云计算、大数据、社交网络和搜索引擎等高速发展的信息网络技术，金融在实现其基本功能过程中产生了新模式和新业态，此即为网络金融或者互联网金融。

从参与主体看，国内参与互联网金融的主体，基本可分为以下三类：一是传统金融机构以互联网为渠道开展金融业务，即金融互联网化，如传统金融机构开展的网上银行、网上证券、网上保险以及电商平台等业务形式；二是掌握有一定客户和数据的互联网企业向金融领域扩展，即互联网金融化，典型的有阿里金融、京东金融等；三是第三方利用互联网平台介入金融服务业，如第三方支付、P2P网贷。

1.1.2 网络金融的模式

从20世纪末部分金融机构敏锐地推出电子化金融业务开始，到2013年余额宝的横空出世，再到今天网络金融领域呈现出风起云涌、波澜壮阔的景象，网络金融逐渐形成较为清晰的六种模式。互联网金融六大模式如图1-1所示。

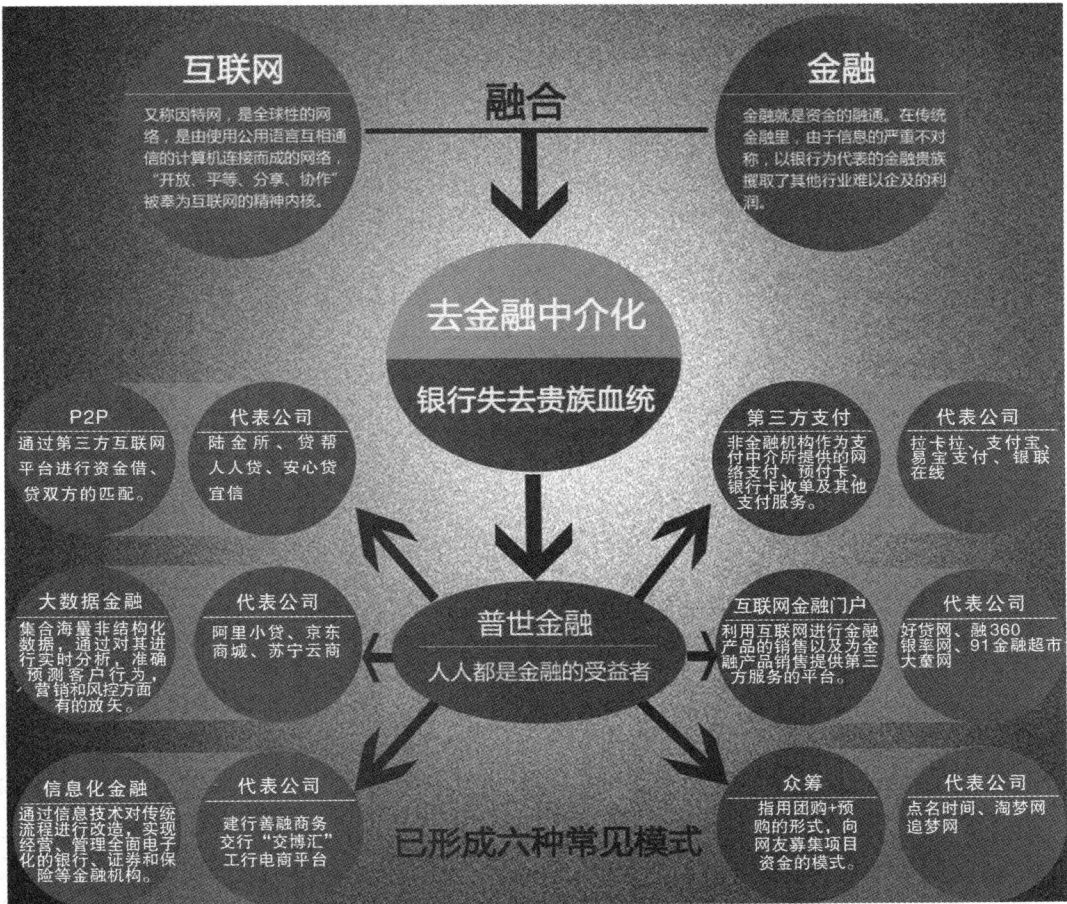

图1-1 互联网金融六大模式

1）第三方支付

根据中国人民银行2010年发布的《非金融机构支付服务管理办法》中给出的非金融机构支付服务的定义，第三方支付是指非金融机构作为收、付款人的支付中介所提供的网络支付、预付卡、银行卡收单以及中国人民银行确定的其他支付服务。第三方支付已不仅仅局限于最初的互联网支付，而是成为线上线下全面覆盖、应用场景更为丰富的综合支付工具。

第三方支付作为目前主要的网络交易手段和信用中介，最重要的功能是在商家、消费者和银行之间建立起连接，实现了第三方监管和技术保障的作用。首先，第三方支付平台与各大电子商务网站以及银行建立合作关系，为交易双方提供便捷的支付服务。对于消费者而言，当其在电子商务网站进行支付活动时，第三方支付平台会提供一个统一的支付界面，无论消费者拥有哪个银行的账户，都可以通过这个界面进行支付，不需要在各家银行的网上银行界面中来回操作，也无须去银行或邮局办理烦琐的汇款业务等。对于商家而言，第三方支付的即时到账服务，则可以加快资金流动，提高商家资金的使用效率。其次，第三方支付平台独立于交易双方，起着资金托管代付的作用，其天然的公正性与便捷性使得交易双方可以安全、放心地进行网上交易。由于电子商务中商家与消费者之间的交易不是面对面进行的，而且物流与资金流在时间和空间上也是分离的，这种信息不对称会使交易因信誉和安全等问题而增加更多的不确定性。而作为中立的第三方机构，第三方支付平台能够保留商家和消费者的有效交易信息，能为维护双方的合法权益提供有力保障。可见，第三方支付平台是建立在商家与消费者之间可以信任的中介，满足了交易双方对信誉和安全的要求。支付宝付款页面如图1-2所示。

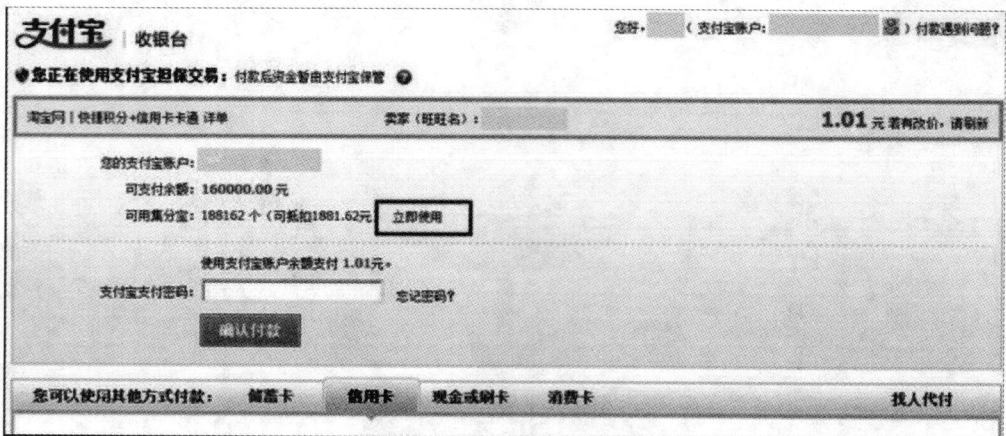

图1-2 支付宝付款页面

2010年央行颁布《非金融机构支付服务管理办法》，通过发放支付牌照的方式把第三方支付企业纳入监管框架。自2011年开始到2016年7月，央行共计发放9批270家第三方支付牌照。目前，除了大众熟知的中国银联和支付宝外，具有代表性的第三方支付机构还有财付通、快钱支付、易宝支付、汇付天下等。而从发展路径和用户积累途径来看，市场上第三方支付公司的运营模式可以归为两大类：一类是以支付宝、财付通为首的依托于自有电子商务网站，提供担保功能的第三方支付模式；另一类就是以快钱为典型代表的独立第三方支付模式。

2）P2P网贷

P2P网贷，其英文为Peer-to-Peer Lending，即点对点信贷，或称个人对个人信贷（人人贷），是指借贷双方通过独立的第三方网络平台完成借贷的行为，即由P2P网贷平台作为中介，借款人在平台发布借款标，投资者通过竞标向借款人放贷。作为互联网应用的一个创新模式，P2P网贷脱离了银行等传统的融资媒介，P2P网贷平台在借贷双方之间充当服务中介的角色，通过安排多位出借人共同分担一笔借款来分散风险，同时也可以帮助借款人以较为优惠的利率获得融资。

P2P网贷包括三个核心主体：网贷平台、借款人和出借人，此外还涉及第三方支付、征信系统等。在P2P网贷过程中，借款人和出借人需要在网贷平台上进行注册，并提供身份证、手机号码、电子邮箱等用于核实身份，绑定银行账号用于资金划拨。网贷平台对进行上述信息审核后，借款人和出借人才有资格进行借贷。借款人首先发布自己的借款需求

（包括金额、利率、期限、用途等），网贷平台审核后予以发布（即发标），出借人可以自行判断，并进行投标。资金募集完成后，该借款标募集结束，资金从各出借人账户转出，然后借款人将资金从平台提出使用，同时生成电子的借贷合同。之后，借款人按照约定的时间进行还本付息。P2P网贷典型交易流程如图1-3所示。

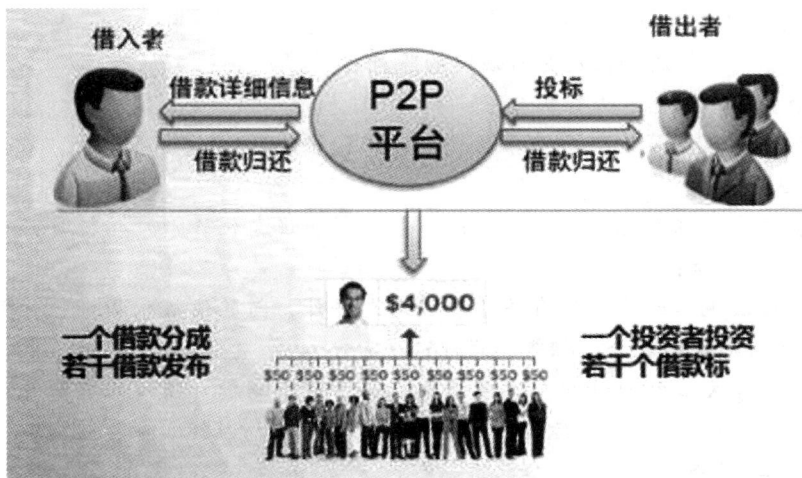

图1-3　P2P网贷典型交易流程

依靠互联网的力量，P2P网贷平台有效地将出借人和借款人联系在一起，为借贷双方创造显著的价值。过去十多年间，P2P借贷服务行业已经在世界各地蓬勃发展起来。2005年，四位年轻的英国人理查·德杜瓦、詹姆斯·亚历山大、萨拉·马休斯和大卫·尼克尔森共同创办了全球第一家P2P网贷平台Zopa，如今Zopa的业务已经拓展至意大利、美国和日本，平均每天线上投资额达200多万英镑。目前，国外比较大的网贷平台有Lending Club、Prosper、Zopa、Kiva等。

中国第一家P2P网贷平台是2007年成立的拍拍贷，但随后几年，国内的网贷平台还是凤毛麟角，直到2011年，随着平安投资4亿元成立陆金所，P2P网贷平台开始进入快速发展期，进入2013年，网贷平台更是蓬勃发展，以每天1~2家上线的速度快速增长。网贷之家数据显示，截至2016年8月，P2P网贷平台数量已达4 213家，每月新增平台数量在40家左右，月成交量达到1 900亿元。2015年全年网贷成交量达9 823.04亿元。但随之而来的是，P2P网贷模式的风险也逐渐暴露。2012年以来，淘金贷、优易网、众贷网等平台相继爆出资金挪用、线下私自放贷、跑路破产等丑闻。网贷之家数据显示，截至2016年8月，累计停业及问题平台数量已达1 978个，整个P2P网贷行业显现出相关法律法规缺失、政府监管空白、商家资质良莠不齐等乱象，P2P网贷行业危机四伏，互联网金融生态环境亟待改善。

知识链接 1-1

四部委联手出台P2P监管暂行办法，定13条红线

2016年8月24日，银监会、公安部、工信部、互联网信息办公室四部委联合发布《网络借贷信息中介机构业务活动管理暂行办法》，全文共包含八章，共计四十七条。其中，第十条明确规定，网络借贷信息中介机构不得从事或者接受委托从事下列活动：

（一）为自身或变相为自身融资；

（二）直接或间接接受、归集出借人的资金；

（三）直接或变相向出借人提供担保或者承诺保本保息；

（四）自行或委托、授权第三方在互联网、固定电话、移动电话等电子渠道以外的物理场所进行宣传或推介融资项目；

（五）发放贷款，但法律法规另有规定的除外；

（六）将融资项目的期限进行拆分；

（七）自行发售理财等金融产品募集资金，代销银行理财、券商资管、基金、保险或信托产品等金融产品；

（八）开展类资产证券化业务或实现以打包资产、证券化资产、信托资产、基金份额等形式的债权转让行为；

（九）除法律法规和网络借贷有关监管规定允许外，与其他机构投资、代理销售、经纪等业务进行任何形式的混合、捆绑、代理；

（十）虚构、夸大融资项目的真实性、收益前景，隐瞒融资项目的瑕疵及风险，以歧义性语言或其他欺骗性手段等进行虚假片面宣传或促销等，捏造、散布虚假信息或不完整信息损害他人商业信誉，误导出借人或借款人；

（十一）向借款用途为投资股票、场外配资、期货合约、结构化产品及其他衍生品等高风险的融资提供信息中介服务；

（十二）从事股权众筹等业务；

（十三）法律法规、网络借贷有关监管规定禁止的其他活动。

资料来源：摘自银监会网站。

3）大数据金融

大数据（Big Data），又称巨量数据、海量数据，是指所涉及的数据量规模巨大到无法通过目前主流软件工具，在合理的时间内达到截取、管理、处理，并整理成为帮助企业经营决策的资讯。近几年来，随着计算机和信息技术的迅猛发展和普及应用，行业应用系统的规模迅速扩大，行业应用所产生的数据呈爆炸性增长。例如，百度目前的总数据量已超过 1 000PB，每天需要处理的网页数据达到 10PB～100PB；淘宝累计的交易数据量高达 100PB；Twitter 每天发布超过 2 亿条消息，新浪微博每天发帖量达到 8 000 万条；中国移动一个省的电话通联记录数据每月可达 0.5PB～1PB；一个省会城市公安局道路车辆监控数据 3 年可达 200 亿条、总量 120TB。因此，动辄达到数百 TB 甚至数十至数百 PB 规模的行业/企业大数据已远远超出了现有的传统计算技术和信息系统的处理能力，因此，寻求有效的大数据处理技术、方法和手段已经成为现实世界的迫切需求。

知识链接 1-2

大数据的四个典型特征

业界通常用 4 个 V（即 Volume、Variety、Value、Velocity）来概括大数据的特征。

一是数据体量巨大（Volume）。大数据的特征首先就体现为"数量大"，存储单位从过去的 GB 到 TB，直至 PB、EB。随着信息技术的高速发展，数据开始爆发性增长。社交网络（微博、推特、脸书）、移动网络、各种智能终端等，都成为数据的来源。淘宝网的近4亿名会员每天产生的商品交易数据约20TB；脸书约10亿名用户每天产生的日志数据超过300TB。

二是数据类型繁多（Variety）。广泛的数据来源，决定了大数据形式的多样性。大数据大体可分为三类：一是结构化数据，如财务系统数据、信息管理系统数据、医疗系统数据等，其特点是数据间因果关系强；二是非结构化的数据，如视频、图片、音频等，其特点是数据间没有因果关系；三是半结构化数据，如HTML文档、邮件、网页等，其特点是数据间的因果关系弱。

三是价值密度低（Value）。这也是大数据的核心特征。现实世界所产生的数据中，有价值的数据所占比例很小。相比于传统的小数据，大数据最大的价值在于通过从大量不相关的各种类型的数据中，挖掘出对未来趋势与模式预测分析有价值的数据，并通过机器学习方法、人工智能方法或数据挖掘方法深度分析，发现新规律和新知识，并运用于农业、金融、医疗等各个领域。

四是处理速度快（Velocity）。这是大数据区分于传统数据挖掘的最显著特征。与以往的档案、广播、报纸等传统数据载体不同，大数据的交换和传播是通过互联网、云计算等方式实现的，远比传统媒介的信息交换和传播速度快捷。数据的增长速度和处理速度是大数据高速性的重要体现。

资料来源：佚名. 大数据的四个典型特征［EB/OL］.（2012-12-04）.cyyw.cena.com.cn/a/2012-12-04/135458292978407.shtml.

大数据的应用影响了很多传统行业，特别是金融业。金融业是大数据的重要生产者，交易、报价、业绩报告、消费者研究报告、官方统计数据、调查、新闻报道无一不是数据来源。依托于这些海量、非结构化的数据，通过互联网、云计算等信息化方式对数据进行专业化的挖掘和分析，并与传统金融服务相结合，创新性地开展相关资金融通工作，这就是大数据金融。

借助大数据金融，传统金融机构可以通过分析和挖掘客户的交易和消费信息来掌握客户的消费习惯，准确预测客户行为，使其在客户营销方面可以做到有的放矢。大数据在风险控制方面也有着得天独厚的优势，互联网可以在法律和道德所允许的范围内捕捉信用评估所需要的个人或群体的行为信息，并将这些繁杂的信息提供给大数据作业系统进行处理，完成对个人或群体的信用价值的评估分析。有了互联网、云计算和大数据技术，金融机构在各类风险的量化分析、建立标准化的数据分析模型和提高审批效率方面，都将获益匪浅。Equifax公司是美国三大征信所之一，其存储的财务数据覆盖了所有美国成年人，包括全球5亿名消费者和8 100万家企业，在它的数据库中与财务有关的记录包括贷款申请、租赁、房地产、购买零售商品、纳税申报、费用缴付、报纸与杂志订阅等。看似杂乱无章的数据，经过交叉分享和索引处理，能够得出消费者的个人信用评分，从而判断客户支付意愿与支付能力，发现潜在的欺诈。

在海量的数据资产驱动下，以互联网企业为代表，来自不同行业的企业向传统金融业渗透，发起冲击。拥有大量用户行为数据的公司，都在通过整合自己掌握的数据力图侵入传统金融业的势力范围。首先登场的是拥有庞大数据库并有意进军金融领域的阿里巴巴，继2008年马云发出"如果银行不改变，那我们就改变银行"的豪言壮语后，阿里巴巴完成了一系列调整，从

大数据看世界杯：卫冕冠军西班牙为何提前出局？

B2B私有化到小贷崛起，从"三马合作"到收购雅虎，阿里巴巴的"平台金融"模式实现了资金流、信息流、物流的"三流合一"，实现了金融创新。京东紧随其后，通过自建金融平台，为供应链上下游企业提供金融服务，目前，电子商务、物流平台、技术平台和互联网金融业务已成为拉动京东向前的四驾马车。

案例分析 1-1

大数据让"讨债"有诀窍

美国Business Insider网站发现一款可以自动为其工作的电脑程序。开发这款程序的男子曾为一家讨债公司工作，工作中，他需要花费大量的时间人工审查债务人的信息，从而判断对方是否能够还钱。这一过程极为耗时，因此这位男子找到了简化的方法。该男子接受Business Insider的采访时说："我编写出了一个非常简单的批处理文件，它可以自动分析现有程序中的数据，从而生成'讨债名单'，再以宏表格的形式将这些数据提交到信用报告机构的系统中。我又编写了一个批处理文件，从而分析出在特定时间、最有可能联系得上且可能同意还钱的债务人，讨债的成功率提高了，超过了50%。"

在大数据时代，开发一个分析程序，根据信用卡资料分析谁具有还债能力，又根据行为分析，看谁在什么时间容易接电话，并容易答应还款，极大地提升了效率，降低了成本。

资料来源：罗明雄，唐颖，刘勇.互联网金融［M］.北京：中国财政经济出版社，2013.

分析提示：大数据技术是企业深入挖掘既有数据、明确资源配置方向、找准市场定位、推动业务创新的重要工具。通过大数据应用和分析，企业能够改进业务，加强管理，进而降低管理和运营成本。

4）众筹

众筹（Crowd Funding），是指项目发起者利用互联网和社会性网络服务（Social Networking Services，SNS），发动众人的力量，集中大家的资金、能力和渠道，为小企业、艺术家或个人进行某项活动、某个项目或创办企业提供必要的资金援助的一种融资方式。众筹项目的运行通常需要三方面的参与——发起者、支持者和平台。发起者，即筹资者，是指那些有创造能力但是缺乏资金的个人或团体，也就是融资过程中需要资金的一方；支持者，即出资者，是对发起者的创意或回报感兴趣并且愿意给予帮助和支持的个人或团体，也就是融资过程中提供资金的一方；平台则是连接发起者和支持者的媒介，目前以互联网网站平台为主。

众筹活动最初起源于国外的乐队在网站上征集支持者发行唱片，后来发展成为初创企业和个人为自己的项目争取资金的一个渠道。众筹平台的兴起源于2009年4月在美国建立的Kickstarter网站，该网站搭建了网络平台面向公众筹资，让有创造力的人可以向几乎完全陌生的人筹集资金，消除了传统投资者和机构融资的许多障碍。众筹概念传入中国后，曾先后被翻译为"云募资""密集型筹资"，此后经过传播，"众筹"以其简单清晰且易于传播的效果得到大众的认可，成为固定的翻译。

和传统的融资方式相比，众筹的精髓就在于小额和大量，融资门槛低且不再以是否拥有商业价值作为唯一的评判标准，为新型创业公司的融资开辟了一条新的路径，从此，其融资渠道不再局限于银行、PE（私人股权投资）和VC（风险投资）。对于项目的支持者而言，众筹模式是对闲置资金的有效利用，对每个单独的个体而言，闲置资金的数额较小，资金持有者也大都不具备职业投资能力，很难进行大规模的投资活动，但是"众人拾柴火焰高"，每个单独个体的小额资金汇聚起来所形成的庞大的资金规模不容小觑；对于项目发起者而言，则成功解决了资金问题，通过众多参与者的投资，使项目得以成功进行。此外，众筹可以通过平台和支持者的筛选对某个项目进行评判；通过支持者的监督对项目进行保障；通过项目发起人和支持者的沟通对项目进行改进；甚至可以通过众筹直接提取消费者需求，并更便捷地植入生产过程；通过项目对产品或品牌进行口碑宣传等；有些众筹项目发起人可以通过众筹进行市场调查，得到支持人（往往也就是目标客户）的反馈信息和改进建议。在基于互联网的众筹模式中，借款方与投资者借助互联网可以高效地进行信息交换，有效地建立信任机制，相比之下，融资成本更为低廉。在国外，众筹发起人可以将那些拥护者、粉丝、Twitter关注群转变为投资者和资金，而在国内，基于微信朋友圈这样的网络体系的众筹活动已经取得了很多成功的尝试。

众筹项目种类繁多，不单单包括新产品研发、新公司成立等商业项目，还包括科学研究项目、民生工程项目、赈灾项目、艺术设计、政治运动等。目前，众筹已形成奖励制众筹、股份制众筹、募捐制众筹和借贷制众筹等多种运营模式，典型平台包括点名时间、大家投、积木网等。

案例分析 1-2

乐视用众筹开创了企业利用众筹营销的先河

国内知名视频网站乐视网牵手众筹网发起世界杯互联网体育季活动，并上线首个众筹项目——"我签C罗你做主"，只要在规定期限内，集齐1万人支持（每人投资1元），项目就宣告成功，乐视网就会签约C罗作为世界杯代言人。届时，所有支持者也会成为乐视网免费会员，并有机会参与一系列的后续活动。这可能是国内第一次用众筹方式邀请明星。

这次众筹项目的意义在于开创了企业利用众筹模式进行营销的先河。首先，利用了众筹模式潜在的用户调研功能。乐视网此次敢于发布签约C罗的项目，相信乐视网早已准备好了要跟C罗签约，通过此次与众筹网的联合，可以让乐视网在正式签约之前，进行一次用户调研。其次，乐视网通过与众筹网的联合，给签约C罗作为世界杯代言人进行了预热。乐视网充分利用了众筹潜在的社交和媒体属性，在世界杯还没到来的时候就做出了充分的预热。最后，乐视网可以借助此次活动拉动世界杯的收视，并且为正式签约C罗之后的活动积累到用户。

乐视网的这一创举一方面让众筹网越来越多地进入大家的视线，另一方面也为整个众筹行业起到了带动作用。

资料来源：佚名. 中国众筹的十个经典案例［EB/OL］.（2015-06-29）. http：//mt.sohu.com/20150629/n415794950.shtml.

分析提示：乐视此次众筹项目的意义在于：其一，利用了众筹模式潜在的用户调研功能；其二，充分利用了众筹潜在的社交和媒体属性；其三，通过活动积累了大量的客户。

5）信息化金融

信息化金融，是指在互联网金融时代，银行、证券、保险等金融机构通过广泛运用以互联网为代表的信息技术，对传统运营流程、服务产品进行改造或重构，实现经营、管理全面信息化。金融信息化的实质，是新兴的信息技术对传统金融业的一场经济革新，主旨在于把金融业变成典型的基于信息化技术的企业，信息系统成为金融机构战略决策、经营管理和业务操作的基本方式。

　　改革开放以来，我国金融机构信息化建设从无到有，从小到大，从单项业务到综合业务，取得了令人瞩目的成就，其中银行业的信息化建设一直处于业内领先水平。具体而言，从最初电子设备在银行业的使用和普及到银行网络化的建设和运用，我国银行业信息化建设大体经历了四个发展阶段（见表1-1）。银行信息化的发展，已从根本上改变了传统金融业务的处理模式，建立在计算机和通信网络基础上的电子资金清算系统、柜台业务服务系统和金融管理信息系统表明一个多功能的、开放的银行信息化体系已初步形成。

表1-1　　　　　　　　　　　　　　　我国银行业信息化发展进程

阶段	时间	进程	特征
第一阶段	20世纪70年代末到80年代末	自动化建设阶段	以计算机处理代替手工操作，实现后台业务和前台兑换业务处理自动化
第二阶段	20世纪90年代初到21世纪初	电子化建设阶段	建成由自助银行、电话银行、手机银行、网上银行构成的电子银行服务体系
第三阶段	21世纪初到2013年	网络化建设阶段	实现全国范围的计算机处理联网、互联互通和支付清算
第四阶段	2013年至今	信息化建设阶段	基于云计算、大数据、移动与智能设备以及社交网络等平台开展金融业务

资料来源：陈勇.中国互联网金融研究报告［M］.北京：中国经济出版社，2015.

　　我国证券行业信息化起步较晚，但发展较快。证券业最早应用信息技术的是证券交易所。1990年，上海证券交易所通过计算机进行了第一笔交易。20多年来，证券市场的高速发展客观上也推动了证券行业信息化的突飞猛进。目前证券交易所的信息化主要从交易系统、信息平台系统、通信系统和监管系统四个方面展开。证券公司作为证券业的主体，也是证券信息化的主体。目前国内所有的证券公司都建立了网上交易系统，通过互联网实现了全公司互联和集中交易。在管理、决策和风险控制方面，也基本实现了信息化，包括稽核系统、财务系统和统计分析系统等。

　　我国保险业信息化的范围包括办公系统信息化、保单电子化、保险业务流程化和网络化。2000年以后，保险业加大信息化建设力度，各种形式、组合的保险新产品如雨后春笋般不断涌现，保险精算的效率与保费计算的科学性不断提升，保险产品设计更趋科学化、标准化，金融工程在保险产品设计中的作用越来越突出。

　　在近几年互联网金融蓬勃发展的环境下，金融业的信息化迈上了一个新的台阶，体现在运营模式上的一个最大特色就是金融电商化，传统金融机构或者自己建立电商平台，或者与其他拥有海量客户信息和渠道的互联网企业合作建设电商平台，以应对互联网金融的浪潮和挑战。2012年6月28日，建设银行名为"善融商务"的电子商城低调问世，运营一年取得80亿元的交易规模；几乎与此同时，交通银行也上线了名为"交博汇"的网上商城业务，中国银行推出"云购物"电商业务。随着金融机构与互联网企业实现融合，并且不断创新发展，与互联网企业合作共赢是未来的发展趋势。

金融信息化使得金融服务的提供变得更加高效便捷，标准化的操作和在线化的业务，使得传统金融机构的业务流程得以简化，过去很多需要用户去金融机构网点办理的业务，可以直接简化为用户的自助行为。这种自助行为借助金融机构广泛建设的智能硬件或者网络终端得以实现。例如，通过手机银行、网上银行，人们只需要点击屏幕或者敲动键盘就可以很便捷地完成转账、投资理财等业务。对于股民来说，一直以来办理开户业务必须用户本人亲自到营业网点办理，而现在很多券商已经推出在线开户功能，只需要输入个人信息，手握身份证拍照取样，就可以完成开户过程。此外，金融机构信息化建设极大地提高了金融创新能力，金融机构不断推出新型金融产品，更多平民理财产品的出现，改变了金融行业理财产品带给人们的高门槛印象。金融行业线上线下业务的创新组合，也给人们的生活带来了便利，同时拓展了金融机构自身的服务空间。

6）互联网金融门户

互联网金融门户是指利用互联网提供金融产品和金融服务信息，集金融产品汇聚、搜索、比较三大功能为一体，并为金融产品销售提供相关服务的第三方网络平台。互联网金融门户的核心是"搜索+比价"的模式，即通过金融产品垂直比价的方式，将各家金融机构的产品放在平台上，供用户对比挑选合适的金融产品。

知识链接 1-3

门户网站的发展与变迁

门户（Portal），原意是指正门、入口，现多用于表示互联网的门户网站和企业应用系统的门户系统。所谓门户网站，是指通向某类综合性互联网信息资源并提供有关信息服务的应用系统。在互联网发展初期，雅虎凭借其著名的搜索引擎、丰富的内容以及独特的营销策略，迅速成为网民进入网络世界搜索信息的重要途径，开创了互联网发展史上的"门户时代"纪元。随后，雅虎的成功使得门户模式被国内众多网站争相效仿，其中，以新浪、网易和搜狐最为典型，这三大综合门户在成立之初便吸引了大量的用户。

但是随着互联网浪潮的涌起，网民数量急剧增多，网络信息也呈现出几何级数的增长趋势，具有特定需求的网民想在信息极度过剩的互联网上找到符合自身兴趣爱好的信息需要耗费大量的时间，过程十分烦琐。显然，此时面对特定群体的特定搜索需求，综合门户已经不能满足人们的需要，因此，一批能够满足特定群体信息检索需求的垂直门户便应运而生。随着网络技术的不断精进，垂直搜索引擎的出现推动了门户的进一步发展。在垂直门户的基础上，衍生出了许多依托于垂直搜索技术的垂直搜索平台。

垂直搜索平台是相对通用搜索引擎信息量大、查询不准确、深度不够等特点而提出的新的搜索引擎服务模式，是通用搜索平台的细分和延伸，对网页库中的某类专门的信息进行整合，其搜索结果更加专注于某一特定行业，搜索相关性要高于通用搜索平台，因此，其最显著的特点就是搜索结果的专业、精准和深入。此外，垂直搜索平台往往为某一特定领域中的特定人群服务，客户可以在平台上进行信息反馈，因此，垂直搜索平台还带有浓厚的社区化特点。

资料来源：罗明雄.互联网金融门户初探究［EB/OL］.（2014-08-05）.http://stock.sohu.com/20140805/n403143414.

根据服务内容和服务方式的不同，互联网金融门户大体可以分为第三方资讯平台、垂直搜索平台以及在线金融超市三大类。第三方资讯平台是为客户提供全面、权威的金融行业数据及行业资讯的门户网站，它们大多是由以前的财经资讯网站衍生和分化而来，本身具有较高的行业知名度和从业经验，典型代表有和讯网、金融界、网贷之家等；垂直搜索平台是聚焦于相关金融产品的垂直搜索门户，所谓垂直搜索是针对某一特定行业的专业化搜索，在对某类专业信息进行提取、整合以及处理后反馈给客户，垂直搜索平台通过提供丰富的资金供求信息，满足双向自由选择，从而有效地降低互联网金融交易的搜索和匹配成本，典型代表有融360、好贷网等；在线金融超市汇聚了大量的金融产品，并提供在线导购及购买匹配，在利用互联网进行金融产品销售的基础上，还提供与之相关的第三方专业中介服务。该类门户在一定程度上充当了金融中介的角色，通过提供导购及中介服务，解决信息不对称的问题，典型代表有大童网、91金融超市等。

依据以上三类互联网金融门户网站在金融服务中扮演的角色，第三方资讯平台充当的是外围服务提供商角色，垂直搜索平台扮演的是媒介角色，二者在产业链中所处的位置相同，前者提供的是行业资讯和相关数据，后者提供的是产品信息。在线金融超市居于二者之上，在产业链中扮演的是代理商角色。三者均为产业链下游客户服务，而处于三者上游的企业便是金融机构。互联网金融门户的产业链如图1-4所示。

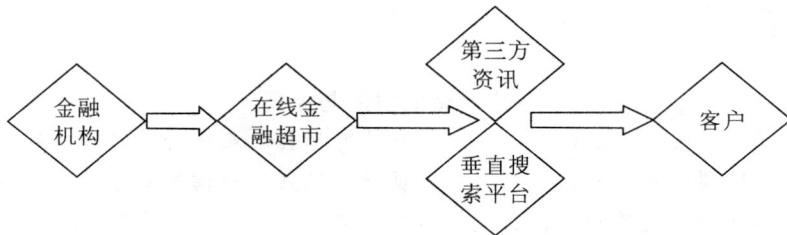

图1-4 互联网金融门户的产业链

互联网金融门户的核心价值主要集中在搜索层，即对海量金融产品信息进行甄别、加工和挖掘，对金融产品信息的原始数据进行筛选和提炼，建立符合其经营产品类别的金融产品数据库，以便于客户对金融产品进行快速、精准的搜索比价。客户在互联网金融门户上不需要逐一地浏览信息，而是根据其特定需求进行反向搜索比较，极大地节省了客户选购金融产品的时间，降低了交易成本。

1.1.3 网络金融的特征

互联网金融自诞生起，历经野蛮生长的洪荒开拓、各领风骚的模式分化以及暗流涌动的风险激荡，正逐步迈向政策包容、市场成熟、用户依赖、秩序井然的阳光地带。同时，在其发展过程中也显现出一些共性特征。

1）经济性与高效性

互联网金融在大数据、云计算和移动互联网的支撑下，成功实现了交易的网络化、脱媒化，打破了信息的不对称性，弱化了交易中介的作用，摆脱了对大量专业人员和物理网点的依赖，从而极大地降低了交易成本，提高了资源配置效率。

首先，互联网金融模式下，交易方式通过互联网和移动通信网络进行。对信息化的金融机构来说，既降低了网点建设成本、人员开支成本、日常运营成本以及签约成本等（见表1-2），也可以实现一对多的服务，显著提高交易效率，降低资源浪费；对客户来说，不必跑网点、排队，实现随时随地的交易，节省了额外的开支和时间成本。

表1-2　　　　　　　　　　各种银行服务渠道交易成本的比较　　　　　　　　单位：美元

服务渠道	分支机构	电话银行	ATM	PC银行	网上银行
单位交易成本	1.07	0.54	0.27	0.015	0.01

资料来源：程剑鸣.网络金融应用［M］.北京：清华大学出版社，2005.

其次，互联网金融模式下，大数据和云计算技术作用于信息处理，打破了信息壁垒，降低了信息的不对称性。一方面，金融机构可以以极低的成本，快速收集海量的客户信息，并进行精准的筛选分析，增加信用评级的可信度，降低信用评级的成本，加强数据管理的灵活性，降低交易维护成本，增强风险的准确度和敏感度，降低交易的风险管理成本；另一方面，客户不必四处奔波寻找交易渠道和对象，而且交易信息沟通充分、交易透明，定价完全市场化，可以实现最优交易，从而降低信息不对称性带来的额外成本。例如，作为阿里金融的重要组成部分，阿里小贷以大数据为基石，在小微金融领域风生水起。通过与阿里巴巴的淘宝网、天猫、一淘等电商平台数据贯通，借助阿里云这一专业化的数据分析系统，使得阿里小贷单笔信贷操作成本为2.3元，而一般银行的成本在2 000元左右；根据客户的数据（包括个人信息、征信信息、历史表现、交易信息、经营状况等）来预测未来一段时间发生违约风险的概率，可以区分出好坏客户，决定准入客户，细化客户授信，实现贷前风控；通过支付宝和阿里云实时监控商户的交易状况和现金流，可以有效预警风险，使得阿里小贷不良率仅仅维持在1%左右。

最后，互联网金融弱化了金融中介的作用，在一定程度上降低了交易成本。例如，第三方支付模式使交易各方的结算成本大幅度降低；互联网金融门户可以使客户以更低的成本搜索更加优质的金融产品；P2P网贷平台在借贷双方之间充当服务中介的角色，可以帮助借款人以较为优惠的利率获得融资；基于互联网的众筹模式中，借款方与投资者借助互联网可以高效地进行信息交换，融资成本更为低廉。

2）方便性与快捷性

互联网打破了时空隔阂。方便快捷成为电子商务的最基本特征，也同样成为互联网金融的基本属性。具体而言，互联网金融优化了传统金融的三大功能：一是支付结算功能。借助互联网使这个过程变得更加便利、快捷。例如，曾经费时费力、麻烦较多的水电燃气等各种公共事业缴费以及各类名目的汇款、还款，如今通过广泛连接和方便快捷的第三方支付网络，可以随时随地轻松完成。二是融资功能。"大数据"为融资提供了技术支撑与保障，更多资金得以集中，与企业的对接也更为紧密。例如，只要是阿里巴巴诚信通会员和淘宝卖家，无须担保，从申请贷款到贷前调查、审核、发放，全流程采用网络化、无纸化操作，客户足不出户，只需在电脑前简单操作即可轻松获得贷款，整个过程最短只需3分钟。三是平台与通道功能。线上平台的增加，为客户提供了更加方便快捷的操作体验。互联网金融门户使对金融产品的搜索变得更加容易；P2P网贷平台采用自助式借贷，与苛刻的银行贷款申请条件、繁杂的材料准备以及漫长的等待过程相比，借贷平台的审批手续简便很多，审批速度也快很多，只要借款人信用级别达标，且发布的借款申请有足够吸引力，一两天之内就能募集到所需资金。与此同时，P2P网贷使得投资理财也变得更加简便快捷，只需要一部连上互联网的电脑或手机，拥有一个开通网上支付功能的银行账户，7×24小时随时随地都可以进行投资。

3）开放性与共享性

基于互联网技术本身带来的开放性社会资源共享精神，所有使用网络的人都能因此不受限制地获得互联网提供的资源，因此基于互联网技术发展起来的互联网金融，兼具互联网资源的开放性和共享性两个主要特点。资源开放化的互联网金融使用户获取资源信息的方式更加自由，同时拓展了互联网金融受众的有效边界。

开放和共享是互联网精神的重要属性，也是互联网金融最显著的特征。互联网的特质决定着它既没有时间界限也没有空间界限，它无时不在、无处不在，无论是信息的传播，还是服务的提供，都显示出极强的开放性和生命力。一个传统金融行业物理服务网点的辐射范围可能是3～5千米，但通过互联网，服务范围则远超这一界限。可以说，在互联网"开放"的平台上，用户高度的参与和交互，使得这个虚拟平台的传播、交流、监督、影响力与现实相比得到了更充分的彰显。正是遵循开放、共享的理念，互联网金融能够以客户为中心，尊重客户体验、强调交互往复、主张平台开放，借助信息技术不断创新，推出符合客户需求的跨界产品和服务。

4）普惠性与济世性

普惠金融是指有效、全方位地为社会所有阶层和群体提供金融服务，使所有人都能得到平等享受金融服务的权利。传统金融体系中，大型金融机构多服务于大型客户，中小企业贷款难、民营企业受歧视等问题得不到解决，这使得很多群体不能平等地参与到金融活动中，而互联网金融由于其覆盖广、成本低、可获得性强等特点，成为实现普惠金融的最佳路径。过往由于各种原因无法得到有效金融服务的群体，借助互联网方式享受到了福利，这一点在小微企业金融服务领域表现明显：一方面，由于互联网技术边际成本极低，大大降低了金融服务的沟通成本和交易成本，小微企业这些过去未得到银行充分服务的客户越来越成为银行的重点对象；另一方面，大数据、云计算等技术使银行能够及时掌握客户的交易数据和行为信息，提升了风险控制水平，融资难的瓶颈正在逐步突破。大数据金融、P2P网贷、众筹等互联网金融在一定程度上解决了小微企业及个体工商户的融资需求，也满足了普通大众的投资理财需求，使原本专业性较强的金融业务走进千家万户，惠及广大百姓。

总之，互联网金融以其平民化、大众化的特征，拓展了传统金融市场的边界。互联网超越了实体经济的发达程度和边远地区乃至山区的物理交通阻隔，将无差别的普惠金融服务传播到不同的空间和所有的人群。秉持"普惠金融"理念的互联网金融，能够让更多的普通百姓获得更高的理财收益并且更加幸福地生活，同时让更多的小微企业能够融到资，最终让社会更好地发展，让人人都能成为金融的参与者和受益者。

✿ 拓展思考1-1

互联网金融和传统金融有什么区别？又有什么联系？

答：互联网金融与传统金融的本质区别在于实现方式上，包括支付方式、信息处理和资源配置。其一，传统金融的支付方式是人们通过各商业银行的物理网点分散支付，需要更多的人力、物力和场地设施等；互联网金融模式下，人们以移动支付为基础，通过移动互联网进行证券、现金等资产的支付和转移。其二，传统金融模式下，信息以非标准化、碎片化和静态化的形式存在，信息处理难度非常大，通过人工处理又会降低信息处理的速度及精准度；互联网金融中的信息处理通过网络方式进行，在大数据和云计算的保障下，资金供需双方信息通过社交网络展示和传播，通过搜索引擎组织，最终形成时间连续、动态变化的信息序列。其三，在资源配置方面，传统金融以银行、券商为中介匹配资金借入方和借出方；而互联网金融的资金供需信息直接在网上发布并匹配，供需双方直接联系和交易。

形形色色的互联网金融模式，除去互联网的"包装"，其本质仍然是金融业务，金融业的本质是跨时空的资金、信用和风险的交换，是风险的识别、分散和控制，在这一点上二者是统一的。

1.2 网络金融的产生与发展

1.2.1 网络金融的产生背景

网络金融起源于20世纪60年代，至今已有半个世纪的历史。作为现代信息技术与金融相结合的产物，它的产生和发展有着深刻的历史背景。

1）互联网特别是移动互联网的发展和普及为网络金融的产生提供了基础和前提

网络金融是以互联网为平台来提供金融服务，因此，互联网是网络金融产生的基础和前提，互联网的产生和发展使网络金融的产生成为可能。互联网是利用通信设备和线路将不同地点的、功能相对独立的计算机系统互连起来，以功能完善的网络软件实现网络资源共享和信息交换的数据通信网。随着宽带无线接入技术和移动终端技术的飞速发展，人们迫切希望随时随地乃至在移动过程中都能方便地从互联网获取信息和服务，于是移动互联网应运而生并迅猛发展。根据中国互联网络信息中心发布的《第38次中国互联网发展状况统计报告》，截至2016年6月，我国网民规模达到7.10亿人，互联网普及率为51.7%（如图1-5所示）。其中，手机网民规模达6.56亿人，网民中使用手机上网的比例由2015年年底的90.1%提升至92.5%（如图1-6所示），手机在上网设备中占据主导地位。同时，仅通过手机上网的网民达到1.73亿人，占整体网民规模的24.5%。以移动互联网为首的互联网，普及范围越来越广，为互联网金融的发展奠定了用户基础。

万人

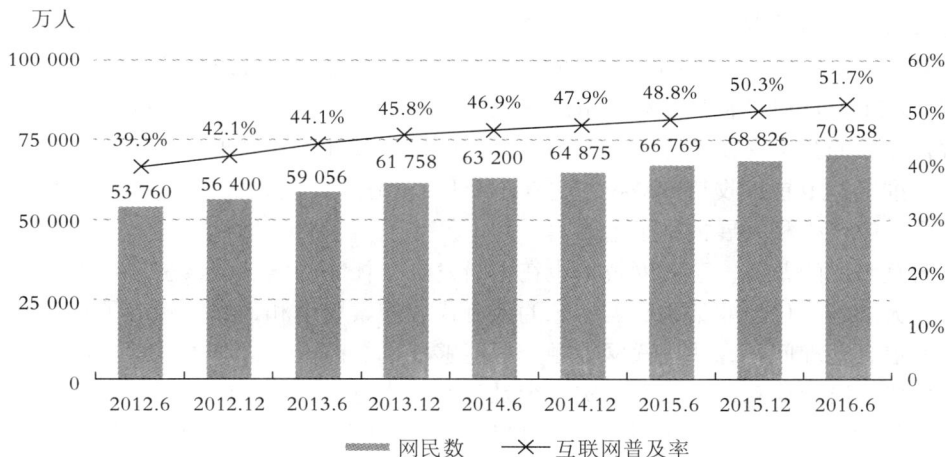

图1-5 中国网民规模和互联网普及率

资料来源：中国互联网络发展状况统计调查。

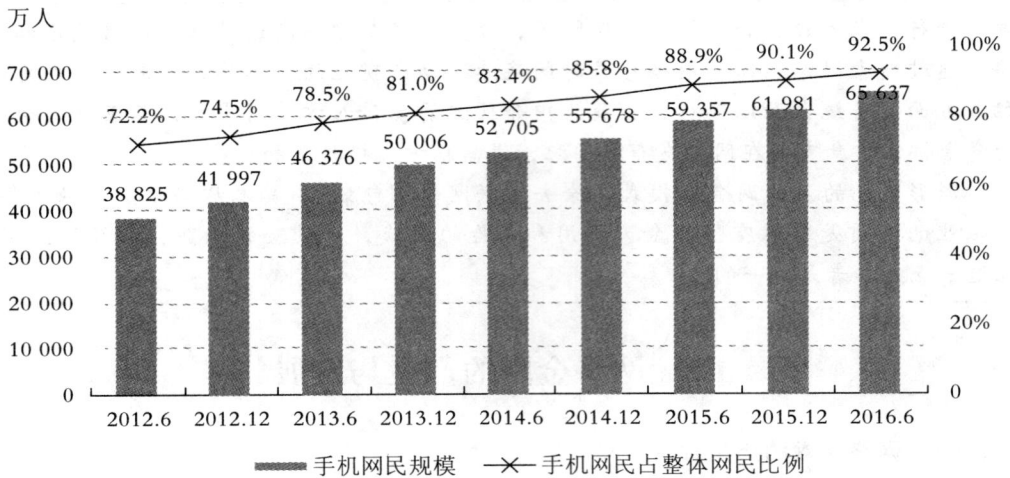

图1-6 中国手机网民规模及占网民比例

资料来源：中国互联网络发展状况统计调查。

互联网在金融领域的应用，打开了网络金融的大门，带动了金融领域的"革命"。利用互联网发布、获取各种信息，处理金融业务，正成为现代金融电子化建设的一个重要方向。网络金融的产生和发展，是由互联网中包括网络信息浏览、电子邮件、新闻资源、文件传输、远程登录、BBS及其他服务等基本功能所决定的。在任何金融机构的网站或网页上，网络信息浏览为客户推介金融产品和金融机构，发布有关的金融政策信息或市场信息；电子邮件为供给与需求双方互动、沟通提供方便；新闻资源可以为金融管理与服务者、金融业务供求双方提供信息；文件传输为网上证券交易、网上投保、网上外汇交易等指令提供安全性通道；远程登录是金融机构提供没有时间、空间限制的网络金融服务的技术要求；BBS功能为网络金融市场的各方提供公共信息。

2）互联网技术的日益成熟为网络金融的产生提供了支撑和保障

互联网天生所具有的开放性、自由性、全球性等特点，既是互联网得以吸引社会公众参与的基础，同时又威胁到网上交易的安全性、完整性和保密性。目前，开展网上交易有两个比较成熟的安全技术，即安全电子交易（SET）协议和安全套接层（SSL）协议，为网络金融的产生提供了足够的安全保障，消除了客户的疑虑；针对用户开发的"综合服务数字网"（ISDN）和"非对称数字用户环线"（ADSL）为接入到互联网提供了更可靠的服务；日益完善的数字交换"宽带网"为综合商务化业务处理提供了更广阔的空间，正被迅速使用和推广；卫星接收与传播技术也在不断更新和提高。总之，这些网络高速接入技术为网络金融的产生和发展铺平了道路。

随着互联网的普及，互联网技术也在不断发展，社交网络、搜索引擎把人类社会带入了一个庞大的结构化与非结构数据信息的新时代。搜索引擎和云计算解决了互联网金融必须面对的信息处理问题，使互联网金融企业能够准确、高效、经济地处理海量数据，从中找到有价值的决策信息，并使很多实时金融创新成为可能；社交网络平台的兴起，使得互联网金融能够通过验证和分析平台上客户积累的信用数据及行为数据，形成客户评价体系，并据此作出决策。

拓展思考 1-2

大数据与云计算有什么不同？二者又有什么联系？

答：从概念和目标受众上来说，大数据和云计算存在根本的不同，云计算改变了 IT，是一种技术；而大数据改变了企业，是业务层面的产品。二者就像硬币的两面，云计算是大数据的基础架构，是大数据的 IT 基础。大数据由 24 小时不间断的数据流组成，其中必然存在大量冗余数据和不相关数据，存在价值密度低的问题，以云计算作为基础的信息存储、分享和挖掘手段，可以有效地分析计算庞大多变的数据集，释放出更多的隐藏信息。大数据同样包含着市场信息、通路信息、企业竞争对手信息，对这些非结构化信息的分析，更加需要云计算的帮助。

3）新兴商业模式的兴起对网络金融的产生起到刺激和推动作用

从最初简单的信息浏览、电子邮件，到信息搜索、远程办公、视频会议、电子银行、影音娱乐、购物、社交等，用户的行为习惯越来越"互联网化"。在生产生活中，越来越多的信息流和资金流都通过互联网应用来完成。放眼全球，以 Amazon、eBay、阿里巴巴为代表的全球电子商务的快速发展，带来了大量互联网支付、跨境支付以及第三方支付；以 Facebook 为代表的社交网络的发展，催生相应的融资需求；移动商务的快速发展使得手机支付、二维码支付等移动支付需求爆发。这些新兴商业模式带来了基于互联网的新的金融服务需求，并且引领着全球互联网应用和商务活动的发展。用户习惯的"互联网化"促使传统金融业必须运用互联网技术，更好地满足客户需求。

4）传统金融领域的金融压抑和资源垄断为网络金融的产生提供了机遇和空间

长期以来，政府部门对于金融领域采取了极为严格的管制政策，从而产生了严重的金融压抑和金融资源垄断现象。金融资源成为只有少数人才能触及的东西，其覆盖的企业或人群均处于经济结构的上层，而处于金字塔底端的广大中小企业能享受的金融资源极为有限，大量的理财需求、投资需求无法得到满足。面对互联网浪潮带来的新兴商业模式的冲击，在传统金融体系中没有得到满足的金融需求会在互联网中爆发。在互联网金融模式下，支付更加便捷，搜索引擎和社交网络降低信息处理成本，资金供需双方直接交易，可达到与资本市场直接融资和银行间接融资一样的资源配置效率，并在促进经济增长的同时，大幅减少交易成本，填补了传统金融的空白。

1.2.2　国外网络金融发展现状

互联网诞生于西方国家，西方国家的金融体系也比较完善、成熟。因此，其传统金融体系与互联网的融合较之世界其他国家，时间更早、程度更高。特别是美国，美国的传统金融体系经过长期发展，产品和服务较为完善，而且金融机构自互联网诞生之初就开始了自发的信息化升级，金融的互联网化整体上巩固了传统金融机构的地位。

网上银行最早兴起于美国。1995 年 5 月，美国富国银行（Wells Fargo）成为世界上第一个提供 WEB 通道的银行；同年，美国第一安全网络银行（SFNB）成立，宣布了全球第一家网络银行诞生，其所有业务都通过互联网处理；1999 年，纯网络银行（NetBank）宣布实现盈利，并多次被评为"最佳网络银行"。尽管纯网络银行发展到一定阶段多被传统银行所并购，但这也促使传统银行信息化改造步伐加快。进入 21 世纪以来，美国网上银行业务迅速增加，新兴在线金融服务层出不穷，通过网上银行进行转账、查询、支付的客户比例大幅增加。安全第一网络银行的主页如图1-7所示。

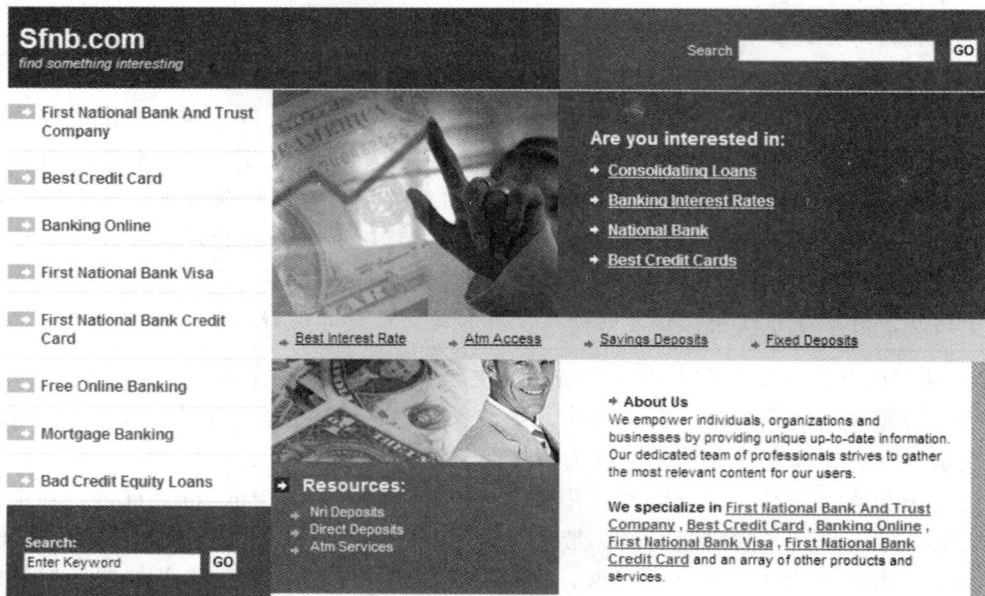

图1-7 安全第一网络银行的主页

美国是开展网络证券交易最早的国家，也是网络证券交易经纪业务最为发达的国家。1995年，嘉信理财（Charles Schwab）推出eSchwab软件，使投资者可以在网上交易，成为第一家开展证券电子商务的经纪商；亿创理财（E-Trade）在1996年重组成一家纯网络经纪公司，成为美国首家无传统经营场所的新型经纪公司；1999年，以美林为代表的传统券商全面开展网络业务。时至今日，这三家经纪商针对不同客户形成了差别的盈利模式，它们各自有着不同的、个性鲜明的经营模式。纯网络经纪商通过极低的交易佣金吸引客户，尤其是个人投资者；嘉信等则在提供经纪通道服务的同时，附加咨询服务；而美林等则针对机构投资者提供全套金融服务，收取高额佣金。

由于在网络技术方面的领先地位和优越的市场经济环境，美国依然是发展互联网保险最早的国家，其互联网保险业务主要包括代理模式和网上直销模式。代理模式主要通过和保险公司形成紧密的合作关系，实现网络保险交易并获得规模经济效应，其中最为典型的是美国的InsWeb公司，它是全球最大的保险超市网站之一。网上直销模式是传统保险公司的延伸，为其开拓新的销售渠道和客户服务方式，美国几乎所有的保险公司都建立了自己的网站。

1998年12月建立的PayPal网络服务商是目前最大的网上支付公司，总部位于美国加利福尼亚圣荷西市。PayPal使个人或企业通过电子邮件，安全、简单、便捷地实现在线付款和收款，避免邮寄支票或汇款等传统支付方式的不便因素。截至2012年年底，在跨国交易中超过90%的卖家和超过85%的买家认可并使用PayPal电子支付业务。值得注意的是，早在1999年，也就是PayPal成立不到一年的时间，便推出了货币市场基金，与我国的余额宝类似，用户只需要开通货币基金账户，就可以每月获得收益，获得了很多用户的欢迎，PayPal货币基金的规模在2007年达到了10亿美元的巅峰。近几年随着移动互联网和智能手机的技术革新，以及移动社交平台爆炸式的增长，美国人也开始认识到，基于移动社交平台的移动支付系统存在巨大的发展空间，移动支付应运而生。作为互联网支付在媒介上的补充，发达国家完善的网络基础设施为移动支付提供了良好的发展温床，而移动支付本身又能够明显改善用户体验，减少支付成本。

世界上最早建立的众筹网站是同样来自美国的 ArtistShare，于 2001 年开始运营，被称为"众筹金融的先锋"和"为富于创造力的艺术家服务的全新商业模式"，这家最早的众筹平台主要面向音乐界的艺术家及其粉丝。2009 年美国众筹网站 Kickstarter 的上线被许多人认为是互联网众筹融资兴起的标志，目前该平台已成为全球最大的众筹融资平台。近几年，众筹模式在欧美国家迎来了黄金上升期，发展速度不断加快，在欧美以外的国家和地区也迅速传播开来。数据显示，截至 2012 年，众筹融资的全球交易总额达到 170 亿美元，同比提高 95%。

英国则是 P2P 借贷的发源地，全球第一家提供 P2P 金融信息服务的公司始于 2005 年 3 月英国伦敦一家名为 Zopa 的网站。Zopa 网贷平台为不同风险水平的资金需求者匹配适合的资金借出方，而资金借出方以自身贷款利率参与竞标，利率低者胜出。而这一信贷模式凭借其高效便捷的操作方式和个性化的利率定价机制常常使借贷双方共同获益。此后 Zopa 得到市场的广泛关注和认可，其模式迅速在世界各国复制和传播。美国市场上占据前两位的 P2P 网络借贷平台——Prosper 和 Lending Club——则分别于 2006 年和 2007 年上线。由于 P2P 借款方式比银行贷款更加方便灵活，所以在全球范围内得到投资者和融资者的欢迎。

1.2.3　国内网络金融发展现状

传统金融机构的信息化历程主导了国内早期互联网金融的发展，特别是银行业的信息化建设一直处于业内领先水平。早在 1996 年，中国银行在互联网上设立网站，开始通过互联网向社会公众提供银行服务。1998 年，招商银行推出了"一网通"业务，随即网上银行业务以星火燎原之势在国内推广开来。在早期国内网上银行的业务种类中，账户查询的使用度是最高的，其次为交易付款和个人转账这两项功能。2011 年，民生银行针对网上银行专门设计收益率高于柜台销售的理财产品并获得可观收益，自此互联网逐步成为其低风险理财产品的主要销售渠道。2012 年以后，电话银行、手机银行等产品也逐渐成熟，但是这些都只是传统银行将业务转移到互联网上进行，面对互联网金融的冲击，银行不得不做出更多的改变，直销银行模式顺势而生。所谓直销银行，是指银行没有营业网点，不需要发放实体银行卡，客户通过电脑、手机等远程渠道即可获取银行产品和服务。2013 年 9 月，北京银行正式推出其与境外战略合作伙伴荷兰 ING 集团合作研发的直销银行服务。2014 年 2 月，民生银行直销银行正式上线，这些均显示各大传统银行积极应对互联网金融冲击而采取举措。

互联网的普及同样给证券业带来巨大革命。1990 年，上海证券交易所通过计算机进行了第一笔交易。1998 年，国内网上证券交易开始起步。2000 年，证监会颁布《网上证券委托暂行管理办法》，规范了网上证券委托业务。投资者使用证券公司提供的交易终端软件，通过互联网足不出户就可以实现证券买卖。网上证券业务的最大优势是其动态的数据库功能，使用者可以动态地进行历史信息和最新信息的收集和处理，券商也可以借此为客户提供更加优质的服务。2012 年，海通证券自主开发"基于数据挖掘算法的证券客户行为特征分析技术"，采用聚类算法，根据客户交易数据进行动态分析。同一年，国泰君安推出"个人投资者投资景气指数"，数据样本来自券商客户的真实交易行为数据。

保险业也在不断加强与互联网的融合。1997年12月，新华人寿公司在互联网上完成了国内首份网上保险业务，标志着网络保险的探索取得初步成果。随着2005年《电子签名法》的颁布，互联网保险步入快速发展轨道，各大保险公司网络平台在2008—2013年相继上线，建立起各自的网络销售平台，依托互联网提供保险产品和服务信息，实现网上投保、承保等业务。保险业在互联网金融创新上的"破冰"之举，当属"三马"合璧，2013年，由阿里巴巴、腾讯、平安保险"三马"联合组建的国内首家互联网保险公司——众安保险获得保监会批复，并宣布正式营业，众安保险突破国内现有保险营销模式，不设分支机构，完全通过互联网进行销售和理赔，从而开启了一个全新的互联网保险时代。众安保险官网首页如图1-8所示。

图1-8 众安保险官网首页

从2013年开始，国内互联网金融取得突破性进展。云计算、大数据、移动支付等新一代互联网信息技术蓬勃发展；余额宝、P2P、众筹等基于互联网平台的新型投融资平台大放异彩；支付宝、财付通、银联在线、快钱、汇付天下、易宝支付等第三方支付平台熠熠生辉；融360、91金融超市、好贷网等互联网金融门户快速崛起。各种模式竞相发展，迅速改变金融业面貌，对传统金融的运营模式产生颠覆性影响。

互联网企业纷纷开始"搅局"金融业，阿里巴巴、腾讯、百度、新浪、京东、苏宁等开始利用自身技术及平台优势逐步向金融领域渗透，推出余额宝、百度百发、淘宝基金、京东白条等各项金融产品。与此同时，银行、券商、保险等传统金融机构为了巩固自己的优势地位积极谋变，它们纷纷借助互联网构建自己的金融电商平台，如工商银行的"融e购"、建设银行的"善融商务"、交通银行的"非常e购"、华夏银行的"电商快线"以及"三马"设立的互联网保险公司"众安在线"。

互联网金融的发展得到政府政策的支持。2015 年两会期间,李克强总理的政府工作报告对互联网新经济寄予厚望,报告中将互联网金融表述为"异军突起",从而使互联网金融发展得到国家政策上的支持。2015 年 7 月 18 日,中国人民银行等十部委联合发布《关于促进互联网金融健康发展的指导意见》,对互联网支付、网络借贷、股权众筹融资、互联网基金销售、互联网保险、互联网信托和互联网消费金融等互联网金融主要业态进行了明确规定,并提出了一系列鼓励创新、支持互联网金融稳步发展的政策措施。

1.3　网络金融的挑战与不足

1.3.1　网络金融带来的挑战

互联网金融的发展对传统金融体系产生了极其重要的影响,并进一步改变着传统金融业的服务方式、管理模式和竞争格局,使传统金融业开始了一场革命性的变革。当前,互联网金融的蓬勃发展对传统金融构成了严峻的挑战,主要表现在以下几个方面:

1)颠覆传统的银行概念

传统模式下的金融业务,首先需要有银行网点,个人才能参与金融业务,但现在只要有网络和手机,个人就能成为一个参与金融业务的终端;与此同时,传统的银行物理网点还面临着营业成本、安保成本的不断攀升,而网络银行在这方面也有着巨大的成本优势,所以,未来商业银行的物理网点减少或将是一个趋势,这将对商业银行的经营模式产生巨大的挑战。正如比尔盖茨先生一个著名的预言:"传统商业银行不能对电子化做出改变,商业银行将成为 21 世纪灭绝的'恐龙'。"

2)挤压银行的生存空间

互联网金融引发的技术脱媒、渠道脱媒、信息脱媒等正在逐步削弱传统银行的中介功能,挤压银行的生存空间。在支付领域,第三方支付的蓬勃发展使得存、贷、汇等服务的渠道多元化,其成为银行支付结算体系的一个竞争者。互联网金融巨头依托支付平台衍生出网络生态链、海量交易数据、灵活商业模式,先后推出多种不同形式的新型支付工具,挑战银行在支付结算中的地位。在服务领域,银行传统信贷业务和中间业务都面临新的竞争,以阿里金融为代表的电商参与资金融通业务,是对银行作为资金媒介地位的挑战,而随着交易规模的扩大,互联网金融对银行盈利的影响也将更明显。

3)突破传统的时空概念

依托全天候覆盖的虚拟网络,互联网金融能突破时间、空间的限制,在任何时间、地点都能灵活地服务于广大时空范围的消费者,让消费者在任何时间、地点,动一动手指头、点一点键盘、鼠标就能完成各种金融支付,享受各种金融服务,这是传统银行无法企及的。

4)冲击现有的金融格局

传统金融体系中,以多样化、分散性、差异性为主要特征的"草根"金融需求被大型金融机构所忽视,使得金融市场上金融产品同质化严重,缺乏竞争性,这也是传统金融体制的一种弊病。互联网金融以开放、平等、合作的模式,促成新的普惠金融业态。比如,P2P 的发展在一定程度上有助于缓解中小企业贷款难的问题,支持了中小企业的发展,满足了个人金融的多元化需求，包括个人投资和财富管理。通过互联网金融的渠道，金融不再是普通人看不懂的专业术语，理财产品、货币基金等业务不再是参与门槛极高的产品，个人投资者可以很方便地参与到金融体系中并获得收益，这就是普惠金融，也是传统金融顾及不到的广泛市场需求。

5）影响货币政策有效性

一方面，当前，我国货币政策重点监测、分析的指标和调控的中间目标是 M2 和社会融资总量。M2 与货币流通速度呈反向相关，互联网金融必将提高货币流通速度，但现有技术手段无法精确预测其提高幅度，且互联网金融发展进程不断加快，货币流通速度的变化空间较大，在此情况下，很难确定 M2 理论值，而 M2 理论值又直接影响着货币政策取向。另一方面，互联网金融的融资额理应被统计到社会融资总量中，但现实中，有相当一部分互联网融资交易游离于金融统计之外，这就使得社会融资总量不能准确反映金融与经济的关系，以及金融对实体经济的资金支持程度。虽然，可以通过对 CPI 等指标的监测来调整 M2 和社会融资总量的规模，但这势必会降低货币政策的前瞻性和有效性。此外，从现有的管理体制及货币政策传导机制看，货币政策很难传导至互联网金融，这会使资金逐利流入限制性行业，影响宏观调控成效。

> ❈ 拓展思考 1-3
> 　　面对互联网金融带来的冲击，传统商业银行是否会渐渐消亡？传统银行又应如何应对互联网金融带来的冲击？
> 　　答：互联网金融给传统银行业带来巨大挑战的同时，也提供了一个使银行业加快变革和发展的契机。通过创新，利用自身的优势，传统银行也能够成为未来互联网应用发展过程中的主力军。无论是内部条件，还是外部条件，银行发展互联网金融都具有先天的优势。其一，互联网金融的发展一直受到国家监管限制，而银行业发展互联网金融首先受到现行法律制度的认可和监管；其二，银行天然的特性、历史沉淀使得银行掌握着庞大、优质的客户资源，基于多种原因，民众对互联网金融的信任度普遍较高，而对于互联网金融安全性的质疑却从来没有停止过；其三，传统银行的货币创造功能和在支付结算体系中的重要性，让银行支付结算拥有天然优势；其四，累积多年的客户征信信息，以及对于风险的管理和控制，这些核心能力是互联网企业短期所不具备的；其五，实力雄厚的传统银行能够投入足够的资金涉足互联网金融的各个领域，尤其是加大对科技领域的投资，全面发展互联网金融。因而，面对压力和冲击，传统银行需要认清互联网技术的变革方向，抱着更加开放的心态积极拥抱互联网，不断加大创新和变革的力度，充分发挥自身的优势。

1.3.2　网络金融的不足

随着互联网金融的日益壮大，互联网金融企业倒闭、跑路屡见不鲜，有的因经营不善而破产或关门，有的因风控不到位致资金链断裂，有的涉非法集资、非法吸储等违法经营被查处。这些均反映出作为一种新生事物，互联网金融自身仍然存在很多不足。

1）各种风险不容忽视

第一，互联网金融存在信用风险。客户方面，互联网金融服务方式的虚拟性使交易、支付的双方仅通过网络发生联系,增大了交易者之间在身份确认、信用评价方面的信息不对称。平台在进行交易撮合时,主要是根据借款人提供的身份证明、财产证明、缴费记录、熟人评价等信息评价借款人的信用,客户可能会精心设计虚假信息、提供失真数据,致使基于数据分析进行金融活动的风险大幅增加。在投资者方面,未按照风险适当性原则,对客户进行分类分层管理和风险承受能力评估,以致未将合适的产品卖给合适的客户。

第二,互联网金融本质上也是金融活动,因此其资产与负债期限的不匹配同样可能导致流动性风险。不论是第三方支付,还是网贷平台,都极易受到流动性风险的冲击。多数互联网金融企业不能通过同业拆借或金融市场交易来解决期限错配问题,一旦负债到期不能融入新的资金,就只能动用自有资金弥补,如果自有资金不足,就会发生流动性风险。

第三,互联网金融依靠软件、网络等特殊介质开展金融业务,而其软硬件配置和技术设备的可靠性以及操作人员的专业技能和道德风险成为操作风险高低的主要衡量标准。互联网金融产品普遍存在过度宣传和美化问题,风险披露相对不足,虚假承诺、误导销售等现象较为普遍。

第四,互联网金融企业的高杠杆率,存在洗钱套现等经营风险。金融平台交叉销售、交叉运作和交叉投资越来越具有跨行业、跨市场、跨机构的特征,多方合作的交叉性金融产品在市场上也越来越多。由此带来产品结构过于复杂、合同约定责任不清、变相监管套利、跨行业和市场的风险传递等各类问题及风险点。

第五,银行、保险、证券等传统金融机构都是在长期发展过程中建立较为严密的风险控制系统,而互联网金融企业大都是互联网入主金融,其对金融风险的识别、衡量与控制水平相对偏低。加之新兴的互联网金融企业大多没有建立第三方托管机制,会有大量投资者资金沉淀在平台账户里,与经营者的自有资金混在一起,如果没有外部监管,就存在资金被挪用甚至携款跑路的道德风险。

2)法律定位始终不明

由于互联网金融在我国处于起步阶段,现有法律规则还没有对互联网金融机构的属性做出明确定位,整个行业随时可能越界,触碰政策和法律底线,稍有不慎就可能构成"非法吸收公众存款"或"非法集资"的违法犯罪行为。以P2P网络借贷为例,很多P2P网络借贷平台以小额贷款公司、财务公司、投资咨询公司、有限合伙私募或者咨询中介公司等形式设立,所开展的业务"名不符实",超越了业务范畴。P2P网络借贷平台和众筹融资平台的一些产品游走于合法与非法的灰色区域,甚至涉嫌非法吸收公众存款、非法集资等。现实中也出现了许多假借P2P网络平台进行非法集资的事件,如天力贷案、郑旭东案、网赢天下倒闭事件等。

3)金融监管严重缺失

互联网金融多样化的业务模式和产品种类对于法规和监管的规避性较强,商业银行、互联网公司、第三方支付平台等多元化的业务主体也给传统的监管方式和监管政策带来了挑战,其中,尤以互联网信贷监管缺失问题最为严重。由于目前我国对于互联网信贷业务尚未出台明确的法规,因此目前该业务实质处于法律的灰色地带,而借贷运作模式中让人眼花缭乱

视频:e租宝非
法集资案

的债权运作行为，让法律对其借贷行为的界定极为困难。更加严重的是，由于没有监管机构明确对其的监管职责，既无法对从业公司的资格进行审查，也无法对其资金安全进行监督，而该行业中行业自律规范也远远未成形，短短几年间，已经发生了多起互联网信贷平台"非法集资"和"携款潜逃"事件，特别是近期的"e租宝""泛亚""上海申彤大大""中晋系"等危害巨大的恶性案件集中爆发，给互联网信贷的声誉带来极坏影响。

4）信息安全面临威胁

互联网金融企业如第三方支付机构不仅掌握了大量客户的真实身份信息，如证件号码、手机号码等，同时还掌握了客户大量银行卡敏感信息，如银行卡号、卡片验证码、卡片有效期、个人标识码等，但是在客户信息安全保护方面，明显薄弱于银行监管体系，存在极大的客户信息暴露隐患，少数企业甚至以出售客户信息牟利。另一方面，互联网金融企业通过数据挖掘与数据分析，获得个人与企业的信息。那么，哪些能获取哪些不能获取，目前尚无明确规定，这会导致互联网金融企业肆意收集、窃取个人信息，侵犯个人隐私。

5）技术漏洞仍然存在

互联网金融发展的基础是计算机网络通信系统和互联网金融软硬件系统等互联网信息技术，故互联网信息技术的完善程度对互联网金融的发展起着至关重要的作用。目前我国的计算机网络通信系统还存在着密钥管理和加密技术不完善、TCP/IP协议安全性较差等缺陷，加之网络通信系统具有的开放式特点造成其易遭受计算机病毒和电脑黑客攻击的问题，都使得我国互联网金融在发展过程中面临较大的技术风险。在互联网金融软硬件系统方面，我国的互联网金融软硬件系统大多来自国外，缺乏具有自主知识产权的相关系统，这就使得一部分技术解决方案面临着与客户终端软件的兼容性不佳，可能被技术变革淘汰，乃至威胁整个金融体系安全的问题。

本章小结

网络金融，也叫互联网金融，是利用互联网技术和移动通信技术等一系列现代信息科学技术实现资金融通的新兴金融服务模式。与传统金融相比，网络金融具有经济、高效、方便、快捷、开放、共享、普惠、济世等特性，从而对传统金融体系产生了极其重要的影响，使传统金融业发生着一场革命性的变革。

网络金融的产生和发展有着深刻的历史背景。互联网，特别是移动互联网的发展和普及为网络金融的产生提供了基础和前提；新兴商业模式的兴起对网络金融的产生起到刺激和推动作用；新兴商业模式的兴起对网络金融的产生起到刺激和推动作用；传统金融领域的金融压抑和资源垄断为网络金融的产生提供了机遇和空间。时至今日，网络金融的发展已呈现出第三方支付、P2P网贷、大数据金融、信息化金融、众筹、互联网金融门户六种清晰的模式。

尽管网络金融的蓬勃发展对传统金融构成了严峻的挑战，但其自身在风险管理、法律定位、金融监管、信息安全、技术保障等方面还是存在一些不足，如何保障网络金融的健康发展将会是未来网络金融面临的重大课题。

关键概念

互联网 网络金融 传统金融 第三方支付 P2P网贷 大数据金融 信息化金融 众筹 互联网金融门户 网上银行 网上证券 网上保险

综合训练

1.不定项选择题

（1）互联网的精神理念包括（   ）。

A.开放　　　　　B.平等　　　　　C.协作　　　　　D.分享

（2）（   ）属于互联网金融参与主体。

A.中国银行　　　B.京东　　　　　C.人人贷　　　　D.快钱

（3）第三方支付平台在商品交易中发挥的作用是（   ）。

A.提供第三方监管和技术保障　　　　B.资金托管代付

C.克服交易双方信息不对称　　　　　D.维护交易双方合法权益

（4）（   ）不属于大数据所具有的典型特征。

A.数据体量巨大　　　　　　　　　　B.数据类型繁多

C.价值密度高　　　　　　　　　　　D.处理速度快

（5）大数据在金融业的应用场合有（   ）。

A.金融市场开拓　　　　　　　　　　B.金融风险控制

C.信用评估分析　　　　　　　　　　D.客户关系维护

（6）能够为新型创业公司的融资开辟新的路径的互联网金融模式是（   ）。

A.P2P网贷　　　B.网上银行　　　C.网上证券　　　D.众筹

（7）（   ）模式能够节省客户选购金融产品的时间，降低交易成本。

A.第三方支付　　B.互联网金融门户　C.P2P网贷　　　D.网上银行

（8）借助网络金融，人们可以在任何时间、任何地点，以任何方式获得全方位的金融服务（即3A式金融服务：Anywhere、Anytime、Anyhow），这反映出网络金融的（   ）特征。

A.开放性　　　　B.经济性　　　　C.高效性　　　　D.普惠性

（9）互联网金融可能会面临的风险包括（   ）。

A.信用风险　　　B.操作风险　　　C.法律风险　　　D.流动性风险

（10）关于网络金融的说法正确的是（   ）。

A.网络金融是互联网技术与传统金融的简单融合

B.互联网，特别是移动互联网的发展和普及为网络金融的产生提供了基础和前提

C.传统金融机构以互联网为渠道开展金融业务即为网络金融

D.网络金融有助于降低交易成本和提高资源配置效率

2.简答题

（1）什么是网络金融？它具有哪些特征？

（2）简述网络金融的产生背景。

（3）网络金融对传统金融的影响有哪些？

（4）如何理解网络金融的普惠性和济世性？

3.案例分析

"变味"的校园贷：裸条借贷与暴力催收

"他们说要把我的裸照印成传单在学校和小区里张贴，我都不想活了，他们告诉我说我死了钱就不要了。"某大学女大学生在网上曝出的一段话引发了"裸条门"。该女生通过借贷宝借钱，不仅周利率高达30%，最后还被迫以手持身份证的裸照为抵押进行借款，逾期无法还款将被威胁公布裸照给家人朋友。该事件距河南大学生赌球欠贷60万元跳楼自杀事件仅3个月。从最初的"恶意注册""高额罚息"到后面的"跳楼自杀""暴力催收"，甚至"裸条借贷"，校园贷已然变了味。

为了增加业务量、抢占校园市场，很多贷款平台对于借款学生的信息审核不够严格，部分平台甚至仅凭一张学生证就批下贷款。"只需要学生证，20 000元以内立即下款"等口号充斥着校园每个角落。此外，校园借贷和分期市场如此庞大的原因，除了低门槛外，还有很重要的一点就是学生代理群体的存在，代理通过和社团合作，可以迅速获取很多社团成员的信息，进而批量注册。

至于贷款的用途，"买数码产品、外出旅游……这些都是相对比较正当的用途了，有越来越多的学生会把贷到的钱转手再放出去，还有一些是去赌博的。"有学生用同班同学的信息办理了分期购物，贷款还不上的时候就再办另一个分期，收到物品后再低价变现，还前一个贷款。对于那些急需用钱又不好和家里开口的女大学生来说，她们宁愿铤而走险。按照"裸条"借款女大学生的描述，在一些借款QQ群组内，只要喊一句"谁接女生裸条"，就会有很多人联系。

在"裸条"借贷中，假使借贷双方私下议定的借款利息为10%，还要另外缴纳给借款平台20%的押金和15%的中介费，就相当于其借10 000元到手时只有6 500元，但是还款、罚息时都按照1万元执行，这时学生也许并没有注意到，平台还有24%的年利率，其实借款利率高达30%～40%，还有还不上钱时产生的高额逾期管理费。

当初冲着"零利息""零首付"的美好愿景去借款的大学生，结果面临还款的时候才忽然发现其与最初的说法相去甚远。如果学生无法按时还清贷款，一般的平台会通知银行冻结其所登记的银行卡，并且会联系银行留下借贷信用污点。不正规的借贷平台会对欠款人进行恐吓、勒索，比如在学校周边张贴催账单、联系学校扣押毕业证、在网上张贴个人信息等，甚至威胁告诉其父母，无所不用其极。学生挖的这个"坑"最后绝大部分还是父母来填。

资料来源：佚名."变味"的校园贷：裸条借贷与暴力催收［EB/OL］.（2016-06-20）.http://tech.sina.com.cn/i/2016-06-20/doc-ifxtfrrc3918976.shtml.

问题：从以上案例中可以看出互联网金融在哪些方面还存在不足？

4.实践训练

实训项目：网络金融相关网站浏览。

实训目的：认识和了解网络金融六大模式。

实训步骤：

（1）注册并登录支付宝网站（www.alipay.com），浏览网站内容，体验第三方支付；

（2）注册并登录人人贷网站（www.renrendai.com），浏览网站内容，体验P2P网贷；

（3）注册并登录阿里金融网站（www.aliloan.com），浏览网站内容，了解阿里金融如何以大数据为基石发放小额贷款；

（4）注册并登录中国工商银行网站（www.icbc.com.cn），了解网上银行的主要业务，列举主要产品；

（5）注册并登录点名时间网站（www.demohour.com），浏览网站内容，体验众筹；

（6）注册并登录91金融（www.91jinrong.com），浏览网站内容，体验互联网金融门户。

第2章 电子货币与应用

学习目标

在学习完本章之后，你应该能够：了解电子货币产生的背景；明确电子货币的作用和影响；熟知电子货币的概念和特征；掌握电子货币的主要形式及应用。

引 例

校园"一卡通"

所谓校园"一卡通"，就是在学校范围内，凡有现金、票证或需要识别身份的场合均采用一张卡来完成。这种管理模式代替了传统的做法，在校内集学生证、身份证、借书证、医疗证、会员卡、餐卡、钱包、电话卡、存折等于一卡，实现"一卡在手，走遍校园""一卡通用，一卡多用"的目的。

校园"一卡通"的功能和用途主要体现在校园消费、校园管理、金融服务和信息查询几个方面：

◆校园消费

学校赋予校园卡以校园内唯一的电子钱包消费结算手段，也是校园内信息管理系统中电子身份识别的唯一介质。消费结算功能是指持卡人可以利用校园卡在安装有POS机的场所进行校内个人消费支出，校园卡系统可以提供消费支出的结算服务。校园卡能设置密码保护卡内信息安全，使用本地销售终端，进行脱机消费。因而，收费交易时间大大缩短，交易成本也随之降低。校园卡具有在食堂、超市、书店、图书馆、复印中心、体育中心、水控、电控等各类收费应用场所的脱机消费功能。

◆校园管理

校园管理是指校园卡内储存了持卡人的基本信息，学校各部门的信息系统可以通过校园卡进行身份识别和相关管理。校园卡内记录了持卡人个人身份资料、图书借阅资料、门禁控制信息、计算机房管理信息等内容，可实现如考勤、个人身份认证、图书借阅、语音教室使用、计算机上机操作等各项校内管理功能。

◆金融服务

学生持有与校园卡同时发放的银行卡，可以享受银行卡的各种服务，包括在所有银行的营业网点及银联的自动柜员机取款，在设有银联标志的商业、饮食、娱乐场所的POS机上消费。学生及其家长可充分利用银行业全国通存通兑的服务，将学生的生活费、学杂费等直接在异地存入校园卡中，免除了学生携带现金、家长每月汇款和学生每月取款的不便。除此以外，学校师生还可通过校园卡的基本存款账户办理水电费、学费、管理费、奖学金、助学金等代收代付业务，为广大教职工、学生及其家长提供了极大的方便。

◆信息查询

为了使学生随时了解校园卡使用情况，在学校校门口、宿舍区、图书馆等人流量大的场所，放置多媒体自助查询终端，可完成有关校园卡账户余额、交易明细、奖贷学金、借书等综合信息的自助查询，真正实现一卡在手，即可完成校园内各个场所消费、转账、查询、充值等诸多功能，大大提高学生校园生活的质量。

资料来源：佚名. 校园"一卡通"［EB/OL］.（2014-06-15）. http://baike.baidu.com.

这一案例表明：随着信息技术的发展，电子货币的运用范围越来越广泛，并已经深刻地融入人们的生活，为人们的工作、学习带来极大的便利。校园"一卡通"以智能卡为信息载体，结合了微电子技术、单片机技术、计算机网络技术及数据库技术等诸多高新科技，使其具有电子身份识别和电子钱包等功能，替代校园日常生活所需的各种证件和卡片，真正实现"一卡在手，走遍校园"。

2.1　电子货币概述

2.1.1　电子货币的概念和特征

1）电子货币的概念

电子货币（E-money）作为一种新型支付工具，关于其概念，是国内外比较有争议的问题，目前尚无统一的定论。在对电子货币的概念进行界定前，有必要先了解一下国内学者和一些国际组织关于电子货币的定义。

电子货币是一种表示现金的加密序列数，它可以用来表示现实中各种金额的币值。随着基于纸张的经济向数字经济的转变，电子货币将成为主流。目前，国际上流行着四种类型的电子货币：第一种是储值卡型的电子货币，一般以磁卡或IC卡形式出现；第二种是信用卡应用型电子货币，是指商业银行、信用卡公司等发行主体发行的贷记卡或准贷记卡；第三种是存款利用型电子货币，主要有借记卡、电子支票等，用于对银行存款以电子货币方式支取现金、转账结算、划拨资金等；第四种是现金模拟型电子货币，包括基于Internet网络环境使用的且将代表货币价值的二进制数据保管在微机终端硬盘内的电子现金，以及将货币价值保管在IC卡内并可脱离银行支付系统流通的电子钱包。

电子货币既包含传统在金融专用网上使用的基于卡介质的电子货币，也涉及在互联网上使用的各种支付方式。广义而言，电子货币是指以电子化机具和各类交易卡为媒介，以计算机技术和通信技术为手段，以电子数据流形式存储在银行的计算机系统中并通过计算机网络以信息传递形式实现流通和支付功能的货币。

1998年欧洲央行发布的《电子货币报告》中电子货币被宽泛地定义为："电子化存储于技术设备中的货币价值，可以广泛地用于向除了发行者之外的其他方进行支付，并且，电子货币作为一种无记名的预付工具在交易中不需要与银行账户相关联。"

目前关于电子货币较为权威的观点是巴塞尔委员会在1998年给出的定义：在零售支付机制中，通过销售终端、各类电子设备，以及在公开网络（如Internet）上执行支付的储值产品和预付支付机制。所谓储值产品，是指保存在物理介质（硬件或卡介质）中可以用来支付的价值，如 Mondex 智能卡、电子钱包等；预付支付机制是指存在于特定软件或网络中的一组可以传输并可用于支付的电子数据，通常被称为"数字现金"，由一组二进制数据和数字签名组成，可以直接在网络上使用。与其他观点相比，巴塞尔委员会的定义有这样一些特点：首先，强调电子货币是一种零售支付机制，因而涉及批发业务的一些电子支付机制，如电子资金转移等被排除在外；其次，强调电子货币的"储值"或"预付"特性；最后，强调电子货币是一种用于零售支付的无现金的支付机制，而不是一种支付工具。

视频：全球首个无钞国家

巴塞尔委员会所界定的电子货币实际上包括两种：一种是基于卡的电子货币产品，主要是指各种多功能或单功能的储值卡，如 Mondex 智能卡。而储值卡与借记卡、贷记卡最主要的区别就在于支付过程中是否涉及账户资金的转移。另一种是基于网络或软件的产品，主要指存储在计算机系统中，并可以通过网络完成支付的电子数据，如 E-cash。

相比较而言，欧洲央行和巴塞尔委员会的定义更加严格，认为贷记卡和借记卡不是电子货币，而国内学者的定义则更加宽泛，包含了各种卡介质的电子货币。从我国货币发展的实践看，由于各种银行卡在支付过程中发挥着重要的作用，因此本书采用相对比较宽泛的定义，电子货币既包括各种储值卡、网络货币，也包括银行发行的贷记卡、借记卡。本书将电子货币定义为：以金融电子化网络为基础，以商用电子化机具和各类交易卡为媒介，以电子计算机技术和通信技术为手段，以电子数据（二进制数据）形式存储在银行的计算机系统中，并通过计算机网络系统以电子信息传递形式实现流通和支付功能的货币。

2）电子货币的特征

电子货币作为计算机技术、信息技术与金融产业相结合的产物，与纸币等传统货币相比，具有以下特征：

（1）货币形式不同。传统纸币以实物的形式存在，而且形式比较单一，而电子货币则不同，它是一种电子符号，其存在形式随处理的媒介不同而不断变化，如在磁盘上存储时是磁介质，在网络中传播时是电磁波或光波，在 CPU 处理器中是电脉冲等。

（2）发行主体不同。传统货币是以国家信誉为担保的法定货币，由中央银行或特定机构垄断发行，被强制接受和广泛使用。电子货币的发行由于缺少法律、法规的约束，商业银行、信用卡公司、电信公司、大型商户和各类俱乐部等均可发行。

（3）流通方式不同。传统货币需要持款人随身携带，不需要其他辅助设备就可以完成资金交割；而电子货币利用网络和通信技术进行电子化传递，大多需要通过 POS 机、IC 读卡器等电子设备才能够实现支付功能，其使用范围具有一定的限制。

（4）匿名程度不同。传统货币都有印钞号码，同时，传统货币总离不开面对面的交易，这在很大程度上限制了传统货币的匿名性。而电子货币的匿名性要比传统货币强，因为加密技术的采用以及电子货币便利的远距离传输，使交易完全以虚拟的数字流进行，交易双方根本无须直接接触，因此几乎不可能追踪到其使用者的个人信息。

（5）安全性能不同。传统货币交易中的防伪主要依赖于物理设备，通过在现钞上加入纤维线和金属线、加印水印和凹凸纹等方法实现；而电子货币防伪主要采取电子技术上的加密算法或者通过认证系统的变更来实现。电子货币下的支付行为，需要资金的拥有人持有一定的身份识别证明，比如个人密码、密钥，甚至指纹等来验证交易的合法性，其安全性要远远高于现钞货币的安全防伪措施。

3）电子货币的职能

按照马克思的论述，货币的职能通常包括五个方面：价值尺度、流通手段、贮藏手段、支付手段、世界货币。

从价值尺度职能看，电子货币以一定的货币单位及其倍数通过电子脉冲显示商品价格，同时，一笔商品价款、一项债权债务等均可简明无误地通过电脑及其他电子设备显示出来。

从流通手段职能看，通过银行卡的使用，以及电脑网络上发生货币信息的传输，实现商品和货币的交换，为持卡人在特约商户购物服务，这种货币信息的不断传输引起转账划拨活动，体现了货币电子流的无形运动和商品流通领域中商品与货物的交换媒介作用。

从贮藏手段职能看，作为电子货币运行基础的客户电脑账户，反映了一定货币额的储藏和积累，这种储藏和积累不仅表现在持卡客户的保证金、备用金上，也反映在各种结算收款上，当客户信用卡账户同普通存款账户能够实现自动转账时，这种贮藏手段范围将更大。

从支付手段职能看，银行卡（尤其是贷记卡）的支付及透支、赊销的清偿，无不体现出电子货币的支付手段职能。

从世界货币职能看，具有外汇支付功能的银行卡，尤其是跨国联网的电子货币可以便捷地通过计算机实现不同货币的兑换，在国际网络上进行跨国收付和结算。

因此，从本质上说，电子货币仍是商品交换的一般等价物，是真实货币的代表或符号，是传统货币形式的变革，它正以全新的形式完成货币的各项职能。

✖ 拓展思考2-1

电子货币是在传统货币的基础上发展起来的，与传统货币在本质、职能及作用等方面存在着许多共同之处，但二者产生的背景不同，如社会背景、经济条件和科技水平等不同，导致了它们在执行货币职能时又产生了差异。电子货币与传统货币在执行货币职能时有哪些差异呢？

答：①金属货币以其自身价值作为货币的价值尺度，纸币通过政府印制并标明价值数学符号的纸质证书发挥价值尺度职能，电子货币是建立在纸币或存款账户基础上，作为更抽象的数字化货币发挥价值尺度职能；②金属货币和纸币在发挥流通手段职能时，有交换行为的买卖双方即可完成，表现为买卖双方钱货两讫，而电子货币发挥流通手段职能时必须依靠银行等中介机构的参与才能完成，表现为买卖双方银行账款上存款余额数字的增减变化；③传统货币的支付手段职能产生于赊买赊卖的商品交换中，是与商业信用联系在一起的，电子货币发挥支付手段职能的一个特点是将消费者信用、商业信用和银行信用三者有效地结合起来；④金属货币和纸币的储存可以独立完成，但电子货币的储存是所有者无法独立完成的，必须依赖中介机构。

4）电子货币的种类

根据不同的分类标准，电子货币有不同的划分方法：

（1）按被接受程度，电子货币可分为"单一用途"电子货币和"多用途"电子货币。

"单一用途"电子货币由特定发行者发行,只能用于购买特定的产品或服务,或被单一商家所接受,如各种电话卡、就餐卡、公交卡等;"多用途"电子货币是根据发行者与商家签订协议范围的扩大,而被多家商户所接受,可购买多种产品或服务,并且可以储存、支取货币,如银行信用卡、借记卡等。

（2）按使用方式和条件,电子货币可分为"认证"（Identified）或"匿名"（Anonymous）系统,"在线"（On-Line）或"离线"（Off-Line）系统,通过组合可分成四类:在线认证系统、在线匿名系统、离线认证系统、离线匿名系统。

其中,"认证"是指电子货币的持有者在使用电子货币时需要对其身份进行确认,其个人资料被保存在发行者的数据库中,即电子货币进行的交易是可被追踪的;"匿名"是指电子货币的持有者在使用电子货币时不必进行身份认证,其交易不能被追踪;"在线"是指客户使用电子货币支付时需要连接网络,电子货币的接收方通过网络实时验证电子货币是否真实、金额是否相符,然后才能决定是否接受支付请求;"离线"电子货币的使用者在支付时不需连接网络,部分"离线"电子货币甚至不需验证。

（3）按依托的计算机网络方式,可分为银行卡和网络货币两类。银行卡也称金融交易卡,是由金融机构向社会发行的具有消费、转账结算、存取现金等全部或部分功能的信用支付工具,也是客户用以启动ATM和POS系统等电子银行系统进行交易的必备工具,银行卡包括信用卡和借记卡两种;网络货币指的是以公用信息网为基础,以计算机技术和通信技术为手段,以电子数据形式存储在计算机系统中,并通过开放的网络系统,以电子信息传递形式实现流通和支付功能的货币,这种支付方式突破了原有金融专有的封闭型网络体系,其建立在开放的互联网上,是电子货币发展的高级形式,目前主要形式有电子钱包、数字钱包、电子支票、电子信用卡、智能卡、在线货币、数字货币等。

知识链接 2-1

什么是比特币?

比特币（简称BT币）是2008年一位日本人提出构想,2009年开始正式发行的一种虚拟货币。

（1）比特币的发行

比特币好比是一座由总量为2 100万个金币（它的总量上限被设计为2 100万个）组成的金山,想要得到它,就需要玩家们利用电脑的运算能力,根据设计者的算法计算出一组符合特定规律的数字,就像大家齐心合力或者单独计算一道数学题一样,每得出一组数字,那么就会得到一个BT币,每10分钟全球最多只能产出25个。这个计算过程就被形象地称为"挖矿"。

视频:比特币的三点小知识

当然,这些数学题是越来越难的,从2009年到现在,BT币的产量大约为1 040万个,现存量越多,产出就越难。比特币有稀缺性,发行上限是2 100万个,获得的难度呈几何级数增加,据估计需要上百年才能开采完。

（2）比特币的使用

目前全球许多国家都开始接受使用BT币,德国首先承认BT币合法。我国也出现了比特币的交易网站（如BTchina）,该网可以直接把BT币换成绝大部分国家的各种现行货币,包括人民币。在我国,淘宝上有很多接受BT币的卖家,北京、上海等大中城市也有不少开始接受 BT 币的商店、超市等。

资料来源：整理自互联网资料。

2.1.2 电子货币的产生和发展

1）电子货币的产生

（1）电子货币的产生是货币形式演变的必然结果。货币作为固定地充当一般等价物的特殊商品，是商品交换的产物，其最主要的职能是作为交易的媒介执行流通手段和支付手段。货币形式服从于货币内容并随着时代的发展而不断地进化，"用一种象征性的货币来代替另一种象征性的货币是一个永无止境的过程"。这样，货币可能采取的形式就具有无限多样性。迄今为止，货币形式经历了实物货币、金属货币、代用货币和信用货币等几个阶段。

货币发展史上的
三次革命

随着货币的发展和商品劳务交易在数量与范围上的不断扩大，现有的信用货币在流通过程中的缺陷逐步显露，如纸币伪造、现金交易在时间和范围上的局限以及在安全性和流通携带中的局限等。由于这些缺点和局限，传统的货币体系已经越来越不能满足人们的需要。在网络经济和电子商务飞速发展的条件下，一种新的、更便捷、更安全的货币形式和结算方式成为经济发展的客观要求，电子货币应运而生。电子货币的出现彻底改变了银行传统的手工记账、手工算账、邮寄凭证等操作方式，电子货币的广泛应用也给普通消费者在购物、饮食、旅游和娱乐等方面的付款带来了更多便利，电子货币还减少了巨额货币印钞、发行、现金流通、物理搬运和点钞等大量的社会劳动和费用支出，极大地降低了交换的时空成本，因此，电子货币是货币发展史上的一次重大变革。

（2）计算机信息技术的发展是电子货币产生的必要条件。经济发展对货币形式变革的客观需求要转化为现实的货币，还离不开科学技术的进步，货币不管采取什么形式，都需要应用与之相对应的科技成果。金属货币需要冶炼和铸造技术，纸币需要造纸和印刷技术，电子货币需要计算机信息技术。作为当代最高级的货币形式，电子货币的出现与计算机信息技术的发展有着密切的联系，其表现在：电子货币的流通应用需要各种各样的设备和网络支撑，这需要依赖计算机网络技术的发展和基础设施建设；电子货币的发展需要在安全性、便捷性上不断完善，这需要计算机安全技术的发展予以支持，因此，没有计算机信息技术的发展，就不可能产生电子货币。

2）电子货币的发展

1952 年，美国加利福尼亚州富兰克林国民银行率先发行银行信用卡，揭开了电子货币发展的序幕。自 20 世纪 70 年代起，随着信息网络技术的进步，电子货币特别是银行卡就开始在以美国、日本为首的西方发达国家进入普及应用阶段，银行卡的结算交易额占总销售额的 70%以上。这些西方国家还建成了覆盖全国或欧、美、日联通的电子金融结算网络，如 FEDWIRE、SWIFT、CHIPS 等，为电子货币的运用提供了良好的支撑系统。

我国电子货币的发展相对于发达国家起步较晚，直到 20 世纪 90 年代后期，随着金融体制改革的深化，市场经济的竞争意识才迫使中国银行界开始思考银行卡的发展。我国自1985 年发行首张"中银卡"以来，经过 20 多年的发展，尤其是 1993 年"金卡工程"的实施，银行卡已成为我国使用最广泛的电子支付工具。目前我国已成为全球银行卡业务增长最快和最有市场发展潜力的国家之一。除银行卡外，储值卡业务的发展也十分迅猛，储值卡发行主体均为非银行机构，小到中小商户，大到电信企业、大型商场、公交公司等，其产品形式为购物卡、电话卡、公交卡等。网络货币发展也比较快，据估计，国内互联网每年的虚拟货币市场规模已经达上百亿元，并以年均15%~20%的速度增长，概括起来，国内网络货币主要有两种形式：一种是第三方支付平台中的电子货币，包括支付宝、快钱网、YeePay等；二是各大网络服务提供商发行的电子货币，目前主要有各网站发行的Q币、U币、百度币等。

案例分析 2-1

Q币

Q币是腾讯公司于2002年6月所开发的在其QQ客户端使用的虚拟货币系统的代表符号。1元人民币能够购买1个单位Q币；用户在付费后通过卡号、密码和QQ号码进行关联"充值"。腾讯公司规定人民币可以单向兑换Q币，Q币不能逆向兑换人民币。实际上Q币与人民币可以双向兑换，如在拍卖网站出售Q币，或使用Q币购买网络游戏设备后出售等。此外，Q币可在QQ用户间无限制流通转让。

Q币的腾讯官方取得方式主要有如下几种：一是通过银行卡充值；二是通过拨打声讯电话充值；三是通过购买Q币卡充值；四是通过Vnet账户充值；五是通过网通宽带充值；六是过手机获得Q币并充值。

Q币的用途基本在于购买腾讯公司所提供的增值服务（包括申请QQ行号码、购买QQ靓号、获得QQ会员服务、进行QQ交友、购买QQ贺卡、购买QQ宠物、成为QQ钻石会员等），还可以购买QQ游戏（包括游戏大厅中的各种游戏以及QQ堂、QQ幻想、QQ音速、QQ三国）中的道具。比如为了装扮QQ秀（腾讯公司创建的基于QQ平台的虚拟形象设计系统），用户可以用Q币在QQ秀商城购买虚拟服饰、珠宝首饰、场景，以使自己的QQ、QQ聊天室、腾讯社区中的虚拟形象富有个性与品位。另外，购买QQ宠物的食品等也需要花费Q币。

随着腾讯公司的不断发展壮大，使用Q币所能获得的服务越来越多，甚至已超出了腾讯公司自身所提供的服务，如可以用Q币购买杀毒软件，通过Q币对"超级女声"投票等。由此有人认为Q币已成为通货，并担心其将冲击人民币法定货币的地位，乃至于对金融市场和管理秩序带来冲击。

资料来源：佚名. Q币［EB/OL］.（2014-06-12）. http://www.qq.com.

问题：Q币的发行流通是否会冲击人民币的法定地位？

分析提示：Q币是由网络服务提供商腾讯发行的一种虚拟电子货币，可以用来购买该网站提供的增值服务。Q币虽然也具有一定的流通性，但它只是在腾讯公司所提供的增值服务的范围内，以及其他一些游戏、交易的领域流通。即使最近Q币的使用范围有所扩大，但仍然相当有限，远不及作为货币所要求达到的流通性，因此，Q币并不会冲击人民币的法定地位。

3）电子货币发展中存在的一些问题

（1）安全问题。在电子商务中使用电子货币进行网络支付时，交易的双方是见不到对方的，甚至不在同一个国家，且是跨时空运作。这些商务特点给电子货币的运用带来了如下五个主要安全问题：第一，如何判定网络上交易的双方是否真实存在，即付款的对象存在或不存在；第二，交易双方的真实身份如何验证，以确认不是网上的骗子或黑店；第三，对于买方来讲，网上订购的商品，使用电子货币即时支付后，对方能否保持诚信，黑客是否会盗窃自己的电子货币或破译相关密码与加密信息；第四，对于卖方来讲，如何保证对方支付的电子货币的真实性，如何保证电子货币资金划转的安全性，自己网上收款的账号是否安全；第五，交易中出现有关电子货币应用问题的争议（如客户隐私问题）如何解决。

（2）标准问题。由于电子货币的应用突破了时空界限，因此，要想在世界范围内普及电子货币，就必须对电子货币的概念、运作模式、安全机制等进行标准化的设计，只有电子货币的管理机构、发行单位、商家与客户等各方均按照一定标准使用电子货币，才能减少运作的复杂性与成本。而目前的情况是，虽然世界上出现了多种电子货币，但基本上没有统一的适用于电子商务支付与结算的电子货币应用标准，各个国家或各大公司在很大程度上各自为战，这种状况不但限制了电子货币的大规模应用与推广，降低了电子商务的效率，限制了方便性，而且导致重复开发，资源浪费严重，提高了运作成本。

（3）法律问题。目前在电子货币的使用上，国际上没有一些大家均认可的相关法律来加强对电子货币的监管与责任细分，这就增加了运用电子货币进行网络支付结算的企业或商家甚至个人的商务风险。例如，由于互联网上的一些突发不可抗拒事件，Internet 链路上的计算机、路由器、网络通信电缆、数据库系统等出现故障，ATM 出现故障，这些故障导致的损失应当由谁来负经济、法律责任，必须由法律来明确界定。因此，如何制定相关法律，加强对电子货币的监管，以便在危险特别是不可抗拒的突发事件发生后明确网上交易各方当事人的法律责任，已经成为电子货币发展的当务之急。

凶猛的山寨币

（4）审计问题。电子货币的出现突破了时空限制，其交易具有明显的匿名性、数字化等特征。电子货币的应用给社会经济生活带来便利的同时，也给犯罪分子提供了可乘之机。例如，犯罪分子可能会利用电子货币从事各种经济犯罪、以权谋私、贪污、出卖商业机密等活动，企业为了偷税、漏税会利用网络转移资金，不法分子藏匿和转移赃款变得更加容易，识别和发现洗钱活动变得更加困难。这种电子货币审计上的问题将是电子货币应用给政府相关管理部门带来的难题之一。

2.1.3　电子货币的作用和影响

电子货币已成为互联网、信息化社会中必不可少的结算工具，随着电子货币的普及和应用环境的逐渐完善，其作用与影响不断扩大。

1）电子货币的作用

（1）降低资金交易成本，提高资金运行效率。任何交易都会包含一个基本环节，即资金的支付和转移。传统的结算依靠的是银行与客户面对面的人工处理，借助于邮政、电信部门的委托传递来进行，因而存在资金占用量大、周转慢等问题。电子货币的使用，使客户不必出门，不需开支票，便能经由网络完成款项支付和资金调拨，简化了现行使用传统货币的复杂程序，并且其使用和结算不受时间、地点的限制。由此，电子货币有效地缩短了支付指令传递的时间，减少在途资金，显著地提高了资金的运行效率。同时，电子货币还免除了货币印制、储存、运输、安保、点钞等方面巨额的社会劳动和费用支出，而且电子货币具有可任意分割、无面额约束、不同币种之间转换较容易等诸多优点，这些都为降低资金交易成本提供了潜在空间。

（2）刺激消费，扩大需求。以无形的数字信号形式存在的电子货币，其在传递和转移上具有传统货币难以比拟的优势。使用电子货币可以在金融网络系统上完成支付或结算。对商家而言，瞬间即可低成本地收回资金，因此可以放心地给顾客发送商品。对客户而言，免除了烦琐的支付手续，可以轻松地购物。电子货币的应用有效地拓展了市场交易机会，刺激了人们的消费欲望，扩大了社会需求。同时，由于实施开放式的网络经营，大大加剧了市场竞争，促使企业为市场提供优质价廉的商品和优质高效的服务。

（3）繁荣商业，促进电子商务发展。电子货币的应用和发展使网络上的现货、现金交易成为可能，特别是对于信息、软件等商品的销售来说，此类商品在收取电子货币的瞬间，通过计算机终端直接授信，即可将信息、软件商品通过互联网传递给客户，这极大地促进了交易规模的扩大。另外，随着电子货币在日常生活领域的普及和使用范围的不断扩大，互联网上的电子商务必然蓬勃发展。电子货币的应用极大地拓展了市场交易的时间和空间，商业零售业的经营范围将再无地域限制，以往不可涉足地域的消费者通过网络即可成为商家的交易对象，互联网为商家提供了巨大的潜在客源。零售商以少量的资金投入，换取市场扩张的机会大幅增加。

视频：支付宝

（4）使经济活动更加虚拟化。电子货币的出现，创造了在虚拟空间从事商业活动的金融环境，为在虚拟空间开展经济活动提供了可能。其结果必然是促使社会经济活动虚拟化，使人们目前从事的实体经济活动向虚拟经济活动转移并将形成虚拟社会和虚拟经济。

（5）加快世界经济一体化和金融全球化进程。电子货币以计算机技术为依托进行存储与流通，无须实体交换，从而可有效地突破物质世界的时空限制，使资金流、信息流的传递变得十分迅速，电子货币与网络技术的结合，将跨越时空的限制，使国际贸易变得非常简单。此外由于电子货币与网络金融的发展，也将使金融市场的自然疆界日趋模糊，加速资本的国际流动和全球性资本的形成，成为全球金融市场融合的坚实基础。显然，电子货币的发展为经济行为的国际化提供了便利，强化了世界各国经济的联系，加快了世界经济一体化和金融全球化进程。

2）电子货币的影响

（1）电子货币使商业银行支付结算的垄断地位受到动摇。首先，随着小额结算方法的日趋多样化，以及开放式网络结算服务使用者队伍的不断扩大，结算业务的提供者已逐步超出银行范围，例如，电信、交通、旅游等行业发行的名目繁多的储值卡和IC卡，实际上已成为新形式的"结算账户"，客户在使用储值卡的过程中就在逐步地完成结算，因此，银行在结算领域有可能被其他行业夺去更多机会。其次，以往企业间交易双方的资金结算一般都是通过银行进行的，银行可以从中收取一定的手续费，但是，新的电子支付手段的应用将不断削弱银行在结算方面降低流通费用的比较优势，使银行在分支机构和结算体系方面的优势荡然无存。新的电子结算方式的出现势必导致传统银行在支付结算系统中的垄断地位受到挑战，其结果是银行不仅丧失手续费收入，而且难以掌握企业的资金流向。

（2）电子货币使中央银行铸币税收入减少。电子货币的发行和流通，将在相当大的程度上取代实体现金，导致流通中的现金量减少。目前发行使用电子货币的大多数国家，并没有对电子货币的发行征收与商业银行活期存款相同的准备金，因此，在电子货币取代活期存款的过程中，商业银行在中央银行的准备金将会减少。显然，这样一种新的支付工具将在相当大的程度上影响流通中的现金及中央银行的准备金，因此，就会对中央银行的铸币税收入产生一定的影响。

（3）电子货币使中央银行货币政策受到影响。电子货币的出现使得影响货币供给和货币需求的许多因素都发生了变化。传统的对货币供应量 M1 的定义为：M1=流通中的现金+活期存款。电子货币的出现扩大了可以作为中央银行货币替代物的金融资产的范围，混淆了原有货币总量的定义，使得狭义的货币供给与广义的货币供给难以区分，进而给中央银行实施货币政策带来困难。另外，电子货币的发行扩大了货币供给主体，加大了货币乘数和货币流通速度，对现实货币供应量产生影响，使货币供应在一定程度上脱离了中央银行的控制。

（4）电子货币对现有的金融监管提出挑战。与传统监管不同的是，中央银行对电子货币的监管处于两难境地：一方面，如果中央银行过早介入或事后证明其规则过于严厉，就会阻碍电子货币的发展，造成本国电子货币发展的相对劣势，最终难以抵挡国外电子货币的冲击；另一方面，如果介入过晚，一旦某些风险成为现实，再进行管理的成本较高。正因为如此，如何对电子货币进行监管，依照各国对这一问题认识的不同而不同，主要采用的措施包括：对电子货币发行主体的限制；对发行者的准备金要求；存款保险和其他保险要求等。

> ✖ 拓展思考 2-2
>
> 　　Q 币是腾讯公司基于 QQ 平台推出的一个虚拟货币。最初是为了方便 QQ 用户购买腾讯公司的各项服务而设置的。用户可以通过现金购买 Q 币，也可通过腾讯公司推出的某项活动赚取 Q 币。随着腾讯公司 QQ 平台的影响力不断扩大，Q 币的适用面也逐步走出了 QQ 平台。目前有一些非 QQ 平台的游戏也收取 Q 币作为会员费，而项目运营者通过向第三方出售 Q 币来实现真实的营利。就此，很多人认为 Q 币等电子货币发行会使中央银行作为"发行的银行"的地位受到挑战。你认同这种看法吗？
>
> 　　答：这样的观点至少在现在来看是不确切的。因为目前电子货币普遍和现有货币保持着一种比例兑换的关系，所以电子货币的发行只是对现有货币（包括基础货币和派生货币存款）形式的一种转变，它并没有改变基础货币的投放，因而也就没有对中央银行的货币发行权形成挑战。更确切地说，电子货币对中央银行的挑战主要表现在诸如电子钱包等替代流通的电子货币对中央银行独占现金发行权的挑战。现金是由中央银行垄断发行的，当商业银行或非银行金融机构也可以发行类似于现金的电子货币的时候，中央银行现金发行权的垄断性就会受到挑战。

2.2　电子货币的主要形式及应用

2.2.1　银行卡

1）银行卡概述

银行卡是按照一定的技术标准制成，载有发卡单位和持卡人信息，由银行或银行卡公司向信用良好的个人和机构签发的一种信用凭证，卡片持有人可在指定的特约商户购物或获得服务。中国人民银行 1999 年印发的《银行卡业务管理办法》将银行卡定义为：银行卡是商业银行等金融机构及邮政储蓄机构向社会发行的，具有消费信用、转账结算、存取现金等全部或部分功能的信用支付工具。

银行卡的起源

银行卡产生于19世纪末20世纪初，当时美国西部的一些酒店老板，推出一种只能定点使用的结算卡。持这种卡的客人，可以先用餐，以后定期付款。这种卡的使用使酒店和客人都感到很方便，免除了双方每餐结账的麻烦，这种支付方式很快获得广大公众的欢迎。随后，零售商、石油公司和旅游娱乐业等开始纷纷仿效，为稳定的客户发放早期的信用卡，用于赊购商品、定期付款。到20世纪40年代，信用卡开始由银行统一发行和统一管理，1951年，富兰克林国民银行（Franklin National Bank）成为最早发行信用卡的银行。银行作为买卖之外的第三方发行信用卡，不仅使信用卡的使用范围和使用地区扩大，也使信用卡的信誉得到加强。到20世纪80年代，信用卡在发达国家已经得到普及。美国是信用卡的发源地，无论是发行的数量还是发行的种类都一直居于世界前列，堪称"信用卡王国"，早在1990年，其发行量就已经突破了10亿张，按成年人口计算，人均可达9张之多。在发展信用卡的同时，银行后来又推出借记卡、复合卡等新的金融交易卡，统称银行卡。20世纪80年代初推出集成电路卡（IC卡），IC卡具有较强的运算能力和较大的存储能量，银行卡采用IC卡作为介质，不仅可以完成金融交易，还可以储存持卡人的其他信息，供多种系统共用同一张卡，银行卡开始向多功能卡的方向发展。

我国银行卡业务起步于改革开放之后，1978年，中国银行广州分行与中国香港东亚银行签署协议，代理其信用卡业务，这是中国银行业第一次开展银行卡业务；1985年，中国银行珠海分行发行了我国第一张银行卡——"中银卡"，这是我国第一张银行卡，也是我国第一张信用卡。此后，其他银行也纷纷开始发行银行卡。到20世纪90年代初，中行"长城卡"、工行"牡丹卡"、建行"龙卡"、农行"金穗卡"四大银行卡品牌全部诞生。1993年，我国启动金卡工程，银行卡逐步实现联网通用。2002年3月26日，经国务院同意、人民银行批准，我国自己的银行卡组织——中国银联股份有限公司（简称"银联"）正式宣告成立。银联的成立是我国银行卡产业"继往开来"的一件大事，标志着我国银行卡产业进入新的发展时期，截至2016年6月，银联受理网络已经延伸至境外160个国家和地区，全球受理银联卡的商户数超过2 600万家（POS），自助取款机（ATM）超过180万台，基本实现"中国人走到哪里，银联卡用到哪里"的目标。

目前我国已经被公认为全球银行卡业务增长最快、发展潜力最大的国家。我国主要的银行卡品牌和种类见表2-1。

表2-1　　　　　　我国主要的银行卡品牌和种类

发卡银行	品牌名称	发卡银行	品牌名称
中国工商银行	牡丹卡	招商银行	一卡通
中国农业银行	金穗卡	华夏银行	华夏卡
中国建设银行	龙卡	上海浦东发展银行	东方卡
中国银行	长城卡	广东发展银行	广发卡
交通银行	太平洋卡	平安银行	吉祥卡
中信实业银行	中信卡	兴业银行	兴动力卡
中国光大银行	阳光卡	北京商业银行	京卡
中国民生银行	民生卡	上海银行	申卡

知识链接 2-2

国际信用卡组织

通常，发行信用卡的金融机构，都必须申请加入某一地区性的或国际性的信用卡组织，如美国的维萨国际组织和万事达卡国际组织，这些信用卡组织已经建立了信用卡交换中心，可以处理许多有关信用卡的跨行处理事宜。各成员行支付参与费后，就可共享这些组织的网上资源，发行自己的信用卡。

维萨国际组织是一个联盟组织，是目前世界上最大的信用卡和旅行支票组织，其前身是 1900 年成立的美洲银行信用卡公司。1974 年，美洲银行信用卡公司与西方国家的一些商业银行合作，成立了国际信用卡服务公司，并于 1977 年正式改为维萨国际组织，成为全球性的信用卡联合组织，拥有全球最具规模的电子支付网络，将持卡人、商户，以及 21 000 家互相竞争的维萨会员金融机构紧密联系在一起，为财务产品和专业服务开拓全新领域，提供多元化选择、方便快捷的服务。据估计，维萨每年产生的交易额达 3 万亿美元。

万事达卡国际组织是仅次于维萨国际组织的世界第二大信用卡组织，该组织的总部设在美国纽约，总处理中心设在圣路易斯市。1966 年，美国加州的一些银行成立了银行卡协会，并于 1970 年启用 Master Charge 的名称及标志，统一了各会员银行发行的信用卡名称和设计，1978 年再次更名为现在的 MasterCard。万事达卡国际组织拥有 MasterCard、Maestro、Mondex、Cirrus 等品牌商标。万事达卡国际组织本身并不直接发卡，MasterCard 品牌的信用卡是由参加万事达卡国际组织的金融机构会员发行的。目前其会员约有 2 万个，拥有超过 2 100 多万家商户及 ATM。

中国银联于 2002 年 6 月成为维萨、万事达卡两大国际组织的会员。中国银联成员机构从事国际卡业务，可通过中国银联的清算系统同维萨、万事达卡的全球清算网络系统连接，完成交易。

资料来源：佚名. 国际信用卡组织［EB/OL］.（2014-06-15）. http://baike.baidu.com.

2）银行卡的种类

根据结算方式、使用权限、使用范围、持卡对象以及所用载体材料的不同，银行卡可以划分为多种类型（见表 2-2）。

表 2-2　　　　　　　　　　　　　**银行卡的分类**

分类方式	类型	特点
使用范围	国际卡	可在全球多个国家和地区使用，如维萨卡和万事达卡等
	地方卡	只局限在某地区使用，如各商业银行发行的仅在境内使用的银行卡
授信额度	普通卡	授信额度较低，如我国大多为 1 万元人民币以下
	金卡	允许透支额度较高，如我国一般为 1 万～5 万元人民币
持卡对象	个人卡	持有者为有稳定收入来源的社会各界人士，卡中金额属个人款项
	公司卡	持有者为各企事业单位或部门中的指定人员，卡中资金属于公司

续表

分类方式	类　型	特　　点
合作单位	联名卡	与企事业单位合作，可消费打折的营利性质的银行卡
	认同卡	与公益单位合作的非营利性质的银行卡，一般属公益或宣传性质
	基本卡	不与任何机构合作，如中国银行的长城卡
结算方式	信用卡	先消费再还款，可以透支消费、取现，透支按月计复利
	借记卡	先存款后消费，不可透支
	准贷记卡	先存款后消费，可以透支消费、取现，透支计单利
	现金卡	先存款后消费，不可透支
信息载体	磁卡	卡中磁条内存有客户的数据信息，使用时需要专门的读卡设备
	IC卡	卡片中嵌有芯片，存储数据信息，也可进行数据处理

（1）按结算方式划分，银行卡可分为信用卡、借记卡、准贷记卡和现金卡四类。

信用卡也叫贷记卡，是银行向金融上可信赖的客户提供无抵押的短期周转信贷的一种手段，也是目前国际上广泛流行的一种支付手段与结算工具。信用卡是发卡银行给予持卡人一定的信用额度，持卡人可在信用额度内先消费、后还款的一种非现金付款交易方式，是简单的信贷服务。贷记卡是真正意义上的信用卡，具有信用消费、转账结算、存取现金等功能。它具有先消费、后还款，享有免息缴款期，并设有最低还款额，客户出现透支可自主分期还款等特点。

借记卡是指先存款后消费（或取现）、没有透支功能的银行卡。借记卡的最大特点是客户持卡消费时不能透支。借记卡是一种具有转账结算、存取现金、购物消费等功能的信用工具，借记卡还附加了转账、买卖基金、缴费等众多功能，提供了大量增值服务。借记卡也可以通过ATM转账和提款，不能透支，账户内的金额按活期存款计付利息。

视频：借记卡和贷记卡的区别

准贷记卡是指持卡人须先按发卡银行要求交存一定金额的备用金，当备用金账户余额不足支付时，可在发卡银行规定的信用额度内透支的信用卡。现在的准贷记卡已不需要交存备用金。准贷记卡是一种具有中国特色的信用卡，国外没有这种信用卡。20世纪80年代，中国银行业从国外引入信用卡产品。因为当时中国个人信用体制不是很完善，中国银行业对国外的信用卡产品进行了一定的更改，将国外传统的信用卡存款无利息、透支有免息期更改为存款有利息、透支不免息。

信用卡、借记卡和准贷记卡三种银行卡具有的一个共同特点是，银行卡内实际并没有现金，这些卡的持卡人所拥有的真正的钱是存在银行的数据库里的，这些银行卡只是证明持卡人的身份的，证明持卡人在银行里有存款，或者在金融上是可以信赖的客户。而现金卡内记录有持卡人卡内持有的现金数，现金卡的持卡人持卡消费后，商户直接从现金卡内扣除消费金额，这样现金卡中的现金数也就相应减少了。因而，现金卡可以视为可以离线操作的借记卡，它一般采用IC芯片，能够记录更多的信息，也难以伪造，常采用购买的方式将一定的金额存入卡中，消费或提现时卡里金额自行减少，并不与银行账户对应或联系，不允许透支也不对其中的金额计算利息，与现金十分类似。

（2）按信息载体划分，银行卡可分为塑料卡、磁卡、集成电路卡、激光卡四类。

早期的信用卡是一种塑料卡，这种卡只能用于身份验证，不能保存信息，与计算机无关，是最简单、最落后但成本最低的一种卡。

磁卡诞生于 1970 年，它是在塑料卡上粘贴一条磁条而成的，磁条里有三条磁道，可记录相关信息。磁卡的主要优点是使用方便、技术成熟、造价便宜、用途广泛。但是，磁卡也存在一些严重的缺点：一是磁卡记忆容量小，通常在 100 字节以下；二是安全性低，保密性差，磁条中的数据易被破译和仿制，易受磁场干扰；三是在应用方式上，不适合脱机处理，必须通过网络进行实时授权控制，因此磁卡的应用必须购买造价高昂的硬件设备，以提供强大的中央数据库和可靠的网络系统支持。目前，虽然磁卡仍在广泛使用，但 IC 卡逐渐取代磁卡已是银行卡发展的大势所趋。图 2-1 显示的是符合 ISO/IEC 标准的磁卡。

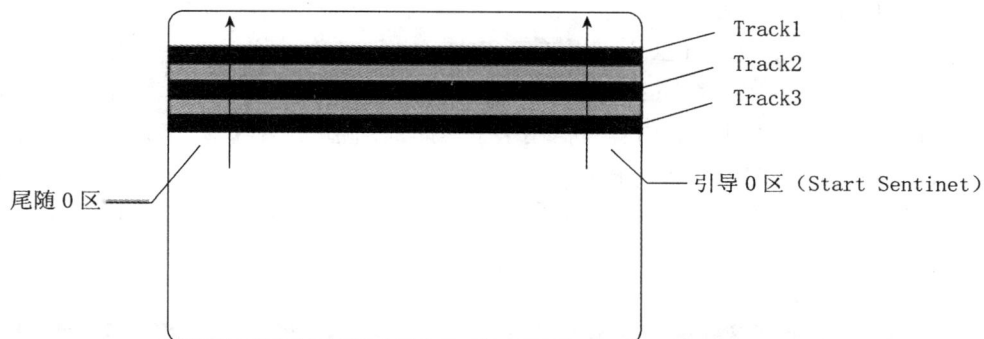

图 2-1 符合 ISO/IEC 标准的磁卡

IC 卡是 1970 年由法国人 Roland Moreno 发明的。IC 卡是在名片大小的塑料卡上镶嵌一小块集成电路芯片，利用芯片中的 EEPROM（数据存储器）来存储更多对用户有用的信息。IC 卡克服了磁卡在很多方面的缺陷，因此与磁卡相比，具有以下优点：一是存储容量大。IC 卡的存储容量根据型号不同，小的几百个字符，大的上百万个字符。二是安全保密性好，不易被复制，IC 卡上的信息能够随意读取、修改、擦除，但都需要密码。三是 IC 卡具有数据处理能力。在与读卡器进行数据交换时，可对数据进行加密、解密，以确保交换数据的准确可靠。四是使用寿命长，可以重复充值。IC 卡的缺点是制造复杂，成本较高，但随着微电子技术的进步和规模效应，这一缺点正在被克服。现在，世界各国都在推广应用 IC 卡作银行卡。

激光卡是在塑料卡片中嵌入激光存储器而成的，激光卡同 IC 卡相比，除了可提供多重服务外，安全性更高，储存量更大。目前激光卡尚在试验阶段，将来可望成为 IC 卡的劲敌。

✖ 拓展思考 2-3

磁卡是一种磁记录介质卡片，它由高强度、耐高温的塑料或纸质涂覆塑料制成，磁卡的优点是防潮、耐磨且有一定的柔韧性，携带方便、使用较为稳定可靠。缺点则是易受磁场干扰，因此，在使用磁卡时应注意哪些事项呢？

答：应注意避免以下事项：磁条卡在钱包、皮夹中距离磁扣太近，甚至与磁扣发生接触；与女士皮包、男士手包磁扣太近或接触；与带磁封条的通信录、笔记本接触；与手机套上的磁扣、汽车钥匙等磁性物体接触；与手机等能够产生电磁辐射的设备长时间放在一起；与电视机、收录机等有较强磁场效应的家用电器距离过近；在超市使用时，与超市中防盗用的消磁设备距离太近甚至接触；多张磁条卡放在一起时，两张卡的磁条互相接触。另外，磁条卡受压、被折、长时间磕碰、曝晒、高温以及磁条划伤弄脏等也会使磁条卡无法正常使用。同时，在刷卡器上刷卡交易的过程中，磁头的清洁、老化程度，数据在传输过程中受到干扰，系统错误动作，收银员操作不当等都有可能造成磁条卡无法使用。

3）信用卡

（1）信用卡的物理结构。

通常，信用卡由特殊塑料制成，卡的大小有统一标准，按国际惯例：卡长为85.60毫米，宽为53.98毫米，厚为1毫米。卡正面印有发卡行名称、防伪暗记、发卡行要求的图案及国际信用卡组织统一标志；发卡行用压卡机将信用卡卡号、发卡行行名及其英文缩写、有效期限、持卡人姓名等内容在信用卡上压印成凸起的字码，持卡人购货结账时，销售商用压卡机将凸起的内容压印在签购单上；信用卡背面记录持卡人的有关资料和密码，以备鉴别真伪时阅读使用；信用卡背面留有持卡人预留的亲笔签名，以便持卡人取款或购货时当面签字核对；信用卡上还印有发卡行的必要说明。图2-2是中国工商银行牡丹学生卡（左图为MC卡，右图为VISA卡）。

图2-2　中国工商银行牡丹学生卡

（2）信用卡的功能。

通常，信用卡的功能由基本功能与附加功能两大块构成。信用卡的基本功能包括：购物消费、转账结算、储蓄、小额信贷、汇兑结算、分期付款等。当持卡人持卡消费时，若所需支付的费用超过其账户余额，发卡行为其提供规定范围内的少量短期透支，即短期消费信贷。信用卡持卡人持卡消费还款可享受两个优惠条件：一是免息还款期，即一定期限内偿还贷款不收取利息；二是最低还款额，持卡人在到期还款日前偿还全部银行款项有困难时，可按发卡行规定的最低还款额还款，此时不享受免息待遇。

随着信用卡市场的竞争越来越激烈，信用卡除了需要具备基本的信用卡功能外，还衍生出各种各样的高附加值的"特色服务"，以提高其竞争力。各种信用卡的附加功能不尽相同，例如，牡丹学生卡是中国工商银行专为广大高校学生、研究生量身打造的一款国际信用卡产品，其特色服务包括：异地存款本地取款，免去携带现金的烦恼，同时免收异地存款和本地取现手续费；免收首年年费，刷卡消费三次或消费满3 000元人民币，即可减免次年年费；工商银行将为信用记录良好的学生卡持卡人出具信用报告；可在工行2万多个营业网点、1.7万台ATM以及数十万台带有银联标识的POS机和其他银行的ATM上使用。

（3）信用卡的服务与管理。

由于信用卡业务的实质是为客户提供一笔短期信用贷款，包含了一定的风险，因此信用卡的服务与管理工作相对比较复杂，通常包括以下几个环节：选择信用卡组织、销售信用卡、签约商户、核准信用、发行信用卡、安全控制、收回贷款、向持卡人提供服务。其中，核准信用是信用卡风险管理中最重要的一环，要求发卡行必须认真审查信用卡申请人的资信状况（包括职业、财产、收入、社会地位、住址），必要时还要确定是否需要担保及担保方式。根据申请人的信用状况，发卡行要为持卡人规定一个信用限额和信用卡的有效期，一般信用程度越高，则信用限额越高，信用卡有效期越长。信用卡的安全控制措施包括：确保发行的信用卡能到达正确的持卡人手里；确保丢失卡和被盗卡能迅速地被识别和冻结；明确规定不同级别内部人员的授权权限和授权额度；及时更新支付卡表；及时更新持卡人文件中的信用评价信息，定期复查其资信情况，必要时调整其信用额度；经常对保安报告和欺骗性交易进行分析，并采取相应的措施；提供各种安全训练项目，提高商店识别非法卡的能力等；收集违约账户信息，控制违约账户等。

案例分析 2-2

疯狂透支"天上掉下"的信用卡

莆田男子张某大学毕业后到福州打工，因平时开销较大，经济上比较拮据。2007年9月，张某到湖东路一家银行申办额度为1.7万元的信用卡。填写申请表时，他填写了前半部分，但因签名栏上有涂改痕迹，他当时并未签名。

一个月后，张某仍然拿到了信用卡，于是开始疯狂刷卡，透支1.6万余元。银行多次追讨，张某无力偿还，变更电话号码后"蒸发"。2010年4月，银行向鼓楼区法院起诉张某，张某利用申请表签名栏上的漏洞，声称从未向银行申请过信用卡，银行败诉。

此后，银行向警方报案。警方经过调查确定，张某的确曾向该银行申请办理过信用卡，申请办卡时张某未签名，办理信用卡的业务员为了提高业绩替他签了名，张某拿到卡后开始恶意透支。就在警方准备抓捕张某时，他迫于压力投案自首了。

资料来源：佚名. 疯狂透支"天上掉下"的信用卡［EB/OL］.（2010-05-19）.http://news.163.com.

问题：银行应怎样规避信用卡业务风险？

分析提示：为了规避信用卡业务风险，银行在办理信用卡的过程中要仔细审核客户的身份证明、征信资料、工作单位等情况。同时，银行也应加强对信用卡业务员的监管，避免出现信用卡业务员在推销过程中伪造申请资料、篡改资料、代签名之类的情况。

4）借记卡

尽管信用卡的推出对于银行、持卡人和商户是一个"三赢"的结果，但是从信用卡的使用情况看，还是存在不少问题的：首先，大部分的持卡人在免息还款期内偿还贷款余额，躲开了利息费用，导致银行利润太低；其次，由于需要核准信用、防止诈骗、避免违约、减少坏账，导致银行管理费用高，交易成本大；最后，由于要向持卡人和商户提供各种服务，导致银行劳动强度大。以上问题的存在，严重影响了信用卡业务的发展，直接导致信用卡在银行卡业务中的比重有所下降。

针对这种情况，需要研制一种风险较小、成本较低、使用较方便的银行卡，借记卡就是这样一种银行卡。借记卡和信用卡在外形上相似，但它们是两种性质完全不同的卡：信用卡是先消费、后还款，可预支现金，借记卡是先存款、后消费，不允许透支；信用卡的实质是银行向持卡人发放一笔无抵押的短期信用贷款，必然有风险，借记卡是将顾客在存款账户上的资金直接划拨到商户账户上，对银行而言几乎无风险。因此，金融机构越来越多地推广借记卡，并向几乎所有的存款客户提供借记卡服务，而不管其信用级别如何，更多的消费者也开始更频繁地使用借记卡。

5）IC卡

IC卡（Integrated Circuit Card，集成电路卡），也称智能卡（Smart Card）、智慧卡（Intelligent Card）、微电路卡（Microcircuit Card）或微芯片卡等。它是将一个微电子芯片嵌入符合ISO 7816标准的卡基中，做成卡片形式。国际标准化组织（ISO）使用标准术语ICC（Integrated Circuit Card），即"集成电路卡"来涵盖所有在一个塑料卡片内封装了一个集成电路的器件，但为了显示IC卡的智能特性，很多场合下人们称呼IC卡为智能卡。

在智能卡推出之前，从世界范围来看，磁卡已得到广泛应用。为了从磁卡平稳过渡到智能卡，也为了兼容，通常在智能卡上仍贴有磁条，为此，卡中封装集成电路芯片的位置受到磁条位置的限制。图2-3为智能卡的外观图，正面左侧的小方块中封装有集成电路芯片，其下面为签名条；最下面为凸印字符，用于压印账单；背面上部有磁条。正面还可印刷各种文字、图案、照片等。卡的尺寸、触点位置与用途、磁条的位置及数据格式等均有相应的国际标准予以明确规定。无论是磁卡还是IC卡，卡上都有唯一的发行人和持卡人的识别标志，这种卡有时被称为识别卡。

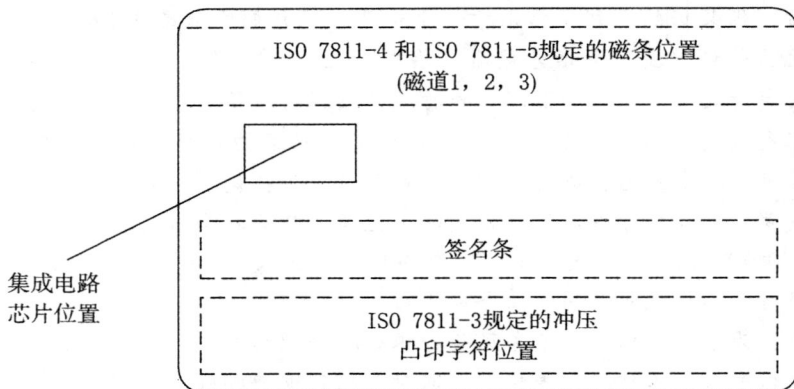

图2-3 IC卡的外观

（1）IC卡与磁卡的比较。

磁卡自20世纪60年代末问世以来，就因其简单、价廉、使用方便而在金融、邮电等领域得到广泛运用，但由于它依靠容量有限的外露磁条存储信息，因此在保密性、抗损性、可靠性及脱机工作等方面存在诸多不足。由于美国等国已建立了基于磁卡的强大的授权通信网络，难以抛弃已有的大量设备资源，因此目前在金融领域磁卡仍然被广泛使用。

而欧洲各国（如法国、芬兰等国）的IC卡应用则比较普遍，技术水平也较为领先。然而，随着芯片技术的迅猛发展，IC卡凭借其3S（Standard、Smart、Security，即标准、智能、安全）优势将逐步替代磁卡。IC卡与磁卡的比较见表2-3。

表2-3 IC卡与磁卡的比较

性　能	IC卡	磁卡	
抗机械损伤	好	差	
抗电磁干扰	是磁卡的10倍	差	
抗静电	好	差	
抗辐射	好	差	
防潮防污	好	差	
存储容量	已达4Mb	小于几百字节	
数据保存期限	100年	1～2年	
使用寿命	10万次	几千次	
卡片价格	较高	低	
作业模式	脱机/非实时联机	脱机	实时联机
网络要求	较低	低	高
对主机的要求	较低	低	高
系统投资	中等	低	高
卡的复制与伪造	很难	容易	
读写安全措施	读写保护，数据加密保护	无	
使用保护	个人密码，卡与读写器双向认证	个人密码	

（2）IC卡的分类。

按集成电路的组成，即IC卡上是否有CPU和其他元件，可将IC卡分成以下三类：

①IC存储卡（记忆卡）。芯片中只含有数据存储器，不含有CPU，只能对信息进行读、写、擦，没有运算处理功能，也不能对信息提供保护。存储卡功能简单，没有（或很少有）安全保护逻辑，但价格低廉，开发使用简便，因此多用于某些内部信息无须保密或不允许加密（如急救卡）的场合。

②逻辑加密存储卡。它是一种可多次重复使用的IC卡，在IC存储卡的基础上增加了加密逻辑。由于采用密码控制逻辑来控制对存储器的访问和改写，因此，它不像存储卡一样可以被任意复制或改写，具有较高的安全性、保密性。

③IC智能卡（CPU卡）。芯片中不仅含有数据存储器，而且还有CPU，因而具有信

息处理功能，能进行复杂的密码计算。可以将其看作没有显示器和键盘的计算机，卡内有自己的操作系统（Chip Operating System，COS），通过编码能完成很复杂的工作，担负着芯片的安全通信、文件数据管理、执行交易命令流程和异常状况下的自我保护的职责。由于可以实现对数据的加密，CPU卡的安全性有了显著提高，可以有效地防止伪造，通常用于银行卡和其他对安全性要求较高的应用场合。虽然通常将所有IC卡都称作智能卡，但严格地讲，只有CPU卡才真正具有智能特性，即只有CPU卡才是真正意义上的"智能卡"，是最具生命力的IC卡。

根据物理结构和信息交换方式，可将IC卡分为以下两类：

①接触式IC卡（如图2-4所示）。常用的IC卡为接触式IC卡，它是通过IC卡读写设备的触点与IC卡的触点接触后，进行信息读写与交换。接触式IC卡采用物理接触方式，因而成本低，实施起来相对简便。

②非接触式IC卡（如图2-5所示）。该类卡与IC卡设备无电路接触，而是通过非接触式的读写技术进行读写与信息交换（例如光或无线技术）。其内嵌芯片除了CPU、逻辑单元、存储单元外，还增加了射频收发电路。该类卡一般用在使用频繁、信息量相对较少、可靠性要求较高的场合。非接触式IC卡由于采用了更先进、更高超的技术手段，具有如下特点：一是快捷方便。由于采用非接触无线通信，使用时不必插卡，可以任意方向掠过读卡器（没有正反、方向和角度限制），只要卡片处于感应范围（一般在10厘米范围内），读写器就可对卡片进行操作，一次操作时间仅0.1秒。二是可靠性高。由于卡片与读写器之间没有机械接触，可避免因接触读写而产生的各种故障，例如由于粗暴插卡、非卡外物插入、灰尘或油污导致接触不良等原因造成的故障；此外，由于芯片和感应天线都密封在塑料卡片内，抗静电能力强，还可避免环境污染。三是安全性高。非接触卡的序列号是在出厂前固化在芯片中的，具有唯一性和不可更改等特点，因此可以说世界上没有两张相同的非接触IC卡，此外采用了双向验证机制，读写器验证IC卡的合法性，同时IC卡验证读写器的合法性。四是抗干扰性强。由于有快速防冲突电路，能有效防止卡片之间出现数据干扰。五是可有多种工作距离。根据应用环境和应用对象的不同，设计的作用距离可从几厘米至数米不等。

卡触点

图2-4　接触式IC卡外观

内嵌芯片

天线线圈

图2-5　非接触式IC卡外观

根据应用领域的不同，可将IC卡分为非金融卡和金融卡两类。其中，非金融卡是由政府部门、信誉较好的大型公司或企业发行的IC卡，非金融卡涉及范围较广，囊括了金融卡之外的所有领域，主要应用在一些事务管理、安全管理场所，如门禁卡、医疗卡、保险卡、IC卡身份证、公交卡等。金融卡是由商业银行或支付机构发行的，采用集成电路技术，遵循国家金融行业标准，具有消费信用、转账结算、现金存取的全部或部分金融功能，可以具有其他商业服务和社会管理功能的金融工具。在实践中有三种模式：一是普通IC卡。二是电子存折卡，它是一种电子存折式的有密码的IC现金卡，卡上除了记录持卡人的个人资料和密码信息外，还写入了持卡人的存款余额，从而使其成为直接的支付手段。该卡有密码保护，如果卡片丢失或受损，持卡人的钱并不会受到影响，因此它比现金安全。三是电子钱包卡，它是一种电子钱包式的无密码的IC现金卡，卡片不设密码，持卡人无须到银行办理任何手续，就可在有关的销售点买到这种卡。由于不设密码，卡片丢失后，卡片中的钱也就丢失了，因此通常只作小面额卡。"钱包"里的钱用完后，还可通过特定的圈存机向"钱包"里圈存。它的交易处理速度更快，甚至超过了现金的消费速度。

（3）IC卡的用卡过程。

一般来说，卡片制造商提供的卡都是仅具备最基本软、硬件配置的"白卡"，必须在发行阶段对之个人化后才能实际应用。所谓"个人化"，是指相关部门根据系统设计要求，将系统应用信息及持卡人个人信息写入或制作于卡上，使具有普遍通用意义的"白卡"变为具有个人特殊意义的可用卡的过程。个人化的内容通常包括：①卡的软、硬件逻辑格式化；②系统应用信息和个人应用信息的初始化写入；③在卡面上印刷卡和发行单位的名称、持卡人照片等。

视频：工商银行 IC卡

使用IC卡完成一次购物的过程具体如下：某银行（发卡方）发给客户一张储蓄卡，卡内存有客户账号，银行接受客户上交的现金1 000元后在不可读存储区写入客户PIN码，在保密存储区写入账面余额1 000元等，完成卡的个人化。

客户持储蓄卡到某商店（受卡方）去购物的操作顺序如下（如图2-6所示）：

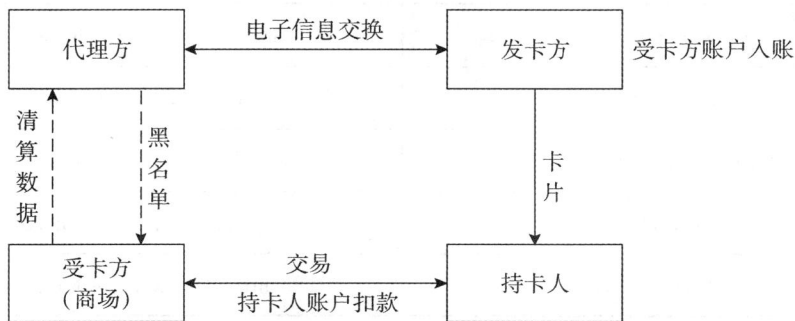

图2-6 使用储蓄卡完成一次购物的过程

第一步，将储蓄卡（余额1 000元）插入商店的POS机中。

第二步，售货员通过键盘输入交易金额（如400元），并显示在客户设备的显示板上，同时指示客户输入个人标志符PIN。

第三步，客户输入PIN后，POS机读出卡中磁条上的数据，如客户账号等，并通过网络将客户账号、PIN传送到银行的计算机，由银行的计算机在其数据库中检查该账号，以防止他人使用已挂失或偷窃来的金融卡。同时核对客户的账面记录，查明可供支用的金额，以及核对PIN，以确认持卡人是否是卡的主人。此外，还要核查金融卡在一天内允许使用的次数和一天内允许提取现金的总金额。

第四步，核查客户账号和PIN无误后，银行计算机将通过网络发回授权信息，授权商店进行交易。商店POS机将客户账号、所购物金额数（400元）记录下来，显示板显示交易结束，给客户打印收据。客户取走商品和卡。

第五步，适当的时间将POS机的交易细节汇总到商店的开户银行（代理方）。随后，商店的开户银行就会通过信息交换系统与发卡银行联系，发卡银行以客户的账号为索引在它的数据库中找到客户在该银行的账目，并加以修正（扣款，余额600元），同时将交易金额（400元）转入商店在开户银行的账户，整个交易过程结束。

智能卡的使用相当于将持卡人从集中式数据库管理方式下解脱出来，每张卡相当于一个流动的小数据库，这些数据库非实时地与中央数据库打交道、交换数据。也就是说，将集中式数据处理转化为分布式数据处理，这将大大减少对网络实时性、安全性的要求，实现脱机或非实时联机处理，降低网络成本。

2.2.2　网络货币

网络货币指的是以公用信息网为基础，以计算机技术和通信技术为手段，以电子数据形式存储在计算机系统中，并通过开放的网络系统以电子信息传递形式实现流通和支付功能的货币。网络货币建立在开放的互联网上，是电子货币发展的高级形式。网络货币的主要形式有电子现金、电子钱包、电子支票等。目前，世界上比较著名的网络货币有以下几种（见表2-4）。

表2-4　　　　　　　　　　　　世界上主要的网络货币

名　　称	网　　站
E-Cash	http：//www.digicash.com
Mondex	http：//www.mondexusa.com
CyberCash	http：//www.cybercash.com
First Virtual Holding	http：//www.fv.com
Netbill	http：//www.netbill.com
Check Free	http：//www.checkfree.com

1）电子现金

电子现金也称为数字现金，是一组表示现金的加密序列数，是一种对现金加密的数字化现金或电子化现金，它可以表示现实中各种金额的价值。电子现金是一种非常重要的电子支付系统，以数字信息形式存在，通过互联网流通。例如，以110008011代表价值为80美元的现钞，以110010011代表价值为100美元的现钞。若某人欲在网上购买价值为350美元的货币，则只需将其计算机硬盘中储存的3个110010011数字串及一个110005011数字串转移给销售商的电脑网络即可。

数字现金的突出特点是具有较高的安全性、可靠性和匿名性，便于进行电子支付、数字支付、在线支付、网上支付和远程支付。数字现金保留了几乎所有传统现金的基本属性，又具有传统现金不具备的电子支付、远程支付、网络支付等功能，所以在电子商务活动中，数字现金正在取代传统现金成为网上支付的主要工具。目前，影响力比较大的电子现金系统包括 E-Cash、Net cash、Cyber Coin 等等，下面以 E-Cash 为例，说明电子现金的运作机制。

E-Cash 是 Digi Cash 公司最著名的产品。Digi Cash 公司是一家专门从事电子支付系统和电子现金开发的专业公司，于 1994 年在荷兰成立，后来其总部搬到美国。它的创立者 David Chaum 是电子现金领域的一名先驱者，被称为"数字现金之父"。David Chaum 于 20 世纪 70 年代末开始研究制作数字现金，他看到了 Internet 潜在的巨大商机，认为在 Internet 上必须有自己的网络货币，它可以在互联网上自由流通，成为互联网上商品交易的媒介。经过多年的辛勤钻研，David Chaum 终于于 1995 年开始在 Internet 上发行数字现金。为使数字现金发行成功并实现其流通，他详细说明了数字现金的发行理念和使用方法，并承诺凡是向他申请使用数字现金的前 1 000 名网络货币持有者，均可免费获得 500 元数字现金。在互联网上出售各种数字化商品的商人均可在网上定价，通过互联网向购买者收取数字现金。1995 年年底，由于 David Chaum 发行的数字现金的使用者越来越多，它被设在美国密苏里州的一家马克·吐温银行所接收。该行规定，凡是在该行拥有存款账户的客户，均可在互联网上拥有自己的数字现金账户，客户有权将自己存款中的美元或其他货币转为数字现金，从而在互联网上进行交易时使用数字现金进行支付，如果接收这种数字现金的商人在马克·吐温银行也有自己的账户，整个交易就能顺利进行。

E-Cash 的真正含义在于：微量货币单位的电子信息（从几分到几元）分别以一个个数据块的形式保存在计算机硬盘中，在需要流通时，这些信息可以通过互联网或其他网络，从银行到消费者，或从消费者到零售商店，即时流动。在使用电子货币时，买方或卖方必须在发放电子货币的银行开设专用账户，银行向他们提供电子现金系统软件（Purse 软件）用于管理和传送电子现金。买方开户后，可以根据意愿将普通账户的资金注入 Purse 软件，将数据存储在自己的内置硬盘上，形成有效的电子现金。

对电子现金来说，唯一性和安全性无疑是相当重要的，数据信息在传送过程中被破译和篡改，会给交易各方造成惨重的损失。对此，Digi Cash 公司采取了对数字现金进行编号的方法，但是 E-Cash 会因此失去匿名性，发行数字现金的公司完全可以根据序列编号记录下使用数字现金的交易者，以及他们进行了何种交易，消费者的隐私将难以获得保护。为了实现 E-Cash 的匿名支付，Digi Cash 公司采用了两项关键技术：①随机配序。所谓随机配序，就是在顾客用实体货币兑换数字现金时，由顾客 Purse 软件随机产生一组序列号，采用这一技术的目的有两个：其一是保证数字现金发行的匿名性，序列号是随机产生的，并不由数字现金发行者指定；其二是保证数字现金的唯一性，已经使用过的序列号将记录在数据库里，只有未经使用过的序列号在验证时才被认为是合法的，这样可以防止数字现金被复制。②盲化签名。为了保证发行数字现金的合法性，还需要发行机构对发行的数字现金进行签名，这种签名是通过"盲化签名"技术（也叫遮蔽式签名系统）来完成的，盲化签名保证了银行签名时不能将客户身份与所领取的数字现金联系起来，银行并不知道使用数字现金的客户是谁，这样便保证了消费者的隐私不受侵害。

由于采用了随机配序与盲化签名技术，E-Cash 实现了数字现金的唯一性、匿名性和安全性，但由于数字现金的每一次支付都需要对序列号的唯一性进行认证，当交易扩大时，认证过程将变得非常困难；同时，在使用 E-Cash 时需要进行数字签名和序列号认证，因而只能进行在线支付而不能进行离线支付，因此，数字现金并不能完全取代实体现金。

2）电子钱包

电子钱包实际上是基于银行卡发展而来的一种电子货币，它是一个装有电子芯片的智能卡，有时也被称为现金卡。电子钱包与传统银行卡的最大不同是它像钱包一样存着现金，使用起来无须授信和授权，消费金额的大小完全取决于内存现金的多少，而且在内存现金用完后，可自动将个人银行账户上的钱转入钱包。

电子钱包的使用通常需要借助一定的电子钱包服务系统。目前世界上有 VISA Cash 和 Mondex 两大电子钱包服务系统，其他电子钱包服务系统还有 MasterCard Cash、Euro Pay 的 Clip 和比利时的 Proton 等。下面以 Mondex 为例，说明电子钱包的运作机制。

Mondex 是世界上最早的电子钱包系统，由英国 National Westminster 银行开发，于 1995 年 7 月首先在有"英国的硅谷"之称的斯温顿（Swinton）市试用，可实现货币的存入、取出，提供匿名性和无痕性服务。Mondex 卡最基本的系统特征是以 IC 智能卡技术作为其主要的技术支持。Mondex 采用了内置存储器和 CPU 的 IC 智能卡技术，通过设定个人识别码来保证 Mondex 卡的安全，从而使他人不可能伪造这种货币。Mondex 允许用户给 Mondex 卡设置密码对卡加锁，由于已加锁，即使卡遗失后被他人拾去，他人也不能支取卡内存储的电子现金，当然也不能用它购物。卡丢失后，银行可以运行一个奖励系统以激励拾到者将卡归还给合法的所有者。Mondex 利用专用读卡设备实现资金的存取。Mondex 卡上的钱可由连在电话、ATM 上的智能卡阅读器和专门的电子钱包进行转账，其中，最具特色的是它的便携式读写终端，通过便携式读写终端，Mondex 可以实现完全的离线交易，也为它的匿名性提供了技术支持。在此基础上，Mondex 实现了多样化的支付方式。通过 Mondex 的各种读写终端，Mondex 不仅可以实现个人之间的面对面的交易，也可以实现网络支付与清算，这是它与数字现金相比具有优势的地方。

例如，A 客户将 Mondex 卡插入便携式读写终端，将卡内一定数量的余额转入终端芯片内，B 客户也将自己的 Mondex 卡插入读写终端，将终端存储器芯片中的余额转入自己的 IC 卡中，这就完成了 A 对 B 的支付；当双方距离较远时，则可以使用联网的专用读写器，操作原理相同。除了在专用网络环境中使用 Mondex 卡完成支付外，专家还开发出了在开放的网络环境中完成支付的技术手段，使用者仅仅需要将自己的微机联入互联网，并连接一台专用的 IC 卡读写终端，就可以轻松完成支付。

可见，Mondex 卡中的资金转移无须银行介入，可直接在用户之间完成。卡内余额在任何时候均可返回银行存款账户，卡内余额为零或者不足时，可以使用银行的 ATM 通过自己的银行账户向 Mondex 卡充值。可以预料，如果 Mondex 卡设备的应用足够普遍，在交易过程中能够让交易者充分享受 Mondex 的安全和便利，在这种情况下，Mondex 取代实体现金就有可能成为现实。从全球以及 Mondex 的发展史来看，现在 Mondex 的发展处于低潮。Mondex 最近关闭了它在美国旧金山的办公室，将其技术、管理以及许可证颁发职能全部转交给在纽约的万事达卡国际组织。

3）电子支票

电子支票是客户向收款人签发的、无条件的数字化支付指令。它可以通过因特网或无线接入设备来完成传统支票的所有功能。电子支票是纸质支票的电子替代物，它与纸质支票一样，是用于支付的一种合法方式，它使用数字签名和自动验证技术来确保其合法性。监视器的屏幕上显示出来的电子支票票样十分像纸质支票，填写方式也相同，支票上除了必需的收款人姓名、账号、金额和日期外，还隐含了加密信息。通过电子函件直接将电子支票发送给收款方，收款人从电子邮箱中取出电子支票，并用电子签名签署收到的证实信息，再通过电子函件将电子支票送到银行，把款项存入自己的账户。电子支票的典型代表有 NetBill、Net check、E-Check 等。电子支票票样如图2-7所示。

图2-7　电子支票票样

电子支票交易的过程可以分为以下几个步骤：①消费者和商家达成购销协议并选择用电子支票支付。②消费者通过网络向商家发出电子支票，同时向银行发出付款通知。③商家通过验证中心对消费者提供的电子支票进行验证，验证无误后将电子支票送交银行索付。④银行在商家索付时通过验证中心对消费者提供的电子支票进行验证，验证无误后即向商家兑付或转账。

视频：携程环球
电子旅行支票

电子支票借鉴了纸质支票转移支付的优点，利用数字传递将钱款从一个账户转移到另一个账户。这种电子支票的支付是在与商户及银行相联的网络上以密码方式传递的，多数使用公用关键字加密签名或个人身份证号码代替手写签名。用电子支票支付，事务处理费用较低，而且银行也能为参与电子商务的商户提供标准化的资金信息，故可能是最有效率的支付手段。

本章小结

电子货币是一种新型的支付工具，是表示现金的加密序列数，它可以用来表示现实中各种金额的币值。随着基于纸张的经济向数字经济的转变，电子货币将成为主流。

电子货币按被接受程度，可分为单一用途电子货币和多用途电子货币；按使用方式和条件，可分为认证或匿名系统，在线或离线系统；按依托的计算机网络方式，可分为银行卡和网络货币。

银行卡是商业银行等金融机构向社会发行的，具有消费信用、转账结算、存取现金等全部或部分功能的信用支付工具。按结算方式，银行卡可分为信用卡、借记卡、准贷记卡和现金卡；按信息载体，银行卡可分为塑料卡、磁卡、集成电路卡、激光卡。

IC卡是将一个微电子芯片嵌入符合 ISO 7816 标准的卡基中，做成卡片形式。按集成电路的组成，可分为存储卡、逻辑加密卡、智能卡；根据物理结构和信息交换方式，可分为接触式IC卡和非接触式IC卡；根据应用领域不同，可分为金融卡和非金融卡。

网络货币指的是以公用信息网为基础，以计算机技术和通信技术为手段，以电子数据形式存储在计算机系统中，并通过开放的网络系统以传递电子信息的形式实现流通和支付功能的货币。网络货币的形式有电子现金、电子钱包、电子支票等。

关键概念

电子货币　银行卡　网络货币　POS　ATM　信用卡　借记卡　准贷记卡　现金卡　塑料卡　磁卡　集成电路卡　IC存储卡　逻辑加密存储卡　IC智能卡　电子现金　电子钱包　电子支票

综合训练

1.不定项选择题

（1）电子货币与传统货币的（　　）不同。

A.货币形式　　　　　B.发行主体　　　　　C.流通方式　　　　　D.安全程度

（2）按被接受程度，电子货币可分为（　　）。

A.单一用途电子货币　　　　　　　　B.多用途电子货币

C.银行卡　　　　　　　　　　　　　D.网络货币

（3）按依托的计算机网络方式，电子货币可分为（　　）。

A.单一用途电子货币　　　　　　　　B.多用途电子货币

C.银行卡　　　　　　　　　　　　　D.网络货币

（4）银行卡是银行等金融机构向社会发行的具有（　　）功能的支付工具。

A.消费　　　　　B.转账结算　　　　　C.存取现金　　　　　D.透支

（5）按结算方式，银行卡可分为（　　）。

A.信用卡　　　　　B.借记卡　　　　　C.准贷记卡　　　　　D.现金卡

（6）贷记卡是真正意义上的信用卡，具有（　　）等功能。

A.消费　　　　　B.转账结算　　　　　C.存取现金　　　　　D.透支

（7）借记卡与贷记卡的最大区别是（　　）。

A.消费　　　　　B.透支　　　　　C.转账结算　　　　　D.存取现金

（8）按IC卡上是否有CPU和其他元件，可将IC卡分为（　　）。

A.IC存储卡　　　B.逻辑加密存储卡　　C.IC智能卡　　　　D.超级智能卡

（9）按物理结构和信息交换方式，可将IC卡分为（　　）。

A.接触式IC卡　　B.非接触式IC卡　　C.金融卡　　　　　D.非金融卡

（10）按应用领域，可将IC卡分为（　　）。

A.接触式IC卡　　B.非接触式IC卡　　C.金融卡　　　　　D.非金融卡

（11）网络货币的主要形式有（　　）。

A.电子现金　　　　B.银行卡　　　　　C.电子钱包　　　　　D.电子支票

2.简答题

（1）什么是电子货币？它具有哪些职能？

（2）电子货币与传统货币有什么区别？

（3）电子货币对中央银行有什么影响？对商业银行又有什么影响？

（4）银行卡有哪些种类？

（5）信用卡和借记卡有哪些异同？

（6）目前世界上广泛使用的网络货币有哪些？各自有何特点？

3.案例分析

招商银行"一卡通"

"一卡通"是招商银行向社会大众提供的、以真实姓名开户的个人理财基本账户，多次被评为消费者喜爱的银行卡品牌。招商银行"一卡通"外观如图2-8所示。

图2-8 招商银行"一卡通"外观

"一卡通"的具体功能如下：

◆一卡多户：是人民币、美元、港币、日元、欧元等币种的活期、定期等各类储蓄账户。

◆通存通兑：可以在招行同城任一网点办理各种存取款业务；可以在全国各网点办理人民币、港币、美元活期账户异地存取款业务。

◆自动转存：存有的整存整取存款到期后，银行自动按原存期连本带息代为办理存款转存。

◆自助转账：在招行柜面申请自助转账服务功能后，可以直接使用招行电话银行、自动柜员机、查询终端及网上个人银行，办理人民币或外币同一币种同一钞汇类的同名账户的同城"一卡通"、存折之间的相互划转。

◆商户消费：可以在招行和中国银联以及当地金卡工程的特约商户直接进行消费结算。

◆自动柜员机提款：可以在招行开户地自动柜员机上办理人民币活期取款、修改密码、第三方转账及查询活期账户余额等业务；在招行非开户地自动柜员机上可办理人民币活期取款；还可在加入中国银联或当地金卡工程的他行自动柜员机上办理人民币活期取款、活期账户余额查询业务。

◆自助存款机：在招行开户地自助存款机上可办理人民币活期存款、整存整取、零存整取等存款业务。

◆查询服务：招行柜台、自助银行、电话银行、网上银行等各种渠道，为客户提供存款利率、汇率、业务简介及各类账务查询。

◆电话银行：招行电话银行提供自动语音服务和人工服务。直接拨打95555或开户地的电话银行，并根据自动语音提示可以办理账务查询、转账、挂失等业务。

◆手机银行：招行手机银行（WAP版、网页版）无须开通和注销，只要您的手机可以上网，在浏览器中输入招行手机银行网址（http：//mobile.cmbchina.com），即可访问招行手机银行。

◆网上个人银行专业版：在招行柜台申请"网上个人银行专业版"功能后，可以通过网上银行办理个人账务查询、转账、汇款、网上支付、外汇买卖等业务。

◆网上个人银行大众版：凭招行一卡通即可直接通过网上个人银行（大众版）进行账户余额和交易查询、转账、修改密码等个人银行业务，另外客户还可以通过其自助充值和缴费、投资国债、申请个人消费贷款等。

◆网上支付：在招行柜台或网上银行申请开通"网上支付"功能后，可以通过招行网上商城中的特约商户在线选购全国各地的商品或享受其他服务，同步完成消费款项的支付。

◆银证转账：在招行柜台或招行特约券商处申请开通银证转账服务功能后，通过招行电话银行、网上银行等自助设备，可实现活期账户与指定券商处开立的证券保证金账户之间的资金的相互划转。

◆银基通：在招行柜台申请开通"银基通"服务并开立"银基通"账户后，可通过柜台、网上银行、电话银行办理各项开放式基金认购、申购、赎回等交易及查询业务，开放式基金转托管、非交易过户等其他各项业务在柜台办理。

◆外汇买卖：在招行柜台申请开通个人外汇买卖业务后可以通过招行电话银行、自助终端、柜台、手机银行、网上银行等多种渠道办理外汇买卖委托、查询等业务。客户可轻松参与并投资于国际外汇市场获取一定的投资回报。

◆自助贷款：在与招行签署协议后，以存入招行一卡通内的自有本、外币定期储蓄存款作质押，可通过电话银行、网上银行和自助终端等自助设备向招行申请贷款并可通过以上渠道自助还款。

◆自助缴费：通过招行柜台或电话银行、网上银行、手机银行等渠道申请开通自助缴费服务功能后，可通过招行电话银行、网上银行、手机银行等向招行的特约收费单位自助交纳各类费用。

◆代理业务：根据单位或个人书面委托，银行可为单位或个人办理工资发放或代缴各种费用。

资料来源：佚名. 招商银行"一卡通"［EB/OL］.（2014-06-21）. http：//www.cmbchina.com.

问题："一卡通"有何特色？为何会受到消费者的青睐？

分析提示："一卡通"是国内银行发行较早的借记卡，它代替了携带不便的存折，具备30多项个人金融服务功能，可以较全面地满足客户日常储蓄、消费、缴费和投资等金融支付结算的需要。它集定活期、多储种、多币种、多功能于一卡，具有"安全、快捷、方便、灵活"的特点，真正实现了"一卡通"，成功打造了国内独具特色的知名银行卡品牌。

4. 实践训练

实训项目：银行卡的使用。

实训目的：通过实践了解银行卡的功能。

实训步骤：

（1）申请某银行发行的银行卡；

（2）持该银行卡到 ATM 存取现金；

（3）持该银行卡到特约商户完成一次消费；

（4）持该银行卡完成一次异地汇兑；

（5）查询银行卡账户余额；

（6）体验银行卡的各种功能。

第3章　网上支付与结算

学习目标

　　在学习完本章之后，你应该能够：了解网上支付产生的过程和发展的阶段；明确国内外网上支付系统的建设情况；熟知网上支付的基本流程；掌握各种网上支付模式的操作流程。

引　例

电子支付前景广阔

　　随着信息技术越来越普遍地应用于金融领域，传统的金融业迎来了新的发展机遇，电子支付就是其中的一个典型代表。电子支付是指单位、个人直接或授权他人通过电子终端发出支付指令，实现货币支付与资金转移的行为。按支付指令发起方式的不同，电子支付可分为网上支付、电话支付、移动支付、销售点终端交易、自动柜员机交易和其他电子支付等。

　　随着电子商务的快速发展，人们对电子支付的需求进一步提升。而第三方支付凭借其对交易过程的监控和交易双方利益的保障，获得越来越多客户的青睐。此外，许多企业也逐渐开始利用第三方电子支付进行跨地区收款及各类资金流管理，行业应用逐渐普及和成熟。

　　目前我国电子支付市场主要有几大阵营：一是独立的第三方支付企业，比如快钱、易宝支付等；二是国内电子商务交易平台价值链延伸的在线支付工具，比如支付宝、财付通、百付宝等；三是银行阵营，比如中国银联的China Pay以及各个银行自己的网上银行等；四是以中国移动、联通、电信等电信运营商为代表的移动支付。

　　近年来，电子支付延续了强劲的增长态势，交易额连续几年翻番增长，2008年中国电子支付的市场规模为2 743亿元，年增长率为181.0%，2011年中国电子支付的市场规模为15 000亿元，年增长率为50%，2013年达到29 000亿元，年增长率为31%，预计未来几年中国电子支付市场规模将进入成熟稳定的增长态势。

　　电子支付凭借灵活便捷的支付方式，优质的服务保证，降低企业成本等优势，吸引了越来越多的用户加入其中，其规模迅速壮大。2013年用户规模已达到25 000万人，同2012年相比增长31%。预计未来几年我国电子支付用户规模将持续扩大，电子支付市场的交易规模将进一步增加。

　　资料来源：根跟相关资料整理。

这一案例表明：在经济全球化的趋势下，电子商务凭借便捷、低成本的优势日益深入人心，作为电子商务的核心环节，电子支付也得到了迅速发展。网络购物的流行与快递行业的火爆，预示我国已开始加速步入电子支付时代。

3.1 网上支付的产生

3.1.1 网上支付的含义

支付通常是指为清偿商品交换或劳务活动引起的债权债务关系，将资金从付款人转移给收款人的过程。结算是指结清债权债务关系的经济行为。因此，支付与结算的含义基本相同，可直接理解为支付结算。《中华人民共和国支付结算办法》规定，支付结算是指单位、个人在社会经济活动中使用票据、信用卡和汇兑、托收承付、委托收款等结算方式进行货币给付及其资金清算的行为。支付源于经济主体之间的经济交换活动，随着商品经济的发展，支付方式也在不断发生变化，并经历了以下几个阶段。

1）原始经济社会：实物支付

在货币产生以前的社会中，物物交换既是一种原始的商品交换行为，也是一种结清债权、债务的行为，在这种行为中，交换过程和支付过程同时发生，可将其称为最原始的支付结算，其中采用的支付手段是实物支付。

2）自然经济社会：货币支付

实物支付具有很大的局限性，无论从时间、空间还是物品的范围分析，都容易使交易双方受到很大的限制，从而导致交换的范围和规模都很小。于是，人们开始寻求一个等价的中间物作为交换的媒介。当某些商品开始固定地充当一般等价物时，货币就产生了。由于货币能够用来清偿债务，因而具有支付手段的职能。

货币的产生是支付手段发展的一次重大飞跃，通过货币支付交换商品的行为才是具有现代意义的货币结算，这种"一手交钱，一手交货"的即时支付结算方式，称为货币即时结算，它是商品经济社会较为低级的结算方式。

"现金支付"是"一手交钱，一手交货"的典型体现，它最大的特点就是简单、方便、直观，但这种支付方式也有缺点，比如流通中的磨损、丢失、盗窃、伪造，这些缺点的存在使得现金结算使用起来并不安全，但是由于现金支付这种方式比较简单，因此常用于企业对个人或个人对个人的日常商品零售结算。

3）工业经济社会：银行转账支付

随着商品经济的进一步发展，商业领域出现了赊销赊购等商业信用，进而在金融领域出现了银行信用。商业信用和银行信用的产生，使原本融为一体的交易环节和支付环节能够在时间和空间上分离开来，进一步促进了交易的繁荣。同时，由于银行信用社会认同的广泛性，经济活动中的任何一个主体在银行都有自己的账户，因此，社会上债权债务的清偿关系就变成银行内资金账户的划拨关系，银行成为社会资金支付与结算的中心。由于银行的介入，支付这种源于经济主体之间的经济交换活动，最终演化为银行与客户之间、银行与银行之间的资金收付关系，而银行之间的资金收付交易，又必须通过中央银行的资金清算才能完成整个支付结算过程，从而形成一个庞大的银行支付系统，如图3-1所示。

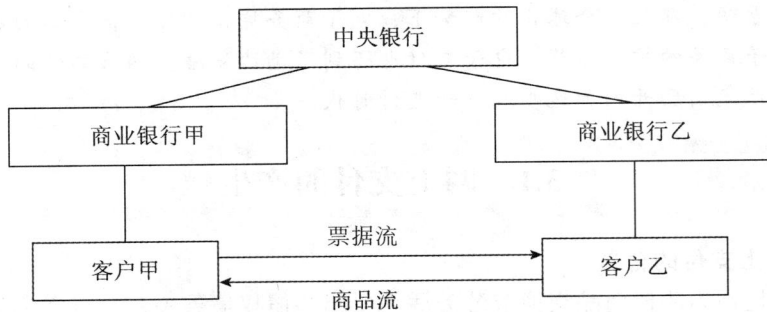

图3-1　银行支付系统

这种通过银行转账的支付结算方式，也称为非现金结算或票据结算，是目前国际上最主要的资金支付结算方式，其具体结算方式主要有汇款、托收、信用证三种，结算工具主要包括本票、汇票、支票、信用卡等。

在银行转账支付结算过程中，目前广泛使用的仍是基于票据类的支付方式和工具，随着IT技术在金融交易中的大量运用，以及银行卡的普及，银行开始更多地使用电子资金转账（EFT）方式，即不使用支票或任何其他纸质票证，通过电子技术和电子数据通信系统增加和减少账目上的资金，进行电子资金的转账或划拨。

4）网络经济社会：网上支付

在支付结算方式演变的历史中，现金、支票等支付方式为人类经济的发展与繁荣做出了巨大的贡献。随着计算机技术、通信技术、信息处理技术的进步，信用卡支付、电汇、电子转账等支付方式的出现，在一定程度上提高了银行业务处理的自动化程度和效率。然而，在网络经济条件下，这些传统的支付结算方式在电子商务中逐步暴露出许多局限性。

传统支付结算方式存在的局限性包括以下几个方面：①缺乏效率。大多数传统支付结算方式涉及人员、部门等众多因素，牵扯许多中间环节，且大多依靠手工处理，造成支付效率低下。②不够安全。大多数传统支付结算方式在支付安全上问题较多，伪币、空头支票等现象造成支付的不确定性和商务风险增加。③使用不便。绝大多数传统支付结算方式应用起来并不方便，各类支付介质五花八门，发行者众多，使用的辅助工具、处理流程与应用规则和规范也不尽相同，这些都给用户的使用造成了困难。信用卡、电汇、电子转账等电子支付方式，也由于其基于不同银行各自的金融专业网络，使其使用范围具有一定的局限性。④费用较高。传统支付结算方式由于涉及较多的业务部门、人员、设备和复杂的业务处理流程，运作成本较高。⑤不能提供全天候服务。传统支付结算方式，包括目前的一些电子支付结算方式在内，并未为用户提供全天候、跨区域的支付服务，很多支付方式依然受银行等金融机构营业时间、营业范围等因素限制。⑥资金周转速度慢。传统支付结算方式特别是我国比较流行的纸质支票的应用并不是一种即时的结算，企业资金的回笼有一定的滞后期，增加了企业运作资金的难度。现金的过多运用给企业的整体财务控制造成一定的困难，也不利于国家控制金融风险，而且给偷税漏税、违法交易提供了方便。

由于传统支付结算方式的局限性，其不能够满足高水平的电子商务发展的需求，并且成为影响电子商务发展的因素之一。

电子商务的蓬勃发展不仅带来了经济上的收益，也改变了人们的经济结构和消费习惯，逐渐成为人们生活中不可或缺的组成部分。与此同时，支付方式也发生着快速的变革。传统的商务支付方式需要面对面进行交易，具有过程复杂、受时空限制和携带不便等诸多局限性，无法满足现代化电子商务的需求，由此，网上支付与结算应运而生。

网上支付（Net Payment）是指以金融电子化网络为基础，以各种电子货币为媒介，通过计算机网络特别是 Internet，以电子信息传递的形式实现资金的流通和支付的一种电子支付方式。网上支付所采用的支付工具主要是一些创新型的电子货币，如电子现金、电子钱包、电子支票、信用卡等。

随着网络技术与支付软件的不断进步，网上支付逐渐成为电子商务中的一个关键环节，极大地推动了电子商务的发展。根据央行 2010—2012 年中国支付体系发展报告的不完全统计，商务活动中的网上支付交易笔数及金额都连年快速增长。

3.1.2　网上支付的特点

1）网上支付具有低成本、经济的优势

传统的支付结算方式是通过纸质现金、纸质票据等的流通、转让和兑现等来实现债权债务的清偿，在这一过程中，现金、票据的搬运以及清算所花费的时间、精力以及费用都是非常庞大的。在美国，每年搬运有形货币的费用高达 60 亿美元，英国则需要 2 亿英镑，世界银行体系之间的货币结算和搬运费用占其全部管理费用的 5%。[①]而采用网上支付方式，以数字形式出现的电子现金、电子支票等支付工具在支付结算过程中所耗费的成本非常低，网上支付的费用仅相当于传统支付的几十分之一，甚至几百分之一，并且网上支付服务系统的建立、维护与升级的花费比较小，加上互联网的接入费用低，使得普通消费者以及各种规模的企业都可以使用网上支付系统并从中受益。

2）网上支付具有方便、快捷、高效的优势

传统的支付结算方式是通过现金的流转、票据的转让和银行的汇兑等物理实体的流转来完成款项支付的，一般采用的是传统的通信媒介，且需要在较为封闭的系统中运作。而网上支付则是基于一个开放的 Internet 系统平台，Internet 的特点就是兼容性强，对软硬件要求并不是很高，联网与应用均十分简便，用户只要拥有一台上网的 PC，便可足不出户，短时间内完成整个支付结算过程。传统支付结算方式下，由于票据传递迟缓和手工处理手段落后，形成大量在途资金，无法做到即时结算，大大影响了资金的周转速度和运作效率。网上支付采用数字化的方式完成款项支付结算，网络的快捷性使得数字信息的发送、传递和接受都可在一瞬间完成，大大缩短了资金在途时间，提高了资金周转速度。

3）网上支付具有较高的安全性

在日益发达的印刷技术与仿真技术面前，传统的支付结算方式愈加难以避免假币、伪币的出现，而网上支付则可以有效地防止货币伪造。随着网络、通信技术的发展，越来越多的安全防护机制被应用到网上交易中。对称密钥与非对称密钥加密技术实现了交易信息以及支付信息的保密性；数字签名、数字摘要以及数字信封等技术的使用能确保传输的信息不被篡改，从而保证了信息的完整性和不可否认性；权威认证机构 CA 的建立以及由其所颁发的数字证书则可以实现对商务各方身份真伪的验证，从而有效预防交易中的抵赖行为。在网上支付系统中，伪造一组随机产生的密码要比伪造现金、伪造签名难上数倍。因此，网上支付拥有高于传统支付的安全特性。

---

①　李洪心，马刚.银行电子商务与网络支付［M］.北京：机械工业出版社，2007：97.

3.2　网上支付的基本流程

3.2.1　网上支付体系的基本构成

基于Internet公用网络平台的网上支付体系的基本构成如图3-2所示。

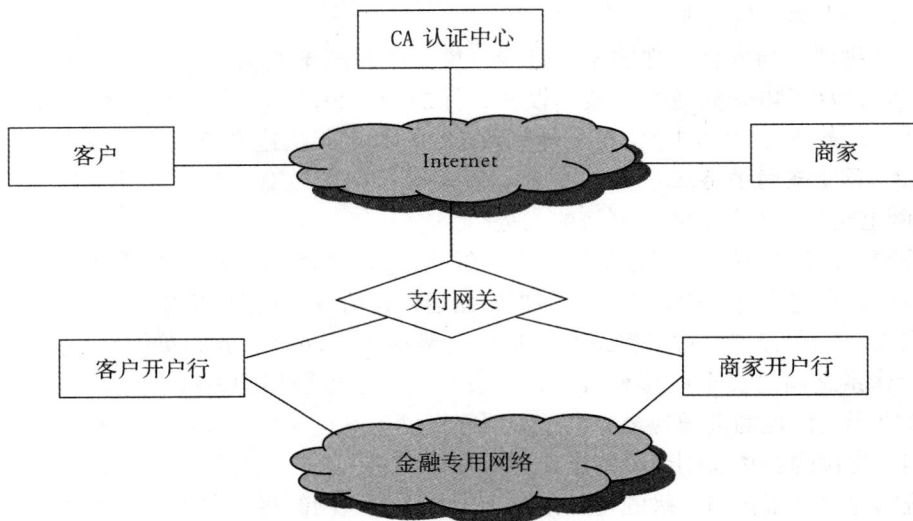

图3-2　网上支付体系的基本构成

在这一体系中，主要涉及七大构成要素：

客户是与商家发生交易关系并存在未清偿的债权债务关系（一般是债务）的一方，客户可以选择商家提供的支付结算方式（如信用卡、电子现金等）来实现债务的清偿，他们是整个支付的发起方，是支付体系运作的原因和起点。

商家则是商品交易发生后拥有债权的一方，商家可以根据客户发起的支付指令向银行请求货币给付，即请求结算。商家一般设置专门的后台服务器来处理这一过程，包括协助身份认证以及不同支付工具的处理。

客户开户行是客户在其中拥有账户的银行，该银行为客户提供有效的支付工具，如电子现金、电子支票、信用卡等。一般状况下，资金由客户账户流出，它是资金流的起点，因此，也被称为支出行或付款行。

商家开户行是商家在其中拥有账户的银行，商家将收到的客户支付指令提交给其开户行后，由其开户行进行支付授权的请求，以及客户开户行与商家开户行之间的清算工作。商家账户是资金流的终点，因此，也被称为收单行或接收行。

支付网关（Payment Gateway）是连接金融专用网络与Internet的一组服务器，是金融专用网和Internet网络之间的接口，也是金融专用网的安全屏障与关口，是电子支付的重要工具。其主要作用是安全连接公用网和金融专用网，起到隔离和保护金融专用网的作用，网上支付信息必须通过支付网关进行处理后才能进入安全的银行内部支付结算系统，进而安全地完成支付的授权和获取。支付网关可确保交易在Internet用户和交易处理商之间安全、无缝地传递，并且无须对原有主机系统进行修改。通常情况下，在电子商务交易过程中同时传递两种信息，即交易信息和支付信息，必须保证这两种信息在网络传输过程中不被第三者阅读，同时商家不能看到客户的支付信息（如信用卡卡号、授权密码等），银行不能看到客户的交易信息（如商品种类、商品数量等），这就要求支付网关必须由商家以外的第三方银行或其委托的信用卡组织来建设。

金融专用网是银行内部以及银行之间进行通信的专用网络，它不对外开放，因此具有较高的安全性。在我国，金融专用网主要包括中国国家现代化支付系统（CNAPS）、中国人民银行电子联行系统（EIS）、各商业银行电子汇兑系统、银行卡授权系统等。

CA认证中心，又称电子商务认证授权机构或电子商务认证中心，是负责发放和管理数字证书的权威机构，并作为电子商务交易中受信任的第三方，承担公钥体系中检验公钥合法性的责任。CA认证中心通过数字证书确认电子商务交易各方的真实身份，同时提供公共密钥发放和数字签名等服务，以保证电子商务支付结算安全、有序地进行。

除以上七大构成要素外，网上支付体系还包括网上支付工具及遵循的支付协议，常用的网上支付工具有信用卡、电子现金、电子钱包等，支付协议主要指支付的安全通信与控制模式，如SSL模式与SET模式等。

知识链接 3-1

CA机构与数字证书

CA机构，又称为证书授证（Certificate Authority，CA）中心。CA机构为每个使用公开密钥的用户发放一个数字证书，数字证书的作用是证明证书中列出的用户合法拥有证书中列出的公开密钥。CA机构的数字签名使得攻击者不能伪造和篡改证书。它负责产生、分配并管理所有参与网上交易的个体所需的数字证书，因此是安全电子交易的核心环节。

建设证书授权（CA）中心，是开拓和规范电子商务市场必不可少的一步。为保证用户之间在网上传递信息的安全性、真实性、可靠性、完整性和不可抵赖性，不仅需要对用户身份的真实性进行验证，也需要有一个具有权威性、公正性、唯一性的机构，负责向电子商务的各个主体颁发、管理符合国内、国际安全电子交易协议标准的电子商务安全证书。

数字证书是互联网通信中标志通信各方身份信息的一串数字，提供了一种在Internet上验证通信实体身份的方式，其作用类似于司机的驾驶执照或日常生活中的身份证。数字证书是一种权威性的电子文档，由权威、公正的第三方机构（CA机构）签发的证书。

以数字证书为核心的加密技术（加密传输、数字签名、数字信封等安全技术）可以对网络上传输的信息进行加密、解密、数字签名和签名验证，确保网上传递信息的机密性、完整性及交易的不可抵赖性。使用了数字证书，即使您发送的信息在网上被他人截获，甚至个人的账户、密码等信息被泄露，仍可以保证您的账户、资金安全。

数字证书能提供在Internet上进行身份验证的一种权威性电子文档，人们可以在互联网交往中用它来证明自己的身份和识别对方的身份。当然在数字证书认证的过程中证书认证中心作为权威的、公正的、可信赖的第三方，其作用是至关重要的。截至2014年3月11日，国家工业和信息化部以资质合规的方式，陆续向30多家相关机构颁发了从业资质。

数字证书可用于：发送安全电子邮件、访问安全站点、网上证券交易、网上招标采购、网上办公、网上保险、网上税务、网上签约和网上银行等安全电子事务处理和安全电子交易活动。

资料来源：佚名. CA机构与数字证书［EB/OL］.［2014-06-26］. http：//baike.baidu.com.

3.2.2　网上支付的基本流程

基于Internet平台的网上支付结算流程与传统的支付结算过程大致相同，如图3-3所示。

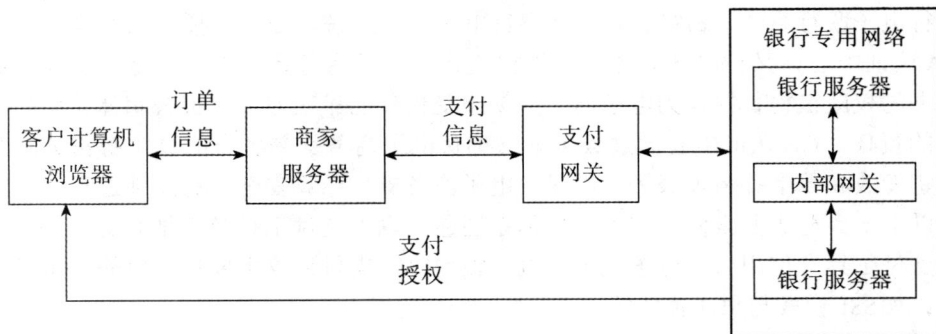

图 3-3　基于Internet平台的网上支付结算流程

（1）客户建立与Internet的连接，通过浏览器进行商品浏览，选择商品，填写网络订单并选择相应的网上支付结算工具（须经银行授权使用）。客户对相关的订单信息、支付信息进行加密，将其发送到商家服务器。

（2）商家服务器收到客户订单信息后，对订单信息进行审核、确认，并把经过加密的支付信息转发到支付网关，再经由支付网关送达银行专用网络的后台服务器，以期得到银行服务器的确认。

（3）收单行与客户开户行或其他相关机构（如信用卡信息中心）的银行服务器对客户的支付信息进行确认后，向商家服务器返回支付授权与否的响应信息。为进一步保证安全，给客户回送支付授权请求（也可不回送支付授权请求）。

（4）银行根据银行服务器确认后的支付指令，把资金从客户账户划拨至商家账户上，银行借助金融专用网进行结算后，分别给商家、客户发送支付成功的信息。

（5）商家服务器收到银行发来的支付成功的信息后，给客户发送网上支付成功的信息并通知发货。至此，一次成功的网上支付流程结束，商家和客户可以分别借助网络查询自己的资金余额信息，以进一步核对。

需要注意的是，以上流程适用于数量众多、额度较小的电子商务业务（即B2C网上交易），由于它能够实现即时支付，对客户和商家都很方便。对于额度较大的资金支付，如大企业与大企业间的电子商务，往往采用独立于商务交易环节的金融EDI或银行EFT系统进行转账支付。

3.3　网上支付的主要模式

目前，网上支付方式主要包括银行卡、电子现金、电子支票、基于第三方支付平台的支付、移动支付等。

3.3.1 基于银行卡的支付模式

这种支付方式借助于各大银行发行的银行卡，包括借记卡与信用卡。在使用者向银行申请开通了银行卡的在线支付功能后，可登录相应的网上银行，并在在线支付的步骤中，利用无证书的密码或有证书的 UKey 等途径来完成。应该说，这种支付方式是目前我国大多数人认可或正在使用的方式。

从20世纪90年代初期信用卡开始在 Internet 上使用到现在，信用卡网上支付的安全性逐步提高，并先后出现了以下四种支付模式。

1）无安全措施的信用卡支付

无安全措施的信用卡支付主要是在20世纪90年代初期，在电子商务各方面发展还不太成熟，特别是银行对电子商务的支持还不完善的情况下出现的。该模式的支付流程如下：客户网上订货之后，将自己的支付信息（包括信用卡卡号和密码）通过电话、传真或公用网络传递给商家，在传输途中，信息未进行任何加密或其他安全处理。商家收到信息后，向银行申请授权，验证信用卡合法性。授权通过后，银行划拨资金到商家账户上，商家组织发货。其具体流程如图3-4所示。

图3-4 无安全措施的信用卡支付流程

显然，在这一模式下，一是信用卡信息传输不安全，二是客户的个人隐私完全被商家所掌握，要保证个人隐私不被泄漏，只能依靠商家的信誉，因此客户得不到基本的保障。该模式由于无任何安全性可言，且支付效率低下，目前已逐渐被淘汰。

2）借助第三方代理的信用卡支付

这种模式是通过在买方和卖方之间启用一个诚信的第三方代理机构，如中介或网上虚拟经纪人，使卖方看不到买方的支付信息，从而避免了信用卡信息在网上公开传输而导致信用卡信息被窃取的风险，改善了信用卡网上支付的安全性。它的典型代表是 First Virtual Holding 公司开发的 FV 系统。

这种模式的特点是：支付是通过双方都信任的第三方完成的；信用卡信息不在开放的网络上多次传送，买方没有信用卡信息被盗窃的风险；卖方信任第三方，因此卖方也没有风险。这种模式的具体流程如图3-5所示。

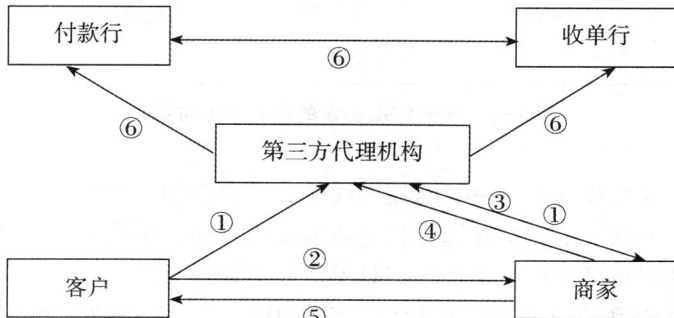

图3-5 借助第三方代理的信用卡支付流程

其中：

①客户与商家都在第三方代理机构登记姓名、信用卡卡号等资料信息，并注册账号（可以在线或离线方式进行）。此时，第三方代理机构将拥有客户与商家的信息以及各自的注册账号。

②客户持注册账号登录商家网站，浏览并选择所需要的商品，同时客户将自己的注册账号传送给商家。

③商家将客户的注册账号、支付信息一并发送至第三方代理机构，进行客户身份的验证。

④第三方代理机构验证完客户身份之后，与客户协商，确定交易与支付信息，得到客户确认后，第三方代理机构返回给商家确认信息。

⑤商家收到确认信息后，立即组织发货，并将交易确认信息发送给客户以及第三方代理机构。

⑥第三方代理机构通过金融专用网与发卡行和收单行连接，进行相应的资金划拨，从而完成支付过程。其中，商家需支付给第三方代理机构一定的手续费。

这种模式的优点是：整个交易过程中没有采用任何加密或其他安全措施，信息传送相对简单，客户与商家不必另行添置新的硬件和软件，节约了成本；整个过程中网上传输的都是第三方代理人提供的账号，信用卡信息不用在网上多次传送，除第三方代理人外，任何人（包括商家）都看不到客户的信用卡信息，从而保证了客户的个人隐私不被泄漏。这种模式的缺点是：客户和商家必须事先到第三方代理机构处登记相应信息，且在交易过程中需要使用电子邮件等通信工具反复对信息进行确认，效率比较低，不能满足实时购物的需求。此外，这一模式对第三方代理机构的信誉、操作规范等要求也比较高。

3）基于SSL协议的信用卡支付

所谓基于SSL协议的信用卡支付，即在利用信用卡进行网上支付时遵循SSL协议的安全通信与控制机制，通过它实现信用卡的安全在线支付。我们可以看出，前面两种信用卡网上支付模式基本上靠其他机构的诚信解决客户的信用卡安全问题，安全是被动的；基于SSL协议的信用卡网上支付则主要靠精尖的安全技术解决客户的信用卡安全问题，是比较主动的，因此也更加安全。基于SSL协议的信用卡支付流程如图3-6所示。

图3-6　基于SSL协议的信用卡支付流程

具体流程是：

①客户在网上或直接到银行进行信用卡注册，开设信用卡账户。

②客户在商家的网站上浏览并选择自己所需要的商品，填写相应的订单信息，并选择用信用卡支付，客户将订单信息及支付信息发送到商家服务器。

③商家服务器收到信息后生成订货单、查询ID，并返回到客户端，同时，商家将相应的订单号连同其他支付信息发往客户发卡行（或第三方支付平台）。

④发卡行收到信息后，在客户端浏览器上会自动弹出页面，提示即将建立与发卡行网络服务器的安全连接，SSL协议开始介入。

⑤客户端与发卡行之间通过数字证书相互验证身份。发卡行服务器先向客户发送自己的数字证书，客户使用CA认证中心的公开密钥来验证证书的数字签名，验证无误则表明发卡行身份有效，然后客户将自己的数字证书发送到发卡行服务器进行验证。

⑥双方相互验证身份后，SSL握手协议结束，客户端与发卡行服务器之间建立起安全连接通道。此时，浏览器下端状态栏会出现一个"闭合锁"状标志，它是https通信的标志。

⑦客户端浏览器出现发卡行的支付页面，显示从商家发来的相应订单号及支付信息，客户确认后输入自己的信用卡卡号及密码，确认支付。

⑧屏幕提示离开安全的SSL连接，客户确认离开后，SSL安全连接断开，此时，SSL介入结束。

⑨发卡行将支付确认信息传送到商家服务器，商家将此信息转发给客户，并组织发货。

⑩发卡行与商家开户行之间进行资金的清算。

从上面的流程可以看到，客户信息（包括订单和支付信息）经由商家服务器转发到发卡行服务器，因此，客户的支付信息将被商家所获知，客户信息的安全性得不到保障。对此，人们提出了改良的基于SSL协议信用卡支付（如图3-7所示）。其中，商家生成的订单信息连同客户支付信息由客户端发送到发卡行进行支付，有效地避免了原SSL模式下商家可能获知客户支付信息的缺点。目前，国内各大商业银行主要采用的是这一模式。

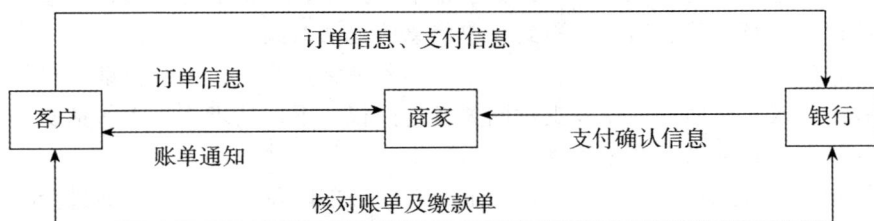

图3-7　改良的基于SSL协议的信用卡支付流程

4）基于SET协议的信用卡支付

所谓基于SET协议的信用卡支付，即在利用信用卡进行网上支付时遵循SET协议的安全通信与控制机制，通过它实现信用卡的安全在线支付。

在SET协议环境下，客户利用信用卡进行网上支付时，需要在客户端安装一个电子钱包软件配合信用卡的使用，因此基于SET协议的信用卡支付本质上属于电子钱包网上支付，这与后面将要阐述的电子钱包支付的应用原理和过程是吻合的，只是这里的客户端软件里只安装了信用卡。当利用信用卡进行网上支付时，就像从电子钱包里取出相应的信用卡进行支付一样。除此之外，商家需要安装商家服务器软件，支付网关需要安装对应的网关转换软件，参与各方还要为各自下载一个证实自己真实身份的数字证书，借此获取公共密钥和私人密钥，因此手续稍显麻烦，而且由于目前支持SET协议的应用软件并不多，需要银行自己研发或购买市场上的成套软件，造成很多不便。

SET协议不仅规范了信用卡的使用流程，也定义了每一步的通信协议、信息格式以及数据类型。在整个交易过程中，客户与商家之间要交换六条信息：①支付发起请求。②支付发起响应。③购买请求。④授权请求。⑤授权响应；⑥购买响应。⑦支付获取请求。⑧支付获取响应。⑨持卡人询问请求。⑩持卡人询问响应。具体流程如图3-8所示。

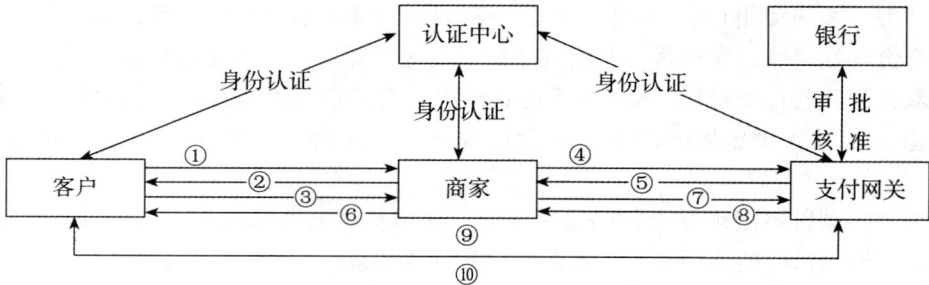

图3-8　基于SET协议的信用卡支付流程

具体流程是：

①客户浏览商家网站，选择商品，向商家索取空白订货单，同时要求验证商家身份。客户索取空白订单时即发出了支付发起请求，请求消息中包括商家的签名证书、支付网关的密钥交换证书、客户使用的信用卡品牌以及时间标志等。

②商家返回空白订货单，同时传送商家证书供客户验证。商家返回空白订货单时即发出了支付发起响应，响应消息中包括商家与支付网关的证书副本以及时间标准等。

③客户填写空白订货单后，客户端计算机将自动激活电子钱包软件，客户打开电子钱包，从中选择信用卡支付，此时SET协议开始介入。客户向商家发送购买请求，请求消息中包括订单信息、支付信息以及客户数字证书，其中，订单信息与支付信息采用双重签名机制，使得商家解密信息后只能看到订单信息而无法看到支付信息。

④商家收到购买请求后，通过客户数字证书验证客户身份，同时验证订单信息在传送途中有没有被修改。然后，商家向支付网关发送授权请求，请求消息中包括支付信息、客户及商家的签名密钥证书、商家的密钥交换证书。

⑤支付网关收到购买请求信息后，验证所有的证书以及数字签名，通过金融专用网向发卡行转发授权请求，并得到发卡行的授权。支付网关向商家发送授权响应，响应消息中包括与授权相关的信息、获取支付标识消息以及支付网关的签名密钥证书。

⑥商家收到授权响应后，向客户发送购买响应，并组织发货。客户端可记录交易日志，以备将来查询。

⑦商家向支付网关发出支付获取请求，请求消息中包括本次交易的获取支付标识、商家的签名密钥证书以及商家的密钥交换证书。

⑧支付网关收到支付获取请求后，通过金融专用网将支付获取请求发送至发卡行，请求将资金划拨到商家银行账户上，同时向商家发送支付获取响应，通知商家已完成支付。

⑨客户可随时或定期发起持卡人询问请求，查询信用卡账户。

⑩发卡行返回持卡人询问响应，告知持卡人信用卡账户信息。

需要注意的是，在以上的每一步操作，客户、商家、支付网关都通过CA机构来验证通信主体的身份，以确保交易对方不是冒名顶替。

✖ 拓展思考 3-1

信用卡网上安全支付既可遵循 SSL 协议，也可遵循 SET 协议，两种不同安全协议下的信用卡网上支付有何区别？

答：①SSL 协议作用于传输层；SET 协议作用于应用层。②SSL 协议只能实现商家与支付网关之间的身份验证，而忽略了对客户身份的验证，存在客户欺诈的可能；SET 协议可实现客户、商家、支付网关之间的多方身份认证，认证体系完善。③SSL 协议无法实现订单信息与支付信息的隔离；SET 协议采用双重签名机制，商家只能看到订单信息却看不到支付信息，支付网关只能看到支付信息却看不到订单信息，从而保护了客户的利益。④SSL 协议交易过程简单，效率高；SET 协议交易流程复杂，效率低。⑤SSL 协议不需要安装任何客户端软件，设置成本低；SET 协议需安装客户端软件，设置成本高。⑥SSL 协议的目的在于保证互联网通信安全，不是专为支持网上支付而设计的；SET 协议则是为了保证互联网上信用卡的安全交易而专门设计的。

案例分析 3-1

中国银行BOCNET网上支付流程

在使用中行网上支付前，您需要携带本人有效身份证件亲临中国银行网点办理注册开通手续。网银开通时需使用一张长城电子借记卡，您可携带已有的借记卡，也可选择到柜台申请新的借记卡并开通新版网上银行。

◆ 登录网上银行

您在柜台开通网上银行后，请首先登录中国银行的门户网站（http：//www.boc.cn），点击"网上银行BOCNET"进入登录页面。

首次登录网银系统，需要先行安装网银安全控件；安装完成后，请使用柜台注册时获取的"网银登录用户名"和预留的"登录密码"及动态口令登录。

登录成功后，进入修改用户名和密码页面。

输入新的用户名和密码，系统验证通过后，就可以进入欢迎页面。

◆ 开通网上支付功能

在网银"电子支付"功能下开通网上支付服务需先阅读网上支付服务协议，如同意，点击"接受协议"。

设置用于网上支付的银行卡（必选）、支付限额（必填）及免费的网上支付短信提醒，设置完成后点击"确认"。

确认已设置的信息，输入动态口令，点击"确认"。

页面提示已经成功开通网上支付服务，点击"确定"。

显示网上支付银行卡信息，包括已设置支付功能和未设置支付功能的银行卡，还可对其进行相应的取消或开通支付功能的操作。

◆ 使用网上支付功能

您在网上选定商品，选择中行网上支付后，会弹出中行网上支付页面，输入用户名、密码及验证码，点击"确定"进入下一步。

请您验证预留信息是否正确，确认无误后选择付款账号，并点击"确定"进入下一步。

确认支付信息无误后，输入动态口令，点击"确定"。

页面显示支付成功以及支付的明细信息，请不要主动关闭页面，应点击"返回商城"或等待页面自动跳转，回到商户页面。

查询网上支付记录的方式如下：

在"电子支付"下，点击"网上支付"→"网上支付记录"，可根据您输入的起始及结束日期进行网上支付记录查询，可查询1年以内的网上支付记录，每次提交查询的时间跨度不能超过3个月。

点击"查询"后，显示网上支付记录查询结果页面，包括支付时间、订单号、交易货币、交易金额及交易状态。

点击某个订单号后，显示该笔网上支付记录的详细信息，包括支付时间、订单号、交易号、商户名称、账户别名、支付账号、交易货币、交易金额及交易状态。

点击"返回"，可返回到查询结果页。

资料来源：佚名. 中国银行BOCNET网上支付流程 [EB/OL]. (2014-06-30). http://www.boc.cn.

问题：根据资料，解释"网银支付"这种资金支付渠道。

分析提示："网银支付"是网上支付服务的一个具体类别，是指客户在网上交易过程中采用网上银行作为资金支付的渠道，采用网上银行的安全机制来保证支付交易安全性的支付手段。在本例中，客户只需开通中行"网银支付服务"，就可以自行设置一个或多个银行卡账户用于网上支付。在支付确认时，通过输入动态口令进行安全认证，保证了资金安全。客户还可以查询网上支付交易记录，方便地管理自己的购物账单。

知识链接 3-2

电子商务模式

所谓电子商务模式，是指企业运用互联网开展经营取得营业收入的基本方式，是在实现电子商务的过程中所形成的一些进行交易的标准形式。电子商务模式可以从多个角度建立不同的分类框架，传统的观点是将其归纳为 B2C（Business to Consumer）、B2B（Business to Business）、C2B（Consumer to Business）、C2C（Consumer to Consumer）、B2G（Business to Government）五种经营模式。其中，B2C 模式和 B2B 模式是两种最基本的电子商务运作模式。

B2C 模式是指企业通过网络直接针对个体消费者，进行商品和服务销售的商业模式。B2C 模式是目前电子商务发展最为成熟的商业模式之一，其代表是京东商城、当当网、卓越网等电子商务模式。B2C 模式的特点见表 3-1。

B2B 模式是指以企业为主体，在企业之间进行的电子商务活动。B2B 模式是电子商务应用最多和最受企业重视的形式，企业可以使用 Internet 或其他网络为每笔交易寻找最佳合作伙伴，完成从订购到结算的全部交易行为。B2B 模式是电子商务的主流，其代表是阿里巴巴电子商务模式。B2B 模式的特点见表 3-2。

表3-1   B2C电子商务模式的特点

模式类型	特点	举例	盈利模式
门户网站	提供集成的综合性服务与内容，如搜索、新闻、购物、娱乐	www.163.com www.sina.com.cn	广告费、订阅费、交易费
电子零售商	在线的零售商店，提供在线的零售服务	www.dangdang.com	广告费、订阅费、交易费、产品销售
内容提供商	以提供信息和娱乐服务为主，是网络中的传媒咨询提供商	www.cntv.cn	广告费、订阅费、会员推介费
交易经纪人	在线的交易处理人，帮助客户完成在线交易	www.51job.com	交易费
社区服务部	建立网上平台，集中有特定兴趣、爱好、需求的人进行交流、交易	www.ivillage.com	广告费、订阅费、会员推介费

表3-2   B2B电子商务模式的特点

模式类型	特点	举例	盈利模式
电子市场	将买卖双方集合在一起，降低交易成本	www.alibaba.com	交易费
电子分销商	直接为企业提供产品或服务	www.grainger.com	产品销售
B2B服务提供商	通过网络为其他企业提供业务服务	www.salesforce.com	交易费、租金
信息中介	收集消费者信息并出售给其他企业	www.google.com	信息出售费、咨询费

资料来源：根据百度百科资料整理。

3.3.2 电子现金支付模式

电子现金系统企图在多方面为在线交易复制现金的特性：方便、费用低、不记名等。由于电子现金具有类似现金的匿名而不可追溯使用者的特征，可直接转让给别人使用，使用起来非常方便，客户与商家在运用电子现金进行支付结算的过程中，基本无须银行的直接参与，从而提高了交易效率，降低了成本。数字现金的使用流程如图3-9所示。

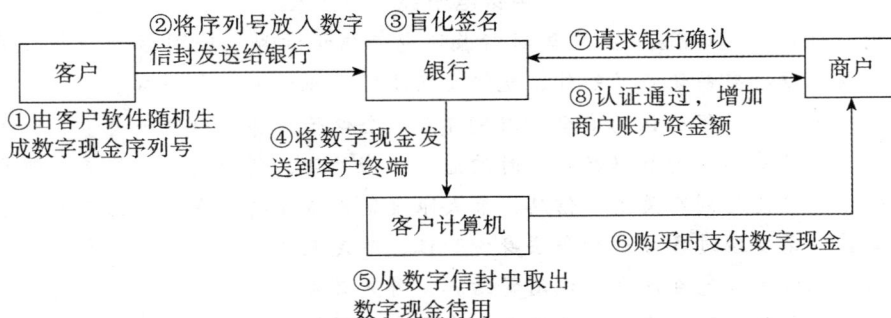

图3-9 数字现金的使用流程

2014年5月，由哆啦宝公司推出的"哆啦口袋"在某种意义上就是一种电子现金。"哆啦口袋"是一款典型的合买APP，顾名思义这样的产品就是通过多个用户合买，均摊买入产品和服务的成本，使得每个人可以花费较少的钱享受到优质的服务，可以添加好友，共享同一张卡，一同使用此卡消费，如图3-10所示。

图3-10 "哆啦口袋" APP示意图

3.3.3 电子钱包支付模式

电子钱包是指装入电子现金、电子零钱、电子信用卡以及在线货币和数字现金等电子货币，集多种功能于一体的电子货币支付方式。它是顾客在电子商务活动中使用的一种支付工具，是在小额购物时常用的新式钱包。电子钱包的组成体系包括电子钱包服务系统、客户端电子钱包软件和电子钱包管理器三部分。在使用电子钱包时，将有关的应用软件安装到电子商务服务器上，利用电子钱包服务系统可以输入自己的信用卡或电子现金的数据。在发生网上支付时，如果客户要用信用卡或电子现金付款，只需要单击一下相应的图标即可完成，人们常将这种支付方式称为单击式或点击式支付方式。

电子钱包的网上支付模式主要遵循SET协议，且在公共网络平台上应用的电子钱包大多是从电子钱包中取出信用卡进行支付，其具体支付流程和基于SET协议的信用卡支付流程相同，此处不再赘述。

案例分析 3-2

中银电子钱包

中银电子钱包（E-wallet）是中国银行长城电子借记卡和长城国际卡持卡人用来进行网上购物交易并储存交易记录的软件，就像生活中随身携带的钱包一样。

中国银行采用了国际公认的安全标准SET（安全电子交易）以保证持卡人网上购物的安全性，即涉及交易各方的数据在发送时均通过加密处理，所以商户只能看到消费者的订单信息，而银行只能看到有关支付信息，最大限度地保证了持卡人交易信息的安全性。此外，每笔交易都需要经过各方进行合法身份验证，确定无误后，才会进行交易。

要利用中银电子钱包在网上实现消费结算，首先必须要申请一张中国银行长城电子借记卡，然后到中行指定网点索取电子钱包光盘，在计算机上安装好光盘中的软件。其次要申请电子证书，以确保网上支付的安全。电子证书存放在中银电子钱包中，一张证书对应一张卡。至此，就可以利用中银电子钱包进行网上购物结算了。

利用中银电子钱包进行网上购物的流程很简单：①用户在自己的计算机内安装中银电子钱包软件。②登录中国银行网站（http：//www.bank-of-china.com），在线申请并获得持卡人电子安全证书。③登录到中国银行网上特约商户的站点，选购商品、填写送货地址并最后确认订单。④点击长城电子借记卡支付，浏览器会自动启动电子钱包软件。用户只要按照画面提示输入借记卡卡号、密码等信息即可实时完成在线支付。⑤用户在家里坐等网上商户将选购的商品邮寄过来或送货上门。

资料来源：张宽海.网上支付与结算［M］.北京：机械工业出版社，2008.

问题：中银电子钱包有哪些优势？

分析提示：由于采用国际公认的安全标准SET（安全电子交易）进行网上付款，客户的账户信息可以得到完全的保护，这是利用中银电子钱包进行网上购物和支付时最让消费者放心的地方，也是中银电子钱包区别于其他电子货币的一个关键点。

3.3.4 电子支票支付模式

电子支票（Electronic Check）是客户向收款人签发的、无条件的数字化支付指令。电子支票主要通过互联网和金融专线网络，利用发送E-mail的方式传输信息，采用身份认证、数字签名等手段弥补无法面对面交易所带来的缺陷，按照传统纸质支票的工作方式进行资金的划拨与结算。它是大额资金支付常用的一种支付工具。

目前，电子支票支付系统主要还是在金融专用网络上运行，并通过一套完整的用户识别、标准报文、数据验证等规范化协议来实现数据的安全传输。如何将电子支票支付系统扩展到公用网络上，使其应用更加广泛、成本更加低廉，是当前电子支票研究领域的主要问题。

电子支票是纸质支票的电子替代物，它与纸质支票一样是用于支付的一种合法方式，它使用数字签名和自动验证技术来确定其合法性。电子支票十分像纸质支票，其填写方式也相同，支票上除了必须填写收款人姓名、账号、金额和日期外，还隐含了加密信息。电子支票通过电子函件直接发送给收款方，收款人从电子邮箱中取出电子支票，并用电子签名签署收到的证实信息，再通过电子函件将电子支票送到银行，把款项存入自己的账户。与传统支票不同的是，电子支票的处理速度非常快，并可在银行收到支票后即验证出票人的个人信息以及资金状况等，有效地杜绝了传统支票经常发生的无效或空头支票的现象。电子支票支付的流程如图3-11所示。

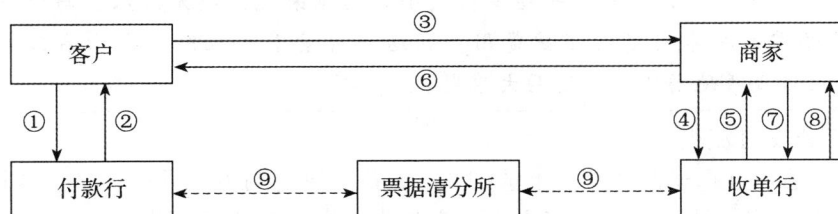

图3-11 电子支票支付流程

具体流程是：

①客户到银行开设支票存款账户，存入一定量的现金，申请电子支票的使用权。

②客户开户行审核客户的信用状况，决定是否给予电子支票的使用权。

③客户浏览商家网站，选择商品，填写相应的订单，使用电子支票生成器和开户行发放

的授权证明文书生成该笔支付的电子支票,然后将订单与电子支票一并发送到商家服务器。

④商家将电子支票经由支付网关发送到收单行进行验证。

⑤收单行将电子支票的验证结果传回到商家服务器。

⑥商家组织发货。

⑦在支票到期日前,商家将支票向收单行背书请求兑付。背书过程中将自动生成"数字时间戳"以及其他背书标志,以防止商家复制支票,多次背书进行欺诈。

⑧收单行根据验证信息确定是否接受背书,若背书成功,则将支付成功信息返回商家。

⑨若付款行与收单行是同一家银行,则支付过程就结束了;若付款行与收单行不是同一家银行,则需要通过票据清分所完成银行间的资金清算。

3.3.5 基于第三方支付平台的支付模式

目前对第三方支付平台尚无统一公认的定义,一般是指为网络交易双方实现网络支付而搭建的资金转移平台。它属于第三方服务性中介机构,作为银行、网站及商家之间资金往来的中转站,提供网上支付通道。第三方网上支付平台主要分为两类(廖敏慧,2006):一是以北京首信、上海环讯与网银在线等为代表的网关型支付平台。在这种支付模式下,交易各方权责明确、结算便利,但需要向银行申请,需要支付较高的手续费,且存在交易安全问题。二是以支付宝为代表的信用担保型第三方支付平台。这种支付平台是大型电子商务公司自建的支付平台,与公司本身的信用挂钩,保证资金流和货物流在交易双方之间顺利对流,起到交易保证和货物安全保障的作用。

> ✗ 拓展思考3-2
>
> 网上银行支付在技术上已经采取了相当多的措施以保证支付的安全性,为何在实践中还要引入第三方支付呢?
>
> 答:在我国,随着越来越多的商家进入电子商务领域,网上支付的需求越来越强烈,而交易信用问题则成为制约网上支付发展的瓶颈。作为网上支付服务的提供者,各商业银行先后推出了网上银行业务,但就交易信用问题而言,专业的网上银行虽然在理论上可以采用某种约束机制来监督电子商务交易中买卖双方的交易行为,但从专业化与效率的角度来看,网上银行针对交易信用问题始终无法给出行之有效的解决方案。再加之对于一些规模较小的网站来说,还无法承担与众多商业银行接口所必需的技术与建设维护费用。在这一背景下,人们提出了第三方支付模式,从而比较妥善地解决了上述两大难题。

1)第三方支付流程

第一步,客户在电子商务网站上选购商品,最后决定购买,买卖双方在网上达成交易意向;第二步,客户选择利用第三方作为交易中介,客户用信用卡将货款划到第三方账户;第三步,第三方支付平台将客户已经付款的消息通知商家,并要求商家在规定时间内发货;第四步,商家收到通知后按照订单发货;第五步,客户收到货物并验证后通知第三方;第六步,第三方将其账户上的货款划入商家账户中,交易完成。

2)第三方支付的特点

首先,第三方支付平台采用了与众多商业银行合作的方式,可同时提供多种银行卡的网关接口，从而大大方便了网上交易的进行。消费者和商家不需要在不同的银行开设不同的账户，可以帮助消费者降低网上购物的成本，帮助商家降低运营成本；同时，还可以帮助银行节省网关开发费用，并为银行带来一定的潜在利润。

其次，较之SSL、SET等协议，利用第三方支付平台进行支付操作更加简单而易于接受。SSL协议是现在应用比较广泛的安全协议，但其只能够验证商家的身份。SET协议是目前基于信用卡支付系统中比较成熟的技术，但使用SET协议时，各方的身份都需要通过CA进行认证，程序复杂，手续繁多，速度慢且实现成本高。有了第三方支付平台，商家和客户之间的交涉由第三方来完成，使网上交易变得更加简单。

再次，第三方支付平台能够提供增值服务，为交易双方的交易进行详细的记录。交易双方可通过第三方服务系统实时查询交易，从而防止交易双方对交易行为抵赖以及为后续交易中可能出现的纠纷问题提供相应的证据，并能通过信用评级等约束机制对交易双方的行为进行一定的评价约束，尽可能避免网上欺诈行为的发生。

最后，第三方支付平台本身依附于大型的门户网站，且以与其合作的银行的信用作为信用依托，因此第三方支付平台能够较好地解决网上交易中的信用问题，有利于推动电子商务的快速发展。

总之，第三方支付平台作为介于客户与商家之间提供支付服务以及其他增值服务的中介机构，能够协调客户与商家之间的关系，保护客户与商家的合法权益不受侵犯。第三方支付模式成为目前解决支付安全和交易信用问题的较好的解决方案。

3）第三方支付实例

目前中国国内的第三方支付产品主要有PayPal、支付宝、财付通、易宝支付、快钱等。其中用户数量最多的是PayPal和支付宝，前者主要在欧美国家流行，后者主要服务于中国内地。下面以支付宝为例说明第三方支付模式的具体运作。

支付宝是由全球知名的B2B公司阿里巴巴旗下的支付宝公司针对网上交易而特别推出的先进的网上支付平台。支付宝公司成立于2004年12月，其倾力打造的支付宝运作的实质是以支付宝为信用中介，在买家确认收到商品前，由支付宝替买卖双方暂时保管货款的一种增值服务。支付宝公司公布的最新数据显示，目前有多达46万家国内独立电子商务企业使用支付宝作为网络支付工具，2010年3月，支付宝公司宣布其用户数正式突破3亿，这是国内第三方支付公司用户数首次达到3亿规模。

使用支付宝进行网上支付前首先需要注册成为支付宝用户，并且需要到注册邮箱进行相应的激活。支付宝交易流程如图3-12所示。

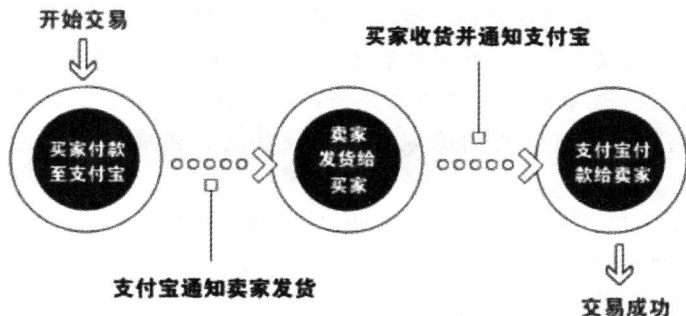

图3-12　支付宝交易流程

3.3.6 移动支付模式

移动支付是指用户通过移动终端尤其是手机，借助于移动网络或Internet无线网络，对所消费的商品或服务进行账务支付的一种新型支付方式，通常也称为手机支付。从狭义上看，移动支付并不算典型的网上支付，因为其支付过程往往是通过上述的银行卡在线支付功能或第三方支付平台来实现的。这种新型的支付方式在国内外的发展都非常迅速，尤其是在小额支付场合下特别流行。可以说，移动支付是目前为止速度最快的一种支付方式。

移动支付改变中国人生活：几乎不用现金

目前我国移动支付市场迅猛发展，以支付宝和微信为代表的二维码支付横扫市场。根据比达咨询（BigData-Research）发布的《2015年度中国第三方移动支付市场研究报告》，在2015年第三方移动支付市场中，支付宝以72.9%的份额居首，财付通（微信+手机QQ）以17.4%的份额位居第二。

知识链接 3-3

Apple Pay

Apple Pay是苹果公司在2014年苹果秋季新品发布会上发布的一种基于NFC的手机支付功能，于2014年10月20日在美国正式上线。

2016年2月18日凌晨5点，Apple Pay业务在中国上线。

自2016年8月18日起，广州地铁APM线率先支持移动支付及金融IC卡付费过闸，成为全国首条支持银联"闪付"、"云闪付"和二维码等多种支付手段的城市轨道交通线路。

也就是说，进入APM线时iPhone用户只需打开Apple Pay，靠近感应区，感觉到手机震动后按一下指纹，闸机就会打开，Apple Watch用户同样可以享受这种方便。当然Apple Pay只是APM线移动支付多种支付方式中的一种，目前广州地铁APM线铺开的移动支付种类众多，是全国首条拥有二维码、银联芯片卡、NFC手机支付等多种移动支付手段的地铁线路，带有"闪付"标志的银联芯片卡、支持"云闪付"的手机（包括Apple Pay、安卓HCE等）都能使用。

和刷公交卡相比，刷Apple Pay也不耗时，iPhone靠近NFC机，而NFC机在iPhone靠近瞬间就会亮屏，随后输入指纹认证，待NFC机用网络和银行的数据进行交换后通过，整个过程用时约为2至3秒（"云闪付"可以秒付）。而其最大的好处就是完全省去了排队买票的时间，不用充值，也不用担心没有零钱。

Apple Pay与支付宝、微信不同，它并不是独立的第三方支付服务，没有自己的账户，也不参与资金的流动，Apple Pay只是将原有的实体银行卡变成手机上"虚拟的银行卡"。Apple Pay支付过程中的所有环节与普通的刷卡消费一样，只是用手机代替了银行卡，指纹代替了密码，对于消费者来说更加方便快捷，银联和银行也更"钟爱"这种方式。

资料来源：佚名.接地气模式依次开启 Apple Pay正逐步融入中国［EB/OL］.（2016-08-20）. http://www.cnbeta.com/articles/531383.htm.

3.4　网上支付系统的建设

支付系统是支撑各种支付工具应用、实现资金清算并完成资金最终转移的通道。支付系统是由一系列计算机、网络通信、电子设备等软、硬件构成的基础设施，并与制度安排和人员管理配套整合成的一个复杂集合体，各种支付工具的支付信息、业务流程贯穿于支付系统处理的全过程，支付信息传输和资金结算必须在支付系统的有效支持下才能够顺利完成。

支付系统对加速社会资金周转和商品流通起到重要的作用。在现代市场经济条件下，商品和劳务的分配与交换离不开货币和资金的高效运行。如果资金的流动不通畅，就会阻塞物流的运动，经济的运行就会出现问题，而资金的运动又离不开银行支付清算系统的支持，如果把资金比喻成人体的血液，支付清算系统就好比是支持血液流动的心血管系统。因此，一个高效的支付清算系统是经济体系正常和高效运行的保障。

3.4.1　国内网上支付系统的建设

中国的支付清算系统是 20 世纪 50 年代中期借鉴苏联的经验建立起来的，并较好地适应了当时及以后相当长时期内高度集中的计划经济体制的需要。20 世纪 80 年代初期中国实行改革开放以来，为适应经济、金融体制深化改革的需要，中国人民银行对支付清算系统进行了不断的改革。

一是改革了过去非票据化的支付结算工具，推行以汇票、本票、支票和信用卡（简称"三票一卡"）等为主体的信用支付工具，并于 1996 年实施《中华人民共和国票据法》，依法规范票据的使用和流通。二是中国人民银行和各国有商业银行相继建立了行内的银行机构间的支付系统，即"手工联行往来"系统，使行内业务可以直接通汇，跨行业务实行相互转汇。三是逐步改进支付清算手段。自 1989 年起，中国人民银行开始建设以卫星通信为传输手段的全国电子联行系统（EIS），成为我国金融机构办理异地资金汇划的主渠道。同时，各国有商业银行为改进金融服务，也相继建立了行内电子汇兑系统。四是建立了同城票据交换所。目前，全国约有 2 500 个县级以上城市建立了同城票据交换所，为提高票据交换效率，全国已有 17 个城市采用了票据清分机，实行票据的自动化清分处理。五是建成了银行卡信息交换中心。全国银行卡信息交换中心于 1998 年投入运行，它的建立和运用推动了我国自助银行系统的发展。

尽管中国人民银行和商业银行在支付清算领域进行了上述改革，引入了现代化手段，但是，现行的支付清算体系与发达国家相比还存在较大差距，仍不能适应社会主义市场经济条件下金融改革和发展的需要。为此，从 1992 年开始，中国人民银行开始着手中国国家现代化支付系统（CNAPS）的研究开发和建设，到 2005 年 7 月，大额支付系统正式建成并运行，并在全国得到推广应用，2006 年 6 月，小额支付系统在全国范围开始推广使用。目前，中国现代化支付系统已经成为我国支付清算领域的核心系统和"大动脉"。随着 CNAPS 的推广到位，我国已形成一个以中国现代化支付系统为核心，商业银行行内电子汇兑系统为基础，各地同城票据交换所为补充，能够支撑多种支付工具应用和满足社会各种经济活动支付需要的支付清算体系。可以毫不夸张地说，中国支付系统在软、硬件的设施和能力上已经达到了国际领先水平。

下面将主要介绍中国国家现代化支付系统（CNAPS）及其运行的网络平台——中国国家金融通信网（CNFN）。

1）中国国家金融通信网

中国国家金融通信网（China National Financial Network，CNFN）是将中央银行、各商业银行和其他金融机构有机连接在一起的全国性的计算机网络系统。金融机构通过该系统可联结全国各领域成千上万个企事业单位的信息系统，从而为广大的客户提供全面的支付服务和金融信息服务。CNFN是一个不断扩大的大型帧中继网，不仅具有普通公用网的高可靠性和强稳定性，还具备专用网的封闭性和高效率，CNFN具有强大的处理能力和开放式的业务平台，还具有一定的可扩充性。

（1）CNFN的网络结构。

CNFN的网络结构可用二级网络、三层节点来概括。

网络的三层节点中，第一层节点是国家处理中心NPC。CNFN在北京和无锡分设两个NPC，有同样的结构和处理能力，且互为备份。NPC是CNFN的全国管理中心，也是CNAPS各应用系统的全国处理中心，是CNFN的"心脏"。NPC的主要功能包括数据库管理、完成交易处理、系统管理和网络管理、实现灾难恢复等。第二层节点是城市处理中心CPC。CPC是CNFN中国家主干网络与区域网络的交换中心，是CNAPS中区域内终端用户访问网络和国家处理中心（NPC）的登录、分发节点。CPC的主要功能有：金融业务处理纸票据截留服务、各种传输信息的登录和分发、区域内一级和三级节点的信息转发、必要的业务和财务处理、X.25区域通信网的控制和管理。第三层节点是县支行处理节点CLB。CLB的主要功能包括：金融业务处理纸票据截留服务、各种传输信息的登录和分发、县内金融信息向二级处理节点转发、必要的业务和财务处理、必要的通信控制和管理。

三层节点构成了二级网络：NPC与600个CPC构成国家级主干网络；CPC与CLB构成区域网络。国家级主干网以中国人民银行的卫星通信网为主体，以中国金融数据地面通信骨干网和邮电部门的公用数据通信网DDN为辅助信道。卫星网与地面网互为备份，相互补充；区域网的物理线路，根据当地通信状况可选用中国金融数据地面通信骨干网、DDN、X.25或PSTN，少数边远地区交通不便或有特殊需要的，也可采用卫星通信网构成区域网。

（2）CNFN的物理通信线路。

CNFN的物理通信线路包括卫星通信线路和地面通信线路两部分。

CNFN采用卫星通信网为国家级主干网络，主要用于两个主站之间、主站与小站之间的数据通信。卫星网络利用卫星的Ku波段信道，采用单路单载波技术，提供高质量、高效率和高传输速率的通信线路。卫星网络采用集中控制、集中管理的星形结构，它要求所有的CPC将其收集的支付业务全部发送到NPC，再由后者转发到各分中心。

CNFN的地面通信线路主要由中国金融数据地面通信骨干网和邮电部门的公用数据通信网（X.25和DDN）组成。地面通信线路一方面作为卫星通信线路的备用信道，另一方面主要是构成CNFN的区域网。

2）CNAPS

CNAPS是中国人民银行按照我国支付清算要求，并利用现代计算机技术和通信网络开发建设的，能够高效、安全地处理各银行办理的各种异地、同城支付业务及其资金清算的应用系统。它是各银行和货币市场的公共支付清算平台，是中国人民银行发挥其金融服务职能的重要的核心支付系统。

（1）CNAPS 的总体结构。

CNAPS 在物理结构上设立了两级处理中心，即国家处理中心（NPC）和全国 32 个城市处理中心（CPC）。NPC 分别与各 CCPC 连接，集中处理大额交易清算，其通信网络采用专用网络，以地面通信为主，卫星通信备份。CCPC 采用开放系统，处理同城范围内的小额交易清算。

（2）CNAPS 的主要应用系统。

为适应处理各类支付业务的需要，CNAPS 由大额实时支付系统（HVPS）和小额批量支付系统（BEPS）两个应用系统，以及清算账户管理系统（SAPS）和支付管理信息系统（PIMS）两个辅助系统组成。

建立大额实时支付系统的目的是为了给银行和广大企事业单位以及金融市场提供快速、高效、安全的支付清算服务，防范支付风险。HVPS 是逐笔实时处理的全额清算系统，用于处理同城和异地的跨行与行内的大额贷记支付，以及处理时间紧急的其他贷记业务，主要用于行际和行内的清算资金余额转账、企业之间的资金调拨，以及投资支付和其他大额资金支付。在中央银行开设有备用金或清算账户的金融机构，可通过该系统及时划拨大额资金。大额支付活动金额大、风险高，要求支付指令逐笔实时发送，全额清算资金。考虑到系统的安全，以及我国商业银行目前必须在中央银行保持较高比例法定储备金等情况，中央银行将允许大额支付系统的参与者在限额内出现日间透支，但是不允许出现隔夜透支。对账户余额不足的支付指令，采用排队等待机制，待有足够的资金进入该账户时，自动支付。中央银行通过该系统，将能对我国 80% 的资金进行直接的监督和控制，能对每个清算账户资金头寸进行实时跟踪，进而实现有效的宏观调控。

建立小额批量支付系统的目的是为社会提供低成本、大业务量的支付清算服务，支撑各种支付业务的使用，满足社会各种经济活动的需要。BEPS 是一个净额清算系统，主要用于实现基于消费的小额支付，通常包括：各类预授权的定期定额支付，如工资、津贴、保险金等；各类定期不定额的支付，如房租、水电费、电话费等；各种截留票据的贷记、借记支付等业务。这些业务的特点是金额相对较小，系统批量发送支付指令，定时轧差后按净额清算资金。BEPS 可有效地加快资金流动，减少现金、支票和各种票据的流通量，降低风险性，节约转账成本，方便客户。

清算账户管理系统是支付系统的核心支持系统，通过集中存储清算账户，处理支付业务的资金清算，并对清算账户进行管理。

支付管理信息系统也是支付系统的支持系统，集中管理支付系统的基础数据，负责行名、行号数据和应用软件的下载，提供支付业务的查询查复和计费服务等。

3.4.2　国外网上支付系统的建设

目前，国际上影响力比较大的支付清算系统主要有国际环球同业财务电信系统（SWIFT）、纽约清算所银行同业支付系统（CHIPS）以及美国联邦储备通信系统（FedWire）。

1）SWIFT

SWIFT系统是为了实现国际银行间的金融业务处理自动化而开发的连接全球各银行的金融数据通信网络系统，该系统于1977年投入运行，可处理世界范围内银行间的数据交换。目前该网络已遍布全球206个国家和地区的8 000多家金融机构，提供金融行业安全报文传输服务与相关接口软件，支持80多个国家和地区的实时支付清算系统。

（1）SWIFT提供的服务。

SWIFT为其会员提供的服务主要有金融数据传输服务、基本通信服务和增值服务三类。其中，金融数据传输服务是SWIFT提供的核心服务，也是最基本的服务，它主要通过所提供的报文格式来体现，即按照一定通信报文格式，通过SWIFT网络系统接收、确认、存储和传送各种金融业务处理中的数据。SWIFT报文格式是一种国际银行间数据交换的公共语言，是各个国家中央银行支付系统所遵循的信息格式标准。目前，通过SWIFT发送的付款报文的自动化处理程度已达90%，每年SWIFT标准部门需要总结现有格式，制订新格式计划，以满足金融机构的需求。

（2）SWIFT的特点。

SWIFT网络是世界上大多数银行进行电子支付和开展外汇业务必不可少的网络，其具有以下特点：

一是报文标准化。SWIFT系统提供了一套完整的报文标准化格式，为报文传递提供了一种通用的语言，它操作规范、易学，使网络上的交易变得简单、易实现且安全可靠。

二是低成本、自动、高效的服务。SWIFT系统的宗旨是使用户从系统所提供的服务中获得最大的收益。它的业务费用低，能提供全天候24小时的服务，而且业务交易立即完成。一份SWIFT电文一经发出即可得到回执，系统效率高，既经济又便捷。该系统每天允许处理250万条报文信息，划拨的结算资金至少有500亿美元。

三是安全可靠的数据传输。SWIFT系统自动进行数据格式检查，其错误提示、报文压缩和展开都自动进行，自动实现分报，因此差错少、可靠性高。SWIFT对全部电文（包括字母、数字、符号）进行加押，与以往电文处理中部分加押的方式相比，提高了安全性和保密性。SWIFT系统的可恢复性相当好，系统恢复时间低于4分钟。据统计，该系统自1977年以来已传送了40多亿条报文，从没丢失一条报文。

2）CHIPS

CHIPS系统由纽约清算所于1966年研究建立，由于纽约是世界上最大的金融中心，国际贸易的支付活动多在此完成，因此，CHIPS也就成为世界性的资金调拨系统。现在，世界上90%以上的外汇交易是通过CHIPS完成的，可以说，CHIPS是国际贸易资金清算的桥梁，也是欧洲美元供应者进行交易的通道。

（1）CHIPS的业务种类。

CHIPS是世界范围内各国银行调拨处理国际、国内以美元支付的贸易往来资金的媒介，为企业、政府等提供了极为方便的金融服务。它所处理的业务有：国内和国际贸易服务、国际贷款、联合贷款、外币买卖和兑换、欧洲美元投资、短期资金卖出、欧洲债券结算等。CHIPS的参加银行，除本身利用该系统调拨资金外，同时也接受其往来银行的付款指示，通过CHIPS将资金拨付给指定银行。如此层层代理，构成一个庞大复杂的国际清算网。

（2）CHIPS的特点。

一是允许事先存入付款指示。参加银行除了可在当日调拨资金外，CHIPS还允许参加银行事先将付款指示存入中央计算机系统，然后等到生效日当日才将此付款通知传送到收款银行。

二是完善的查询服务功能。系统即时将每笔资金调拨情况存入文件，因此各参加行可随时查询自己每笔提出或存入的金额，并及时调整自己的头寸。

三是自动化程度高。CHIPS设计了一个灵活的记录格式，以方便发报行和收报行进行自动处理。这样，参与行的支付信息可在不同系统之间流动，而无须人工干预。

四是安全性好。CHIPS将四台大型计算机组成两套系统，两套系统互为备份，每套系统又是双机互为备份，两套系统分别安装在不同的地方，且用高速线路连接。CHIPS还有很好的保密性，主要通过保密模块、保密设备和一系列规定来实现。

3）FedWire

FedWire是美国境内最大的资金调拨系统，系统使用的资金为美国商业银行在联邦储备银行的存款准备金，是典型的由中央银行经营并管理的全额、实时、有限透支的大额支付系统，也是通过各商业银行在联邦储备体系的储备账户存款实现的商业银行间同业清算的主要支付系统。FedWire是为在美国境内、纽约市区外的银行进行美元清算，由国家中央银行建立信息传输和支付的系统，它同SWIFT一起构成美元清算的两大支柱。

存款机构通过FedWire调拨资金，主要是指调拨其在联邦储备银行存款准备金账户的余额。FedWire资金调拨涉及的主要业务种类包括以下几个方面：买卖联邦资金、拆借欧洲美元资金、调整代理行账户余额、清偿私营支付清算系统的清算净额、受客户委托调拨资金。

本章小结

网上支付（Net Payment）是指以金融电子化网络为基础，以各种电子货币为媒介，通过计算机网络特别是Internet，以电子信息传递的形式实现资金的流通和支付的一种电子支付方式。

在网络中使用的支付方式有很多种，基于银行卡的支付方式是最基本的支付方式，此外还有基于第三方的支付方式。移动支付是近年来兴起的一种以手机终端为平台的支付方式，由于它的方便、快捷等优势，迅速发展成为一种主要的支付模式。

支付系统是支撑各种支付工具应用、实现资金清算并完成资金最终转移的通道。支付系统是一个复杂的集合体。一个高效的支付清算系统是经济体正常和高效运行的保障。

目前，我国支付结算系统主要有：中国国家现代化支付系统（CNAPS）和中国国家金融通信网（CNFN）。国际上影响力比较大的支付清算系统主要有国际环球同业财务电信系统（SWIFT）、纽约清算所银行同业支付系统（CHIPS）以及美国联邦储备通信系统（FedWire）。

关键概念

网上支付　网上交易　电子现金　电子钱包　电子支票　第三方支付模式　移动支付
SWIFT　CHIPS　FedWire

综合训练

1.不定项选择题

（1）随着商品经济的发展，支付方式经历了（　　）阶段。

A.实物支付　　　　B.货币支付　　　　C.银行转账支付　　　D.网上支付

（2）传统的支付方式的缺陷有（　　）。

A.资金占用时间长　　　　　　　　　　B.资金周转速度慢

C.支付结算费用高　　　　　　　　　　D.资金安全性差

（3）与传统支付方式相比，网上支付的优势有（　　）。

A.流动性强　　　　B.安全性高　　　　C.成本低　　　　　D.方便、快捷、高效

（4）从20世纪90年代到现在，信用卡网上支付经历了（　　）等模式。

A.无安全措施的信用卡支付　　　　　　B.借助第三方代理的信用卡支付

C.基于SSL协议的信用卡支付　　　　　D.基于SET协议的信用卡支付

（5）按系统提供的功能和性质，可将汇兑系统分为（　　）。

A.支付系统　　　　B.通信系统　　　　C.资金调拨系统　　　D.清算系统

2.简答题

（1）什么是网上支付？网上支付的产生经历了哪些阶段？

（2）相对于传统支付方式，网上支付有哪些特点？

（3）简述第三方支付的业务流程。

（4）SWIFT、CHIPS、FedWire三大支付系统有何联系和区别？

3.案例分析

淘宝网网上购物付款方式

通过淘宝网购物支持四种付款方式，具体付款流程分别如下：

◆支付宝卡通付款

①在线申请支付宝卡通（如图3-13所示）；

图3-13　在线申请支付宝卡通页面

②在淘宝网选择你喜欢的商品，点击"立即购买"按钮；

③在确认订单页面填写相应的信息后，点击"确认无误，购买"；

④在付款方式页面选择卡通支付，点击"下一步"按钮；

⑤输入支付密码，点击"确认付款"按钮；

⑥付款成功。

◆信用卡支付

①开通信用卡的网上支付功能（以招商银行信用卡为例，登录招行网站完成开通，如图3-14所示）；

图3-14　开通招商银行网上支付功能页面

②在淘宝网选择你喜欢的商品，点击"立即购买"按钮；

③在确认订单页面填写相应的信息后，点击"确认无误，购买"；

④在支付宝收银台选择"信用卡付款"，选择招商银行后，点击"下一步"按钮；

⑤点击"登录到网上银行付款"按钮；

⑥进入招商银行信用卡一网通支付页面，输入相应信息后，点击"确定"按钮；

⑦进入身份认证页面，确认相关信息无误后，点击"通过短信获取验证码"，输入以手机短信方式收到的四位动态验证码后，点击"确认"按钮；

⑧招商银行成功处理该笔订单，等待转向商户结果页面，点击"立即转向"按钮；

⑨付款成功。

◆货到付款

①选择货到付款商品；

②确认订单；

③等待物流送货；

④验货付款。

◆网上银行支付

①开通银行卡的网上支付功能（以招商银行一卡通为例，登录招行网站完成开通）；

②在淘宝网选择你喜欢的商品，点击"立即购买"按钮；

③在确认订单页面填写相应的信息后，点击"确认无误，购买"；

④选择"招商银行"后，点击"下一步"按钮；

⑤点击"登录到网上银行付款"按钮；

⑥选择"一卡通"，输入相应信息后，点击"确定"按钮；

⑦完成网银付款，点击"立即转向"按钮；

⑧付款成功。

资料来源：根据淘宝网资料整理。

问题：请分析淘宝网支持的四种付款方式的区别。

分析提示："货到付款"方式属于典型的线下付款，其余三种方式都利用到了第三方支付平台——支付宝。其中，支付宝一卡通是由支付宝提供的账号，支付时不需要登录网上银行；信用卡支付和网上银行支付都需要登录到网上银行完成支付。

4.实践训练

实训项目：中国建设银行个人网上银行支付。

实训目的：掌握网上银行支付流程。

实训步骤：

（1）登录相关购物网站，选择自己需要的商品；

（2）选择建行网上银行付款；

（3）认真核对订单信息，登录建行网上银行；

（4）选择付款账户付款，并输入相关信息；

（5）扣款成功，返回支付网站，查看订单信息；

（6）购物支付成功。

第4章　网上银行实务

学习目标

通过本章的学习，学生应了解网上银行是如何产生的，网上银行发展的模式，个人网上银行的功能及业务流程，企业网上银行的功能及业务流程。

引　例

由于计算机技术和网络通信技术的快速发展，信息的交流与传播在社会经济活动中所担负的作用日益增大。从个人的衣食住行到单位、组织、国家间的商贸与合作，信息成为经济生活中最活跃的因素。我们正步入一个崭新的信息经济时代，国际互联网作为一种全球性、开放式的数字信息交换载体，它的拓展建设和普及应用特别是对人们传统行为观念的冲击和影响正日益受到广泛关注。伴随着互联网应用环境的日渐成熟，电子商务等新型商务模式的种类和规模得到了迅速发展，并逐渐得到大多数人的认可和接受，互联网市场正在成为全球发展最快、规模最大、前景最美好的经济领域。远程教学、远程医疗、网上购物、网上理财等所有这些互联网交易和服务行为的发展，都要求传统的商业银行或金融机构提供一种基于互联网技术的开放的支付结算服务，也就是说提供网上银行服务。

除此之外，银行信贷、信用卡、转账等业务也可以通过网上银行实现，这些功能如果充分得到应用，将会减少很多人每周的出行次数、纸张、饮水等物资消耗及能耗，同时让生活质量得到明显提升，使人尽享舒适与快乐。

资料来源：根据相关资料整理。

这一案例表明：网上银行发展到今天，其功能早已不局限于网上查询账户和支付结算这么简单，几乎已渗透到生活的方方面面，给用户带来的便利性不胜枚举。

4.1　网上银行概述

在互联网高速发展的今天，网上银行这一全新的银行客户交互方式，以其无可替代的优势，被越来越多的国内外商业银行所接受和重视。网上银行业务成为各家银行实力竞争的焦点。中国网上银行经过十几年的发展，正步入一个新的历史阶段，网上银行普及率、使用率进一步提升，网上银行正成为人们生活中不可或缺的一部分，并改变着人们的生活。

4.1.1　网上银行的概念及优势

1）网上银行的概念

网上银行的发展速度很快，其标准、发展模式等都处于演变之中，所以目前很难对网上银行的基本内涵进行规范的理论界定。

巴塞尔银行监管委员会定义的网上银行，是指那些通过电子通道，提供零售与小额产品和服务的银行。这些产品和服务包括存贷、账户管理、金融顾问、电子支付，以及其他一些诸如电子货币等电子支付的产品与服务。欧洲银行标准委员会将网上银行定义为：那些利用网络为通过使用计算机、网络电视、机顶盒及其他一些个人数字设备连接上网的消费者和企业提供银行服务的银行。美联储对网上银行的定义为：网上银行是指利用互联网作为其产品、服务和信息的业务渠道，向其个人客户和公司客户提供服务的银行。

综上，网上银行又称网络银行、电子银行、虚拟银行、在线银行，是指银行利用互联网及相关技术，处理非现金类的银行业务，是传统银行业务在互联网上的延伸。例如，通过互联网为客户提供开户、销户、查询、对账、转账、信贷、投资理财等银行服务项目，使客户足不出户就能够方便快捷地享受全方位的银行业务服务。

我们可以看到，各种定义所包含的关键点都在于"网络+银行业务"，即通过网络提供金融服务，包括传统银行业务和通过信息技术应用带来的新业务。

2）网上银行的优势

与传统银行相比，网上银行有许多优势，主要体现在：

（1）服务方便、快捷、高效、可靠。

网上银行与传统银行最大的不同就在于它是建立在充分应用各类先进的通信网络和信息技术手段基础上的金融服务。通过网上银行，客户可以享受到方便、快捷、高效和可靠的全方位服务。网上银行实行全天24小时、一年365天不间断营业，客户可以在任何时间（Anytime）、任何地点（Anywhere），以任何方式（Anyway）享受网上银行的服务，不受时间、地域的限制，即实现3A服务。另外，利用互联网和银行支付系统，容易满足客户咨询、购买和交易多种金融产品的需求，客户除办理银行业务外，还可以很方便地在网上买卖股票、债券等，网上银行能够为客户提供更加合适的个性化金融服务。这样，既有利于吸引和保留优质客户，又能主动扩大客户群，开辟新的利润来源。有专家研究认为，当代银行业依靠吸纳存款、发放贷款获取利润的空间已经很小，而主要是要依靠提供高技术性的金融服务来获取利润。

（2）减少银行分支机构，降低运营成本，提高效益。

开办网上银行业务，主要利用公共网络资源，不需要设置物理的分支机构或营业网点，减少了人员费用，提高了银行后台系统的效率。同时，网上银行全面实现无纸化交易，原有的票据和单据大部分被电子支票、电子汇票和电子收据所代替，原有的纸币被电子货币所代替，文件的邮寄也转变为电子凭证的网络传送。一般而言，网上银行的创建费用只相当于传统银行开办一个小分支机构的费用。而就银行办理一笔业务的成本来看，办理一笔银行业务，通过分行方式的费用是1.25美元，使用ATM是80美分，使用电话银行是40美分，使用自动拨号方式是10美分，而使用网上银行只需要1美分。根据我国国情，国内其商业银行对单笔交易成本统计表明，通过营业网点进行交易的单笔交易成本为

3.06 元，ATM 的单笔交易成本为 0.83 元，而网上银行的单笔交易成本仅为 0.49 元。随着互联网的普及、电子信息技术的进步，网上银行处理业务的成本将会更低。

（3）业务全球化。

网上银行是一个开放的体系，是全球化的银行。网上银行利用互联网能够提供全球化的金融服务。传统银行是通过设立分支机构开拓国际市场的，而网上银行只需借助互联网，便可以将其金融业务和市场延伸到全球的每个角落，把世界上每个公民都当作自己的潜在客户去争取。网上银行无疑是金融运营方式的革命，它使得银行竞争突破国界变为全球性竞争。随着互联网络的发展，拥有先进网络技术和营销经验的国际性大银行或其他金融机构，完全可以不在其他国家设立分支机构而利用网上银行争揽金融业务，抢占当地的金融市场。网上银行业务的竞争将是无国界的、更为迅速的竞争。

（4）创新化。

网上银行是创新化银行。在个性化消费需求日趋凸现及技术日新月异的信息时代，网上银行提供金融产品和拥有技术的生命周期越来越短，淘汰率越来越高。在这种情况下，只有不断采用新技术、推出新产品、实现持续创新才不至于被淘汰。以 SFNB[①] 为例，它对基本支票账户不收取手续费，没有最低余额限制，这在美国银行界首开先河，而且客户每个月可免费使用 20 次电子付款服务，免费使用自动柜员机或借记卡。与此同时，SFNB 还不断开拓新业务，1998 年，它与 AOL[②] 达成协议，允许客户通过 AOL 访问 SFNB，此举使 SFNB 的客户数迅速增长，其存款额很快突破 1 亿美元。

（5）亲和性增强。

增加与客户的沟通与交流是企业获取必要信息、改进企业形象、贴近客户、寻找潜在客户的主要途径。在这方面，网上银行具有传统银行无法比拟的优势。网上银行可通过统计客户对不同网上金融产品的浏览次数和点击率，以及各种在线调查方式了解客户的喜好与不同需求，设计出有针对性的金融产品以满足其需求。这不仅方便了客户，银行也因此增强了与客户的亲和性，提高了竞争力。

✖ 拓展思考 4-1

　　随着改革开放的深入，尤其在中国加入 WTO 后金融市场的全面放开，国内银行的竞争也进入了白热化阶段，国有银行、股份制银行、外资银行、地方银行，群雄逐鹿、各显神通，各家银行以高收入吸引人才、以新产品抢夺市场。随着计算机网络技术与电子商务的不断创新发展，从 1998 年招商银行率先推出网上银行"一网通"品牌开始，便预示着我国的银行体系进入了一个崭新的局面。随后，各家银行争先恐后地进入电子银行领域，全面布局网上银行、电话银行以及手机银行。此时此刻，对于中小银行来说，这将会是一个机会。为什么有人说"网上银行"将是中小型银行的突围之路？

　　答：网上银行业务具有运营成本低的特点，中小型银行在没有雄厚实力布局全国营业厅网络、没有资金增加人员支出的情况下，只能通过电子化拉近距离，缩小差距，寻求机会。

---

　　① SFNB：安全第一网上银行，是一家真正意义上的网络银行，脱离传统具有物理介质的实体银行模式，完全依赖互联网进行运营。

　　② AOL：美国在线（American Online），2000—2009 年期间是美国时代华纳的子公司，著名的互联网服务提供商。

4.1.2 网上银行的发展历程

1）全球网上银行的发展概况

1995 年 10 月 18 日，全球首家以网上银行冠名的金融组织——安全第一网上银行（SFNB）在美国打开了它的虚拟之门，它标志着一种新的银行模式的诞生。这家银行除了设在亚特兰大的总部外，没有任何"钢筋混凝土"式的营业大厅和分支机构，完全在网上运作。客户通过 SFNB 的网站就可以享受服务。最初 SFNB 通过 S1 数据处理和客户服务中心只能提供基本的互联网对账服务，后来又增加了利息核对等其他功能。在推销网上银行服务时，面临的主要挑战还是消费者对安全性问题的忧虑，对此，SFNB 实施了一系列策略，赢得了客户对网上银行的信心。继 SFNB 之后，全球各地网上银行业务迅速发展。

2000 年，英国的巴克莱银行（Barclays Bank）宣布将关闭 50 家分行，用此资金来发展网上银行业务，到 2001 年，巴克莱银行已有 30%的客户成为网上银行用户。英国保诚保险公司的网络子公司在成立短短一年的时间里，客户已超过 20 万个，在英国市场占有率达 1%，存款余额达 130 亿美元，平均每个客户存款余额达 3 万美元。

德国的德意志银行实施了"全球电子商务战略"，全力拓展互联网业务和电子商务。截至 2005 年，已有 20%的客户只通过网上银行办理业务，60%的客户同时使用网点和网上银行办理业务，仅有 20%的客户只到网点办理业务。

2000 年，由樱花银行、住友银行、富士通公司及日本生命保险公司联合成立的"日本网上银行"是日本首家纯网上银行。该银行提供普通存款、定期存款、转账、互联网结算、小额贷款和电话金融等业务。由于运营与固定成本远低于传统银行，日本网上银行的利率及手续费极具竞争优势。此外，日本富士银行、东京三菱银行、第一劝业银行和日本兴业银行等都投入巨资，推出各种网上银行业务。

2）我国网上银行的发展概况

网上银行在我国起步较晚，但是发展迅猛。1996 年 2 月，中国银行在国际互联网上建立了主页，首先在互联网上发布信息。1998 年 3 月，中国银行网上银行服务系统成功办理了第一笔国际互联网间的电子交易，从而拉开了我国网上银行业的序幕。目前，中国工商银行、中国农业银行、中国建设银行、中信银行、中国民生银行、招商银行、中国光大银行等都纷纷开通了网上银行。中国网上银行的发展历程见表 4-1。

近年来，网上银行的发展逐步加快，用户的网上银行使用意识和习惯逐步培养起来，社会认知和接受程度加大。网上银行正以其实际的便捷、优惠、功能丰富等特点吸引越来越多的用户。特别是近几年来，在中国整体宏观经济良好的促进下，中国股市出现了持续的升温，个人投资理财市场十分火热，网上基金、债券等理财产品大幅度增长，个人网上银行取得了突飞猛进的发展。而随着电子商务的发展，企业网上银行也将快速发展。网上银行的诸多优点给银行业带来了很大变化。

（1）银行业营业网点数变化。据各家银行统计，目前我国银行业网上银行的柜台替代率已经超过 30%，网上银行的低成本、高效率等特性引起了更多银行的重视和投入。据统计，17 家大银行在 2014 年只有工行的网点数量出现了减少，其他 16 家的网点数量都出现了不同程度的增加，见表 4-2。

表 4-1   中国网上银行的发展历程

时间	特征	主要事件
萌芽阶段： 1996—1997 年	网上银行服务 开发和探索 之中	● 1996 年，中国银行投入网上银行的开发 ● 1997 年，中国银行"网上银行服务系统"搭建；招商银行开通招商银行网站
起步阶段： 1998—2002 年	各大银行纷纷 推出网上银行 服务	● 1998 年 4 月，招商银行在深圳地区推出网上银行服务，"一网通"品牌正式推出 ● 1999 年 4 月，招商银行在北京推出网上银行服务 ● 1999 年 8 月，中国银行推出网上银行，提供网上信息、账务查询、银证转账、网上支付、代收代付服务 ● 1999 年 8 月，中国建设银行推出网上银行服务，首批开通城市为北京和广州 ● 2000 年，中国工商银行在北京、上海、天津、广州等 4 个城市正式开通网上银行 ● 2001 年，中国农业银行推出 95599 在线银行；2002 年 4 月推出网上银行 ● 2002 年年底，国有银行和股份制银行全部建立了网上银行，开展交易型网上银行业务的商业银行达 21 家
发展阶段： 2003—2010 年	网上银行品牌 建设加强，产 品和服务改善 成为重点；重 点业务带动各 大网上银行业 务快速发展	● 2003 年，中国工商银行推出"金融@家"个人网上银行 ● 2005 年，交通银行创立"金融快线"品牌 ● 2006 年，中国农业银行推出"金 e 顺"电子银行品牌 ● 2007 年，个人理财市场的火热带动网上基金业务猛增，直接拉动个人网上银行业务的大幅增长 ● 2008 年，网上银行产品、服务持续升级，各银行在客户管理、网上银行收费等方面积极探索
成熟阶段： 2010 年以后	以经营范围为 在线银行的纯 虚拟银行出 现；电商金融 迅速发展	● 网上银行相关法规逐步完善；主要银行的网上银行业务步入稳定发展阶段 ● 浙江网商银行股份有限公司于 2014 年 9 月 29 日批准成立，2015 年 6 月 25 日作为中国第一家纯虚拟银行开业，以互联网为主要手段和工具，全网络化运营，提供具有网络特色、适合网络操作、结构相对简单的金融服务和产品 ● 国美在线、苏宁易购、唯品金融等各大电商开展了网上金融业务

资料来源：根据 2008—2015 年中国网上银行行业发展报告整理。

表 4-2   **2014 年我国 17 家银行网点和柜员数量**

序号	银行	2014 年网点数 （个）	比上年增加 （个）	2014 年柜员数 （人）	比上年增加 （人）
1	工商银行	16 758	−128	121 228	−12 024
2	北京银行	323	58	1 798	263
3	光大银行	859	90	9 703	1 671
4	广发银行	687	26	3 814	221

续表

序号	银行	2014年网点数（个）	比上年增加（个）	2014年柜员数（人）	比上年增加（人）
5	华夏银行	590	52	3 988	245
6	建设银行	14 709	100	112 751	−2 851
7	交通银行	2 785	95	21 703	−1 363
8	民生银行	982	166	5 492	526
9	南京银行	129	12	1 263	329
10	农业银行	23 361	74	−	−
11	平安银行	620	92	5 073	193
12	浦发银行	1 295	380	6 850	421
13	兴业银行	908	108	8 324	569
14	邮储银行	39 962	255	44 479	−3 494
15	招商银行	1 284	236	6 490	421
16	中国银行	10 693	11	70 365	−2 535
17	中信银行	1 216	143	8 558	0

资料来源：根据2015—2020年中国网上银行市场运行态势及发展前景分析报告整理。

（2）网上银行交易规模增加。2014年中国网上银行交易规模达到1 304.4万亿元，增长率为40.2%，增速较2013年的24.6%有一定幅度提升；截止到2014年年底，个人网银用户达到3.82亿人，占整体网民规模的比例达到58.9%；企业网银用户达到1 729.5万户，同比增长27.7%。网上银行经过多年的发展已积累起较为稳定的用户群，庞大的网上银行用户为银行业拓展电子商务市场奠定了坚实的基础，发展电子商务及互联网金融等创新业务将成为网上银行交易规模增长的主要动力。2009—2015年中国网上银行交易规模如图4-1所示。

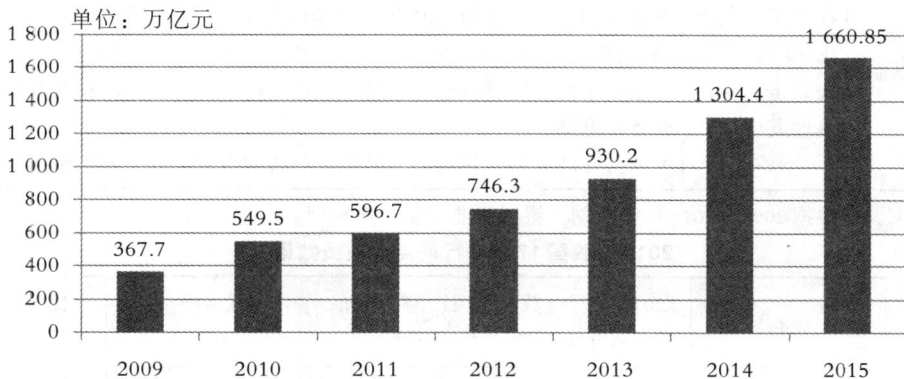

图4-1　2009—2015年中国网上银行交易规模

资料来源：根据2009—2015年中国网上银行行业发展报告整理。

电子商务、互联网金融及网络经济的走强，有利于促进网上银行的稳定发展，网上银行交易规模仍能保持平稳的增长态势。

随着网上理财的快速发展，人们在接受网上银行的同时也对网上理财有了新的认识。

以后网上理财依托着互联网的发展或将成为未来人们的主要理财方式。图4-2至图4-6分别为中国农业银行、中国建设银行、中国民生银行、网商银行、国美金融网站主页。

图4-2　中国农业银行网站主页

图4-3　中国建设银行网站主页

图4-4　中国民生银行网站主页

图 4-5　网商银行网站主页

图 4-6　国美金融网站主页

知识链接 4-1

网商银行

网商银行，全名浙江网商银行股份有限公司，作为国内首批试点的 5 家民营银行之一，由蚂蚁金服、复星、万向、宁波金润、杭州禾博士和金字火腿等 6 家股东发起设立。作为"中国第一家核心系统基于云计算架构的商业银行"，网商银行不设物理网点，不做现金交易，没有线下服务团队，目标客户不是那"20%能带来80%"收益的大企业，而是聚焦互联网"长尾"客户、中小微企业以及农村的 8 亿人口。基于金融云计算平台，网商银行拥有处理高并发金融交易、海量大数据和弹性扩容的能力，可以利用互联网和大数据的优势，给更多小微企业提供金融服务。

网商银行当前只有300名员工，其中2/3是和数据与技术相关的人员。网商银行行长俞胜法认为网商银行"新金融"服务有三大优势：一是全部可以在线完成，这意味着对小微企业的触达面更广，成本更低；二是基于信用而非传统的担保和抵押；三是对于大数据的应用，保障了用户体验。

网商银行方面提供的数据显示，通过 2016 年 10 月 17 日下午一个半小时的千牛直播，网商银行贷款总支用金额达1.97亿元，总支用客户数1.34万个，提前收款支用客户数6 800个，支用金额达1.08亿元，预估提前收款的客户能节省10万元成本，观看此次千牛直播放贷的也达到了102万人次。

作为"双十一"这样的大型购物节，商家需要的是极速的信贷服务，没有能力去满足传统银行提出的复杂要求，更没有时间去奔波；传统银行也不可能在如此短时间内见这么多的客户、签这么多的单，即便有好的信贷产品也很难短时间内让客户知晓和操作。通过直播这样的方式，网商银行实现了传统模式无法做到的效率。

资料来源：根据搜狐新闻、百度百科整理。

（3）电商金融迅猛发展。电商金融是泛指网络以及电商提供的诸如互联网支付货币、互联网信贷、供应链金融、预售订单融资、跨界合作金融、中间业务、货币汇兑、账户预存款、支付工具、移动支付等金融业务。近来很多电商涉足金融领域，积极开拓互联网金融相关业务。电商做金融，直指中、小、微企业融资贷款业务，这些是传统金融机构因风险可控性问题而不愿意涉及和承担的业务。电商平台存在众多中、小、微企业，比如淘宝卖家，这些中、小、微企业则在一定程度上构成了电商平台的庞大供应商群体，它们发展得好坏很大程度上影响着电商平台的服务力和可持续发展力，但是这些企业或个体却因融资风险问题很难得到银行的眷顾。而电商平台却可以对这些供应商的营运状态及财务状况拥有详细的数据资料和可控性，加上平台可以通过建立自己的支付终端服务，拥有较长账期的应付资金作为现金流，对这些企业或个体的贷款融资风险具有很强的可控性，因而从这些因素来看，电商做金融业务应该是得天独厚、顺势而为的事情。

（4）外资银行涉足国内网上银行业务。中国国内互联网基础设施及网民规模的快速发展，以及国内金融市场的巨大潜力，同样吸引了大批外资银行的目光。随着2006年12月中国取消在华外资银行机构所有地域和业务对象限制，外资银行在中国的发展步入了一个新的阶段。而网上银行作为外资银行相比国内银行的优势业务，以其先进的产品和服务而取得快速发展，成为国内网上银行强有力的竞争对手。图4-7和图4-8分别为汇丰中国网站主页和花旗中国网站主页。

图4-7　汇丰中国网站主页

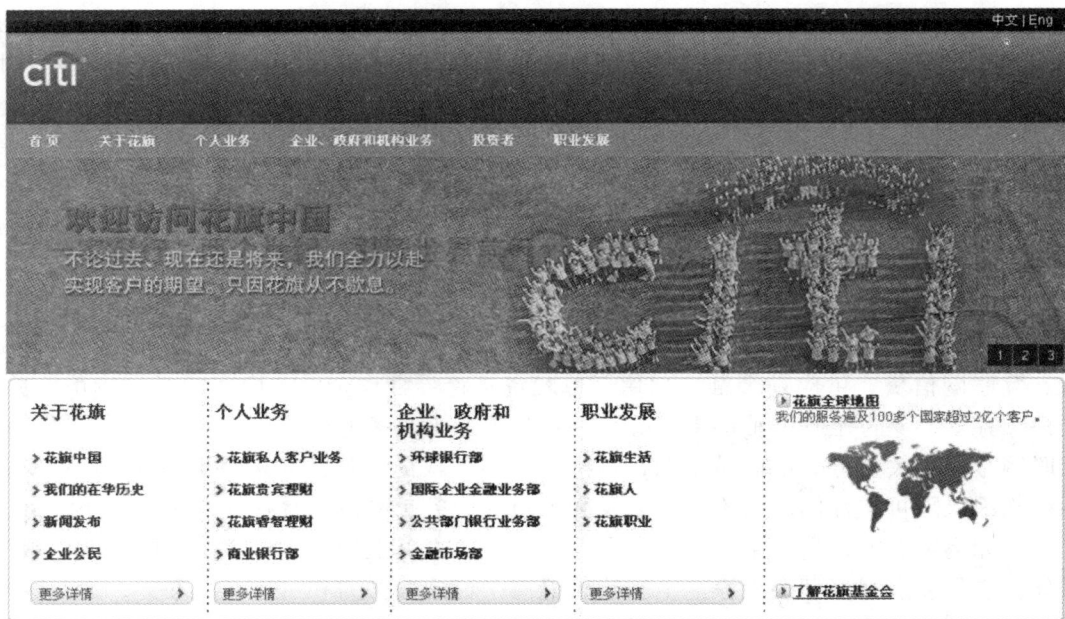

图 4-8　花旗中国网站主页

4.2　个人网上银行业务

个人网上银行为客户提供的全新网上银行服务，包含了账户查询、转账汇款、捐款、买卖基金、国债、黄金、外汇、理财产品、信用卡申请与还款、贷款、代理缴费等功能服务，能够满足不同层次客户的各种金融服务需求，并可为客户提供高度安全、高度个性化的服务。

4.2.1　个人网上银行业务种类

国外银行在个人网上银行业务种类方面比较丰富，除了基本的银行服务，如账户管理、转账、缴费等功能外，在投资、贷款、保险、理财规划等新兴业务方面有明显优势。

当前，我国个人网上银行的业务种类主要集中在六大类服务上，即账户管理、转账汇款、缴费支付、个人信贷、投资理财和第三方支付。我们以中国工商银行个人网上银行业务为例了解我国商业银行个人网上银行的业务种类。以"支付宝"为例了解第三方支付业务。图 4-9 为中国工商银行个人网上银行网页。

1）传统商业银行个人网上银行业务

中国工商银行个人网上银行品牌为"金融@家"。凡在中国工商银行开立本地工银财富卡、理财金账户、牡丹灵通卡、牡丹信用卡、活期存折等账户且信誉良好的个人客户，均可申请成为个人网上银行注册客户。中国工商银行个人网上银行的业务种类见表 4-3。

图 4-9　中国工商银行个人网上银行网页

表 4-3　　中国工商银行个人网上银行的业务种类

业务种类	业务概述	特色优势	服务时间
账户管理	账户管理是指对客户注册到网上银行的各类银行卡和账户进行添加、注销、信息修改、信息维护等操作的管理功能组，主要包括账户别名维护、添加注册卡及账户、下挂卡（账户）转注册卡（账户）、删除注册卡及注册账户、财富卡管理、银行户口服务等几大功能	该功能用途广泛，适用于所有网上银行用户	7×24小时全天候服务
自助挂失	提供通过网络或者电话对网上银行或电话银行注册卡、下挂卡或下挂账户进行挂失的服务。本功能可通过网上银行对注册卡及账户、下挂卡或下挂账户进行挂失，还可通过电话银行以及人工座席进行挂失	方便客户在注册卡、下挂卡或下挂账户不慎遗失时及时办理挂失手续，避免资金损失	7×24小时全天候服务
汇款	单笔转账汇款：可以使用本功能完成向工商银行同城或异地个人以及单位客户账户转账汇款，并可通过"转账汇款查询"功能查询在当天或过去一段时间内，转账汇款的付款或收款交易记录。批量转账汇款：可以将按照工商银行客户工具软件事先编辑好的转账汇款文件从本地上传，成批发送到工商银行处理，并可通过"批量指令查询"功能查询在当天或过去一段时间内，批量转账汇款的付款交易记录	方便快捷，汇款范围广，到账速度快，自动判断收款人信息，操作简便，支持网上预约	7×24小时全天候服务

业务种类	业务概述	特色优势	服务时间
存款服务	存款种类包括本外币活期储蓄存款、本外币整存整取定期储蓄存款、人民币零存整取定期储蓄存款、人民币教育储蓄存款、通知存款、组合存款等	方便快捷，类型丰富，支持网上预约	7×24小时全天候服务
在线支付	在线支付是工商银行为个人客户在电子商务平台购物过程中提供在线资金结算服务的业务。可通过在线支付业务，对电子商务平台生成的订单进行支付操作	支持多种服务渠道	7×24小时全天候服务
个人小额结售汇	为在工商银行已开立多币种账户，并开通网上银行的境内个人客户提供在线买卖外汇业务，并提供买卖外汇及交易明细查询的功能	无须到柜面即可轻松办理个人小额结售汇业务	7×24小时全天候服务
理财服务	为客户进行定额/定期转账、自动购买人民币理财产品等特殊理财需求提供金融服务业务，可签订工商银行理财服务协议，并选择"协定金额转账""预约周期转账""T+0理财""银行卡还款预约""利添利账户理财"等特殊理财服务协议，并实现对各项理财服务的设置、查询、终止、执行明细查询等操作	只需登录网上银行即可签订理财服务协议，全天候服务更加方便、快捷	7×24小时全天候服务
保险服务	工商银行代理保险机构为个人注册客户提供在线投保、续期缴费、保单查询等服务，客户可以通过网络保险办理包括意外险、组合保险等相关保险的投保、续费及查询，以及投资性保险的购买、赎回及余额、交易明细查询等服务	网络保险险种价格低廉、核保简单；投保信息更加直观、翔实	7×24小时全天候服务
基金服务	通过工商银行网上银行渠道进行开放式基金的开户、认购、申购、赎回、转换等基金交易服务，可通过基金服务进行基金账户的管理，以及基金交易、定投、快速赎回等	基金品种丰富；电子银行功能强大	7×24小时全天候服务
账户贵金属	通过网上银行发起交易指令进行账户贵金属的即时、委托交易，并可进行账务管理、查询等相关操作，投资品种包括人民币账户黄金、美元账户黄金	安全便捷；报价透明；交易成本低；交易时间长；投资门槛低；当天可多次进行交易，卖出黄金后资金全额到账	每周一早7：00到周六早4：00（具体交易时间以当地工商银行实际规定为准），期间实行24小时不间断交易

业务种类	业务概述	特色优势	服务时间
黄金递延	客户可以通过工商银行网上银行实现注册变更、委托申报、交割申报、中立仓申报以及进行以上交易的查询和撤销，也可以通过网上银行查询到黄金账户资金、黄金库存以及指令和盈亏等情况	不仅可以通过低买高卖的方式赚取差价获得利润，同时还可以通过卖空的方式在黄金价格下降的过程中获得利润	上海黄金交易所开市时间
第三方存管	这是工商银行为满足个人证券投资者和证券公司对于客户交易结算资金存管服务的需求而开办的一种银证业务，客户可通过电子银行第三方存管进行银行与证券公司之间的转账交易，以及客户交易结算资金管理账户的当日明细、历史明细和证券资金账户余额的查询	资金安全；方便快捷；综合服务；规模分销	每周一至周五9：00～15：00
委托代扣	客户可通过网上银行签订委托代扣协议，委托工商银行主动支付服务费给收费企业	可实现费用的自助扣缴，避免因忘记缴费而带来不便	7×24 小时全天候服务
自助缴费	自助为本人或他人缴纳手机费、固话费、水费、煤气费、电费等各种费用的功能	可选择全国或本地范围的缴费服务，并可查询缴费交易明细	7×24 小时全天候服务
个人贷款	工商银行对持本人工行借记卡（或存折）、信用卡的客户在工行特约商户进行刷卡消费或网上购物时，按一定规则联动提供信用消费信贷服务	贷款一触即发，资金瞬时到账——信用方式，无须办理抵（质）押，无须奔波柜面，无须提交贷款资料，无须等待贷款审批，只需轻动手指，回复短信或点点鼠标即可办理，资金瞬时到账；随心随意消费，随时随地贷款	7×24 小时全天候服务

2）第三方支付业务

第三方支付是具备一定实力和信誉保障的独立机构，采用与各大银行签约的方式，提供与银行支付结算系统接口的交易支持平台的网络支付模式。在第三方支付模式中，买方选购商品后，使用第三方平台提供的账户进行货款支付，并由第三方通知卖家货款到账、要求发货；买方收到货物，并检验商品进行确认后，就可以通知第三方付款给卖家，第三方再将款项转至卖家账户上。第三方支付作为目前主要的网络交易手段和信用中介，最重要的是起到了在网上商家和银行之间建立起连接，实现第三方监管和技术保障的作用。第三方是买卖双方在缺乏信用保障或法律支持的情况下的资金支付"中间平台"，买方将货款付给买卖双方之外的第三方，第三方提供安全交易服务，其运作实质是在收付款人之间设立中间过渡账户，使汇转款项实现可控性停顿，只有双方意见达成一致才能决定资金去向。第三方担当中介保管及监督的职能，并不承担什么风险，所以确切地说，这是一种支付托管行为，通过支付托管实现支付保证。我国第三方支付业务开展最好的是"支付宝"和"微信支付"。

知识链接 4-2

支付宝——第三方支付平台

支付宝（中国）网络技术有限公司2004年12月由中国阿里巴巴集团于杭州创办，原本隶属于阿里巴巴集团，现在为阿里巴巴集团的关联公司，隶属于浙江蚂蚁金融服务集团。支付宝公司从建立开始，始终以"信任"作为产品和服务的核心，致力于提供"简单、安全、快速"的支付解决方案，是国内领先的第三方支付平台，旗下有"支付宝"与"支付宝钱包"两个独立品牌。自2014年第二季度开始成为当前全球最大的移动支付厂商。

支付宝最初是为了解决淘宝网络交易安全所设的一个功能，该功能首先使用"第三方担保交易模式"。

支付宝可以进行在线支付，官方应用支持信用卡免费还款、话费充值、水电燃气费缴款，还可以进行航空旅游缴费、教育缴费、预订金缴纳、大型活动购票等，并且功能及应用在逐渐增多。在使用支付宝付款时，用户终端机与支付宝服务器之间的连接使用128位SSL加密通信，有较高的安全保障。支付宝早期于中国以外无法充值，后来推出固定面值的"支付宝卡"用于充值。目前于海外（包括香港、澳门）的中国银行、中国建设银行，已经实现信用卡快捷支付，即支付宝与银行卡关联实现支付宝的支付功能，无须向支付宝账户充值就可实现第三方担保支付。

资料来源：根据相关资料整理。

✗ 拓展思考 4-2

如何识别真假中国工商银行网站？

答：①核对网址。②查看IE浏览器安全锁和地址栏颜色。进入工商银行个人网上银行登录页面时，在IE浏览器状态栏上会显示一个"挂锁"图形的安全证书标志。如果客户浏览器为IE7以上版本，在客户进入工商银行个人网上银行登录页面或网上支付页面时，IE浏览器地址栏颜色为绿色。③校验预留验证信息。"预留验证信息"是工商银行为帮助客户有效识别银行网站、防范不法分子利用假网站进行网上诈骗提供的一项服务。客户可以在银行预先记录一段文字（即"预留验证信息"），当客户进入工商银行B2C在线支付并输入卡号和验证码后，网页上会自动显示客户的预留信息，以便客户验证该网站是否为工商银行的真实网站。如果网页上没有显示预留信息或显示的信息与客户的预留信息不符，便可以确认该网站是假网站。

4.2.2 个人网上银行的主要业务流程

我们以中国工商银行个人网上银行业务处理流程为例进行说明。

1）开户

开户是网上银行的基本功能。银行客户必须拥有一个网上银行账户才能进行相应的操作。

个人客户申请网上银行账户有两种方式：一种是通过工商银行网站进行自助注册。客户须登录http://www.95588.com/icbc/，点击左侧"个人网上银行"下方的"注册"，进入用户自助注册界面，依次选择注册卡/账户类型、输入注册卡（账）号、密码、手机号码以及验证码，审核通过并注册成功。另一种是到工商银行任何一个网点办理注册手续。客户须携带本人身份证件及注册卡，签署"中国工商银行网上银行个人客户服务协议书"，填写"中国工商银行网上银行个人客户注册申请表"，设置网上银行密码后，下一个银行工作日便可开通使用工商银行个人网上银行系统。

2）登录

进入中国工商银行网上银行主页，如图4-10所示，点击"个人网上银行"，进入个人网上银行登录页面，如图4-11所示。

图4-10 中国工商银行网上银行主页

图4-11 中国工商银行个人网上银行登录页面

3）业务办理

中国工商银行个人网上银行账户页面，如图4-12所示。

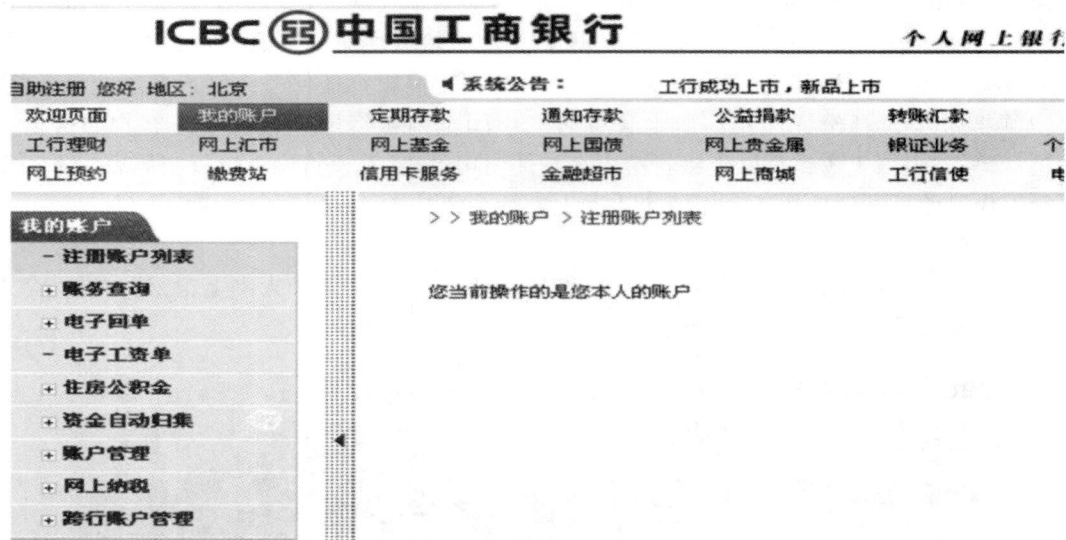

图4-12　中国工商银行个人网上银行账户页面

我们以"支付宝"业务处理流程为例说明第三方支付。

（1）注册。在手机或电脑终端打开浏览器进入支付宝主页申请注册支付宝账号，设置密码。

（2）登录。图4-13为支付宝登录页面。

视频：怎么开通网上银行？

图4-13　支付宝登录页面

（3）业务办理。根据图4-14页面选择所需业务，点击办理。

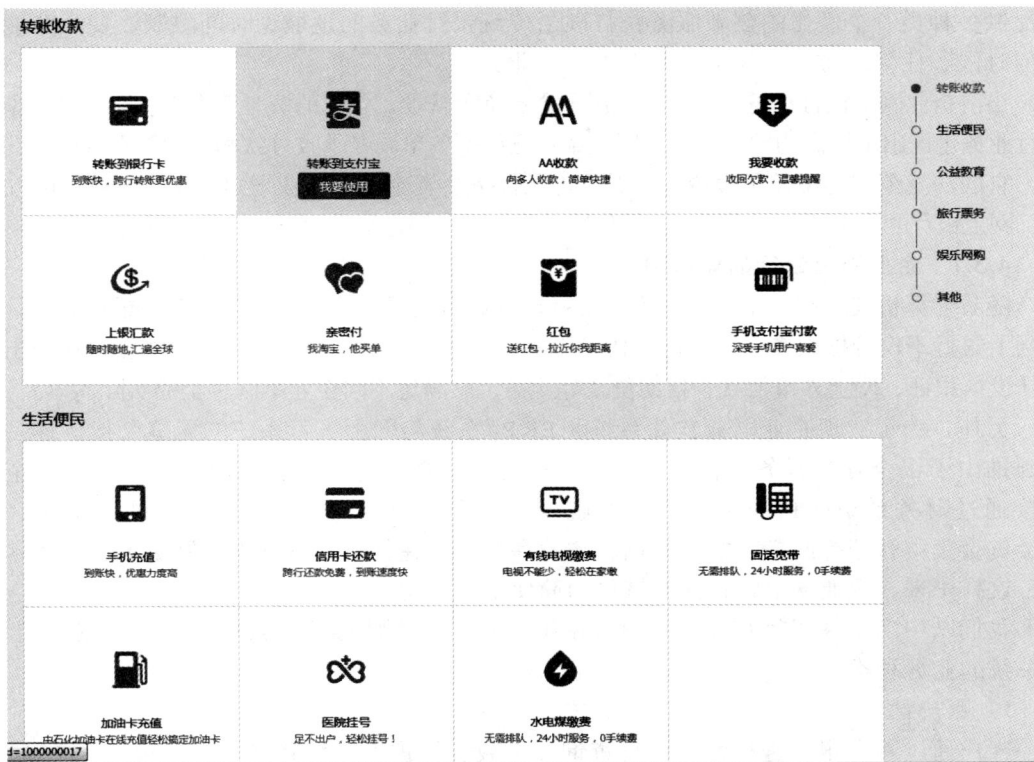

图4-14 支付宝业务办理页面

知识链接 4-3

怎样在网上缴纳水电煤气费

盛夏，酷热难耐，看着手里的水电煤气费单子有点犯愁。出去缴款实在太热，不去缴付马上就要到期了。怎么办好呢？方法一：只要开通一张银行卡，注册成网上银行用户，自助绑定代缴功能，就可实现在家付费。以中国工商银行为例，以个人注册用户身份登录工商银行网上银行，进入"自助缴费"栏目，点击"缴付公用事业费"，即可通过绑定的银行卡，选择需要缴付的公用事业费项目，输入缴费卡号、缴费金额和银行卡密码，点击确定就行了，半分钟就可轻松搞定。目前，工商银行能提供水费、电费、煤气费、固定电话费及各类手机费用的缴付功能。初次使用可能不习惯，只要克服紧张心理，牢记保管好密码原则，就可游刃有余地操作。绑定银行卡自动扣款这种方式对工作忙碌的市民和老年市民特别合适。只要和银行签订自动绑定扣款协议，银行将在每月固定时间自动扣取公用事业费。方法二：利用第三方支付平台支付。登录已注册的第三方支付平台账号，进入业务办理界面，选择你所要办理的业务，点击支付，输入支付密码即可缴费成功。

4.3 企业网上银行

企业网上银行即通过互联网或专线网络，为企业客户提供账户查询、转账结算、在线支付等金融服务的渠道。与传统银行业务相比，网上银行业务具有许多优势。它可以为企业提供多种类、个性化的创新服务，打破了传统银行业务的地域、时间限制，使企业能在任何时候、任何地方，以任何方式办理金融业务。

当前企业网上银行被越来越多地运用于企业资金管理，企业的资金管理人对于这种新型的银行业务也提出了更高的要求。企业网上银行已经不单单局限于收付款和账户管理等简单的业务，它的功能范围还覆盖了报税、报关、电子商务、资金池、企业理财等多个领域。除此之外，网上银行的安全性、实用性、可操作性以及相关费用也是企业资金管理人所关注的。

4.3.1 企业网上银行的业务种类

随着计算机技术和网络设备的不断发展，企业网上银行几乎覆盖了所有的银行业务。企业网上银行不仅能提供查询、支付、代发工资、结算、理财等基本服务，有些银行还推出网上开设信用证、网上外币汇款、自助贷款等业务，以满足不同企业不同种类的实际需求。

另外，为了实现企业财务软件系统和 ERP[①] 系统与网上银行系统的无缝衔接，许多银行都推出了银企互联服务，将企业网上银行系统和企业财务系统或 ERP 系统相联。企业直接通过财务系统或 ERP 系统的界面就可以享受账户查询、信息下载、转账支付、收款、资金集中管理等服务，并可根据客户的需要自行在其财务系统中定制更多的个性化功能。这样一来，企业网上银行操作就更为简便了。

我们以中国工商银行企业网上银行系统——"工行财 e 通"为例，来介绍企业网上银行系统的业务种类。

1）账户管理

客户通过网上银行进行账户信息查询、下载、维护等一系列服务，随时查看总（母）公司及分（子）公司的各类账户的余额及明细，实时掌握和监控企业内部资金情况，还可以通过"电子回单"功能在线自助查询或打印往来户的电子补充回单。账户管理为企业实现集约化、现代化管理提供了有力保障。

2）收款业务

收款业务是收费企业客户通过工商银行网上银行以批量方式主动收取签约个人或者其他已授权企业用户各类应缴费用的一项精品业务。它的申办手续简便，收费方式灵活，可进行异地收款。这项业务为收费客户提供了一条及时、快捷、高效的收费"通道"，解决了一直困扰收费客户的"收费难"问题，缩短了资金周转周期，加快了资金的迅速回笼。

3）付款业务

付款业务包括网上汇款、证券登记公司资金清算、电子商务和外汇汇款四类业务，是传统商务模式与现代电子商务模式相结合的产物，是工商银行为满足各类企业客户的付款需求而设计的全套付款解决方案。

（1）网上汇款。

集团企业总（母）公司可通过电子付款指令从其账户中把资金转出，实现与其他单位之间的同城或异地资金结算，达到"足不出户"即可轻松完成企业日常结算的目的。

（2）证券登记公司资金清算。

证券公司类客户可通过"证券登记公司资金清算"功能向证券登记公司指定的清算账

---

① ERP 管理系统是现代企业管理的运行模式。它是一个在全公司范围内应用的、高度集成的系统，覆盖了客户、项目、库存和采购供应等管理工作，通过优化企业资源达到资源效益最大化。

户进行转账并进行相关信息的查询。

（3）电子商务。

B2B 在线支付是工商银行专门为电子商务活动中的卖方和买方提供的安全、快捷、方便的在线支付中介服务。工商银行 B2B 网上支付平台将电子商务活动的卖方和买方连接起来，为 B2B 特约商户和网上采购企业提供了先进、快捷的资金流通道，打破了时空限制，提高了交易效率，降低了交易成本。

采购企业在工商银行任何一家 B2B 特约商户进行订货或购物时，工商银行为企业提供两种支付方式：一种是直接在特约网站为已产生的订单完成支付；另一种是企业登录工商银行企业网上银行后通过电子商务功能将已取得的订单信息手工输入进行支付。支付结束后，B2B 特约商户和采购企业均可通过交易指令查询等功能获得详细的交易信息，从而掌握和监控整个交易进程。

（4）外汇汇款。

工商银行所有综合网点均受理公司客户和个人客户的外汇汇款业务，境内汇款可确保客户资金实时到账，通过 SWIFT 系统，对外汇款通达全球主要国家和地区。

4）集团理财

集团企业总（母）公司可直接从注册的所有分（子）公司账户中主动将资金上收或下拨到集团企业任意一个注册账户中，而不必事先通知其分（子）公司。定向汇款功能可以使企业在不开通对外转账权限时实现对特定账户的转账。

5）信用证业务

网上银行信用证业务为企业网上银行客户提供了快速办理信用证业务的渠道，实现了通过网络向银行提交进口信用证开证申请和修改申请、网上自助打印"不可撤销跟单信用证开证申请书"和"信用证修改申请"、网上查询进出口信用证的功能。

6）贷款业务

贷款业务向企业网上银行注册客户提供贷款查询的功能，包括主账户、利随本清和借据账查询等子功能。通过该业务，客户足不出户就能准确、及时、全面地了解总的贷款情况，并提供贷款金额、贷款余额、起息日期、到期日期、利息等比较详细的贷款信息，为企业财务预决策提供数据。特别是方便集团企业总（母）公司对注册的所有总（母）公司和分（子）公司的贷款账户的查询。

另外，企业网上银行还推出了投资理财、贵宾室、代理业务、工行信使等服务，为企业客户的经营管理和贸易往来提供了极大的方便。

4.3.2　企业网上银行的主要业务流程

1）注册

（1）持单位介绍信、营业执照副本及其复印件向当地银行申请，签订网上银行企业客户服务协议，并填写书面的"网上银行企业客户申请表"，银行分配一个唯一的客户识别号。

（2）取得客户识别号后，即可到账户的开户会计柜台办理账户的签约登记手续，并填写"网上银行企业客户账户登记表"，该手续在取得客户识别号后即可办理。

（3）客户申请成功后的次日，可登录银行网站点击"网上银行"——→"证书下载"，输入客户识别号与初始登录密码，自行下载客户端证书。

（4）账户签约并成功下载证书后，即可登录网上银行办理业务。

中国工商银行企业网上银行页面如图4-15所示。

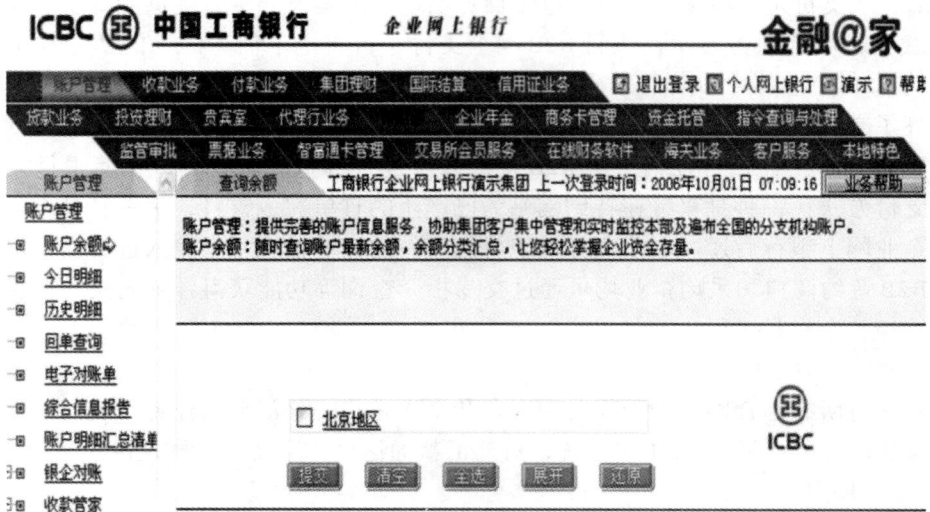

图4-15　中国工商银行企业网上银行页面

2）网上纳税

网上纳税的业务主要包括纳税情况查询、实时缴税、缴纳明细查询，以及税收筹划、银行理财等。网上纳税业务的操作流程如图4-16所示。

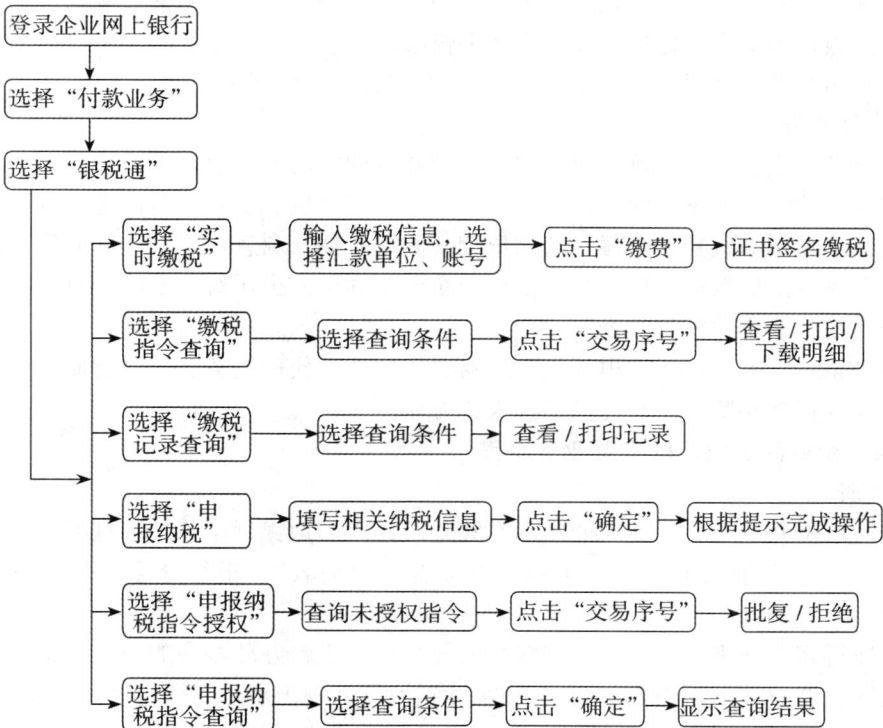

图4-16　网上纳税业务的操作流程图

3）网上还贷

网上还贷功能可以在线查询贷款借据信息，及时了解贷款的到期或逾期情况，并根据相应情况选择归还信用贷款。网上还贷业务的操作流程如图 4-17 所示。

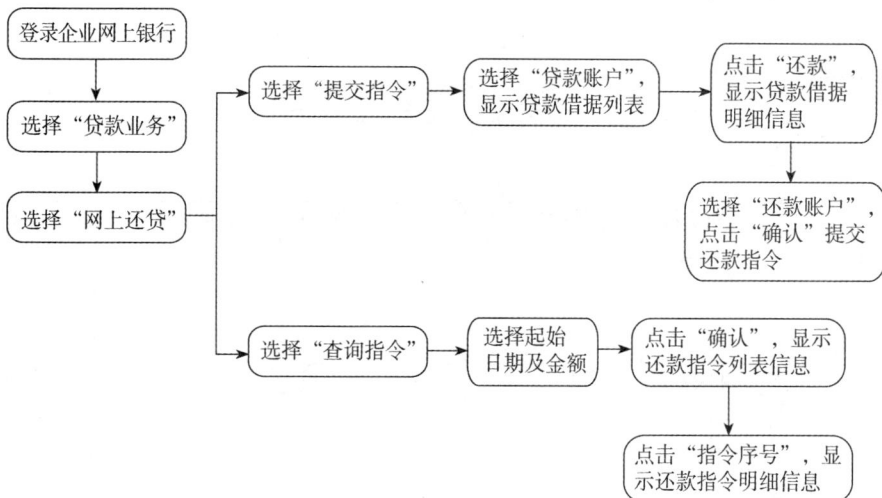

图 4-17 网上还贷业务的操作流程图

4）国际结算业务

企业网上银行国际结算业务支持进口信用证、出口信用证、进口代收、出口托收等服务。国际结算业务的操作流程如图 4-18 所示。

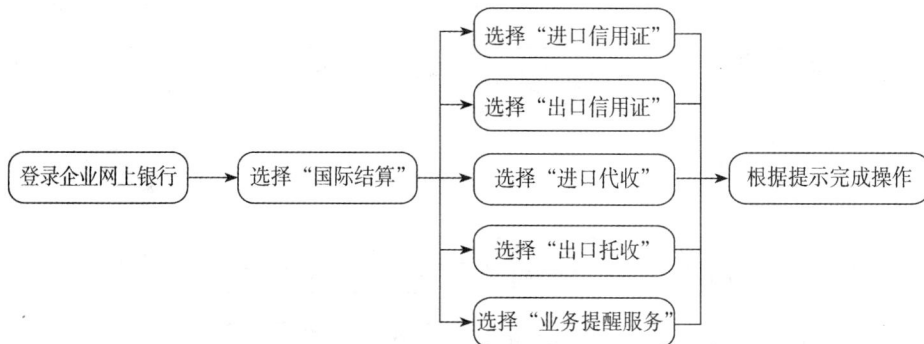

图 4-18 国际结算业务的操作流程图

5）法人理财

这是指为企业网上银行客户提供理财产品信息查询、认购、买卖、终止以及理财账务管理等业务服务。理财业务操作流程如图 4-19 所示。

6）贵金属业务

贵金属业务可以帮助企业网上银行客户实现网上贵金属账户管理、实物贵金属买卖、申请提货等。贵金属业务操作流程如图 4-20 所示。

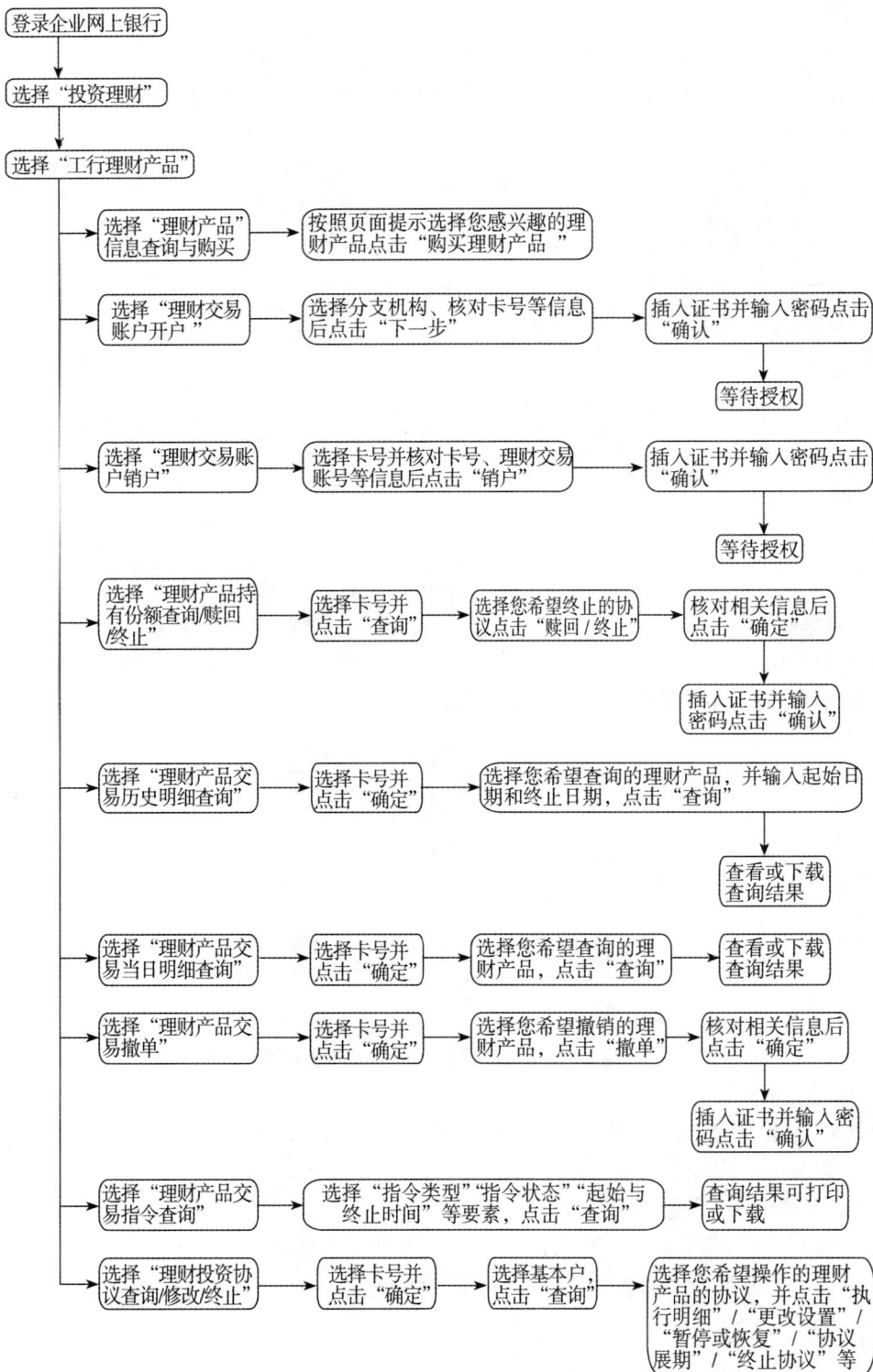

图 4-19　理财业务操作流程图

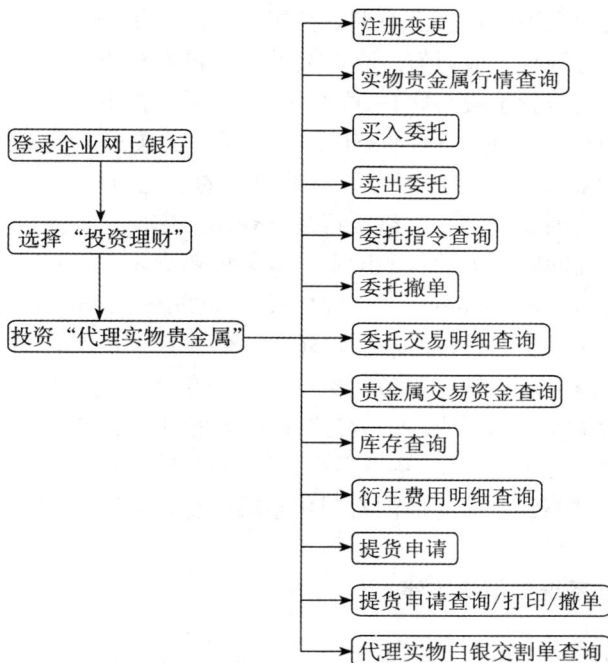

图 4-20 贵金属业务操作流程图

4.4 网上银行业务管理

4.4.1 网上银行的发展模式

网上银行是网络经济发展带来的一种新型金融理念和运作模式。网上银行包含两层含义：一层是机构概念，即通过信息网络开办业务的银行；另一层是业务概念，指银行通过信息网络提供的金融服务，包括传统银行业务和因信息技术应用带来的新兴业务。

网上银行呈现出多样性的业务发展模式，大致可以分为三大类：

（1）依附于传统银行的网上银行模式。该模式又有三种具体的类型：一是将银行传统的柜台业务延伸到网上，形成传统银行的网上银行模式，现在除了已经网络化的存款、汇款、付款等业务外，外币买卖、信用卡业务、企业融资、房屋汽车贷款、购买保险和理财咨询服务也都逐步地进入网上银行的服务范围。这是目前网上银行存在的主要形式，也是绝大多数商业银行采取的网上银行发展模式，国内现在的网上银行很多都属于这种模式。二是通过收购现有的纯虚拟网上银行，迅速建立起网上银行的模式。例如，1998年加拿大皇家银行以2 000万美元收购了安全第一网络银行。三是专注于某一个狭小的目标市场的网上银行的发展模式，如专注于房地产按揭市场或专注于社区银行市场的网上银行等。

（2）依附于非银行金融机构或非金融机构的网上银行模式。欧洲最成功的案例就是英国保诚保险集团成立的网络银行"Egg"，成立仅3个月即成功吸纳了60万名客户，存款额逾130亿美元，占英国市场的1%。目前，众多的IT企业、工商企业已经介入金融服务业，借助其知名的品牌、强大的资金与技术实力、深厚的客户基础和丰富的市场竞争经验，以崭新的运作模式挑战传统商业银行，令金融服务市场的竞争更加激烈。

（3）纯粹虚拟的网上银行模式。所谓虚拟银行，就是指没有实际的物理柜台作为支持的网上银行，这种网上银行一般只有一个办公地址，没有分支机构，也没有营业网点，采用国际互联网等高科技服务手段与客户建立密切的联系，提供全方位的金融服务。以美国安全第一网络银行为例，它成立于1995年10月，是在美国成立的第一家无营业网点的虚拟网上银行，它的营业厅就是网页画面，当时银行的员工只有19人，主要的工作就是对网络的维护和管理。美国安全第一网络银行是全球第一家完全通过国际互联网经营的独立银行，顾客通过国际互联网进入该行的网页，屏幕即刻显示出一幅银行大厅的画面，画面上设有"账户设置（Account Setup）"、"客户服务（Customer Service）"以及"个人财务（Personal Finance）"3个主要服务柜台。此外还有供客户查询的咨询台和行长柜台。安全第一网络银行为客户提供多种银行服务，例如开户、存款、支付账单及各项转账服务，还有外币买卖、长期存款和信用卡服务，客户还可以在网络上申请房屋汽车贷款、购买保险、通过经纪人员买卖各项金融产品。银行每天会产生一个交易汇总表供客户查询及核对。如需提取现金，只要到附近的提款机利用金融卡操作即可。在我国，目前浙江网商银行就是这种模式。

4.4.2　网上银行系统的解决方案

1）系统设计要点

（1）网上银行提供金融服务的关键性业务，安全体系的设计至关重要，其中包括网站本身的系统安全（如防火墙）、网站与客户之间的安全数据交换及CA认证体系。

（2）充分利用互联网的多媒体、交互性，通过网站、E-mail多种方式的组合进行企业品牌形象宣传、业务及业务流程的宣传。

（3）提供个性化的定制服务。客户服务不应该只局限于基本的交易服务，服务的概念应该进一步提升为客户理财助理、投资辅助、消费辅助等，因此应该在提供基本交易服务的基础上，针对客户个体特性提供更多的资讯、辅助工具。

（4）建立客户信息库，进行客户关系管理（CRM），处理客户投诉、咨询、支持服务等，并进行有效的目标客户营销（包括银行自己的业务，或者其他企业的产品、服务）。

（5）支持7×24小时全天候服务，充分利用系统和设备的能力，既可为银行带来丰厚的利润，又能为客户带来真正的便利。

（6）安装和维护方便，并且具备高性能、高扩展性和可伸缩性。

2）基本功能模块

网上银行应该提供的基本功能包括个人银行（对私业务）、企业银行（对公业务）、网上支付、银行简介。

（1）个人银行，包括账户管理、缴费代理、缴费助理、账务分析等模块。

（2）企业银行，包括账户管理、账务分析、系统安全等模块。

（3）网上支付，包括网上交易流程的设计和网上交易模式的选择。

（4）银行简介，包括企业概况、企业历史、企业理念、企业文化、银行业务及业务流程介绍、服务介绍、企业新闻动态、企业人才招聘等。

网上银行不只局限于为客户提供基本的交易功能，针对客户的个性化需求，还可以为客户提供定制资讯，辅助理财、投资、消费等服务。同时，银行本身可以通过互联网实施客户关系管理，为客户提供更加周到的服务，提高客户忠诚度，因此还需要实现以下模块：

（1）个性化定制模块，包括客户信息库、E-mail 系统、客户提醒、理财方案、新闻服务、个人资料修改及定制等。

（2）客户关系管理模块，包括客户投诉、客户咨询、客户统计、查询系统等。

3）系统结构

（1）数据库服务器：存放客户信息（个人资料、账务信息、服务信息）以及客户定制信息。

（2）交易服务器：直接面向客户，接受客户请求，进行系列安全检查，确认之后，将交易请求发送到业务主机进行后续处理。

（3）客户服务代表工作站：客户服务代表统计查询客户信息，处理客户的投诉、咨询，进行技术支持等客户服务。

（4）管理维护工作站：供系统管理员使用，进行网上银行系统的管理维护监控等。

另外，为了保障网上银行的安全运行，还应建立网上银行运营安全体系，包括防火墙、安全交易协议、CA 认证等。我们将在以后的章节中详细介绍。

4）系统架构

网上银行系统的架构如图 4-21 所示。

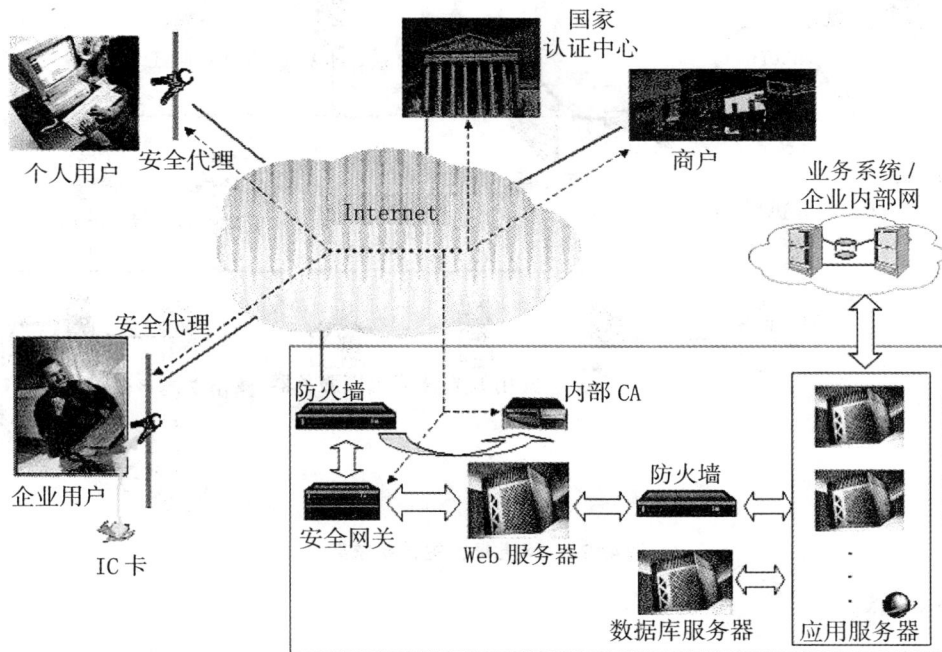

图 4-21　网上银行系统的架构

5）系统软件的结构

（1）客户端软件。客户端软件是可选择的。客户端软件通常有两种：第一种是当发行数字货币或现金时，客户端需下载一个本地钱包软件；第二种是为了实现更加安全快捷的交易流程，站点自己制作浏览器，类似于网上股票交易软件和美国在线方式的商业站点。

（2）Web 站点系统。第一，网页文档。这是商业站点的门面，需要精心策划购物环境，以图文并茂的生动方式向顾客介绍产品、各种服务以及提供亲和、流畅、安全、快速的订购方法，促使顾客最终订货。站点的开发和维护需要具有较深厚功力的美工人员和市场营销人员的参与。第二，订购系统。它包括客户身份认证、订单有效性检查、交易合法性检查等。

（3）支付网关。接收请求付款指令，严格核对交易有效性，通过仿真终端发往主机，提供24小时服务，具备日期时间切换功能。

（4）客户服务。建立强大的后台支援系统。第一，客户信息管理：包括商家信息、消费者会员信息、VIP会员管理，对诸如客户账户信息、密码等重要数据以加密方式存储。第二，产品资料管理：记录各商户的产品资料信息，为站点网页提供自动更新的内容。第三，订单信息管理：包括订单状态的查询、更新，为支付网关提供交易指令，自动向客户和商户发送确认交易的E-mail。第四，交易历史明细：包括消费者行为模式分析、客户消费行为分析，为企业提供产品咨询服务等。第五，数字货币。第六，日终报表打印。

（5）主机系统。第一，联机：通过Switch CICS判断是本地或异地，根据消费者是个人还是单位分别进行储蓄或对公系统处理。第二，批量：将交易中心作为一个虚拟网点，参与对公、储蓄系统的日终轧账。网上银行主体系统架构如图4-22所示。

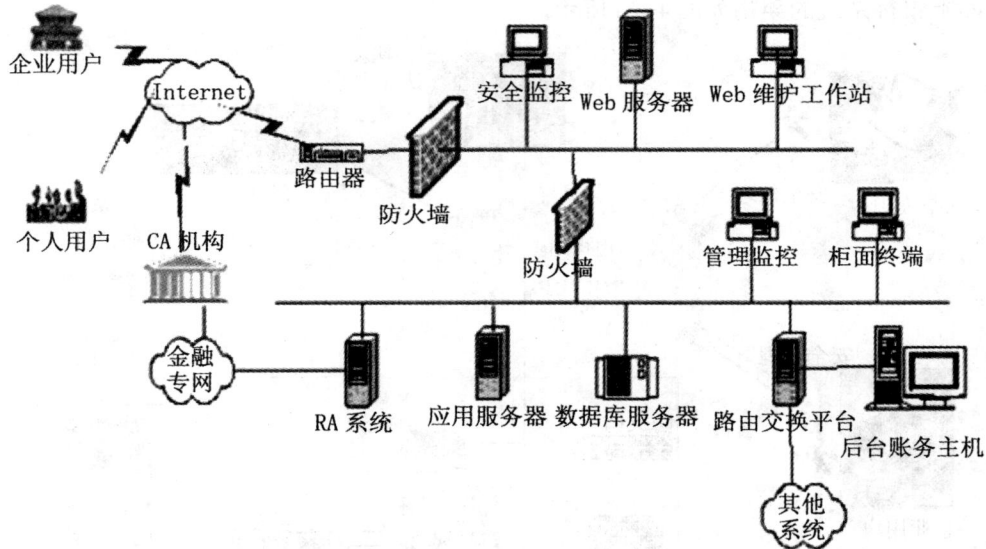

图4-22　网上银行主机系统架构

案例分析 4-1

神州数码网上银行系统

从目前国内商业银行的实际情况出发，充分了解各自特点及需求，吸取市场上现有的网上银行系统的成功经验，本系统主要具有以下功能：

● 我的资产组合：为客户提供个人资产统计，包括他行资产、个人房产、股票资产等财产合计，方便客户进行个人资产管理。

● 账户查询服务：为客户提供账户结余、账户摘要、账户记录等账户查询服务。

● 转账与汇款服务：客户可以实现在线理财，通过浏览器进行签约账户之间的转账和跨行的异地汇款。

● 定期存款服务：客户可方便地查询签约定期账户的余额，并进行提取或开立新存单。

● 利率汇率服务：为客户提供利率汇率的查询服务，便于客户及时地获得相关金融信息。

● 申领服务：客户可以在线申领支票本及结单。

● 其他服务：为客户提供包括信息服务、更改密码、暂时挂起、网上挂失等在内的个性化服务。

● 资料：提供网上银行服务章程以及常见问题解答服务等。

● 演示版：为客户提供演示环境，帮助第一次使用系统的客户迅速掌握正确操作方法。

● 系统设计软件平台：采用第三方厂商的主流产品作为三层次网络应用体系结构的中间层。在应用系统透明的情况下实现跨平台垂直扩展，尤其在电子商务类应用等难以充分预计系统负载的情况下，大大提高了系统的灵活性。同时结合其他优秀软件平台，完全可以满足企业级应用的要求。

● 主要技术：在进行应用逻辑的编写时，主要利用了 HTML、Java Servlet、JavaBeans、JSP（Java Server Pages）、EJB（Enterprise JavaBeans）、XML（Extensible Markup Language）等，在应用服务器的类库支持下开发运行 CORBA，同时还涉及 JDBC、EPI、RMI 等技术或协议。

● 系统安全性：为保证交易的安全性，特别加强安全性设计，实现无明文网络传输，浏览器通过 SSL 通道向 Web 服务器发送交易申请，Web 服务器与应用服务器、数据库服务器之间采用 VPN 技术加密，应用服务器与通信机及通信机与银行主机间的通信采用 128bit DES 加密。采用 N-Tier 网络应用架构，多重防火墙的安全设计，从物理和逻辑上划分整个网络架构，配置系统已达到 C2 级安全。

● 与主机连接：系统连接采用 Communication Server 实现 TCP/IP——SNA 网关，采用 IBM CICS Transaction Gateway 实现与主机业务系统挂接。所有现在运行在 TXSeries 或 Component Broker 上的应用都能在 WebSphere 中得到完全支持。

由于采用基于 Java 技术的先进体系架构，本系统具有以下特点：

（1）操作系统平台无关。支持 Windows NT、Sun Solaris、AIX 等操作系统。

（2）应用服务平台无关。应用逻辑完全采用 Java 技术编写，可非常方便地移植到其他应用服务器平台（如 WebLogic），真正实现"一次编写，永远使用"。

（3）个性化服务。结合数据挖掘、数据仓库等商业智能技术，提供在当今商业活动中日趋重要的个性化服务。

（4）系统的设计和实现采用各种标准协议，具有相当的开放性、互联性和可扩充性，实施方便快捷，比如在前端，通过 XML，可以轻松实现跟 Call Center 的连接。

（5）WAP 技术无缝连接。坚持高标准、高起点的原则，充分考虑到高速增长的 WAP 服务市场，建立 WAP 与 Web 服务一体化的网上银行，建立"可视化电话银行"系统。

（6）与后台业务核心系统完整连接。紧密结合并充分利用银行原有后台业务核心系统。

（7）安全性。经国外著名厂商的安全检测，无任何危害警告。

（8）可扩展性。本系统设计伊始，就考虑到系统的可扩展性，预留扩展接口，可以非常容易地进行扩展等。

资料来源：佚名. 神州数码网上银行系统解决方案［EB/OL］. ［2016-10-09］. http://www.ltesting.net/ceshi/ruanjianzhiliangbaozheng/jjfa/2007/0609/39377.html.

问题：网上银行系统应具有的特性有哪些？

分析提示：安全性、可扩展性、功能全面、完备的后台系统支持等。

4.5 商业银行网站的运营管理

近年来，各家银行不断完善网上银行业务，增加了投资类业务的比重，无论是股票、基金、外汇、期货，还是债券、保险、黄金及理财产品等，都可以在网上轻松买卖。同时，各家银行也很注重提高网络系统安全系数。网上银行用户数量大幅增加，网上银行交易额和交易笔数也快速增长，我国网上银行正朝着综合性、多元化的方向快速发展。

商业银行网站是展现当代银行企业形象、介绍其产品和服务的窗口，也是各银行的发展战略，是其加速走向全国、走向世界的重要途径。商业银行网站建设的质量对网上银行品牌的建立、业务开展至关重要，也直接关系到网上银行客户能否方便快捷地获取服务。网站质量优劣对网上银行业务运营起到了重要作用。金融服务提供者和金融服务消费者之间通过互联网或其他电子通信网络连接，它们只需借助网站这个交易平台即可从事一系列常规的银行业务活动。目前的银行网站除了作为银行和客户之间业务服务的桥梁以外，还可通过网站宣传银行服务业务、展现企业形象、提供及时高效的客户服务、自动化采集客户信息、同世界各地的其他用户和合作伙伴保持密切的业务联络等。

所以，进行科学、高效的网站运营管理，是各商业银行面临的一个重要课题。

商业银行网站是银行利用互联网，使用相关网络技术建立的一个既能向全世界发布消息，又能实现银行与客户之间安全、方便、友好联结的虚拟银行。商业银行网站的作用主要有六点：一是公布银行重大事件——信息披露的通道；二是为客户提供实时、便捷、高效的网上金融服务——服务客户的通道；三是发布产品信息，介绍业务流程——培育客户的通道；四是获取客户的各种反馈信息——与客户沟通的通道；五是发布各类广告、活动通知——全面营销的通道；六是树立银行形象、展示银行实力——打造品牌的通道。

网站运营管理就是指网络营销体系中一切与网站的后期运作有关的管理工作。商业银行网站运营管理的核心是网站的更新与推广，主要包括网站域名的管理、网站测评、网上银行营销等方面。

4.5.1 网站域名的管理

域名是网络上的一个服务器或一个网络系统的名字，是商业银行在互联网上的名称与标志，是一种稀缺性的全球资源，有着重要的商业价值。一个简单清晰、易于记忆、便于传播的域名，不仅是银行品牌形象和商业信誉的标志，更是其建立面向消费者的门户，是拓展市场、维护品牌价值、提升形象的重要渠道。

1）域名的选择

域名的选择是商业银行网站域名管理中的首要环节。域名的选取既要注重域名的独创性、显著性、识别性，又要兼顾与银行名称、商标的统一与整合，以构成完整的企业识别系统。例如，中国人民银行域名为 http：//www.pbc.gov.cn；中国工商银行域名为 http：//www.icbc.com.cn；中国农业银行域名为 http：//www.abchina.com；招商银行域名为 http：//www.cmbchina.com 等。

一个完整的商业银行网站域名体系应包括以下主要内容：

（1）一个主域名。

这个主域名是商业银行正式对外公布的用于正面宣传的域名。该域名一般是商业银行中英文名称的全称或缩写。

（2）若干引导性域名或通用网址。

其主要包括与商业银行或其产品相关的域名或通用网址。这类域名主要是与商业银行全称或简称、著名子品牌相对应的域名，客户很容易联想到，也经常使用，能够较好地实现引导客户访问本行网站的目的。

（3）若干保护性域名或通用网址。

其主要包括与商业银行或其产品相关或相似的域名或通用网址。这类域名主要用于保护商业银行宝贵的域名资源，同时防范不法分子制造假冒银行网站进行网络诈骗，从而保护商业银行利益不受侵害。

（4）若干竞争性域名或通用网址。

在不违反政策法规的前提下，商业银行也可以充分利用域名注册政策和规则，把竞争对手的潜在客户变为自己的潜在客户。这类域名主要用于吸引潜在客户，同时削弱竞争对手的竞争力。

2）域名的取得

（1）注册取得。

注册取得即通过直接注册的方式获得域名的所有权。在域名注册时，选择适当的注册服务商尤为重要，它直接关系到域名注册的及时有效性。

（2）购买获得。

随着域名的商业价值逐步提升，商业银行需要的域名常常会被他人抢注，这时就需要通过向该域名原注册者购买，来获得域名的所有权。域名的转让人与受让人应共同向域名注册服务商办理域名的转让手续。

（3）域名的续展。

域名注册成功后，注册管理机构将会根据注册申请人通过注册商提交的款项赋予其一定年限的域名特有权，这个期限一般是一年。当提交的注册款项期限届满时，原注册的域名将重新恢复成可以注册的状态。因此，商业银行必须建立域名档案，在域名特有权限届满之前，及时为该域名续交注册费，从而保有对该域名的特有权。

3）域名的注册趋势

域名的注册一般都是以英文和数字为主，近几年来工商银行、农业银行、中国银行、建设银行等国内大银行纷纷注册并启用了中文域名作为地址栏入口的安全屏障。

中文域名是含有中文的新一代域名，在功能、应用上和英文域名完全相同。中文域名具有唯一性，所以被公认为互联网上的"中文门牌号"。使用便捷、一目了然、含义丰富的中文域名，对于国内商业银行门户网站拓展市场、维护品牌价值、树立企业品牌形象都可以产生积极的作用。银行客户只要在地址栏中用中文打出银行的名称，就能方便地登录该银行的官方网站，从而有效避免原来英文域名中不同商标权人的商标汉字不同但读音相同而导致用英文或拼音注册时的冲突问题。例如，"农业银行.cn""建设银行.cn""交通银行.cn"等。各大银行还采取了多个域名注册的方式，除了注册与自身名称相关的中文域名之外，还纷纷注册了多个与品牌相关的中文域名，比如各种类型的银行卡、各种基金名称、理财产品品牌以及特色业务等。例如，"太平洋卡.cn""结构性存款.cn"等。

通用网址是另一种新兴的网络名称访问技术，是最快捷、最方便的网络访问标准，是通过建立通用网址与网站地址 URL 的对应关系，实现浏览器访问的一种便捷方式。访问者不用记忆或输入http：//、www、.com、.net等复杂冗长的英文域名地址，只要在浏览器网址栏中输入通用网址（如企业、产品、品牌的名称或拼音）就可以直达目标网站。通用网址可以由中文、字母（A～Z，a～z，大小写等价）、数字（0～9）或符号（-，!）组成，最多不超过63个字符。

通用网址和域名层次不同。域名不是品牌，拥有域名仅仅拥有了网上的地址，通用网址才是企业的网上招牌。对用户而言，通用网址更加方便实用；对企业而言，通用网址能够保护企业的品牌资源，锁定客户，带来商机；从发展趋势看，域名日趋繁复，而通用网址为商业银行提供了新的网站推广工具，是继 IP 地址、域名之后的新一代网络名称访问标准。

4.5.2 网站的测评

加强网站测评是快速提升网站质量的有效方法，是发现网站问题并不断改进的新举措。通过银行网站测评能够促进网站服务水平的整体提高，尤其是对银行信息化水平的均衡发展和推动规范化建设有着重要的意义。

1）网站测评的内容

商业银行网站管理者通常需要关注网站的设计，力图使网站信息丰富，有足够的吸引力，并能为客户提供所需的服务。判断网站设计是否合理、有效，主要包括以下几个方面：

（1）网站是否能够快速进入，操作是否简便。

（2）网站包含内容的广度和深度如何。

（3）网站的内容和形象是否及时更新。

（4）客户是否可以方便及时地得到充分的信息。

（5）结构划分是否合理清晰，重点是否突出，层次是否合理。

（6）网页的设计是否不断采用新技术以增加吸引力。

2）网站测评的方法

网站测评是一项系统工程，需要专业知识和技术的支持。网络自身的特点使得网站的测评具有一定的便利条件。网站测评使网站的运营形成良性循环，是网站运营建设中不可缺少的环节。网站测评的方法主要有以下几种：

（1）自我评价。

网站管理人员或监测人员通过从网站上收集到的各种数据，如客户访问量、页面点击率、广告曝光量等进行统计分析，及时调整网站设计思路和广告投放策略。

（2）客户评价。

精心设计调查问卷，在网站上进行网上调查，征集客户的反馈意见，并对调查结果进行统计分析。为了扩大调查面，商业银行也可以在制订调研方案后，将调研方案放在其他知名媒体上，要求被委托方提供调研数据及进展情况，自行对调查结果进行统计分析。

（3）第三方评价。

第三方评价主要是委托国内外一些专业的评估公司对网站进行测评。另外，国内外一些权威机构也会定期或不定期进行网站调查和评比，商业银行从这样的评比中，也可以获得很多有价值的信息。

4.6 网上银行的营销

4.6.1 网上银行营销与传统银行营销的区别

网上银行营销与传统银行营销都是银行的一种经营活动，都是把满足消费者需要作为一切活动的出发点，但是银行在网上建立了无形的虚拟分支机构，把银行服务带入人们日常生活与工作的各个层面，这是传统银行营销无法达到的。网上银行营销与传统银行营销的区别主要表现在以下方面：

（1）营销模式不同。传统营销依赖层层严密的渠道，并以大量的人力和广告投入市场；而网上营销是充分运用网络的各项资源，形成以最低的成本投入，获得最大的市场销售量的新型营销模式。

（2）营销方式不同。随着网络技术迅速向宽带化、智能化、个性化方向发展，客户可以在更广阔的领域内实现声、图、像、文一体化的多维信息共享和人机互动功能。

（3）与客户关系不同。网上银行的营销是一种以顾客为焦点的竞争形态，争取顾客、留住顾客、建立亲密的顾客关系、分析顾客需求、创造顾客需求等都是最重要的议题。

（4）竞争形态不同。由于网络的自由开放性，网络时代的市场竞争是透明的，人人都能掌握竞争对手的信息与营销行为。

（5）营销组织不同。网络经济时代，银行内外部沟通与经营管理均依赖网络作为主要渠道和信息源，所带来的影响包括：营销人员的减少、组织层次的减少、营销网点的减少、渠道的缩短以及虚拟网点、虚拟部门等组织的盛行。

4.6.2 网上银行的市场定位及其策略选择

1）网上银行客户群体的划分

网上银行应该将目标市场划分为更细小的市场或客户群体，根据自身的战略定位，选择具有不同特征的目标市场，实施不同的营销策略和方法，做到营销定位准确，从而达到理想的营销效果。

网上银行客户群可以细分为：

（1）个人客户群。

根据调查，最愿意接受网上银行服务的是刚刚大学毕业的年轻人，但是他们普遍缺乏经济基础，也不能给网上银行带来更多的盈利。因此，我国网上银行的主要客户应该是年龄在 25 ~ 35 岁之间的白领阶层，职业主要是金融业、高科技企业、外企、政府机构中的高层职员等，地域上主要是沿海地区的一些商业发达城市。

（2）企业客户群。

经过统计，网上银行的企业客户一般是跨国公司、外商独资企业、中外合资企业以及中国的外向型企业、大型集团公司、高新科技企业等。对网上银行来说，公司客户群的选择应该是依据网上银行的经营战略以及自身的实力。无论是大企业还是中小企业，都有一定的盈利空间存在。大企业选择网上银行服务时，更看重的是业务品种的多元化和服务的整体支持能力；而中小企业看重的是具体业务品种的数量、种类以及可以给予的服务优惠。

2）网上银行目标市场定位

目标市场定位实际上就是网上银行结合自身的内外条件，判断自身的优势与劣势后，再决定向哪一类客户提供怎样的金融产品和服务组合的过程。网上银行在对客户群进行细分后，就可以进行有效的市场定位，确定自己的目标市场。例如，农业银行就将网上银行的市场定位在为"三农"服务上。

3）网上银行的营销策略

（1）品牌策略。

网上银行具有服务需求弹性大和同质性的特点，网上银行产品的这一趋同性，给同业竞争带来了尴尬。品牌的作用在于把同质性远胜于传统银行产品的网上银行产品从金融同业中区分出来。

实践证明，打造出产品或服务的品牌，是最好的市场推广方式。品牌不仅代表了一个产品或一项服务的含金量，更代表了一家企业的市场份额和影响力。要提高网上银行品牌的知名度，建立客户忠诚度，需注意以下几点：一是要提高产品质量和服务，尽可能使客户满意；二是向客户提供更具差异化和人性化的产品和服务，并加强宣传，让客户感受到网上银行产品带给客户的多方面的内在价值；三是要用信用打造品牌，增强品牌的竞争力；四是要发展子品牌和亚品牌，延伸品牌价值，全面梳理现有产品，将产品延伸至所有客户层次，针对客户不同需求提供不同解决方案，让客户充分享受增值的、个性化的银行业务组合，形成系列品牌。

（2）产品策略。

产品策略是网上银行营销的基础和支柱。网上银行产品作为强势品牌的有力支撑，就需要不断地创新。在设计、创新金融产品时要注意：

①以客户和市场为中心。在设计开发产品功能时必须一切从客户和市场的需求出发，并及时对客户的需求做出响应，形成有效的技术支撑机制。

②注重业务功能的整合包装。例如，对于企业银行和现金管理平台进行功能整合包装，综合两种产品的功能，针对不同行业设计应用解决方案。

（3）渠道策略。

网上银行业务把传统营销渠道和网上渠道紧密结合起来，实施"多渠道整合"策略。二者的有机结合有助于充分利用银行资源，实现客户资源共享，全面满足客户需要；不仅有利于银行发展，还有助于留住和开发客户。

知识链接 4-4

网上银行的新模式——微信银行

2013年7月2日，招商银行宣布升级了其微信平台，推出了全新概念的首家微信银行。微信具有信息表现形式多样、支持视频通话等功能，微信为银行服务带来广阔的发展空间。微信银行实质是将招商银行客户端移植到微信上，借助微信4亿用户群，可以最大化地体现招商银行的服务理念。微信银行的推出，再次说明了互联网对传统金融的影响越来越明显。招商银行走在了银行科技创新的前列，为国内其他银行起了示范作用，掀起了其他银行推出微信银行的风潮。在微信银行中，凡涉及客户私密信息的功能，均将在招行手机银行后台进行办理，招行手机银行采用SSL安全协议进行高强度的数据加密传输，即使网络传输的数据被截获，也无法解密和还原。同时，招商银行采用双重密码、图形验证码等全方位安全措施，确保客户资金与信息的安全。微信银行在登录时要提供登录名、密码，即使手机被他人操作，不知道密码也将无法登录。在用户退出手机银行或关闭手机浏览器后，手机内存中临时存储的账户密码等信息将自动清除，不会在手机上保存。如果用户打开手机银行，超过一定的时间未操作，银行后台系统将自动注销登录。

资料来源：根据百度百科微信银行的相关资料整理。

案例分析 4-2

农业银行开展电子银行综合营销活动

2010年5月，时值举世瞩目的世博会在上海隆重开幕之际，农业银行也拉开了电子银行综合营销活动的序幕。在5月至10月世博会举办期间，农业银行针对该行企业和个人电子银行客户（含网上银行、手机银行、电话银行、电子商务及自助银行）推出全面、丰富的优惠促销活动，同时每月连续推出5项不同形式的电子银行特色营销活动，让更多的客户体验到农业银行电子银行的各项特色产品和优质服务，享受在线金融生活的方便与快捷。

据农业银行相关人士介绍，此次电子银行综合营销活动是农业银行连续第三年举办的大型综合性电子银行营销活动。与往年相比，今年的活动更加注重客户的产品体验和品牌认知，同时产品优惠力度更大、范围更广、活动内容更丰富、形式也更时尚。例如，农业银行对企业电子银行客户提供的优惠有：农业银行企业网上银行客户、电子商务特约商户和企业财务人员，除了获得不同的产品组合外，还可以享受到新注册客户K宝证书和服务费优惠，使用动账类交易有机会获取精美礼品等，从而成就企业资金高效通畅。对于个人电子银行客户，农业银行提供的优惠有：新注册个人网上银行可享受K宝证书优惠，并获赠电话银行、手机银行、消息服务等注册服务；使用手机银行的新老客户可享受手续费全免的优惠；使用农业银行网上支付即可享受由海尔商城、苏宁电器、国航、海航、携程网、红孩子等多家特约商户为农业银行客户提供的专属价格、抽奖等多种形式的优惠等，让个人客户变身为电子银行时尚达人。

2010年，农业银行开展电子银行营销活动的最大亮点是针对电子银行特色和广大用户的使用习惯，每月推出一期电子银行特色营销活动。在第一期活动中，农业银行联合了国际知名杀毒软件卡巴斯基共同举办"安全伴我行，卡巴斯基免费送"活动。凡农业银行个人网上银行的客户只需登录农业银行门户网站活动专页或者指定领取页面，即可免费领取一套卡巴斯基正版杀毒软件，并享受软件到期续费独享折扣的优惠。农业银行还陆续推出了一系列在线品牌路演和客户体验活动，客户在感受农业银行电子银行魅力的同时，还有机会赢得世博会门票、全家游世博等大奖。

资料来源：陈浩洋.农业银行开展电子银行综合营销活动［N］.金华晚报，2010-06-24.

问题：电子银行业务综合营销的优势在什么地方？

分析提示：增加品牌行业影响力、实现客户资源共享、满足客户全面需求等。

本章小结

网上银行又称网络银行、电子银行、虚拟银行、在线银行，是指银行利用互联网及相关技术，处理非现金类的银行业务，是传统银行业务在互联网上的延伸。与传统银行相比，网上银行的特点有：服务方便、快捷、高效、可靠；降低运营成本，提高效益；业务全球化；创新化；亲和性增强。网上银行的业务品种主要包括基本存贷业务、网上投资、网上购物、个人理财、企业银行及其他金融服务。目前对网上银行发展形成障碍的就是网上安全环境，使用相关网络技术建立的一个既能向全世界发布消息，又能实现银行与客户之间安全、方便、友好联结的虚拟银行需要良好的网站运营管理，就是指网络营销体系中一切与网站的后台运作有关的管理工作。商业银行网站运营管理的核心是网站的更新与推广，主要包括网站域名的管理、网站测评、网上银行营销等方面。

关键概念

网上银行　第三方支付　电商金融

综合训练

1.不定项选择题

（1）我国纯粹意义上的虚拟银行有（　　）。

A.支付宝　　　　　B.蚂蚁金服　　　　C.浙江网商银行　　　D.中国建设银行

（2）网上支付的目的在于（　　）。

A.减少银行成本　B.加快处理速度　　C.方便客户　　　　　D.扩展业务

（3）下列（　　）是网上银行的业务。

A.转账支付　　　B.账户管理　　　　C.理财　　　　　　　D.贷款

（4）各种新型的受理渠道,使电子支付工具能通过各种渠道如（　　）被受理。

A.网络　　　　　B.手机　　　　　　C.电话　　　　　　　D.短信

（5）网上银行与传统银行的市场营销区别有（　　）。

A.营销组织不同　B.营销方式不同　　C.竞争形态不同　　　D.营销模式不同

2.简答题

（1）网上银行的发展模式有哪些？

（2）网上银行的优势有哪些？

（3）网上银行营销的特点是什么？

3.案例分析

"超级网银"提供双重便利

备受关注的第二代网上支付跨行清算系统——"超级网银"千呼万唤始出来。2010年8月30日，"超级网银"系统通过测试正式上线，并在北京、天津、广州、深圳投入使用。

首批获准接入央行第二代网上支付系统的共计27家银行，具体包括五大国有商业银行、9家股份制银行、5家城商行、5家农商行以及3家外资银行。目前，在一些银行的网上银行操作系统中，已经增加了"跨行账户管理"的相关目录。在试点运行的城市，已经可以进行跨行账户管理和查询的操作。随着"超级网银"业务的推广，将有越来越多的城市加入到试点的行列中。

以工行的网上银行操作系统为例，工行在"我的账户"下设置了"跨行账户管理"和"网银互联账户"两大栏目。前者包括"跨行账户余额查询"、"跨行账户款项转入"和"跨行账户操作查询"；后者则包括"签约/登记网银互联账户""管理签约/登记账户"等内容。点击进入"签约/登记网银互联账户"，通过输入用户名、账号和开户行的方式就可以进行跨行关联账户的签约，目前工行跨行账户可以设置两种操作权限，一种是"可查询"，另一种为"可支付"。

值得一提的是，在此处所选择的其他银行的互联账户，必须已经开通了所在银行的网上银行。体验者选择了将交通银行的账户添加到互联账户上，在可供选择的下拉名单上，有一系列银行名称，它们都是接入央行支付系统的银行。选择银行名称，输入账户名、账号，并在线签署一份账户信息查询协议，系统将打开一个新的页面，进入"交行网银跨行账户查询——签约认证"进行身份认证。此时需要输入的信息有账号、预留的手机号等。配合一些其他的认证手段，如动态密码等，就可以进行身份认证。同时，系统将返回工行的页面，点击"认证已通过"，显示签约成功。

在签约之后，工行"我的账户"主页面上除了列出所有工行账户的信息外，还增加了"他行账户"一栏显示被添加的交行账户信息，其格式和内容都与工行账户一样，点击鼠标就能查询余额和明细。

事实上，不止工行，包括中行、建行、交行、招行等在内的多家网上银行操作系统中，均已经增加"跨行账户"的相关内容，如交行网上银行操作系统在"我的账户"下加挂了"他行账户查询签约"，在下拉菜单中选择希望添加的银行名称，就将自动跳出新的界面，完成与互联账户的关联。之后，就可以直接在账户查询中了解到互联的他行账户的信息。

"超级网银"为不同银行的网上银行提供了"贯通"的渠道，在进行互联账户的签约后，只需要打开一家银行的网上银行，就可以对互联的其他银行账户的余额进行查询，并可在不同银行之间实时调拨资金。

"超级网银"系统最大的意义在于，在原有的央行大额支付系统和小额支付系统之外，在各家网上银行基础上打造一个新的网上支付互联清算的平台，相当于在各家银行的网上银行之间实现了"桥接"，实现了对网上银行资源的共享。

对于个人用户来说，"超级网银"系统无疑能够提供更多的便利。记者了解到，目前可以查询的信息主要是指互联账户上的余额、资金使用明细等。未来，这一系统将有望提供互联账户上投资、债务等多种信息。因此，个人用户在一家网上银行的界面下，就可以了解到自己和家人在不同银行的资产、投资状况，能够更好地实现对家庭财务的控制和管理。另一重便利来自于实时跨行转账的普及。在目前银行的跨行转账业务中，对于5万元以下的资金通常使用的是央行的小额支付系统，在操作上，银行使用的方式是分批发送，间隔一定的时间进行跨行的转账。因此，对于转账的个人来说，虽然能够在任意时间进行转账，但资金的到账并非是即时的，通常银行所显示的信息为"目前汇款状态为已受理，转入成功以对方行入账为准"，而在"超级网银"运行之后，可以即时反映出资金到账的信息。

资料来源：尹娟."超级网银"提供双重便利［J］.理财周刊，2010（9）.

问题："超级网银"的优势主要体现在哪些方面？网上银行的发展前景怎样？

分析提示：交易内容更丰富、交易流程更简化等。

4.实践训练

实训项目：个人网上银行业务。

实训目的：通过浏览各家银行网站，掌握网上银行的相关内容，体会网上银行的优势所在。

实训步骤：

（1）学习网上银行业务；

（2）登录各商业银行网站，浏览并注册个人网上银行用户，办理业务。

第5章　网上证券实务

学习目标

在学习完本章之后，你应该能够：了解网上证券产生的背景；明确网上证券的优势所在；掌握网上证券业务的应用。

引　例

人脸识别网上开户，证券业进入"互联网+"时代

在这个看脸的社会，刷脸的时代终于到来了。自从2013年初正式推出证券网上开户以来，证券公司经纪业务模式就在不断推陈出新。2015年更是跨出了里程碑式的一步，推出网上开户增加单向视频方式验证投资者身份的方式。

在这之前，包括长城证券、华林证券、湘财证券等在内的中小券商，已经获得批准作为首批试点人脸识别开户的券商。其中，长城证券成为业内首家全面铺开人脸识别开户的券商。

用人脸识别开户，应该会替网上开户省去很多麻烦，也能让不法分子少了钻空子的机会。据长城证券一位负责人透露：公司人脸识别开户从3月底正式开始上线，目前尚处于试运行阶段。现阶段，公司全部约一百家营业部都在进行推广。总体来讲，由于人脸识别技术创新的门槛比较高，监管层对此还是持谨慎试行的态度。目前除了双向视频这种传统的开户方式不需要审核以外，单向视频开户和人脸识别开户等创新性开户都需要监管层审核通过才可以试行。

传统的网上开户方式是通过客户上传身份证影像资料和实时双向视频通过后台见证人员人工确认用户身份，存在客户排队等待时间较长、券商支持7×24小时运营的成本较高等问题。而用单向视频开户与人脸识别技术的话，客户只需要使用带摄像头的移动设备，在联网状态下对准摄像头采集人脸视频（单向视频）或照片，系统自动从头像信息中提取脸部特征信息，并和公安部保存的照片比对人脸识别核实身份，即可完成身份审核，从而提升了客户开户整体效率和用户体验。

如此对比来看，人脸识别比传统的开户方式方便了很多，也节省了很多人力物力。虽然现在人脸识别开户还在试点的阶段，没有正式推广，但是将来这项技术肯定会被用到证券开户以及其他线上业务办理领域的身份识别环节当中。

资料来源：人脸识别网上开户，证券业进入"互联网+"时代 [EB/OL]．[2015-06-10]．http://www.ehongyuan.com/gupiao/11611.html.

这一案例表明：随着我国经济的发展，证券网上交易已经成为百姓开展证券投资的重要渠道。证券开户系统经过多年的发展，开户方式也经历了很大的变化，网上证券开户成为主要的开户方式。随着互联网技术的发展，网上证券业务取得了快速发展，成为券商业务发展的热点，也成为我国最有发展前途的电子商务领域。

5.1 网上证券概述

信息技术的进步，尤其是互联网技术的发展，正在引发一场全球商业领域的革命，对人类生活、工作和思想也产生了根本性的影响。而互联网对于证券行业的影响可以说非常具有代表性，网上证券业务也是互联网应用最为成功的领域之一。网上证券交易的重要性不仅在于增加了以网络为中心的委托交易方式，大大降低了委托交易成本，显著提高了证券投资效率，更在于其为证券经纪业务注入了新的活力，打破了传统交易方式的时空局限，克服了传统交易方式的弊端，能为投资者提供全方位、无差别、个性化的投资咨询服务，引发了证券业的一场新的革命。

网上证券是把计算机技术、网络技术等信息技术应用到证券活动中而形成的一种大规模、全方位、体系化、新型的证券经营模式，涉及传统证券市场的各类业务和所有环节，并在此基础上实现了一系列的业务创新。

5.1.1 网上证券的概念及业务内容

1）网上证券的基本概念

网上证券的概念有广义和狭义之分。广义的网上证券，也称为证券电子商务。通常来说，证券业务包括一级市场业务、二级市场业务及其他派生业务。所谓一级市场业务，主要是指证券公司帮助拟上市的公司进行公司设立、股票发行、上市以及上市后增发新股或配股等业务。二级市场业务，主要是指代理证券投资者买卖在交易所上市的证券。此外，投资银行、证券公司、投资顾问公司为上市公司开展资产重组和资产并购业务，为证券投资者进行投资咨询、理财业务等，也都属于证券业务。相应地，当人们采用信息技术手段，在数字化、网络化的媒介上实现上述业务过程时，就产生了不同的证券电子商务形态。

因此，广义的网上证券也就是电子商务在证券领域的应用，是利用先进的信息技术，依托互联网、移动通信系统、有线电视网等现代化的数字媒介，以在线方式开展传统证券市场上的各种业务。

狭义的网上证券即网上证券交易，指投资者通过互联网来得到证券的即时报价，分析市场行情，并利用互联网下单到实物证券交易所或网上虚拟交易所，实现实时交易的买卖过程。

本章所讲的网上证券是指狭义的网上证券。

2）网上证券的主要业务内容

网上证券就是把计算机技术、网络技术等信息技术应用到证券活动中而形成的一种证券经营模式，因此它涉及传统证券市场的各类业务和所有环节，并在此基础上实现了一系列的业务创新。网上证券的主要业务包括网上证券发行、网上证券交易、网上支付、网上信息服务等方面，其中，网上证券交易是现阶段网上证券业务的主要组成部分。

✖ 拓展思考5-1

怎样识别网上非法证券活动？

答：网上非法证券活动通常有以下几种形式：（1）冒名顶替式：盗用合法证券公司、投资咨询公司及其他金融机构的名称，复制合法机构简介、人员状况等信息，冒用公司标识，设立虚假网站，蒙骗投资者。（2）无中生有式：凭空捏造公司名称、地址、历史、从业人员、客户信息及反馈意见等信息，伪造公司工商执照、证券投资咨询资格证书以及"3·15认证站点""在线诚信企业"等各种备案认证资格标志，并链接股市动态新闻，给投资者造成有实力机构的假象。（3）撒网钓鱼式：利用QQ、微信等实时通讯软件，股吧、网站新闻评论等网络交流工具，通过市场分析、个股点评等方式，营造出"草根证券专家"的形象。（4）移花接木式：以网络为平台，通过销售荐股软件、认购私募基金、介绍理财知识等五花八门的形式，借合法营销活动之名，行非法证券活动之实，诱骗投资者钱财。

5.1.2 网上证券的优势

网上证券是电子商务条件下的证券业务的创新。随着网上证券业务的不断推广，证券市场将逐渐地从"有形"的市场过渡到"无形"的市场，现在的证券交易营业大厅将会逐渐失去其原有的功能，远程终端交易、网上证券交易将会成为未来证券交易的主流方式。与传统证券业务经营模式相比，网上证券具有明显的优势。

1）时空优势

传统的证券交易是投资者通过营业部的柜台下单，或通过电话进行委托，由证券营业部将交易指令传递到证券交易所，在交易所撮合成交后再通过营业部将交易结果返回给客户。

网上证券交易打破了时间和空间的限制，极大地提高了投资者选择的自由度，增加了证券市场的流动性。网上证券交易是无形的交易方式，它不需要有形的交易场所，可以利用四通八达的通信网络，把各地的投资者联系在这个无形的交易场所中。有了网上证券交易，只要有计算机及网络接口的地方都能成为投资者的投资场所，因此可以促使更多的投资者参与股票交易，并增加交易的频度，从而增强证券市场的流动性，提高证券市场的效率。目前由于互联网的普及，极大地方便了那些有投资欲望但因无暇或不便前往证券营业部进行交易的投资者进行投资，使潜在的客户群体得到了扩大，而且投资者在任何一个地方都可通过互联网看到股市行情，并即时下单交易。

2）信息优势

信息优势主要体现为信息量的广泛与传播的速度。从技术角度看，每笔证券交易的准备、实施、完成直到后续处理，都是数据交换的过程。证券公司在网上发布的和通过电子邮件发送的信息，可以在极短的时间内向所有的客户传递，而且几乎没有数量限制。一般说来，网上证券交易模式所提供的行情更新时间为8～10秒，快于其他的任何一种委托方式。通过网上设置的数据库，客户可以随时便捷地查询有关宏观经济、证券市场、板块、个股等所有信息，掌握全面的背景资料。因而，与传统的证券业务相比，证券电子商务具有速度快、信息量大、功能完备等优势，克服了传统市场上信息不充分的缺点。它使投资者可以在网上主动、及时、有效地获取和筛选相关信息，有效地提高证券市场效率，降低信息不对称程度。

3）成本优势

对于证券公司而言，网上证券交易可以通过交易环境的虚拟化，改变传统营业部所需的运营要素。网上证券交易不需要装修营业大厅的费用，不需要维持庞大的员工队伍，却可以最大限度地容纳投资者，其成本仅为开户时的网络接入费用、软件购置费用和日常维护费用，经营成本大幅度降低。据测算，在中国，一家有形网点一次性的投资至少在1 000万～2 000万元人民币之间，日常每月费用为25万～80万元人民币。而在同等条件下，网上证券交易的投资只有传统营业部的30%～50%，日常运营费用不到传统营业部的25%。

从投资者的角度来看，网上证券交易不仅节省了前往营业部的时间成本，使投资者在任何条件下都能享受到更便利、更快捷的服务，而且证券公司经营成本的降低最终可给投资者更多的让利，从而大幅降低投资者的交易成本。在美国，网上股票交易的成本为每股0.15美分，远远低于传统交易方式每股1～2美分的水平；韩国网上证券交易的手续费是交易额的0.1%～0.5%，为传统交易方式的20%。

4）交易安全优势

网上证券交易的安全系数要高于传统的交易方式。在传统的交易方式中，客户委托数据在到达证券公司交易服务器之前的传输过程中是透明可读的，只要黑客能够截获这些数据，就能够解读并获取客户的密码以及其他的交易数据等信息；而在网上证券交易中，客户的私人信息以及交易数据等都是经过较长的位数加密的，只有交易服务器才能正确地识别这些数据，而且随着网上证券交易手段和技术的不断完善和成熟，网上证券交易将为投资者提供非常安全的交易服务手段。

同时，网上证券交易减少了证券交易的中间环节，投资者直接下单，避免了交易人员的人为失误，操作风险大大降低。

5）业务扩张优势

在传统证券业务经营模式下，历史的积累、规模、业务的结构和优势等成为决定证券公司竞争胜负的重要因素。开展网上证券交易以后，证券公司之间的主要差别将体现在技术支持及投资咨询服务上。证券公司提供证券信息的全面准确程度、对客户投资指导的及时性与完善程度以及在此基础上长期积累形成的证券投资咨询品牌，将成为证券公司在竞争中取胜的关键。

同时，券商发展证券电子商务具有成本优势，使其开发定制产品成为可能，可以满足投资者不同的信息需求，市场发展潜力巨大。因此，证券电子商务将成为券商扩大经纪业务来源，特别是中小券商扩大经纪业务和大券商进行竞争的一种强有力的手段。

美国互联网证券公司——嘉信理财（Charles Schwab）借助新技术，率先实行业务经营模式的转变，在短时间内不仅一跃成为美国最大的互联网证券公司，而且在投资者的追捧下，其市值超过了赫赫有名的美林证券。为了避免客户的流失，一直排斥网上证券交易的美林证券不得不于1999年6月加入了美国网上经纪竞争行列。嘉信理财公司网站主页如图5-1所示。

图 5-1　嘉信理财公司网站主页

5.2　网上证券发行

证券发行是政府、金融机构、工商企业等以募集资金为目的向投资者出售代表一定权利的有价证券的活动。网上证券发行是指利用互联网完成证券发行的一种方式。在我国，网上证券发行即利用上海证券交易所或深圳证券交易所的交易网络，新股发行主承销商在证券交易所挂牌销售，投资者通过证券营业部交易系统申购的发行方式。

广发证券拿到互联网证券"入场券"

第一次成功地进行股票互联网直接公开发行（DPO）的是一家美国的啤酒公司。1994 年，这家公司的老板绕过了投资银行和经纪公司，直接在其公司的网页上向公众发行公司的股票。3 500 名投资者在购买了直接发行的股票后，通过一个设在公司网页上的电子公告牌进行交易。希望进行交易的投资者将其意愿通过互联网发送到公告牌上，然后直接接触进行交易，一家独立的银行负责资金的清算和交割，公司因此避免了注册成为经纪商的烦琐程序。

> ✘ 拓展思考 5-2
>
> 什么是 DPO？
>
> 答：所谓 DPO（Direct Public Offering），就是互联网直接公开发行，即证券的发行者不借助或不通过承销商或投资银行公司，通过互联网发布上市信息、传送发行文件，从而直接公开发行公司的股票。DPO 不像 IPO（Initial Public Offering）那样有烦琐的申报注册程序和严格的信息披露要求，它可以充分利用互联网所提供的跨空间的优势，将上市公司与投资者直接联系起来。DPO 于 1994 年最先出现在美国，当

年有28家小企业通过DPO发行股票上市筹资。

2001年1月，中国证监会颁布了《关于新股发行公司通过互联网进行公司推介的通知》，标志着中国证券市场与互联网的互动发展。

5.2.1 网上证券发行的方式

目前，网上证券发行主要采取网上竞价发行、网上定价发行和网上定价市值配售3种方式。

1）网上竞价发行

竞价发行指的是一种由多个承销机构通过招标竞争确定证券发行价格，并在取得承销权后向投资者推销证券的发行方式，也称招标购买方式，它是国际证券界发行证券的通行做法。

在我国，网上竞价发行是指主承销商利用证券交易所的交易系统，以自己作为唯一的"卖方"，按照发行人确定的底价将公开发行股票的数量输入其在交易所的股票发行专户，投资者作为"买方"在指定时间通过交易所会员交易柜台以不低于发行底价的价格及限购数量，进行竞价认购的一种发行方式。

2）网上定价发行

网上定价发行是发行价格固定，采用证券交易所先进的交易系统来发行证券的发行方式，即主承销商利用证券交易所的交易系统，按已确定的发行价格向投资者发售证券。我国目前广泛采用此种方式。

3）网上定价市值配售

市值配售就是在网上证券发行时，将发行总量中的一定比例（目前规定为网上证券发行总量的50%）的新股向二级投资者配售。投资者根据其持有上市流通证券的市值和折算的申购限量，自愿申购新股。

江苏银行网上发行

目前，我国规定的市值配售，是指针对二级市场投资者的流通市值进行的新股发行方式，即每10 000元的股票市值可获得1 000股的认购权，再通过参与委托及摇奖中签的方式确认是否中签。

如果配号与中签号一致，且账户有足够的资金，则在扣款时，会在账户中扣除中签金额，直到上市前一天晚上中签股票会进入账户中。

知识链接 5-1

市值配售

沪深证券交易所和中国证券登记结算公司公布《新股发行市值配售实施细则》。

根据实施细则，配售比例根据市值配售部分投资者的需求确定。当比例为100%时，市值配售申购放弃部分由主承销商包销；当比例不足100%时，采取向二级市场投资者配售和上网公开发行相结合的方式。

投资者每持有1万元上市流通股票市值可申购1 000股新股，深市投资者同一账户在不同营业部托管的上市流通股票市值合并计算。投资者申购新股时，无须预先缴纳申购款。配售发行一般在正常交易时间内进行。

除基金持有的股票账户外，每个股票账户只能申购一次。证券投资基金（包括开放式基金）持有的沪市股票账户由于技术原因可按申购上限重复申购，深市的股票账户只需按其所持市值上限一次性申购，但累计申购总额不得超过基金按规定可申购的总额。

　　资料来源：根据百度百科市值配售相关资料整理。

5.2.2　网上证券发行的优势

　　与传统发行方式相比，网上证券发行在三个方面具有优势：提高了效率、降低了费用、增加了信息传播的广度。

　　从提高效率的角度来说，通过互联网可以简化传统的程序，例如登广告、通过电话或邮件向潜在投资者传送信息、分发招股说明书等，因此提高了效率。

　　从降低费用的角度来说，由于通知和分发所有相关材料可以一步到位，其成本自然也有所降低，特别是当有关材料要进行更新或修订时，利用互联网可以省下大笔印刷费和佣金。

　　从增加信息传播的广度来说，由于全世界有上亿人在网上浏览，每天更有数以百万计的新加入者，他们都可以看到发行的有关信息。互联网让普通的个人投资者也有参与新股发行的机会，让所有的投资者以平等的机会来分享公司股票价值可能带来的高速增长。

5.3　网上证券交易

5.3.1　网上证券交易的主要内容

　　网上证券交易是指投资者通过互联网来进行证券买卖的一种方式，为股民提供网上股票交易的实际环境，使股民通过互联网进行方便快捷的在线交易、管理及行情查询。其业务涵盖股票买卖、行情查询、银证转账、账户余额、开户、销户、密码修改等方面。网上证券交易与传统证券交易的程序是一样的，只是实现交易的手段不同而已，原来需要投资者在交易所办理的手续，现在大部分或全部都可以通过网络进行。因此，依照证券交易的步骤，网上证券交易也包括登记开户、委托交易、交易撮合和清算交割 4 个步骤。

　　1）登记开户

　　目前国外的证券商已经能够支持客户在互联网上进行开户，如瑞典的 Scarba 公司。投资者将自己的电脑连接到该站点后，即可直接在网上登记和开户，投资者将自己的社会保险账号、信用卡卡号和授权书等用电子邮件通知该公司，在家中即可加入证券交易者的行列。我国的证券商也开始接受客户在互联网上直接开户的业务。

　　2）委托交易

　　目前我国投资者在网上进行委托交易的方式有两种：一种是安装并运行网上证券交易软件，然后上网委托交易；另一种是直接登录证券交易网站进行委托交易。

　　3）交易撮合

　　我国沪深两市均采用电脑撮合交易方式。在该方式下，交易所电脑主机与证券商的电脑联网，证券商本部及其分支营业机构通过终端机将买卖指令输入电脑。证券商经纪人在集中市场交易席的终端上接到其营业处传来的买卖申报后，须确认无误，再输入交易所的电脑主机。买卖申报经交易所电脑主机接受后，按证券价格、时间排列，自开市开始时按"价格优先、时间优先"原则撮合成交。

知识链接 5-2

价格优先和时间优先

（1）价格优先原则。

价格优先原则表现为：较高价格的买进申报优先于较低价格的买进申报，较低价格的卖出申报优先于较高价格的卖出申报。例如：乙申报以10元买进××××股100股，甲随后申报以10.5元买进××××股200股，如果丙申报以10.5元卖出××××股300股，则甲虽然后申报而先成交，乙则由于价格不符，申报而无成交。

（2）时间优先原则。

时间优先原则表现为：同价位申报，依照申报时间顺序决定优先顺序。电脑申报竞价时，按计算机主机接受的时间顺序排列；书面申报竞价时，按证券经纪商接到书面凭证的顺序排列，谁的申报时间在先，谁优先成交。

4）清算交割

清算与交割都分为证券和价款两项。证券登记结算机构与证券经营机构之间的清算交割通过计算机网络进行，投资者的证券往往由证券经营机构自动划转。目前，随着互联网的发展，在清算交割中，投资者可以以电子邮件的形式接收证券商发送的通知单，可以通过浏览器连接到证券商Web主机上自助查询自己的交割单和对账单。投资者也可以通过远程文件传输的方式到证券商的非匿名的FTP服务器上下载自己的成交回报信息。

目前我国的网上证券交易只是一种网上委托交易，因为证券经营业务的准入制，最终交易的实现要在证券交易所进行。网上券商所能做的只是在网上提供一个界面，汇集一些交易行情和信息，并把客户的交易需求传送到证券公司的服务器，然后打成数据包发到交易所才能真正成交。

拓展思考5-3

相对于传统的交易方式，网上证券交易具有哪些优势？

答：（1）网上证券交易突破了地域的限制，使投资者可以在任何能够上网的地方进行证券交易。网上证券交易以无所不在的国际互联网为载体，通过高速、有效的信息流动，极大地缓解了我国券商地域分布不均的矛盾，将身处各地的投资者有机地聚集在无形的交易市场中。（2）网上证券交易基于国际互联网，克服了传统市场上信息不充分的缺点，有助于提高证券市场的资源配置效率。（3）网上证券交易降低了证券的交易成本和交易风险。网上证券交易使投资者足不出户就可以办理信息传递、交易、清算、交割等事务，只需要支付很少的上网费用，节约了大量的时间和金钱。对券商而言，网上证券交易的大规模开展，可以大幅度降低营业部的设备投入和日常的运营费用。另外，网络安全技术的飞速发展和应用，使网上证券交易的安全性得到极大提高。

5.3.2　网上证券交易的模式

1）自由佣金制度下的美国模式

证券交易佣金是指委托者委托买卖成交后，按实际成交金额数的一定比例向承办委托的证券商交纳的费用。佣金是证券交易的主要成本之一，证券交易成本的降低，明显有助于提高投资者的投资信心、提高资本市场运行效率、提高资产配置的效率，营造证券市场的繁荣，提高一个国家证券市场的综合竞争力。因此，为降低证券交易成本，推动证券市场的发展、繁荣，佣金制度在全球范围内发生了较大的变革。1975 年以前，世界各国的证券市场交易基本上都采用固定佣金制度。1975 年 5 月 1 日，美国率先在全球取消证券交易的固定佣金制度，实行佣金协商制。目前，据统计，在全球主要的证券交易所中，对佣金的收取绝大部分采用自由协商制，其中大部分实行完全的自由协商制，少数证券交易所实行规定最低费率、最高费率或在一定区间内协商议价的方式。我国现行的证券交易佣金制度是最高限额内向下浮动的佣金制度，而非完全的佣金自由化。

在经历 30 多年的快速发展后，目前美国国内形成了以 E*TRADE、Charles Schwab 以及 Merrill Lynch 为代表的 3 种不同的交易模式，同时这 3 种最为典型的模式也成为其他各个国家在开展自己网上证券交易时借鉴的主要蓝本。

（1）E*TRADE 模式。

E*TRADE 模式完全是以网络方式提供虚拟的投资与服务。该模式下证券交易完全在网上进行，公司并无有形的营业网点存在，故其可以以尽可能低的折扣吸引对价格在意而对服务要求不高的自助投资者。因此，营业成本低、价格低是这些公司的主要竞争优势。E*TRADE 的网站主页如图 5-2 所示。

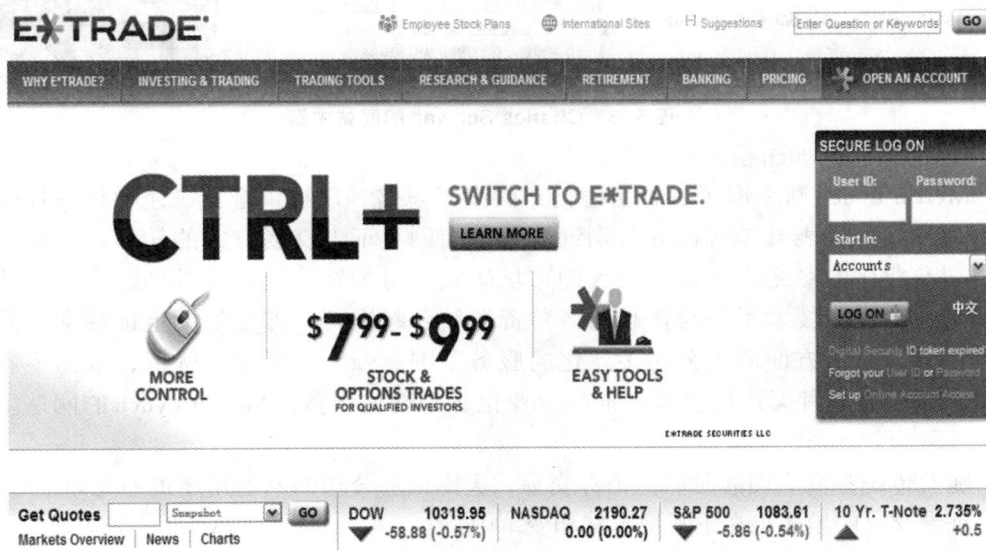

图 5-2　E*TRADE 的网站主页

（2）Charles Schwab 模式。

Charles Schwab 是目前美国最大的网上券商，同时以店面、电话、Web 向投资者提供服务，客户可自己选择需要的服务模式，形成一种"金融超市"式的个人理财服务。该模式同时提供给投资者网上证券交易、电话交易及店面交易，而 Charles Schwa 通过技术的不断创新来降低交易成本，进而降低服务价格，但并不会牺牲服务质量。通过有效地利用技术来降低成本、改进服务、提供创新的业务模式是其主要经营特色。Charles Schwab 的网站主页如图5-3所示。

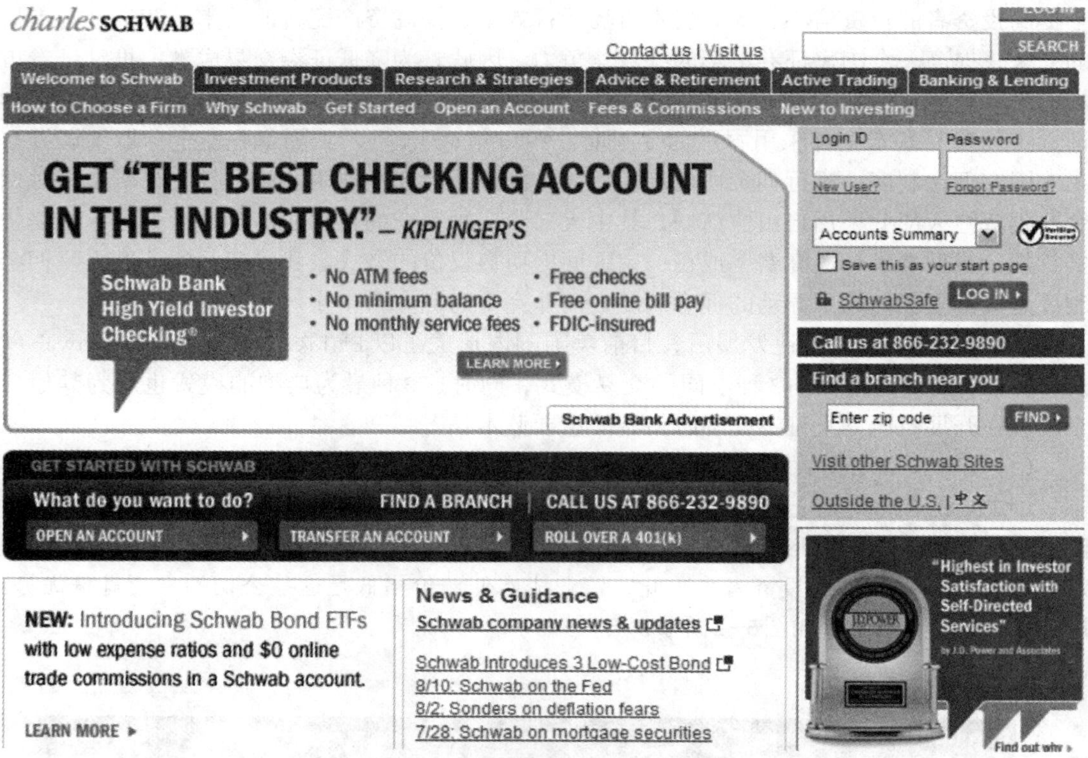

图5-3　Charles Schwab 的网站主页

（3）Merrill Lynch 模式。

Merrill Lynch 则采取了一种金融门户的发展思路，以提供全面、个性化一揽子金融服务为目标，代表着传统证券公司证券业务向网上证券交易方式的转移。该模式是利用公司专业化的经纪人队伍与庞大的市场研究力量为客户提供各种理财服务。其最大特点是将先进的技术手段与优越的经营资源结合起来，一方面对网上证券交易的客户进行细分；另一方面利用公司多元化的服务范围、强大的经纪人队伍，根据不同的客户需求，通过多种渠道提供高水准的专业化、个性化服务。Merrill Lynch 的网站主页如图5-4所示。

随着传统券商全面涉足网上证券交易，美国证券公司的网上角逐正如火如荼地进行，网上证券交易的模式也在不断地丰富和变革中。

日本、韩国、欧洲各国的经营模式基本上与美国相似。

2）我国网上证券交易模式的选择

网上证券交易是投资者利用互联网网络资源，获取证券的即时报价，分析市场行情，并通过互联网委托下单，实现实时交易。如果纯粹从交易过程来看，网上证券交易与传统证券交易方法的不同仅仅是交易信息在客户与证券营业部之间的传递方式

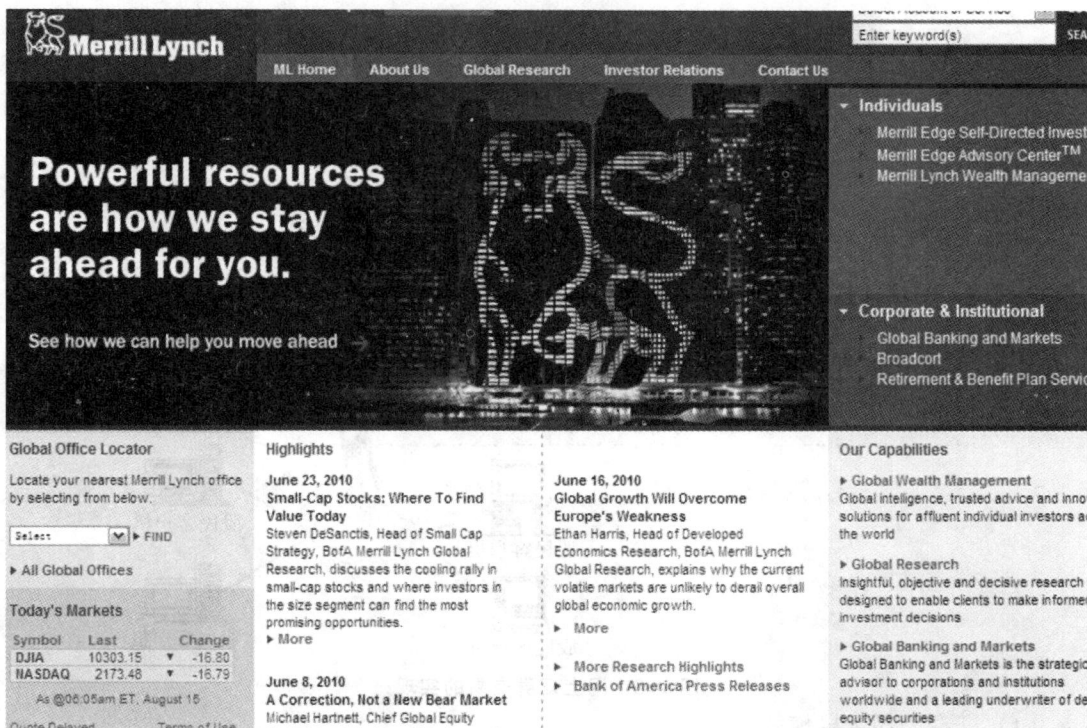

图5-4　Merrill Lynch 的网站主页

上，对证券营业部到交易所的交易方式不会产生任何影响。传统的证券交易方法包括投资者通过证券营业部柜台下单或通过电话委托等方式进行交易，其特点是：投资者的交易指令或是直接传递给证券营业部的营业员，或是通过封闭的电话专线传递，因此信息传递的安全性和可靠性都有保证。网上证券交易与传统证券交易方法的最大区别就是：投资者发出的交易指令在到达证券营业部之前，是通过公共网络即互联网传输的。网上证券交易与传统证券交易流程的比较如图5-5所示。网上证券交易的实现如图5-6所示。

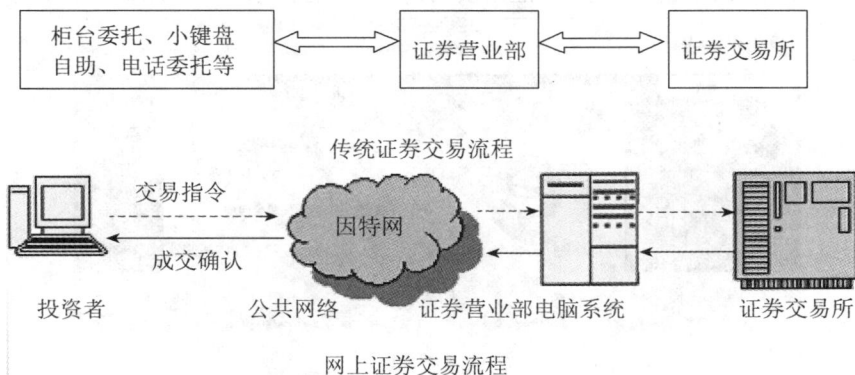

图5-5　网上证券交易与传统证券交易流程的比较

目前，我国网上证券交易的主要经营模式大致分为证券公司主导模式、IT公司参与发起模式、券商与银行合作模式以及银行+证券商+证券网合作模式。

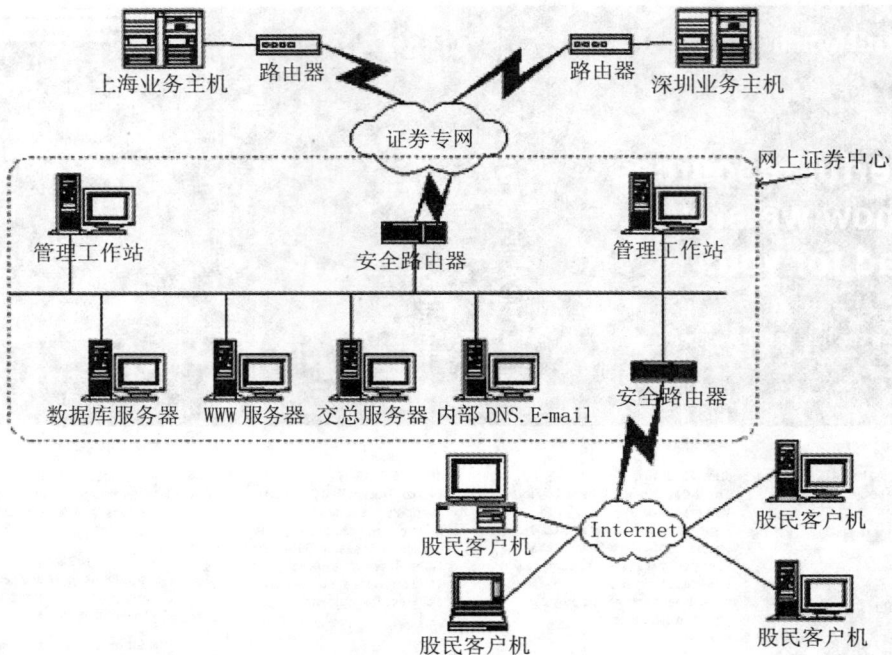

图 5-6　网上证券交易的实现

（1）证券公司主导模式。

证券公司主导模式即证券公司自己建立广域网站点，营业部直接和互联网连接起来，形成"投资者计算机—营业部网站—营业部交易服务器—证券交易所信息系统"的交易通道。在这种模式下，证券公司拥有自己的门户网站和交易平台，能够在全国公司范围内统筹规划、统一交易平台和品牌，有利于开展咨询、证券交易、理财等一切客户需要的信息服务，按投资者需求，提供有针对性、个性化的服务，而且可以直接在自己的网站上为客户提供各种特色服务，如股市模拟操作、市场分析讲解等。建立证券公司自己的网络交易平台，与当前券商实施营业部大集中的趋势是一致的，这种模式也比较符合国内券商的内部管理架构。中国银河证券股份有限公司（以下简称银河证券）就采用这一模式，银河证券网站主页如图 5-7 所示。

图 5-7　银河证券网站主页

（2）IT 公司参与发起模式。

网上证券交易在国内开展，开始是由券商全权委托 IT 公司负责的，即 IT 公司（包括网上服务公司、资讯公司或软件系统开发商）负责开设网络站点，为客户提供投资资讯，而券商则以营业部为主在后台为客户提供网上证券交易的渠道。起初开展网上证券交易的券商基本采用了此种模式，但在《网上证券交易委托管理暂行办法》实施后，这类方式已经日益减少。目前，网上证券交易的技术系统解决方案也多由这些 IT 公司提出，其中赢时通、盛润、核新、斯巴达等都已经在市场上有所建树，各有特色。不过从券商业务类网上证券交易平台的经营来看，比较典型的是中国证券网（http：//www.cnstock.com）、证券之星（http：//www.stockstar.com）、东方财富网（http：//www.eastmoney.com）等。这些网上证券交易平台的证券交易是由各券商营业部租用网上证券交易平台来实现的。证券之星网站主页如图 5-8 所示。证券公司主导模式与 IT 公司参与发起模式的简单比较见表 5-1。

图 5-8　证券之星网站主页

表 5-1　　　　　　　　　　证券公司主导模式与 IT 公司参与发起模式的简单比较

模式	证券公司主导模式	IT 公司参与发起模式
网络技术的基础和积累	新兴业务，网络技术人才引进	网络人才集聚，技术成熟适用
电子化网上证券交易理解	经纪业务的主动性"坐商"	电子个性化被动性"行商"
发展和应变的能力	原创性的研究成果和"绝密"信息的吸引力强	海量信息和智能选股模型的多样化
平台建设和营销的成本	前期投入成本大，后期维护成本低	前期已经投入，但对租用平台无自主权，客户维护成本高
交易区域性的局限	各地电信、银行等一系列的合作协议	网上证券交易平台，有 ISP 的优势

（3）券商与银行合作模式。

这种模式是券商与银行之间建立专线，在银行设立转账服务器，可用于网上证券交易资金查询，资金账户与储蓄账户合二为一，实现银行账户与证券保证金之间的及时划转。采用这种方式，投资者只要持有关证件到银行就可办理开户手续，通过银行柜台、电话银行、网上银行等方式进行交易。

知识链接 5-3

上海银行与方正证券携手探索银证合作新模式

上海银行于2014年4月29日与方正证券签署综合金融合作协议，率先在国内启动综合金融业务合作。根据合作协议，上海银行将与方正证券在综合金融服务平台、金融创新产品、客户开发及其他业务领域开展全面合作。具体而言，双方将通过系统整合搭建统一的综合金融服务平台——"上方账户通"，并以"上方账户通"平台、客户共享流程及创新产品为核心，建立一体化金融联盟合作伙伴关系，形成双方紧密的战略协同和业务领域的全面互补，为客户提供"全渠道""全业务"的综合金融服务方案。上海银行与方正证券合作实现了"三个突破"：一是突破了银证合作的模式，建立了金融联盟的创新协作方式，在客户和渠道资源上互相开放；二是突破了服务方式的局限，整合线上线下、金融服务和社会服务等多种资源，实现了以客户为中心的综合服务全覆盖；三是突破了产品创新的瓶颈，通过建立开放式平台，打通机制、流程和系统，构建双方共同的一体化创新产品体系。

资料来源：姚玉洁.上海银行与方正证券携手探索银证合作新模式〔EB/OL〕.〔2014-05-06〕. http://www.cjgcw.com/news/bank/2014-05/30983.htm.

（4）银行+证券商+证券网合作模式。

这种模式使投资者一次交易由三方合作完成：银行负责与资金相关的事务；证券商负责网上证券委托交易、信息服务等与股票有关的事务；证券网负责信息传递和交易服务等事务。这种模式下形成了3个独立系统：资金在银行系统流动，股票在证券商那里流动，信息在证券网站上流动。

无论以哪一种模式开展网上证券交易业务，以客户为中心，加强客户关系管理，满足客户不断变化的需求，服务更加专业化，都应是其核心内容。

5.3.3　网上证券交易操作实务

投资者进行网上证券交易一般分为3个步骤：开通网上证券交易账户、下载和安装客户端软件和进行网上委托交易。图5-9为银河证券"网上营业厅"。

1）开通网上证券交易账户

和传统的证券交易方式一样，国内投资者若需要进行网上证券交易，除需要依次开立上海、深圳个人股东账户卡和某家证券公司资金账户（交易账户）外，还需要在该家证券公司办理网上证券交易账户的开通手续，并和证券公司签订网上证券交易委托协议，之后，证券公司的工作人员就会为投资者开通网上证券交易账户。目前，证券公司提供网上开户服务，客户登录欲开户证券公司网站后，选择"网上开户"，根据要求填写必要信息，证券公司便会有专业的客服人员与客户联系，办理开户事宜。

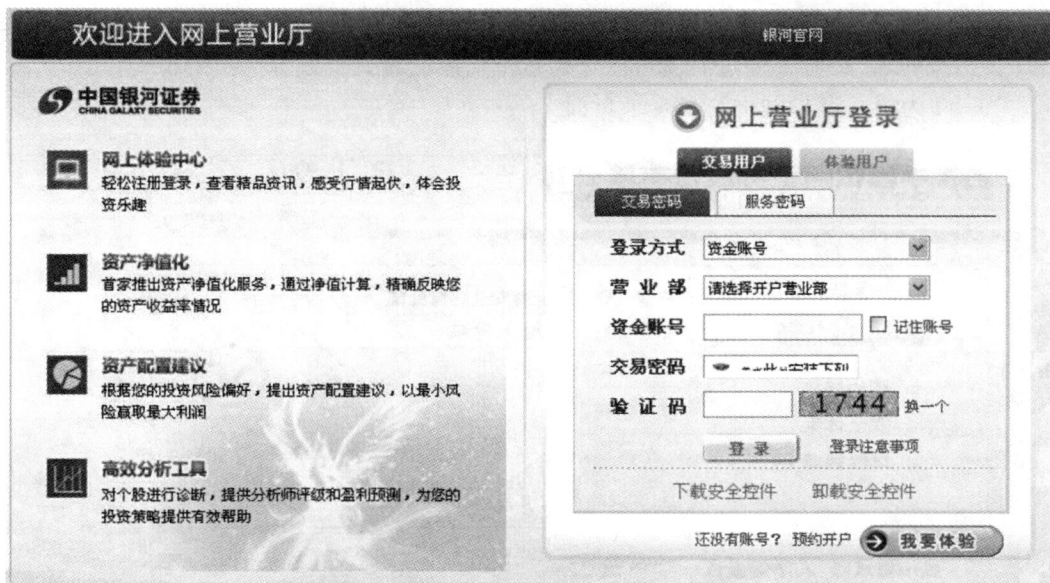

图5-9 银河证券"网上营业厅"

为了使投资者有效地管理证券保证金账户，还需要办理第三方存管业务，选择一家银行开立储蓄账户，并申请为银证转账账户，投资者就可以把自己的资金在保证金账户和储蓄账户之间随意地转移了。银河证券网上开户申请如图5-10所示。

图5-10 银河证券网上开户申请

2）下载和安装客户端软件

投资者进行网上证券交易委托，通常可以选择Web浏览器方式或者使用专用软件。

Web浏览器方式指投资者通过互联网登录证券公司交易网站，输入用户名、密码，选择相应的营业网点，经验证通过后就可以进行账户信息的查询、证券买卖等操作了。

图5-11为银河证券网上交易登录页面。

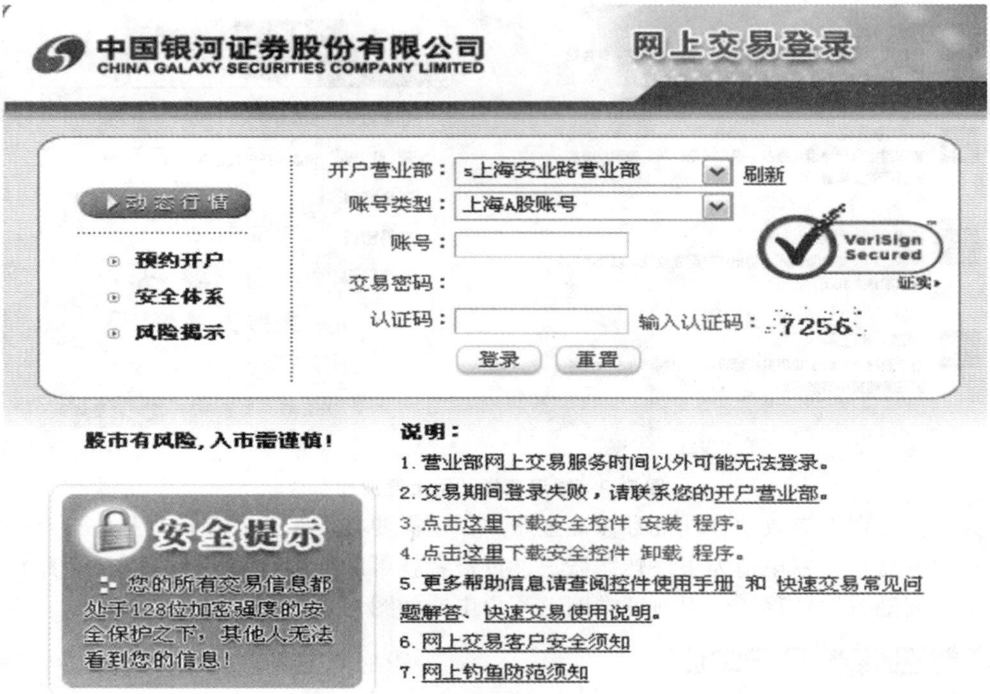

图5-11 银河证券网上交易登录页面

如果投资者选择使用专用软件进行交易委托，则需要在自己的电脑中安装客户端交易软件，如银河证券使用的"海王星""双子星"等软件。投资者还可以使用市场上通用的第三方软件，如"同花顺""大智慧"等。图5-12为银河证券网上交易软件下载页面。

图5-12 银河证券网上交易软件下载页面

交易软件下载并安装完成后，还要做一些设置，如选择交易服务器地址、端口信息等，这些配置信息在营业部开户时可以获得。另外，为了保证交易安全还需要对系统做一些安全方面的设置，如IE浏览器的安全级别设置等。

3）进行网上委托交易

无论是Web界面的交易方式，还是专用软件，一般都是通过菜单方式提供证券买卖、成交查询、历史记录查询、修改密码等功能，以方便投资者进行交易和管理。当投资者选择了买入或卖出后，系统就通过TCP/IP协议将投资者的买卖证券委托及时准确地传递给证券交易所的撮合子系统，并及时得到确认和成交回报。

案例分析 5-1

中国银河证券双子星V3.2云服务版系统演示

中国银河证券双子星V3.2云服务版是集普通行情与沪深level-2高速行情于一体的网上行情交易系统。该系统不仅操作简单、功能强大，集行情、分析、交易、资讯于一体，更在原有基础上强化了推送资讯服务，集成了level-2高速行情，具备普通行情无法比拟的特点：

推送您所关注的自选股、持仓股资讯，丰富资讯内容，包括名策资讯、行业研究、行业新闻、个股研报等财经资讯；通过云服务方便您在不同机器、不同系统查看、管理自选股；整合沪深level-2十档高速行情，速度比普通行情快3秒以上；独具BBD指标、DDE决策系统等特色功能，让您轻松掌控主力资金流向；新增小财神功能，拥有强大的理财功能，全面、细致地记录您的投资过程，让您对盈亏情况、资产情况、买卖情况一目了然；行情交易完美结合，独具闪电下单功能，使您快人一步；支持退市整理板和风险警示板业务；支持B转H股业务；支持证券出借业务；支持园区代办股份报价转让业务；支持上交所报价回购"天天利"和深交所报价回购"金自来"业务；支持银河网厅嵌入"行情客户端"工具栏及"个股分时界面"增加"个股研报"等8个标签，"资金股份查询"增加"账户诊断"等4个标签，系统主界面的"银河网厅"标签方便登录网厅；增加玖天卫士、玖天优盾强身份认证方式；增加预留信息、IP回显等辅助安全认证方式；增加客户号、验证码登录方式；不再提供通信密码方式登录。系统已在运行速度和资源占用上做了优化，会使您的使用更加高效、便利！

系统演示操作步骤如下：

（1）签署免责声明，下载文件，如图5-13、图5-14所示。

（2）双击应用文件开始安装，图5-15为双子星V3.2版安装程序页面，按照提示要求安装。

（3）在Windows XP/NT/2000/Vista操作平台上，双击桌面上的图标即可直接进入。

（4）进入双子星V3.2版登录页面，如图5-16所示。选择"行情+交易"进入行情和交易综合版；选择"行情"进入单行情版。

（5）输入对应的资金账号、交易密码、验证码，然后点击"登录"进入系统主页面，如图5-17所示。用户可根据需要进行行情浏览，如图5-18、图5-19所示。

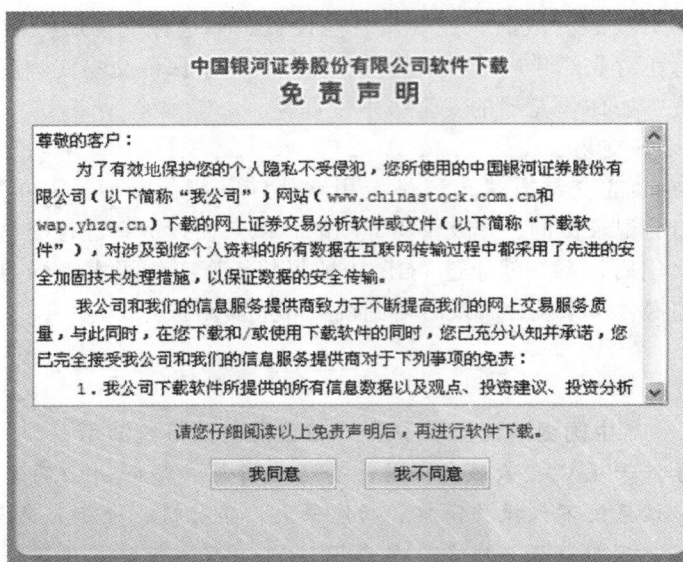

图 5-13 双子星 V3.2 版免责声明

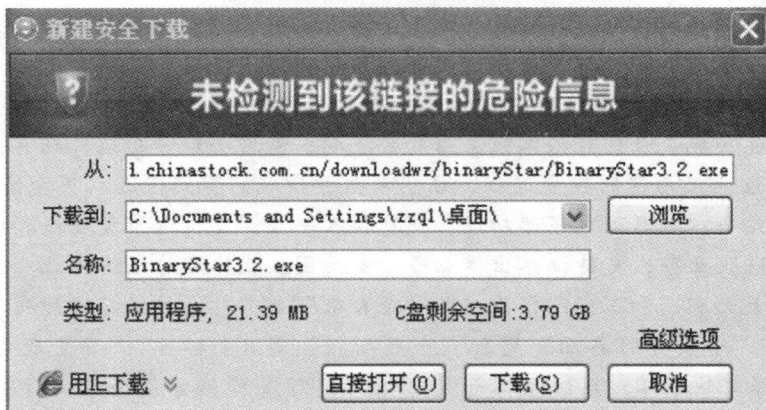

图 5-14 下载文件

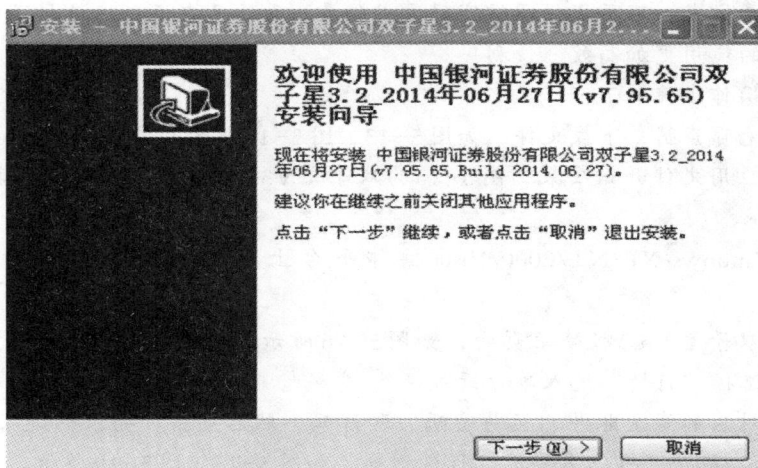

图 5-15 双子星 V3.2 版安装程序页面

图 5-16　双子星 V3.2 版登录页面

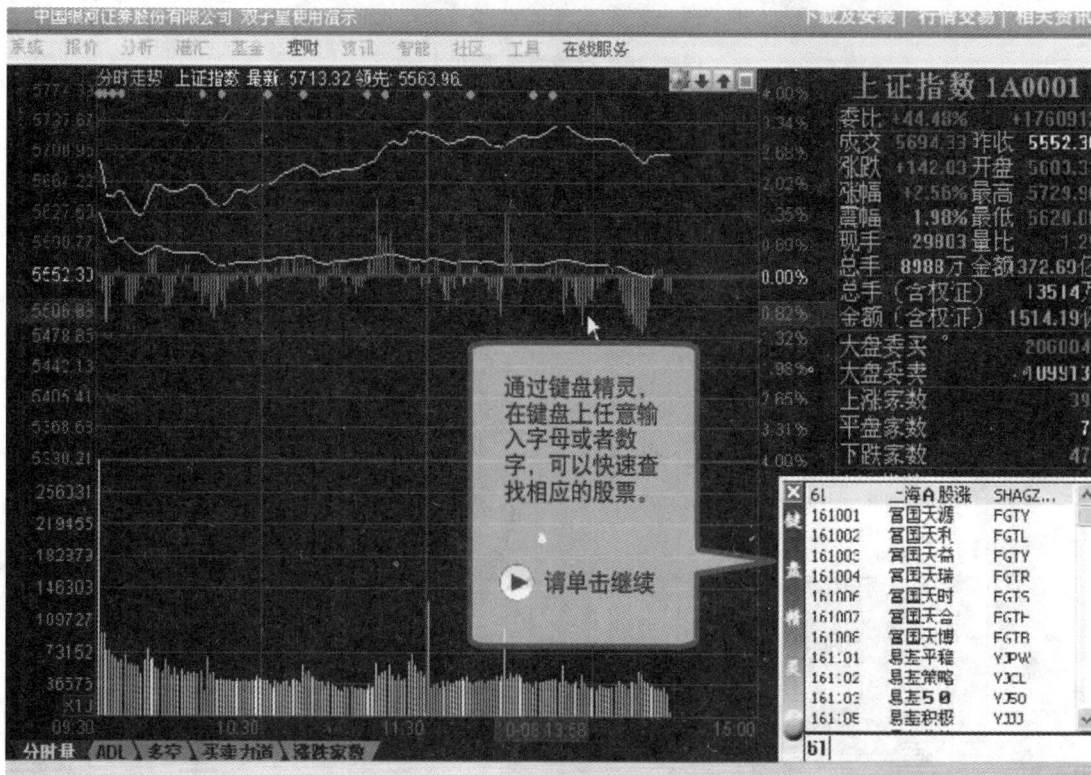

图 5-17　系统主页面

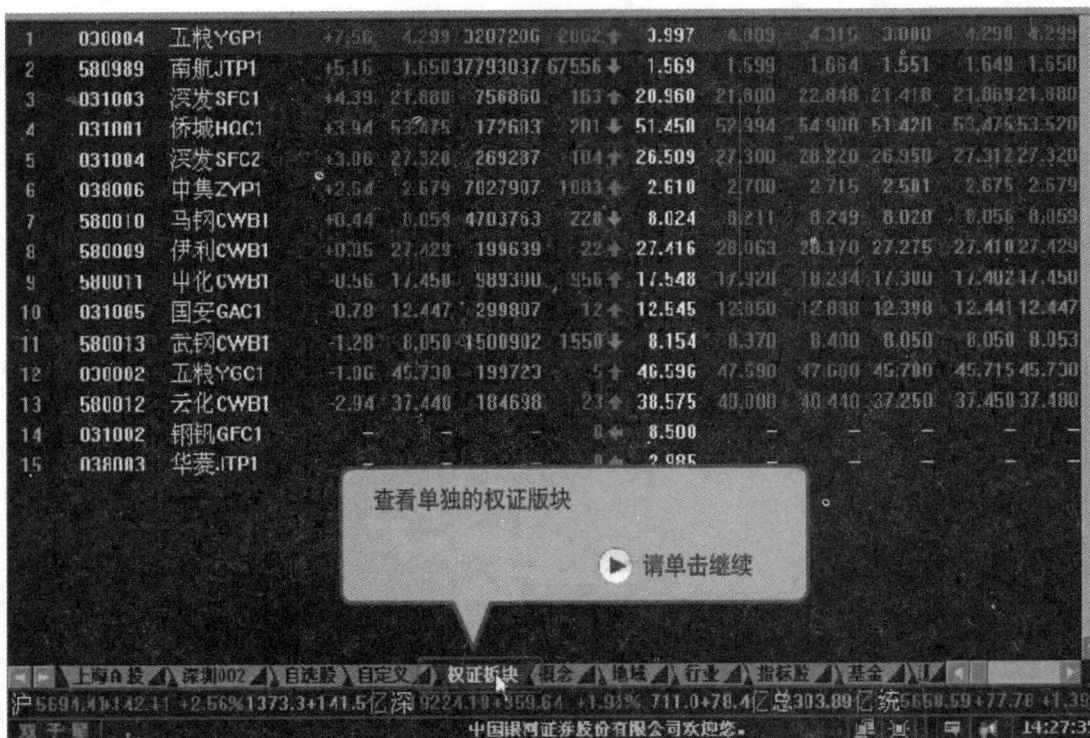

图 5-18　行情浏览页面（一）

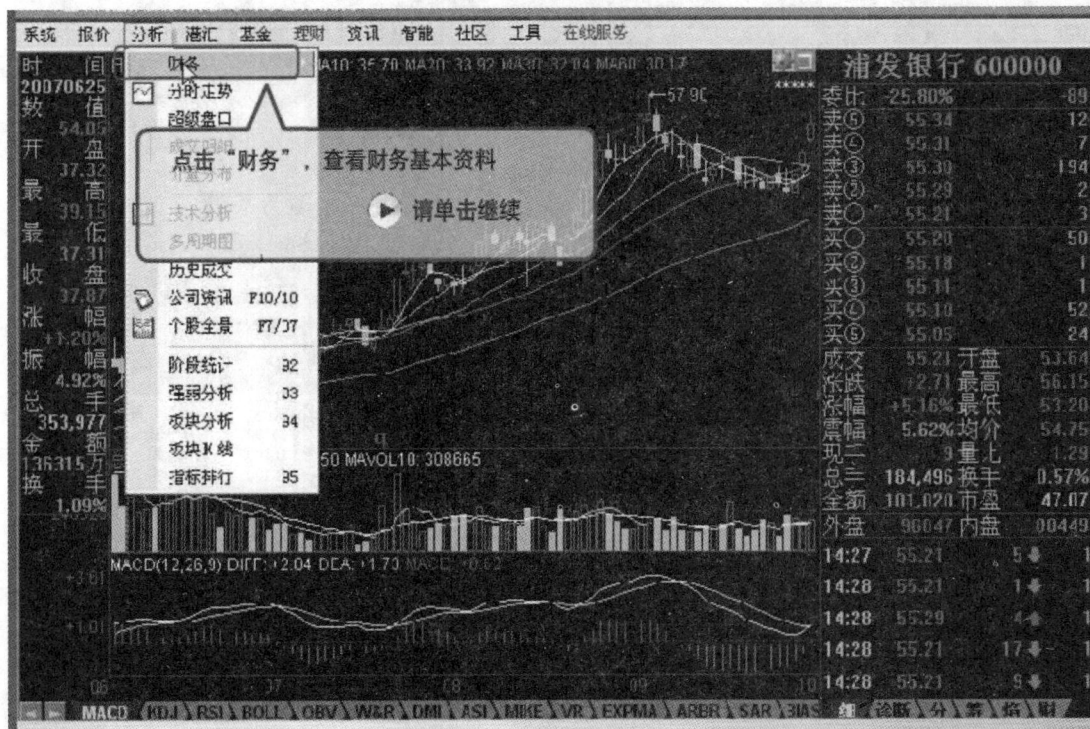

图 5-19　行情浏览页面（二）

（6）交易委托，如图 5-20 所示。

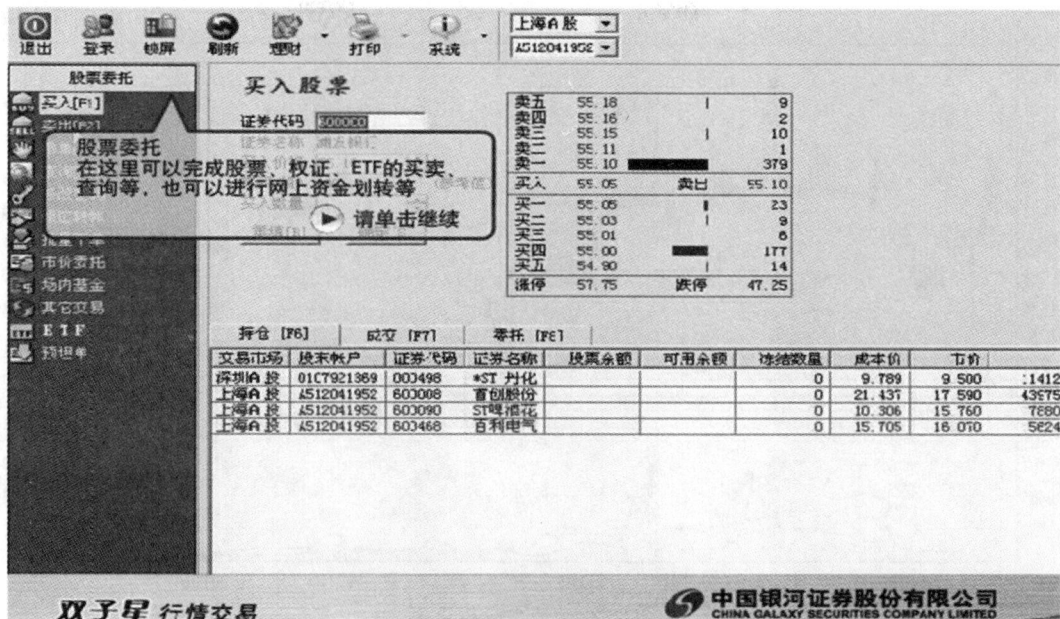

图 5-20　交易委托

（7）技术分析。

图 5-21 为实时资讯页面，图 5-22 为技术分析页面，图 5-23 为个股分析页面。

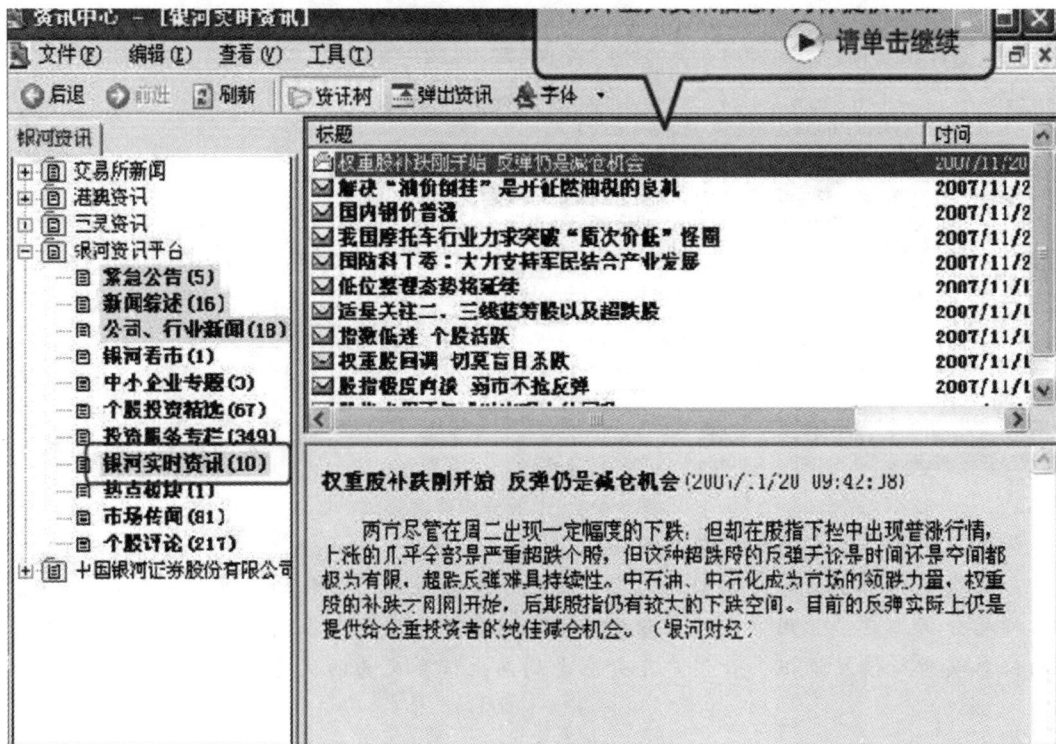

图 5-21　实时资讯页面

2011-06-23 14:21:13　　　　　　　　　　　　　　收盘13.55　　半年来最高15.70　　半年来最低12.55

　　　　　　　　　　　　　　　　　　　　　　　　　-5日13.57　　-10日13.65　　-20日13.76　　-60日13.96

图5-22　技术分析页面

| 维赛特 | 最新动态 | 公司概况 | 股本结构 | 相关报道 | 公司公告 | 股改大事 | 财务分析 | 重要事项 | S楚高速 |
| 港澳财经 | 持股情况 | 历年分配 | 分析评论 | 行业分析 | 经营分析 | 高管介绍 | 机构持股 | 关联个股 | 歌华有线 |

〈!A最新动态〉≈≈招商银行600036≈≈维赛特财经www.vsatsh.cn(更新:06.11.27)

最新提示:1)11月27日招商银行:PK玉山银行(详见后)
　　　　　2)11月06日刊登可转换公司债券2006年付息公告(详见后)
　　　　　3)预计2006年度公司盈利将不低于人民币55亿元
分红扩股:1)2006-07-20 因拟发行H股对方案实施股权登记日登记在册的公司A股股
　　　　　东进行分配:每10派1.8(含税,税后派1.62元)
　　　　　股权登记日:2006-09-20;除权除息日:2006-09-21派息日:2006-09-27
　　　　　2)2006年中期利润不分配不转增
股权分置:流通股股东每10股获得2.5963股(含上市公司向全体股东每10股转增0.8589
　　　　　股),及6份行权价为5.65元的欧式认洁权证(权证上市日:2006年3月23日)
　　　　　股权登记日:2006-02-23,上市日:2006-02-27。
增发:1)2006年度增发不超过25.3亿股(含超额配售3.3亿股)(实施)
　　　　有关全球发售H股的稳定价格期已于2006年10月13日结束(2006-10-16公告)
　　　　H股发行的价格最终确为8.55港元(不包括应付的1%经纪佣金,0.005%香港证
　　　　监会交易征费,0.005%香港联交所交易费)。2006年9月22日在香港联交所交易
●06-09-30 净利润:446830.80万 同比增:38.77 主营收入:265.87亿 同比增:50.04

主要指标(元)	06-10-05	06-09-30	06-06-30	06-03-31	05-12-31
每股收益(摊薄)	0.3039	0.3085	0.2279	0.1069	0.3789
每股净资产(摊薄)	3.4616	3.5142	2.6664	2.6390	2.3780

图5-23　个股分析页面

　　问题:网上证券交易的优势有哪些?

　　分析提示:网上证券交易系统为客户提供了全方位、个性化的证券交易服务,通过各种各样的分析工具,让用户在技术分析的天地里尽情地展示个人的智慧;同时,提供最及时的证券实时行情及资讯,让用户充分感受到网上证券交易的优势。

5.4　网上证券结算

网上证券结算是指证券交易成交后，需要对买卖双方应收应付的证券和价款进行核定计算，并完成证券由卖方向买方转移和对应的资金由买方向卖方的转移。

网上证券结算包括两个层次：交易所和券商的一级结算、券商和投资者的二级结算。

5.4.1　一级结算

在当日交易结束后，交易所和券商通过证券登记结算机构进行资金的清算与证券的交割。

证券登记结算机构的结算系统接受证券交易所全天的交易数据；结算系统对各券商申报的交易进行证券与资金结算；结算数据传送至各券商，并通过银行进行资金的清算；券商接受结算数据后，券商的结算系统再经由其内部网与各营业部完成清算；然后各营业部再与投资者进行结算，即二级结算。整个结算过程通过结算机构、证券交易所、券商和结算银行的计算机系统联网来完成。

中国证券登记结算有限责任公司依据《中华人民共和国证券法》和《中华人民共和国公司法》于 2001 年 3 月 30 日组建，是我国法定的结算机构，负责证券账户和结算账户的设立和管理、证券的存管和过户、证券和资金的清算交收及相关管理等业务。中国证券登记结算有限责任公司实行法人结算制度，即证券经营机构、银行或其他获准经营证券业务的单位，应以法人名义申请加入中国证券登记结算有限责任公司结算系统，成为结算系统参与人，开立结算账户后，开通资金结算业务，并与结算机构建立网络连接，形成一级结算网络。每个结算系统参与人以一个净额与中国证券登记结算有限责任公司进行资金结算。

> **拓展思考 5-4**
>
> 证券清算和证券交割有什么联系与区别？
>
> 答：(1) 清算与交割的联系：①从时间发生及运作的次序来看，先清算后交割，清算是交割的基础和保证，交割是清算的后续与完成。②从内容上看，清算与交割都分为证券与价款两项。③从处理方式来看，证券经营机构都是以交易所或清算机构（如结算公司）为对手办理清算与交割，即结算公司作为所有买方的卖方和所有卖方的买方，与之进行清算交割。(2) 清算与交割的区别：①两者最根本的区别在于，清算是对应收应付证券及价款的轧抵计算，其结果是确定应收应付净额，而并不发生财产实际转移；交割是对应收应付净额（包括证券与价款）的交收，发生财产实际转移。②从处理单位来看，清算一般以同一清算期内证券经营机构的每一个交易席位作为一个清算单位，即每个营业日对证券经营机构的每一个交易席位作一次清算；如果该证券经营机构拥有多个席位，则由证券经营机构再将相应席位清算数据汇总后同结算公司集中办理交割事宜。

5.4.2　二级结算

二级结算是券商的营业部与投资者之间进行的资金结算和证券交割。

从证券登记结算机构获得一级清算结果后，结算参与人根据其客户证券交易的成交明细，清算出每个客户的应收应付证券数额和资金金额，并据此与客户进行证券和资金的二级交收。在资金交收方面，通常由结算参与人直接在投资者的资金账户中贷记或借记应收或应付的资金金额。在证券交收方面，根据证券账户和证券持有体制不同，存在两种实现模式：一种是结算参与人直接对投资人证券账户进行划入或划出应收或应付证券数额的操作；另一种是结算参与人就其与投资者之间的证券划拨事宜委托给证券登记结算机构办理，由证券登记结算机构代为维护投资者证券账户持有余额记录。

由于我国证券市场法律体系不完善，交易管理制度设计存在缺陷，证券公司法人治理结构不健全和自我守法合规意识不强等因素，一些证券公司出现了挪用或质押客户证券交易结算资金等违法违规现象，给客户造成了巨大的经济损失，严重损害了证券公司的行业形象，挫伤了客户的信心。因此，证监会提出实行客户证券交易结算资金第三方存管制度，即委托存管银行按照法律、法规的要求，负责客户资金的存取与交收，证券交易操作保持不变。在第三方存管模式下，证券公司只负责客户证券交易、股份管理和清算交收等；存管银行负责管理客户交易结算资金管理账户和客户交易结算资金汇总账户，向客户提供交易结算资金存取服务，并为证券公司完成与证券登记结算机构和场外交收主体之间的法人资金交收提供结算支持。

视频：证券结算
基础知识介绍

为了便于投资者管理自己的证券投资和银行存款，现阶段，我国普遍采用"银证转账"方式，即将投资者在银行开立的个人结算存款账户（或借记卡）与证券公司的资金账户建立对应关系，通过电话银行、网上银行、网点自助设备和证券公司的电话、网上证券交易系统及证券公司营业部的自助设备将资金在银行和证券公司之间划转，为投资者存取款提供便利。银证转账业务是证券公司电子商务发展的前提和基础，银证转账业务的开展大大促进了网上证券业务的发展。

本章小结

网上证券是把计算机技术、网络技术等信息技术应用到证券活动中而形成的一种大规模、全方位、体系化、新型的证券经营模式。网上证券业务与传统证券业务相比具有明显的优势。证券的网上发行方式有网上竞价发行、网上定价发行和网上定价市值配售等。网上证券交易的程序包括登记开户、委托交易、交易撮合和清算交割四个步骤。

关键概念

网上证券　网上证券发行

综合训练

1.不定项选择题

（1）网上证券的主要业务包括（　　）。

A.网上证券发行　　　　　B.网上保险　　　　　C.网上证券交易

D.网上支付　　　　　　　E.网上信息服务

（2）网上证券的优势有（　　　）。

A. 时空优势　　　　　　　B. 成本优势　　　　　　　C. 信息优势

D. 交易安全优势　　　　　E. 业务扩张优势

（3）网上证券发行的主要方式有（　　　）。

A. 网上竞价发行　　　　　B. 网上定价发行　　　　　C. 网上定价市值配售

D. 现场发行　　　　　　　E. 银行储蓄存款挂钩

2. 简答题

（1）网上证券的概念是什么？

（2）与传统证券业务经营模式相比，网上证券具有哪些优势？

（3）网上证券发行的方式有哪些？

（4）网上证券交易的主要内容有哪些？

（5）网上证券结算包括几个层次？

3. 案例分析

2015年我国券商网络市场现状分析

自2014年以来，传统证券公司感受到了来自互联网的搅动。许多公司都设立了名称中带有"互联网金融"字样的相关部门，推出创新业务。进入2015年以来，频传证券公司与互联网公司并购、合作的消息。2014年4月4日至今，证监会批准了5批共55家证券公司开展互联网证券业务试点，约占券商总数的一半。

互联网券商进入4.0时代，客户投融资服务成焦点。互联网券商1.0时代是交易的互联网化，2.0时代是开户的互联网化，3.0时代是产品销售的互联网化，4.0时代是通过互联网满足客户投融资服务的新阶段。

1）网上证券现状

随着证券公司账户体系的搭建以及产品代销体系的建立，我国互联网券商未来争夺的重点将从客户交易量转变到客户资产，资产的抢夺过程就是流量、产品和服务的争夺过程。

基于国内券商和互联网信息服务商两条主线，券商市场研究报告评估了其产品和服务端的变现潜力。

（1）券商：华泰证券拥有客户存量优势和持续资本补充能力，大体量和国有体制是产品创新的可能障碍；国金证券初步实现了线上线下资源整合，后续仍需要与网络巨头深入合作；中山证券获得多个流量入口和产品研发机会，未来资金到位和线下资源整合是网络券商顶层设计战略落地的关键。

（2）互联网信息提供机构：东方财富收购同信证券后，最有潜力用线上流量整合线下资源；同花顺有望成为多家券商合作的开放式平台，流量分成的变现潜力大于产品变现。在投资者风险偏好提升的情况下，能否利用现阶段高估值优势进行再融资是相关互联网信息机构实现弯道超车的关键。

2）网上证券发展

从美国、日本等国家的互联网经纪公司的发展历程中可以看出，并购是一个快速有效的发展手段。未来，可能会有券商通过并购、控股一家支付公司，而绕开第三方存管限制，实现一些理财产品买卖，从而实现多层次的账户体系。近期披露的相关并购案例，就有东方财富并购同信证券、大智慧收购湘财证券、腾讯收购富途证券等。

在过去的几年中，互联网以"迅雷不及掩耳之势"颠覆了诸多传统行业，而其下一个目标将是证券业。随着互联网技术的飞速发展，金融脱媒迅速加快，传统券商面临着重大的业务结构调整、模式转变等重要挑战。可以预见，未来，谁能顺应潮流，在网络券商方面取得重大突破，率先抢占市场，谁就将成为证券业的翘楚。

资料来源：佚名. 2015年我国券商网络市场现状分析［EB/OL］.［2015-07-23］. http：//www.chinabgao.com/k/quanshang/18290.html.

问题：为什么网上证券能够迅速发展？

分析提示：网上证券的优势。

4. 实践训练

实训项目：模拟炒股。

实训目的：结合实践掌握网上证券交易的程序。

实训步骤：

（1）学习网上证券业务。

（2）浏览各证券公司网站。

（3）搜索模拟证券交易网站，如大智慧模拟炒股网站（http：//mcng.gw.com.cn），注册、登录、模拟交易。

第6章 互联网保险实务

学习目标

通过本章的学习，掌握互联网保险的概念和特征；了解互联网保险的历史演变过程和发展趋势；掌握互联网保险的商业模式；了解互联网保险存在的风险。

引 例

互联网保险2015年收入超2 000亿元

2月15日，21世纪经济报道记者从中国保险行业协会（下称"中保协"）获悉，截至目前，共有61家公司开展互联网人身险业务，全年新增9家；在71家财产险会员公司中，共有49家公司开展互联网财产险业务，占比69%。与此同时，大型保险集团纷纷成立独立的电子商务公司，探索专业化经营之路。

2015年，互联网保险保费规模实现跨越式发展，全年互联网人身险累计保费1 465.60亿元，同比增长3.15倍；全年互联网财产险累计保费768.36亿元，同比增长51.94%。其中，包括万能险、投连险在内的理财型业务的保费，在互联网人身险累计保费收入中占比83.2%；车险在互联网财险累计保费收入中占比则仍高达93.20%。

不过，业内人士对21世纪经济报道记者坦言，现阶段占比高的理财型业务和车险，并非互联网保险真正的突破点，也不能将其视为未来互联网保险的发展方向，而在互联网生态链上的保险、技术驱动保险及空白领域的保险等或是下一步的主流。而从风险管理的角度，互联网保险应该从目前简单的风险转移、转嫁功能向风险降低过渡，同时是保险本质的真正体现。

根据中保协对互联网人身险累计保费收入的统计，富德生命人寿以332亿元摘得冠军。此外，位列前十名的公司及保费分别为国华人寿173.9亿元、弘康人寿134.5亿元、光大永明125.0亿元、前海人寿99.1亿元、工银安盛97.9亿元、珠江人寿95.6亿元、阳光人寿94.4亿元、建信人寿92.9亿元、华夏人寿46.1亿元。

具体而言，从业务结构来看，寿险占互联网人身险保费收入的96.6%，较上半年的比例有1.1个百分点的提升。其中，包括万能险和投连险在内的理财型业务保费占互联网人身险保费的比例高达83.2%，较上半年提高7个百分点。此外，以短期险为主的意外险是仅次于寿险的第二位，虽然其保费收入仅占互联网人身险保费收入的2.7%。

从渠道结构来看，人身险公司通过官网实现的业务保费规模累计41.7亿元，占互联网人身险累计保费收入的2.8%；第三方平台则依托其流量、结算和信用优势，实现业务保费规模累计1 423.8亿元，占互联网人身险累计保费收入的97.2%。在中保协对互联网财产险累计保费收入的统计中，位列前十名的财产险公司基本为"老面孔"。人保财险以336.36亿元、平安财险以235.93亿元、太平洋财险以42.87亿元分列前三位，其余依次为大地财险37.58亿元、阳光财险24.96亿元、众安财险22.83亿元、天安财险11.61亿元、国寿财险11.39亿元、中华联合财险9.65亿元、太平财险7.72亿元。

从业务结构来看，车险依然"当仁不让"。在全年互联网财产险累计保费收入768.36亿元中，车险716.08亿元，占比93.20%；非车险52.28亿元，占比6.80%。

从渠道结构来看，财产险公司通过第三方网站合作的业务保费规模累计63.50亿元，占比8.26%。其中，双方合作的主要保险产品为车险、旅游险、意外险、家财险、电子商务交易险等。财产险公司合作的第三方网站主要分为综合类电商及门户平台，如阿里，合作保费27.59亿元，占比第三方合作保费的43.44%，网易合作保费6.96亿元，占比第三方合作保费的10.96%；垂直类网站如旅游类包括携程网、去哪儿网、同程网等，携程网合作保费6.99亿元，占比第三方合作保费的11.00%，去哪儿网合作保费6.47亿元，占比第三方合作保费的10.18%；航空类网站包括亚航官网、深圳航空等；汽车类网站包括风行汽车网；游戏类网站包括5173网；单独的第三方平台主要包括保险360、E家保险、大家保网、江泰保险经纪、百川保险经纪、中民网、慧择网等。

此外，财产险公司通过移动终端（APP、WAP和微信等方式）实现保费74.83亿元，占比9.74%。其中，国寿财险、平安财险、大地财险、永诚财险、人保财险等24家财产险公司通过微信平台实现保费22.18亿元；平安财险、人保财险、中华联合财险、天安财险、太平洋财险等10家财产险公司通过APP/WAP实现保费52.65亿元。

资料来源：李致鸿.互联网保险去年收入超2 000亿［EB/OL］.［2016-02-17］. http://tech.sina.com.cn/i/2016-02-17/doc-ifxpmpqr4476263.shtml.

这一案例表明：在"互联网＋"的影响下，互联网保险已经愈发普及，各种互联网保险的新产品和新模式不断涌现，可以说互联网保险不再是"星星之火"，而已成"燎原之势"。互联网保险也面临着前所未有的变革，各个公司在机遇面前也面临着空前的考验。

6.1　互联网保险概述

6.1.1　互联网保险的概念

互联网保险作为一个新生概念，目前还没有统一的定义，对于互联网保险的界定有许多的方法，并且是随着互联网技术的不断进步而不断进行更新的。保险行业对互联网保险的认识也并非一成不变，而是在持续体验和不断实践探索的过程中，逐步形成的由点成线、由线成面、由面成体的体系化认识。这个认识过程大体可以分为初体验、再认识、持续化和形成共识四个发展阶段。

互联网保险的概念是随着整个行业发展实践在逐渐演变的，不同的发展阶段决定了互联网保险不同的内涵和外延。在当前，根据互联网保险的实践，我们可以将互联网保险定义为：借助大数据、搜索引擎、云计算、移动互联和物联网等互联网技术对传统保险行业进行革新、升级和改造，是基于互联网技术的保险创新和保险重塑①。从内容上看，这个概念是从互联网金融衍生出来的，因为它遵循了互联网金融谱系概念的界定原则，把互联网思维与互联网精神引入到保险中，并在一定程度上避免了类似"金融"与"互联网"主导之争的尴尬局面。这个概念的提出也考虑了互联网技术在保险实践中是否得到了充分的运用，或者说互联网技术在各个环节是否都有关键性的作用。更重要的是，我们在理解互联网保险这个概念时，应当具备发展的观点，注意互联网保险将随着互联网保险的实践不断变化，也将在这个变化的过程中不断得到修正。

> ✖ 拓展思考6-1
>
> 互联网保险的发展经历了几个阶段？
>
> 答：互联网保险经历了三个发展阶段：Web1.0阶段、Web2.0阶段、Web3.0阶段。在每个的发展阶段都有与之相对应的互联网保险的概念，具体来说如下：
>
> （1）Web1.0阶段。
>
> 这一时期的互联网保险被认为是互联网保险的开端，保险和互联网开始进行融合，但是它还是局限于通过互联网进行保险的营销，此时的互联网保险是和银行保险、电销保险同级别的产品。这种互联网保险是传统保险的互联网化，即保险是保险，互联网是互联网，此时的融合是保险的销售、承保、理赔和客服等环节的互联网化。这种变化是保险在互联网层面的物理移动，只是空间的移动，是一个保险电子化的过程。
>
> （2）Web2.0阶段。
>
> 这一时期的互联网保险已经不仅仅是保险营销渠道了，已经朝互联网保险场景演变，在这个阶段，很多公司在互联网保险产品设计上开始贴合具体情景做了很多创新，开始把社交化、碎片化引入保险，让原本门槛很高的保险变得比较亲和。这时的互联网保险要求保险公司利用互联网为客户提供产品及信息服务，实现保险业务流程的网络化，利用信息技术开发针对用户特征的定制化产品，并基于互联网平台开展专属网络保险产品的经营活动。此时的互联网保险在内容上没有摆脱传统保险商业模式的束缚，但开始关注用户体验、个性化需求。
>
> （3）Web3.0阶段。
>
> 这个阶段的互联网保险是主体，互联网是载体、工具、通道，互联网创新不断突破时间、地域、行业、组织、产品、价格、渠道的限制，激发社会消费的各类新兴保险需求，替代传统保险产品服务的提供方式，急速改变传统的保险布局。例如，利用互联网技术的搜集和存储功能整合与保险相关的社会资源，同样也包括来自车载智能终端、医疗健康可穿戴设备、智能医疗设备、电子病历等垂直数据入口，让UBI（Usage Based Insurance 或 User Behavior Insurance，基于使用量或驾驶行为的保险）成为现实；利用互联网大数据的处理和分析，及时准确掌握市场状况，洞察消费者行为和偏好特征，挖掘出更多样化的保险需求，开发个性化产品，不断

① 中国保险行业协会.互联网保险行业发展报告 [M].北京：中国金融出版社，2015.

进行产品和服务的创新。这个概念是在当前互联网保险实践的基础上产生的，最初它可能被局限在对传统保险的改良上，包括需求更碎片化、产品更个性化、价格更透明化等；随后可能是基于互联网的用户消费习惯和技术手段（大数据、移动互联、物联网等），发掘新的保险服务形式，甚至打破原有的产品结构、投保方式或风险管理方式；再以后可能是企业内部结构的调整，其将更加扁平化，这就是基于4G技术的多媒体移动互联阶段的互联网保险。

未来，在大数据、云计算、移动互联和物联网等互联网科技不断发展的背景下，根据互联网思维，通过对保险价值链的重新审视和创新升级形成的以信息化、智能化、网络化为主要特征的新型保险发展方式。互联网保险将摈弃以往金融保险的精英化、神秘化，推翻传统保险依靠信息不对称获取利润的模式，将"开放、平等、共享、去中心化、选择、普惠、民主"的互联网思维及精神与保险深度融合，推动技术进步、效率提升和组织变革，提升保险经济的创新力和生产力，形成更广泛地以"互联网+"和"保险+"为基础设施和创新要素的经济社会发展新形态。

6.1.2　互联网保险的产业链

互联网的新技术在保险产业链上的运营和渗透将是空前的，例如大数据、云计算、垂直搜索引擎、移动互联和物联网等技术推动互联网保险的产业链在产品需求、产品研发、产品定价、产品销售和产品服务五个环节中都发生了变化，如图6-1所示。

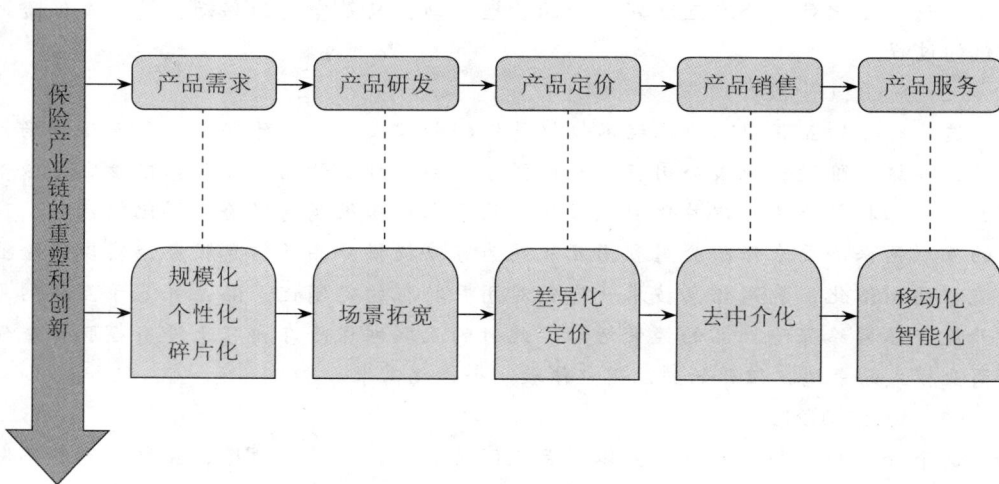

图6-1　保险产业链的重塑和创新

1）需求与研发

传统保险产品在需求与研发阶段主要根据历史数据积累，通过建模、精算制定保险费率，其中最大的问题是无法真实地反映消费者的真实需求，而互联网保险能依靠高速信息交换网络，借助极低的成本、极大范围的信息交互，获得大量用户的保险需求。这种获取既是最真实的数据基础，又是保险公司主动获取的。以互联网保险产品需求的扩展为例，一方面，互联网的应用环境本身就催生了大量的保险需求，需要开发新型产品予以满足，以众安和华泰研发的淘宝退货费用保险为例，这项需求就诞生于电子商务快速发展之后，实际上"网购"这种场景带来的保险需求还包括账号安全风险、产品质量等；另一方面，以前许多由于成本因素无法开发却又真实存在的保险需求（以个性化和碎片化为主），可能会借助互联网的低成本因素得以开发，例如由财客钱包和华海保险联合推出的"加班险"等。同时，互联网保险需求的获取方式也得到了创新，互联网的新应用拓宽了互联网保险的需求的场景，比如O2O兴起之后，消费者在线上购买服务，在线下实体店享受服务（餐饮、休闲等），这一模式可能会产生关于资金、人身安全、财产安全等方面的需求，与之类似的还有在线教育、在线旅游、在线医疗等领域。所以说今后将出现更多的个性化、易传播、低价格（甚至零价格）的保险产品，互联网保险将会真正出现以用户体验为中心替代以产业研发为中心的产业变革，这些产品能有针对性地解决不同场景下的特定风险，在保险标的、责任范围、保费费率等层面进行差异化定制。

2）产品定价

保险产品的定价就是确定保险的费率，保险费率的厘定是保险经营的基础，保险费率的高低直接影响到保险合同双方当事人的利益，同时也关系到保险企业市场竞争力的高低。虽然财产保险和人身保险的定价机制不同，但是一般情况下，保险费率由两部分组成：一部分是根据不同种类保险标的的损失概率大小、损失程度高低而确定的纯费率，用于支付损失；另一部分则是根据保险公司经营成本的大小而确定的附加费率，用于支付费用、利润等。新技术改变了传统定价模式，为实现精确定价、动态定价创造可能。根据以上内容，我们分析互联网保险给产品定价环节带来的变革表现在两个层面：

（1）在损失率的计算上，互联网保险将传统的"一概而论"的精算定价方式替换为差异化的定价方式，在互联网保险时代，定价数据发生了巨大变化，这些数据在量级上更大，包含客户的消费数据、行为习惯、信用数据等；这些数据的实时性更强，这要求保险产品定价更为灵活和差异化。以众安保险和小米手环联合推出的"步步保"为例，定价的依据是消费者佩戴的小米手环上记录的真实运动量，用户的运动步数可以抵扣保费；再以车险定价为例，今后将对消费者的驾驶习惯进行细化，细致到消费者开车时加油和刹车的次数、上高速公路时的行驶习惯等都会决定车险费率。

（2）在附加费率的确定上，互联网保险的出现将大大削减渠道佣金的费用和经营成本，还原保险产品的真实价格，甚至是低价格或零价格。目前市场上已经涌现了许多"免费"的互联网保险产品，例如"平安意外险免费送"，这些产品的盈利模式不同于传统保险，保险行业把它定义为"羊毛出在狗身上"，即互联网保险公司"出售"低价格或零价格的产品或服务，看起来并不是直接由保险消费者买单，但是保险公司能通过其他方式获利，如流量置换、广告出售等。一些免费险种的诞生，吸引了大量用户，实际上一些平台利用这一过程积累和获取了大量数据，数据累积形成规模之后平台就可以找到新的盈利突破点，如协助保险公司定价、更精确地寻找用户、用户增值付费服务等。车联网是新技术改变传统定价模式的典型，如图6-2所示。根据中国物流网校企联盟的定义，车联网是由车辆位置、速度和路线等信息构成的巨大交互网络。通过GPS、RFID、传感器、摄像头图像处理器等装置，车辆可以完成自身环境和状态信息的采集，通过互联网技术，所有的车辆可以将自身的各种信息传输汇聚到中央处理器，这些大量车辆的信息可以被分析和处理。由于车联网的技术应用，传统车险的定价模式由按车型定价向按使用行为定价（UBI）转变，在车险定价过程中充分考虑驾驶员的历史行为，如每天行驶里程、驾驶时间、有无系安全带、有无驾驶打电话、刹车次数、驾驶速度等。

基于乐乘盒子（OBD）或智乘（TBOX），整合车主基本信息、车辆基础数据、车载硬件采集的车辆数据，建立驾驶员驾驶行为评估等数据模型，为车主提供丰富车联网服务的同时，有效辅助保险公司依据多维度数据对每个车主进行独立定义。

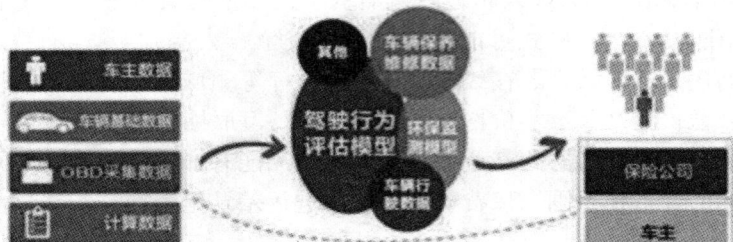

图6-2　车联网系统示意图

3）保险销售

互联网保险在销售渠道方面的变革是最深刻的，传统保险的销售渠道以中介为主，它们的高佣金费率已成为制约保险发展的因素，而互联网保险的优势就在于"去中介化"。首先，互联网保险的营销面没有边界，覆盖无限用户，这种营销超出了地域、群体和服务的原有限制。其次，在降低成本上，互联网渠道的成本比传统保险低很多。第三，互联网保险解决了保险公司与客户交互的问题，传统保险的交互问题只是与客户进行投保、理赔交互，互联网保险却借助用户社群、社交传播、UGC等方式进行高频次的交互，提升了品牌形象和用户黏性。第四，在数据累积和反馈层面，互联网保险的渠道承载了产品需求、产品动态调整等环节的职责。从某种意义上说，互联网保险强调有效达到和实现用户需求与用户数据的搜集，从而满足用户的个性化需求，形成精细化市场增量，完成保险细分市场的建立。同时，互联网保险为保险营销提供了新的方法，随着消费者上网操作的碎片化和社交化，简单地展示广告已经很难吸引用户的注意力，追求爆点效应和病毒式传播成为主流营销手法，例如社交营销、场景营销等。

4）保险服务

保险产品在经历了产品开发、定价及销售后，就会进入核保、理赔、客服、财务、保全等相关服务流程。互联网保险会通过许多集中化、自动化的操作流程替代传统服务。具体表现为：

（1）人工核保和出单会消失。在集中运营和科技运营的模式下，服务效率被提高，出错率被降低，保险公司和用户的交互方式更简单、便捷。例如在淘宝或天猫购物过程中常见的运费险，其投保过程，只是在客户网购商品的过程中增加了一个勾选框，出现理赔事件时却是全自动赔付。设计新颖的、"无法核保"的碎片化产品将采用基于互联网的风控创新技术，例如保险黑板擦的"手机碎屏乐"产品的投保环节通过设置打地鼠的游戏来验证用户的屏幕是否完好无损。

（2）优化保全服务。互联网保险将会尽可能地精简流程环节、避免多次打扰客户、优化系统规则、提高系统自动化率、提升流程效能，以改善客户感受。例如中国人保财险对车险优质续保客户在业内首推短信续保创新性服务，旨在为客户提供免费、便捷的短信承保服务。对于满足一定条件的优质续保客户，其可以通过短信回复的方式进行续保详情查询和生成续保投保单，实现快速续保。此举促进了中国人保财险线上线下销售服务一体化发展，打造了以车险客户为主的高价值客户生态圈。

（3）变革理赔方式。互联网保险的消费者报案后，保险公司即可借助移动受理平台，启动主动理赔服务，例如保险公司调查人员可以在客户病床前完成理赔案件的受理和调查结果录入，推动后续理赔审核的快速完成。以保险赔付为例，传统车险的赔付过程涉及电话客服、理赔员、修理机构、审核员、财务人员等多人的线下参与，每一个人的参与都需要付出相应的时间和资金成本。如果能够实现主要环节的线上自动操作，例如用户使用手机APP直接提交事故资料，并在APP的指导下进行拍照、录像等操作，保险公司会同修理公司在线定损，维修进度自动通知，修理费用自动报销等，这将大量减少人工参与，降低理赔成本并节省用户时间，甚至足不出户完成整个理赔过程。2013年平安人寿推出了"网络自助理赔"服务。该项服务支持客户通过互联网简单录入理赔报案信息，在网上完成理赔报案、受理、审核及赔付，大幅提升了理赔时效、客户理赔体验及满意度，真正实现"足不出户，自助理赔"。简易案件可短时间（10～20分钟）反馈理赔结果或立即反馈理赔结果，大幅提升理赔时效。

这些产业链的升级创新仅仅是开始，也是目前互联网保险发展的瓶颈，因为互联网保险技术给保险行业带来的变革需要整个保险产业链的支撑才能落地，这部分是目前整个保险核心价值链中最为薄弱的环节，考验的是保险公司的运营能力。

知识链接 6-1

新技术助力互联网保险生态发展

互联网经济促进了全球经济增长，作为全球网民数量最多的中国，网民数量已高达7.1亿，在全球互联网经济中占据着重要地位。依托移动互联网、大数据、物联网、车联网、人工智能等技术而发展的互联网保险，正在以前所未有的速度迅猛增长。

近日，众安保险联合艾瑞咨询发布的《2016中国创新保险行业白皮书》（以下简称《白皮书》）显示，到2016年年底，互联网保险所服务的保民规模将达4.9亿，在中国网民中的渗透率达68.1%，同时互联网保险保费总额将达1 694.5亿元。预计到2019年，互联网保险保民规模将达5.9亿，保费总额将达4 100亿元。"DT时代，保险业是能够最快适应技术革命的行业之一。"前不久，阿里巴巴董事局主席马云在出席2016中国保险业发展年会时表示，未来30年内，云计算、大数据、人工智能，都会成为基本的公共服务，在数据革命的推动下，社会将变得更高效、更公平，各行各业都将进入改革深水区。而保险是最早应用大数据的行业，是建立在信任和互助基础上的金融工具，在给予国民"保障"和"安全感"方面，保险业将大有可为。

深度融合提升保险渗透率

2013年，退货运费险、航班延误险和碎屏险等新险种的出现，使我国互联网生态保险迅速成为市场主流。以退货运费险为例，目前已是线上线下保单量最大的险种，在2015年"双十一"当日，"天猫"创下了"一天出3.08亿份保单"的历史纪录，同时覆盖超过2亿人群。《白皮书》显示，35岁以下保民占互联网保险保民规模的69%，而"90后"占26%。"80/90后"的年轻群体正逐渐成为互联网生态保险的主要消费群体。"当前互联网保民已经有3.3亿，人数是股民的3倍。我觉得还太少，保险应该保障的是所有人，不是3个亿，而是13亿。"马云说，一个社会所有人都是保民才是健康的。只有这样，人人都有保险，未来社会才有更大的确定性。从这个角度来看，他认为，保险公司不是太多，而是太少；保险品种不是太多，而是太少，应该思考如何通过新技术，让未被保险覆盖的人群能更便捷地获取保障服务。

目前中国互联网保险尚处初级阶段，保民需求尚未得到有效释放。中国保监会此前公布的数据显示，2015年互联网保险渗透率从2011年的0.2%提高到9.2%，未来依旧会逐步提升，预计到2019年，互联网渗透率将达到12.5%。随着互联网保险与消费的深度融合，互联网保险将呈现高速发展态势。

科技让互联网保险变得更简单

"基于保险在互联网和金融之间高关联度的耦合作用，未来互联网保险将通过金融科技的手段覆盖保民的消费生活，并实现两大目标：塑造生态保险理想人和构建出以保险为中心的金融生态。"《白皮书》称，未来以人工智能、区块链、云计算和大数据等为核心的金融科技平台将为互联网保险平台的发展提供技术保障和驱动力。通过人工智能，全面提升营销、服务、运营及风控流程；基于区块链技术，实现互联网保险"去中心化"，打造更加透明、公平、互信的新兴保险形态；基于云计算和大数据平台，实现丰富且精准的用户画像能力，打造互联网保险的承保能力，强大的系统及开放式的平台也能够为规模化打下基础。

过去的3年，众安保险率先从场景、产品及用户体验三个方面对保险行业升级。从设计思路入手实现本质改变，打造小额化且规模化的互联网保险产品，全方位覆盖互联网生活。截至目前，众安保险推出包括退货运费险、信用保证保险、航班延误险、碎屏险等在内的覆盖电商、航旅、健康、车险等领域的保障产品以及消费金融服务，未来还将深入到每一个互联网用户。

实际上，从退货运费险的特点可见，互联网保险产品不仅单件小额且规模大，极大地释放了销售成本，而且根据用户的信用、消费和退货习惯来调整费率。"保险过去是规模化的、标准化的，这是工业时代的保险；未来是每个人都不一样的，每个人的每个时刻每个状态下都不一样。"马云说，同样一个人，这一次和上一次的费率都不一样。保险未来能做到的，不是一人一产品，而是一个人不同时刻产品都不同。

新技术奠定互联网保险场景化

"好的互联网保险一定是渠道、流量、产品、服务四位一体的深度融合。"某财险负责人对记者表示，互联网保险公司可在这四个方面创新。有前途的互联网保险一定是基于新技术基础的商业模式创新。场景化就是产品设计更多地围绕用户的实际情况和消费习惯展开，其将成为未来互联网保险的核心竞争领域。

随着互联网行业的蓬勃发展以及生态保险迅速被市场接受，互联网生态保险的占比逐年提升。《白皮书》称，生态保险的核心应用领域为电商、航旅、健康，但未来将不局限于此。目前来看，电商与航旅是互联网发展比较健全的，也是互联网生态保险渗透较深的两个领域。除此之外，3C与健康也正成为互联网生态保险发力的主要行业。

记者了解到，从5年前退货运费险问世至今，阿里巴巴生态体系也逐渐成为保险业创新的重要实验田。2015年9月，蚂蚁金服正式成立了保险事业部，在整合阿里生态体系中的所有保险业务基础上，建立综合而开放的互联网保险平台。作为保险行业的推进器，目前，蚂蚁金服保险平台已和78家保险机构深度合作，超过2 000款保险产品通过平台触达

3.3亿互联网保民。

资料来源：肖扬.新技术助力互联网保险生态发展［EB/OL］.［2016-09-05］. http://finance.sina. com.cn/roll/2016-09-05/doc-ifxvqctu6211095.shtml.

6.1.3　互联网保险的特征

1）从保险产品的角度来说，互联网保险具有碎片化、费率低的特点

（1）保险产品碎片化。

互联网保险产品的碎片化是指由于互联网技术的采用，使一些保险责任特殊、赔付烦琐的保险需求得以满足，保险公司设计了特定产品保障这种风险，使保险产品具体化、细分化。这是因为，首先，保险公司依靠先进的大数据和云计算等技术，获取和深度挖掘信息的能力大幅提高，消费者的交易行为逐步实现可记录、可分析、可预测，对收集的风险因子进行无限细分，就能精准地为客户完成"私人定制"。其次，互联网保险去人工化，客户在短时间内自助完成投保选择，这就要求互联网保险产品在设计上要更为简明，将保险责任细分，针对某一特定人群在特定环境中的特殊需求，精细设计产品。当然如果客户的保障需求升级，也能通过多款保险产品进行相互补充完善。"天气宝"就是一款全自动天气保障服务产品，用户在"天气宝"的微信公共账号中，只需要选定产品，点击购买即可；理赔时，以"中国气象局"当日实际天气状况数据为准，一旦生效，受益人无须提供任何资料，无须等待，补偿自动支付到微信钱包。支付、理赔、客服等过程全部实现网络化。"天气宝"推出的一款产品是"免费请你吃哈根达斯"，用户花10元购买，只要所在地区累计高温3天，即可获得50元哈根达斯代金券。同时，互联网保险产品还与某些特殊场景或网络平台相结合，这就是消费者消费习惯的场景化，伴随着互联网嵌入到人们生活中的每一个环节。在新的场景下，新的风险会逐渐暴露，新的精细化风险保障需求也随之出现，例如，2014年出现了结合春节团聚场景开发的"吃货险""喝麻险""燃放爆竹意外险"等。而且保险公司把保险产品和客户的生活置于同一个维度，消费者在不同场景下的细微差别也成为保险公司设计产品的切入点，例如，国华人寿就针对一个客户在"养育子女""孝敬父母""爱护妻子""个人养老"等不同场景下细分的保险需求，对同一款年金产品进行创新设计，并在合法合规的基础上对投保、理赔、保全进行特殊规定，形成了富有特色的互联网保险产品。在互联网背景下，用户的保险新需求层出不穷，存在巨大空白地带，而互联网技术使保险机构对于长尾区域的个性化、碎片化需求进行挖掘和定价，并通过互联网渠道提供保险产品，在互联网边际成本递减的助推下，汇集大量空白的细小市场并将带来明显的"长尾效应"[①]。

（2）保险产品费率低。

互联网保险对于传统保险投保及后续业务的服务流程中某些环节的替换、简化、优化或重构，所呈现的最终效果就是将保险公司的成本降到最低。有数据显示，互联网将帮助整个保险价值链降低成本60%以上。通过互联网销售保单，保险公司免去机构网点的运营费用和支付代理人或经纪人的佣金，直接大幅节约了公司的经营成本。这样就催生出更多

[①] 长尾效应（Long Tail Effect），"头"（head）和"尾"（tail）是两个统计学名词。正态曲线中间的突起部分叫"头"；两边相对平缓的部分叫"尾"。新竞争力从人们需求的角度来看，大多数的需求会集中在头部，这部分我们可以称之为流行，而分布在尾部的需求则是个性化的、零散的、小量的需求。这部分差异化的、少量的需求会在需求曲线上面形成一条长长的"尾巴"，而所谓长尾效应就在于它的数量上，将所有非流行的市场累加起来就会形成一个比流行市场还大的市场。

低费率的保险产品，让利于客户。保费降低后，提高了公众对保险产品的接受度，从而扩大了保险公司的销售量，起到了积累客户的作用，于是互联网保险产品就形成了价格低、数量大的特点。以众安支付宝账户安全险为例，如果用户使用支付宝付款那么就会跳出购买推送——"0.88 元的保费最高可赔付 100 万元"。在传统交易场景中，客户对这一保险品种需求并非刚性；但在互联网场景中，交易的同时收到意外险销售推送，保费又十分低廉，很容易激发需求。目前互联网保险低费率产品不断涌现，弘泰人寿、太平财产、阳光保险等多家保险公司尝试推出这些产品，如用电安全险、安心出行险、银行卡盗刷险、电瓶车畅行险等，1 年的费用大多在 5 元以下，一般不超过 20 元。

2）从市场主体来说，互联网保险具有多元化、竞争性的特点

（1）市场主体多元化。

在互联网保险时代，保险行业吸引着所有投资者的眼光，越来越多的资金、技术、人才流入这个行业，使得互联网保险市场的参与主体逐步多元化。一方面，互联网公司正在积极布局金融领域。这些公司既有行业巨头，也有初创企业。第一类是互联网企业巨头，谷歌、阿里巴巴、京东商城等公司依托在各自领域的多年积累，掌握了大量的用户数据，开始试水保险行业，这是因为互联网技术推动产业边界日益模糊化，使得它们能够利用自身优势开展互联网保险业务。以我国为例，2013 年 9 月 29 日阿里（后转为蚂蚁金服）、腾讯和中国平安联手成立众安保险，拿到国内首张互联网保险牌照。2015 年 11 月 26 日，百度、安联保险、高瓴资本在上海同时宣布，三方联合发起设立百安保险公司，至此中国互联网三大巨头 BAT（百度 Baidu、阿里 Alibaba、腾讯 Tencent）全部布局互联网保险。第二类是基于互联网的初创企业，包括易宝支付、汇付天下等第三方支付企业，这些公司在第三方支付、移动支付方面有天然的优势，对推动保险行业的发展有重要作用。还有宜信、Lending Club 等 P2P 网络信贷企业和 Kabbage 小额网络信贷企业等。另一方面，面对互联网公司的跨界布局，传统金融机构也在积极应对。传统保险公司依托官方网站、保险超市、门户网站、O2O 平台、第三方电子商务平台等多种方式发展互联网保险，截至 2014 年年底已达到 85 家。除此以外，银行、证券、基金及信托等金融机构也参与到互联网保险的发展中，这些公司利用自己的原有业务优势，利用互联网打造完整金融生态圈，为"一个客户"提供"一个账号、多项业务、一站式服务"，这些更好的用户体验帮助客户轻松实现保险、投资等多种理财需求。2014 年国务院发布《关于进一步促进资本市场健康发展的若干意见》，更是从国家层面，放宽了对混业经营的限制，极大地激发了金融机构纷纷试水互联网保险行业、探索综合经营的热情。

（2）公司主体竞争性。

市场主体的多元化决定了互联网保险的市场竞争态势空前激烈，多方主体参与互联网保险市场的竞争，在一定程度上激发着市场的活力，刺激了整个互联网保险市场进程的不断深化。这种竞争表现在以下两个方面：

一是业内竞争。面对互联网保险的浪潮，原有的保险行业传统公司一直在积极探索，许多保险公司利用新技术，深度融合保险销售服务场景，改造保险公司的前、中、后端应用与流程。由于各个公司都在同一起跑线上，大家掌握的资源也都相差无几，无论何种规模的保险公司，大家可以利用的资源都是有限的，这就使它们之间的竞争更具主动性和不可预测性。行业内的"领头羊"凭借自己的规模效应去创新产品，抢占市场，中小企业也

利用自身的灵活性、创新性去和大企业抗衡。在互联网保险的初建期，没有任何一个企业脱颖而出，这种背景下的市场竞争程度是不可想象的。2014年互联网人身保险规模保费排名前十的产品所属的公司既有人保寿险、平安养老、泰康人寿这样的传统优势企业，也有阳光人寿、合众人寿、太保寿险这样的中流砥柱，还有中航三星、瑞泰人寿这样的新型公司。

二是保险行业和其他行业的竞争。这里的其他行业有两个层面上的意义：首先是其他金融类型的公司。伴随着"互联网+"的影响，金融行业的混业经营将成为业内的主流，银行、保险、证券、基金及信托等金融机构之间的界限将会变得越来越模糊，那么原来分业经营的各个金融机构将不只在自己的领域攫取利润，保险机构与传统非保险金融机构之间的竞争将日趋激烈。中国保监会主席项俊波于2013年7月已经明确提出"大保险"的观念，要求不断推进保险费率的改革，保险机构与其他金融机构的竞争边界会越来越靠近。其次是其他类型的公司。前面提到我国的互联网三大巨头BAT全部布局互联网保险。除此以外，来自金融、房地产、通信、网络传媒等行业的上市公司纷纷通过直接控股或间接参股的形式介入保险公司业务，通过产业融合扩展公司的金融版图。据平安证券统计，2015年踏入或拟踏入保险行业的上市公司有44家之多。2015年10月，天茂集团收购国华人寿43.86%的股权，从而持有国华人寿51%的股权；11月，西水股份以增发及现金结合的方式，收购天安财险26.96%的股权，同时增资67亿元，共持有天安财险50.08%的股权；12月，保监会正式批复辽宁时代万恒将所持百年人寿1亿股股份转让给大连万达集团，大连万达集团晋升为百年人寿第一大股东。除了走"收购"之路，"发起新设"也成为诸多上市公司的选择。比如，七匹狼、爱仕达、腾邦国际参与发起设立前海再保险公司；信立泰使用自有资金出资不超过两亿元参与发起设立爱心（拟）人寿保险股份有限公司；蓝盾股份以自有资金7 450万元参与发起设立康美健康保险股份有限公司……到了2016年，这种现象更为普遍，1月中国中车发布公告称，该公司于1月7日及8日参与并成功竞得中华联合保险20亿股股权，挂牌价为34.40亿元人民币，成交价为44.55亿元人民币，交易完成后将持有中华联合保险13.06%的股权；5月有消息称中国移动将联手招商局旗下招融投资、航信股份等股东联合出资50亿元，发起设立"招商局仁和财产保险"与"招商局仁和人寿保险"两家保险企业，中国移动拟分别出资10亿元认购仁和财险和仁和寿险20%的股权，合计出资20亿元人民币，与招融投资并列为上述两家险企的第一大股东，正式揭开运营商跨界保险业的序幕。

3）从消费需求来说，互联网保险用户具有主动性、社交化的特点

（1）保险消费的主动性。

2016年6月6日蚂蚁金服保险发布了国内首份互联网保险消费者报告——《2016互联网保险消费行为分析》，首次将"互联网保民"这一概念带入公众视线。互联网保民就是购买新兴的互联网保险的消费者，是对在互联网渠道上购买保险这一类人的统称。这一全新金融人群的规模在2015年呈现爆发式放量，超过3.3亿人次，同比增长42.5%，已经是同期股民的3倍、基民的1.5倍。这部分消费者大多是"80/90后"的社会财富的主力军，对于风险的容忍程度较高，对网络金融的接受程度更高。新生代的消费者带来新生代的网络消费需求和习惯——主动消费。"80/90后"尤其是"90后"几乎是伴随着互联网成长起来的一代，这部分群体对互联网、移动互联网具有高度依赖的特点，已经养成了在网上

获取信息、娱乐、购物的习惯，这就为主动消费建立了较好的基础。另外，保险消费的升级促使普通消费者的主动消费意识增强，比如国务院最近大力发展旅游业，这个时候整个社会的消费倾向向品质化和精致化转型，主动消费意识觉醒，即使看不到保险消费的提示（广告营销），大家在出游时也会想，我们需要去买保险吗？这就是保险消费由被动变主动的过程。

（2）保险消费的社交化。

社交网络由于其庞大的用户量和别具一格的信息生产方式与消费方式，形成了一种去中心化的交互结构。保险消费者的社交化就是以"人"为节点，人和人之间的交流主要表现为点对点的直接交互，信息生产、服务能力强的节点能自发吸引大量"粉丝"，形成强大的话语权。保险消费在互联网时期已不是一个人的消费选择，而是整个社交网络的消费选择，虽然互联网保险时期的产品带有很大的个性化和差异化，但是在消费选择上却是单一的，大家都会选择与整个社交网络价值取向一致的产品或公司。我们所熟知的微信就是一个社交网络，根据腾讯公司公布的2015年业绩报告，截至2015年一季度末，微信每月活动用户达到5.49亿，各品牌微信公众账号总数超过800万个，移动应用对接数量超过85 000万个，微信支付用户达到4亿左右。2014年2月，泰康人寿推出了与微信结合的短期防癌健康险，主打"1元钱求关爱"的保险产品"微互助"。据了解，"微互助"的每份保费1元。用户关注"泰康在线"的微信公众号并购买"微互助"防癌险产品后，可以将支付成功后生成的"求关爱"保单页面分享至微信朋友圈，而朋友圈的好友只需使用微信支付1元钱，便可将该保单的保额增加1 000元。

4）从组织结构来看，互联网保险去中介化效应明显

由于互联网保险交易效率的提高，更加精细的专业分工不可避免，新型的专业组织和专业人员不断涌现，此前大型企业所承担的职责将分散于大量"小、精、尖"的专业化组织，从而导致中心化交易结构的消失，这就是互联网保险的去中介化或是"脱媒"。交易结构和组织结构的去中介化，是互联网为整个社会带来的影响最为深远的变革，它意味着资源配置方式的革新和资源配置效率的提高，围绕去中介化，保险业务的本质被重新认识，个人的需求被重新定义，资源配置机制将更加平等、普惠、民主与高效。互联网保险的职责完全由互联网承担，所有的金融服务、金融市场均迁移至互联网，互联网本身成为金融中介。互联网保险的去中介化就是将传统保险产业链的不同服务通过互联网连接，形成丰富的、可快速配置的产品和服务体系。当用户需求被挖掘后，根据用户需求的特点，各个环节上最适合这一需求的服务被快速组合，产生完整的、个性化的、最佳的产品方案，将互联网保险的效率优化到极致。需要注意的是，去中介化或是"脱媒"不是中介的消失，而是这种中介分散到被互联网联结的大量专业机构和个人之中，在某种程度上，由于分工的细化，中介的层次可能还会提高，如去中介化后的保险公司将会具有更多的互助组织的特征，这就是互联网保险去实体化、去中介化的趋势。

知识链接 6-2

互联网保险产品创新调研：噱头类缩减　实用类上升

在"互联网+"背景下，作为十万亿级市场——保险自是受到极度青睐，各种带着互

联网色彩的保险组织模式、产品开发模式、营销模式等纷沓而来，吸引市场广泛关注。抛开高大上的组织机构、短期难见效的营销模式，"互联网+产品创新"成为当下互联网保险市场甚是火热的话题。2016年和讯网保险中心进行的一次关于互联网保险产品创新能力的调查结果显示：噱头类保险数量缩减，实用类保险数量上升。实用类互联网保险创新和噱头类互联网保险创新分别见表6-1和表6-2。

表6-1　　　　　　　　　　　　　实用类互联网保险创新

名称	亮点	内容
UBI车险	基于行驶里程和习惯购买的车险	里程宝车险由都邦保险和南京人人保网开发，其亮点在于开多少付多少车险，不开车不用付保费。通过车载OBD数据采集硬件，记录车主的具体用车时间、行驶距离和行驶轨迹，另外加上驾驶习惯等逻辑的计算，核对出实际需要支付的保费，解决了现有保费收取不公所导致的行驶里程低的低风险车主补贴行驶里程高的高风险车主的"逆向补贴"问题
航班延误险	起飞也能买，最高赔120元	一般的航班延误险要提前24小时购买，但支付宝蚂蚁金服和中国人寿财险推出的"晚点乐"保险产品，在航班计划起飞时间（票面显示的时间）前4小时至后2小时都能购买。赔付方式按预测起飞时间，每晚一分钟赔付2元，最高可达120元，保费仅需8.8元
癌情预报	泰康推9.9元癌症筛查	泰康在线的"Ai（癌）情预报"不同于传统防癌保险在被保险人患癌后再理赔的方式，它设计了三步筛查方案，帮助人们更早发现癌症从而获得更好的治疗效果。在筛查中，产品为评估结果为低危的人群提供误判的保障；对评估结果为高危的人群，产品将安排下一步筛查并提供报销费用
手机碎屏险	售价只要19.9元	手机碎屏也可赔，这款小额保险由蚂蚁金服在支付宝平台推出。这足以让不少"手滑党"欢呼雀跃：售价只要19.9元的手机碎屏意外保险，在换个屏幕动辄要几百上千元的今天，这的确是个好消息
雾霾险	连续5日空气污染指数监控大于300可获赔	"空气污染健康损害保险"曾在中国人保财险官方网站销售。该保险的保障范围主要体现在两方面：第一，只要连续5日空气污染指数监控大于300，将一次性给付污染津贴，最高达300元。第二，对被保险人在保障期间因雾霾致病住院的给予住院补贴，最高达1 500元，该保险保障人群年龄为10～50周岁，保费从78元至138元不等，保险期限为1年。但该产品服务推出刚满1周，即被中国保监会财险部叫停
正品险	买到假货可按商品支付价格的4倍赔付	天猫携手蚂蚁金服与中国人保、平安产险等知名保险公司相继推出"天猫正品保证险"。假若消费者在天猫平台购买到假冒商品，不仅将无条件获得退货退款支持，并且能够得到来自保险公司的赔偿，赔偿金额为消费者实际支付商品价格的4倍。不论交易处在"售中"还是"售后"环节，如果消费者对商品真伪存在疑问，可通过在线页面提交维权申请，并同时在线上传品牌方的鉴定报告或者其他相关材料予以佐证

表6-2　　　　　　　　　　　　　　　　　　噱头类互联网保险创新

名称	亮点	内容
忘穿秋裤险	冬季可购买	由京东金融联合中国人寿保险推出，保费11.11元，最高可获赔1 111元，适用0～80岁的人群。在2015年11月22日至2016年2月4日期间，意外伤害伤残，以及意外门诊、急诊和住院，含冻伤、感冒、下雪摔伤等冬季易发性意外或疾病的医疗责任，最高给予1 111元的医疗费用报销。每人限购一份
蜜月意外怀孕险	因怀孕取消行程可赔付最多2 000元	由中国平安推出，专为因怀孕而导致蜜月旅行无法进行的新婚夫妇设置。针对男性投保人，如果妻子怀孕，保险公司将赔付已经发生且无法退回的旅行费用；针对女性投保人，如该女士仍想按原计划旅行，保险公司则需支付蜜月游意外怀孕津贴，500～1 500元不等
吃货险	因食物中毒而住院可赔付	由国华人寿推出，主要赔付吃货由于食物中毒住院产生的相关医疗费用，最短10天，最长1年。每天30元的住院津贴，赔付最长时间为10天；赔付客户的住院（二级或二级以上公立医院的正式病房）医疗费用，最高额度为2 000元。此外，该保险公司还承诺客户因食物中毒造成的身故，一次性赔偿50 000元
跑步无忧险	1元起投，有效期1天	由百年人寿和支付宝联合推出，投保1元即可生效，有效期为1天，医疗责任保额为1万元，意外及猝死身故/残疾保额为10万元
堵车险	堵车超过5分钟即可获赔	由手机应用"OK车险"推出，期限1年。"堵车OK险"在各手机商店中上线，1元钱可以购买堵车补贴，堵车超过5分钟即可获得赔偿
加班险	9.9元可参保，若在21点下班获赔9元	由财客钱包与华海保险联合推出，保期1个月，投保人每月支付9.9元即可参保。在此期间，若在21点下班则可以获得9元赔付，若22点下班则可以获得10元赔付，晚点1小时增加1元，单次最高不超过12元，1个月最多可以赔付6次，最高不超过72元，即时到账

根据网友的调查回复，我们整理了各种创新保险产品的认可程度，如图6-3所示。

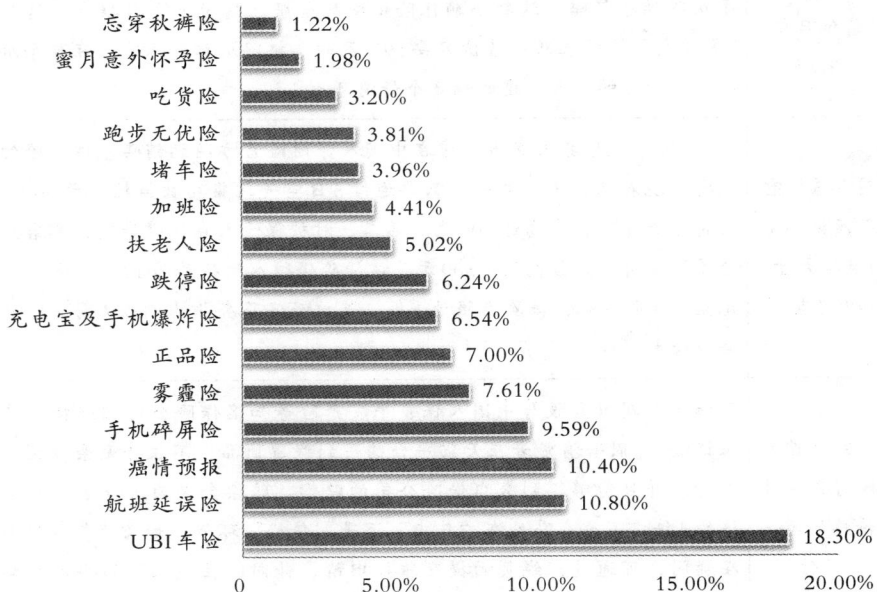

图6-3　各种创新保险产品的认可程度

忘穿秋裤险　1.22%
蜜月意外怀孕险　1.98%
吃货险　3.20%
跑步无优险　3.81%
堵车险　3.96%
加班险　4.41%
扶老人险　5.02%
跌停险　6.24%
充电宝及手机爆炸险　6.54%
正品险　7.00%
雾霾险　7.61%
手机碎屏险　9.59%
癌情预报　10.40%
航班延误险　10.80%
UBI车险　18.30%

从网友投票中可见，满足消费者实际需求的互联网保险产品得票数最多。这些互联网保险产品并非噱头，多数都根据时代发展挖掘了市场的新需求，同时也结合场景进行了推广，如 UBI 车险、手机碎屏险、雾霾险和航班延误险等。多数消费者都表示用户体验不错，有创意。网友表示："好场景配上好的产品创意，才能更贴近被保险人的需求。"得票位于后三名的忘穿秋裤险、蜜月意外怀孕险以及吃货险则是被网友连连吐槽，认为噱头大于保障需求，纯粹是为夺人眼球而推出的奇葩保险，实际意义不大。

资料来源：李艳霞. 互联网保险产品创新调研：噱头类缩减　实用类上升［EB/OL］.［2016-01-18］.http：//insurance.hexun.com/2016-01-18/181859429.html.

6.2　互联网保险行业发展历程

6.2.1　国外互联网保险的起源与发展

国外互联网保险最早出现于美国国民第一证券银行，它们首创运用互联网渠道进行保险产品的销售，仅一个月，成交保单就创造了上千亿美元的价值。1997 年，美国至少有 81% 的保险公司拥有自己的网站，当年美国加利福尼亚州的网络保险服务公司 INSWEB 用户数是 66 万，1999 年增加到了 300 万。随后欧洲、日本等国家和地区都出现了早期的互联网保险，1997 年，意大利 KAS 保险公司建立了一套造价为 110 万美元的网络保险服务系统，并在网络上提供最新报价。该公司月售保单从当初的 170 份快速上升到了 1 700 份。英国于 1999 年建立的"屏幕交易"网站提供了 7 家本国保险商的汽车和旅游保险产品，用户数量每个月以 70% 的速度递增。1999 年 6 月，日本的 American Family 保险公司开始提供可以在网上申请及结算的汽车保险。同年 9 月底开始推出电话及互联网销售汽车保险业务的日本索尼损害保险公司，到 2000 年 6 月 19 日通过互联网签订的合同数累计已突破 1 万件。日本朝日生命保险公司于 2000 年 4 月 7 日宣布，该保险公司决定与第一劝业银行、伊藤忠商事等共同出资设立网络公司，专门从事保险销售活动，并于 2001 年 1 月开始正式营业。这些保险公司通过建立互联网销售渠道提供保险产品报价、信息咨询和网上投诉服务，形成了早期的互联网保险，以渠道为主的互联网保险业务开始在全世界范围内普及。

随着保险销售的互联网化，销售之后的其他环节也开始逐步上线，成立于 1937 年的美国前进财产保险公司，是美国最大的汽车保险商之一，其于 2009 年加大了互联网的投入，客户通过网站投保后，可实现在线报案、提出索赔并全程跟踪理赔办案的各个环节。同时，公司的网站还提供一些关于理赔的周边信息，如维修点和理赔点查询、道路救援等，试图实现无纸化保险服务。同期采用相同战略的还有美国个人车险巨头 Allstate（好事达保险）、GEICO（政府员工保险）等。这一时期的互联网保险还是由保险公司主导，但是凭借互联网的优势，尽可能地把线上环节脱离线下流程，提升了便捷度，降低了保险公司的运营成本。与此同时，一些第三方服务开始崛起，如英国的 Money Supermarket（网址为 www.moneysupermarket.com），它是由一家专门从事金融产品价格信息展示和比价的公司，帮助英国消费者选择最合理的汽车保险、家庭保险、信用卡、贷款服务等，提供高效的、低成本的获取保险服务的渠道。

伴随着用户对互联网保险服务的接受和依赖度越来越高，保险公司开始纷纷思考用户体验问题，它们试图通过更为互联网化的运营方式来服务保险客户。Youi 是一家成立于 2008 年的澳大利亚财产和商业保险公司，它在网站上实时张贴客户评价，用户在浏览其他网页时，最新评价将会出现在屏幕最下方，还可以按流行关键词过滤评价，这一创新改变了客户的反馈方式，弱化了保险公司的强势地位，突出了用户口碑的重要性，运营更为透明。成立于 2013 年的纽约州健康险公司 Oscar 则选择从优化操作体验角度出发，Oscar 平台保证客户可通过不多于 5 次的在线点击完成购买、理赔等环节，网站可根据客户调整预定义参数，在每一步提供即时定价信息。客户在预约医生就诊时，网站将医生出诊信息、谷歌地图等功能结合起来，让客户快速完成就诊预约并获知详细就诊地址。相比于互联网保险的渠道意义，这一时期更关注的是用户体验，互联网的属性更加明显。

在用户体验的创新基础之上，一些国外的互联网公司开始关注对用户数据的搜集，并将其运用到保险产品的开发、定价等配套服务中。如 2011 年在美国旧金山成立的互联网公司 Metromile，其提供按里程计费的汽车保险，将 Metromile Pulse 的智能 OBD（车载诊断系统）设备接入用户汽车，获取用户每次出行的里程数以及驾驶习惯，以此为基础对车险重新定价，打破了传统保险费用固定的模式，使驾驶里程数较低、驾车习惯较好的用户享有更低的保费。对一年开不到 12 000 千米的车主来说，一年大约可以省下 424 美元。每月只需交低额基本费，剩下的按里程计算，一天超过一定的里程会自动封顶。除此之外，Metromile Pulse 还将 OBD 和 APP 对接，车主可以通过手机 APP 提供的停车场来定位汽车，检测汽车健康状况，导航到开销最优的线路，一键寻找附近的修车公司，得到禁止停车提示和检查汽车是否收到罚单。Metromile Pulse 也为非保险用户提供 Metromile Tag，一个轻量级的智能设备，实现与 Metromile Pulse 类似的功能，除了检测汽车健康状况等。南非的健康保险公司 Discovery 成立于 1992 年，是南非最大的健康险提供商，2000 年进入寿险领域，通过 Vitality（"健行天下"）计划将健康管理与传统保险相结合，发展成南非最大的健康保险提供商，占当地市场份额 40% 以上，并在英美成立了海外合资公司。Vitality 计划就是为客户建立科学的健康管理和激励体系，对参与者的健康状况和饮食习惯进行干预，通过线上、线下获取数据，可以有效评估一个人的健康状态，据此公司会给客户不同的旅游、购物奖励，并影响后续保费的数额。2016 年，中国平安将这一计划引入中国。这一阶段的互联网保险创新则试图通过互联网搜集和处理数据的能力，改变保险的定价规则，并提供相应的增值服务。

近几年来，国外出现了不少基于互联网的颠覆性保险模式。成立于 2012 年的英国保险中介 Bought By Many 通过社交平台吸引具有相同保险需求的人，为这些客户统一协商保险条款、统一报价，客户甚至可以根据自身需求定制保险，平台不仅为保险客户节省了开销，用户保费节省额度平均为 18.6%，还引入了社交理念，增加了用户忠诚度。2014 年 Bought By Many 平台的会员是 48 234 名，到 2016 年 3 月，会员人数达到了 144 168 名，可见公司的运营模式得到了市场上消费者的认可。这一阶段的互联网保险重新解构了保险行业的产业链，更加注重"长尾"市场和个性化需求。

互联网保险自诞生以来，由于自身优势的吸引力，世界各国的保险机构和非保险机构都纷纷投入到这场充满机遇和挑战的变革中，它们不断地体验和探索互联网保险的发展规律，以求能够在互联网保险的发展过程中占有一席之地。

知识链接 6-3

这些科技金融公司颠覆了全球保险行业

美国

Embroker：Embroker旨在彻底改变企业购买、管理和理解保险的方式。该公司将创新的技术平台与一流经纪公司的专业知识相结合，100%的在线解决方案，通过政策基准测试工具优化保险支出，提供实时接口来跟踪和管理要求，并同时推出其他有用的功能。

Lemonade：Lemonade是一家P2P模式的、以科技为先的全新保险公司。该公司还没启动前就从红杉资本、拓展创业投资和Aleph募集了1 300万美元。

Uvamo：Uvamo是一个将保险者和计划投资保险业的投资者联系到一起的交易市场。该公司利用技术取代了传统的中间商，从而为保单持有者提供费率更低的保单，为投资者提供更有吸引力的风险回报。Uvamo的在线数据和技术允许快速评估所需保险策略的风险，并分配适当的保费。

Bauxy：该公司允许用户通过账单照片的形式来进行非在线申请，而不再需要通过手机与保险公司进行烦琐的沟通，比如在哪里报销保费。Bauxy不收取任何隐藏费用，或以用户的名义索赔。

Allay：Allay允许公司与它们所选择的经纪人在网上进行无纸化医疗保险的购买，或开展人力资源和福利管理工作。这样，使用Allay平台的公司可以确保自己的操作符合地方和联邦就业法律、福利计划，帮助员工了解自己的优点和自我管理人力资源信息。一切都在线上完成。

Insureon：Insureon是一个为小微企业服务的在线保险代理人。服务内容包括专业责任险、错误和遗漏、一般责任险、企业主政策、工伤、伞式/超额责任、财产、雇佣行为责任和网络法律责任等。

Crimson Informatics：该公司正试图重塑车险市场，其使用硬件和软件搜集驾驶行为数据，并提供给保险公司，帮助后者依据该数据确定保费。

Metromile：Metromile发明了一个设备来捕获行驶里程数，帮助人们确定自己的保费额度。免费内置设备把普通汽车变成智能汽车。本设备可与Metromile智能手机应用程序对接，从而诊断车的健康程度和定位所在位置，并为用户每日通勤提供意见帮助。

Insuremyrentalcar.com：该公司为美国的租赁车辆提供碰撞损坏减免和损失减免政策。该公司的套餐从每天5美元到每年93.99美元不等。

Oscar：对于著名的投资者如谷歌风险投资公司、高盛集团、科斯拉风险投资公司等而言，Oscar是一个在保险领域的FinTech（金融科技）独角兽，有15亿美元估值。Oscar希望通过数据、技术和设计改革保险领域。

PolicyGenius：该公司提供高度定制的保险检查平台，在这里，用户可以发现其覆盖面的差距并根据他们的具体需求审查解决方案。PolicyGenius通过其高度精确的报价引擎，为顾客提供量身定制的生活保险、长期失能保险、租房保险和宠物保险。

TheZebra：TheZebra是美国最大的报价比较平台，专注于汽车保险。车主可以匿名实时比较几十家保险公司并至少看到两条估计报价信息。

英国

Guevara：Guevara 提供的是一种全新的汽车保险体验。该服务允许用户集中在线保费来省钱。与传统的保险不同，前一年度留存在资金池中的保费资金将继续归所在保费小组所有，且下一年组内每个人的保费都会因此得到部分减免。申请报销少的用户最多可节省80%的保费。

Bought By Many：Bought By Many 提供免费的会员制服务，为生活意外事件提供保险。用户保费节省额度平均为18.6%。该公司根据客户的特殊情况直接与保险公司协商折扣。

Elliptic：Elliptic 是世界上第一个为区块链资产提供保险的公司。它也是世界上第一个从四大会计师事务所之一的毕马威会计师事务所取得资格认证的该类新公司。该公司提供比特币实时反洗钱保护。

Cuvva：Cuvva 于10月推出 iOS 应用程序，用户可以在不到10分钟内完成注册、报价和保险购买的整个流程。Cuvva 提供的是一个在智能手机上运行的完全数字化的体验。用户可以按其所需时间购买汽车保险，从单个小时到一整天都行。

法国

InsPeer：InsPeer 允许用户与他们的朋友和家人分享保险公司"免赔额"，用户可以自己选择打算共享免赔额的人。

Shift Technology：该公司利用最佳科学数据来自动检测网络保险和电子商务中的欺诈者。该解决方案被集成到公司的前沿大数据平台，并以 SaaS 模式呈现。

德国

Friendsurance：该公司采用的是将保险公司与社会网络相结合的在线 P2P 保险的概念。客户自行连接来形成个人保险网络，年度保费最高降幅达50%。

新西兰

PeerCover：PeerCover 是新西兰唯一的一家 P2P 保险提供商。不过 PeerCover 不提供亲友借款服务，PeerCover 使得成本分摊简单而无死角。同时，作为奖励，用户可以为同行人提供帮助。

泰国

Claim Di：Claim Di 移动应用促进司机与保险公司之间的沟通和索赔。司机或车主可以下载 Claim Di，在事故另一方也使用 Claim Di 的司机附近摇动手机。双方的保险公司会通过 Claim Di 发出申请索赔报告，驾驶者可以随即分开，而无须等待保险公司的定险人员。

印度

RenewBuy：该公司提供简洁快速的汽车保险报价服务，希望借此提供最低的保险费且极速签发保单，平台数据实时更新。

瑞士

Knip：Knip 是一个创新的数字保险管理器，帮助用户对现有保险政策、收费标准和服务概述有一个更清晰的理解。该应用程序会自动检测个人保险的差距，并提出必要的保险建议。此外，Knip 团队提供各类个人保单相关咨询服务；用户可以通过电子方式改变自己的收费标准、签订新的保险合同或者终止现有保险合同。

资料来源：ELENA. Let's talk payments［EB/OL］.［2016-01-08］.http://www.weiyangx.com/159812.html.

6.2.2　我国互联网保险的发展过程

1）互联网保险的起源

不同于美国的互联网保险发展过程，我国的互联网保险开始于第三方网站。1997年，第一家保险网站——中国保险信息网建成，成为我国最早的保险行业第三方网站。同年11月，该网站为新华人寿促成了第一份电子商务保险保单，这标志着我国互联网保险的产生。我国与发达国家开启互联网保险时代的时间差不多，而后的2000年3月，首次实现网上投保功能的电子商务保险网站"保险网"诞生。2000年5月，中国人民保险公司广州分公司与建设银行广东省分行合作推出网上保险业务。这一时期的互联网保险简单、直接，是我国保险行业"触网"的第一步，把线下业务搬至线上交易，是早期互联网保险的原始创新。

2）互联网保险的发展

2000年8月，中国平安投资2亿元推出了"PA18新概念"，这是一个电子商务网站，涵盖了证券、保险、银行等跨平台交易，在整合了平安集团业务的同时，高度体现了综合金融概念、理财概念和服务概念，进而发展为一个网上金融超市。2001年，"PA18新概念"个人理财平台的咨询服务转变为功能服务，用户在网上可根据自身的实际情况，接受"PA18新概念"理财专家的个人理财指引。现在看来，"PA18新概念"具有超前思维，在十几年前就开始了互联网金融的尝试，但是当时的硬件环境和软件环境都无法与其相匹配，在2001年业务开始收缩，2003年网站关停。然而，正是由于"PA18新概念"的失败，在客观上加快了平安集团内部IT基础设施的升级和数据的集中，为以后平安集团发展互联网保险抢得了先机。

2000年9月，泰康保险的"泰康在线"电子商务平台建立，实现了在线保险销售。这也是全国第一个应用数字认证技术的保险电商网站。2001年3月，太平洋保险北京分公司开通了"网神"，推出了30多个险种，开始了真正意义上的保险网销，当月保费达99万元。2005年4月，《中华人民共和国电子签名法》颁布，使互联网保险真正开始发展。此后，中国人保财险实现了第一张全流程电子保单。这标志着互联网保险的整个业务流程全面进入互联网时代，互联网保险产业链在全国大大小小的保险公司身上得到了升级。在这一时期，一些被传统保险公司忽视的业务流程或者暂时做得不够好的环节，被市场上的新兴主体率先捉住机会。例如在面对众多保险条款和保险产品时，用户往往需要更智能的决策平台协助其完成购买行为，近几年不断涌现的比价平台或智能决策平台都意在帮助消费者解决售前的决策难题。

2012年8月，平安人寿发布首个应用于寿险保单服务的APP应用程序"平安人寿E服务"APP；同月，泰康人寿携手携程网、淘宝网打造互联网保险。2012年12月，泰康人寿登陆京东商城开通保险频道，在线推出了综合意外险、旅游意外险、交通意外险、母婴险等近10款保险产品；同月，国华人寿通过淘宝"聚划算"网络销售平台推出3款万能险产品，仅3天时间便售出4 356件，销售额达到1.05亿元，成为业界利用网络平台团购模式销售保险产品的第一家。2013年2月，由阿里巴巴的马云、中国平安的马明哲、腾讯的马化腾联手设立的众安在线财产保险公司（以下简称众安保险）取得了保监会的批文，进入正式筹建期。2013年9月29日，众安保险正式获得中国保监会同意开业的批复，获得国内第一个也是全球第一个网络保险牌照。众安保险业务流程全程在线，全国不设任何分支机构，完全通过互联网进行承保和理赔服务。截至2015年4月末，众安保险已累计服务客户数超过2.5亿人，累计服务保单件数超过16亿件。业内所熟知的众乐宝、参聚险、百付安、37度高温险、小米手机意外保障计划、河狸家安心保障计划、美团食品安全责任保险、轮胎意外险等互联网新险种都是众安保险的产品。其中河狸家安心保障计划是众安保险联合国内美业O2O龙头河狸家推出的国内首款美业O2O安心保障计划，将全方位保障河狸家用户在接受上门服务时的人身和财产安全。美团食品安全责任保险是众安保险携手国内最大外卖平台美团外卖，为美团外卖的在线商家提供食品安全责任保险。消费者使用美团外卖，一旦出现食品安全问题，通过在线方式提交医疗证明等相关材料后，即可获得众安保险的赔付。该保险产品是国内第一款互联网食品责任保险，使美团外卖千万消费者直接受益。众安保险网站主页如图6-4所示。

图6-4　众安保险网站主页

2013年淘宝理财频道首次参与"双十一"活动，保险产品成为其中的主角。据淘宝官方统计，淘宝理财在"双十一"当天成交额9.08亿元，其中国华人寿官方旗舰店成交了5.31亿元，生命人寿官方旗舰店成交了1.01亿元，国华人寿华瑞2号单品成交4.62亿元，刷新了互联网单品在线即时成交纪录。

2年之后的2015年7月27日，中国保监会印发了《互联网保险业务监管暂行办法》（以下简称《办法》），标志着我国互联网保险业务监管制度正式出台。《办法》以鼓励创新、防范风险和保护消费者权益为基本思路，从经营条件、经营区域、信息披露、监督管理等方面明确了互联网保险业务经营的基本经营规则。在这个背景之下，互联网保险的第二张牌照获批，2015年11月18日，首家由中国大型保险企业发起成立的互联网保险公司，泰康人寿的全资子公司——泰康在线财产保险股份有限公司正式在武汉挂牌成立。泰康在线官网主页如图6-5所示。

2015年11月26日百度、安联保险、高瓴资本联合发起设立百安保险，主营业务包括旅行险、健康险和互联网金融险等。自此，中国互联网"大拿"BAT齐聚互联网保险领域。进入2016年，互联网保险依然维持强劲势头，快速发展的节奏也引起了各路资本的注意，传统险企、互联网巨头、上市公司以及创业企业纷纷布局互联网保险，一场围绕互联网保险的圈地之战正缓缓拉开帷幕。1月12日，积成电子发布公告称，拟参与发起设

立人

图6-5　泰康在线官网主页

寿保险公司。1月16日，国内第三家获得互联网保险牌照的公司——安心财产保险有限责任公司（以下简称安心财险）正式开业，与众安保险和泰康在线形成三足鼎立局面。安心财险网站主页如图6-6所示。1月18日，欧菲光公司披露拟与乐视网、科陆电子、世茂股份等8家公司发起设立新沃财产保险股份有限公司，该公司注册资本10亿元。

图6-6　安心财险网站主页

　　除设立保险公司外，各企业还通过平台销售、大数据开发等方式切入互联网保险市场。比如，蚂蚁金服就成立了保险事业部，并在2015年年底首度披露保险战略，希望通过场景、数据、运营等技术搭建保险服务平台。京东金融将某保险业务的地位提高至其第六大业务板块，并联合传统保险机构推出互联网保险创新产品。京东金融保险板块网页如图6-7所示。创业平台豆芽金服通过电商、O2O等渠道切入保险领域，提供服务于互联网生态的保险金融服务。数据显示，截至2015年，经营互联网保险业务的企业已经超过100家，包括互联网企业平台、保险代理人平台、保险直销超市、保险特卖、车险O2O平台等多种方式，而这个数据在2016年仍在继续攀升。2016年互联网保险行业保持50%以上的增长率，而且从2016年布局互联网保险的企业数量和规模来看，这是互联网保险的爆发之年。

图6-7　京东金融保险板块网页

3）互联网保险的现状

（1）互联网保险业务实现快速增长。

互联网保险虽然是新生事物，但其发展速度却超过了我们所有人的想象。曲速资本和互联网保险观察网联合发布的《2016互联网保险行业研究报告》显示，2015年互联网保险整体保费规模已达到了2 234亿元，同比增长160.1%。"十二五"期间，我国保险市场规模全球排名由第六位跃居至第三位，2015年互联网保险市场规模比2011年增长近69倍，我国国内经营互联网保险的公司已经从28家上升到110家。2011—2015年，我国互联网保险市场发展状况如图6-8所示。值得注意的是，我国互联网保险仍然存在较大的发展空间。以2014年为例，互联网保险的保费收入为859亿元，整个保险行业的收入为20 235亿元，互联网保险的渗透率只有4.24%，这和欧美发达国家相比还有着巨大的差距。数据显示，早在2011年美国的保费收入中，网上直销份额已增至8%左右。

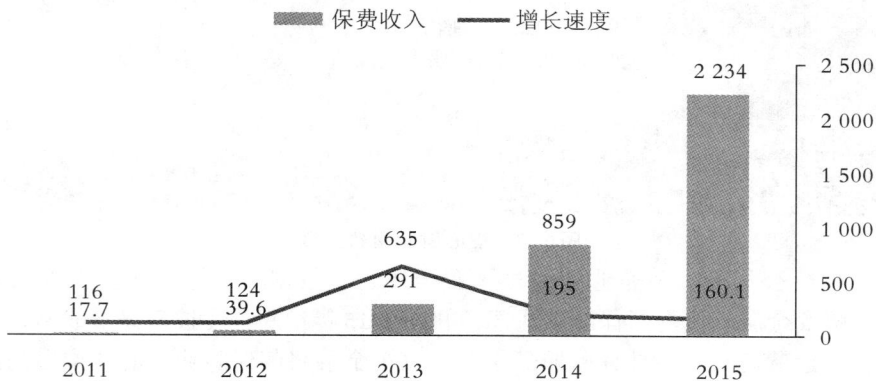

图6-8　2011—2015年我国互联网保险市场发展状况

根据保监会发布的《2015互联网保险行业发展报告》，2014年我国新增互联网保险公司23家，这些公司运用电商平台开展互联网业务，形式多样化。以财产保险公司为例，93%的互联网公司采用PC端开展业务，其次是微信公众号，占63%，第三方合作平台、移动网端和 APP 分别占 42%、36% 和 24%。可以看出，官方网站仍然是互联网保险的主流，但是使用其他平台的保险公司也逐渐增多。

①财产保险。

财产保险公司在实现交易成本降低和交易效率提高的同时，为客户创造更大的价值，也为客户带来更好的体验，互联网财产保险业务实现了快速发展。财产保险公司互联网保险保费收入从 2012 年的 100.94 亿元上升到 2014 年的 505.77 亿元，增加了 404.83 亿元，增长了 4 倍。与此同时，互联网保险业务规模占财产保险业务规模的比重也不断增加，从 2012 年的 1.83% 增加到 2014 年的 6.70%，新渠道地位不断提升。其中众安保险、太阳联合等 6 家公司互联网保险业务保费占公司整体业务规模的比重超过 10%。财产保险公司互联网保险保费规模见表 6-3。

表 6-3　　　　　　　　　2014 年财产保险公司互联网保险保费规模

排序	公司	互联网保险保费（万元）	占公司整体业务比（%）
1	众安保险	79 410	100.00
2	太阳联合	481	19.30
3	中国大地保险	348 070	15.57
4	华泰财险	80 898	12.70
5	中国人保财险	2 504 226	11.58
6	平安产险	1 457 100	10.20
7	阳光产险	134 097	6.33
8	安盛天平	25 023	3.78
9	太保产险	348 460	3.59
10	永诚保险	13 444	2.30

②人身保险。

据统计，经营互联网保险的人身保险公司数量不断增加，2014 年 52 家，比起 2013 年的 44 家，同比增长 18%。互联网人身保险的保费收入由 2012 年的 9.8 亿元飙升至 2014 年的 353.2 亿元，较 2013 年同比增长了 5.5 倍，较 2012 年增长了 35 倍，远高于人身保险业务 20% 左右的年均增速，发展迅猛。2014 年互联网保险保费排名前十的人身保险公司合计实现规模保费 301.3 亿元，占互联网人身保险总保费的 85.3%，其中光大永明、工银安盛、前海人寿、生命人寿和珠江人寿位列前五，如图 6-9 所示。

（2）产品类型丰富，业务结构复杂。

互联网快速改变了消费者的生活，也在推动保险产品创新、引导和创造客户需求、提升公众特别是年轻消费群体保险意识方面蕴藏巨大潜力。保险公司基于大数据、云计算，能够对消费者行为数据、消费习惯、支付偏好进行深度挖掘与分析。这为精准营销、精准定价提供了可能性，也为制定个性化、差异化的保险产品提供了数据基础。今天互联网保险的产品结构之丰富达到了前所未有的程度，各种各样的保险产品层出不穷。我们按保险责任的不同对它们进行简单的梳理。

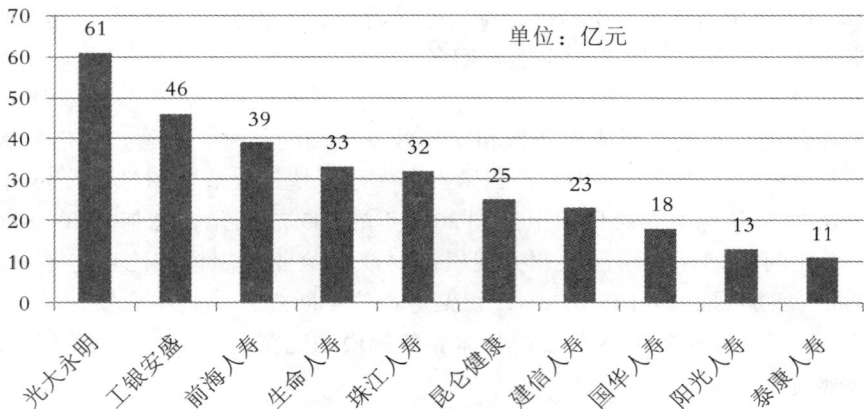

图6-9　2014年互联网保险保费排名前十的人身保险公司

①财产保险。

在我国，财产保险公司按照保监会的要求允许经营车险、非车险和意健险三大类业务。按照这个规定，从总体上看，在财产保险公司互联网保费收入中，车险业务占据主体，2014年保费收入为4 845 742万元，非车险业务的保费收入为131 032万元，意健险业务的保费收入为80 971万元。但是非车险业务保单数和客户数量最多，非车险产品的覆盖广度不断拓展，业务深度不断挖掘。首先，从保费收入结构看，2014年互联网车险保费份额为95.81%，与传统业务中车险77.69%的份额相比高出近20个百分点，车险成为互联网保险业务的主要来源。其次，从保单数量结构来看，2014年由于退货运费险等大量出现，互联网非车险保单数量占据了98.28%的份额，远高于传统业务60.49%的份额，车险和意健险分别占0.9%和0.82%，保单数量相差不大。2012—2014年互联网财产保险业务分类情况见表6-4。

表6-4　　　　　2012—2014年互联网财产保险业务分类情况

年份　　险种	2012		2013		2014	
	保费收入（万元）	保单数量（万张）	保费收入（万元）	保单数量（万张）	保费收入（万元）	保单数量（万张）
车险	952 584	291.85	2 514 227	867.10	4 845 742	1 799.32
非车险	26 161	34 838	75 299	106 715	131 032	197 425
意健险	30 647	209.95	49 665	625.79	80 971	1 647.68

②人身保险。

2014年，人身保险公司实现互联网规模保费353.2亿元，其中寿险、意外险和健康保险分别为329.8亿元、18.6亿元和4.8亿元，占比分别为93.4%、5.3%和1.3%；全年承保件数分别为208.5万件、8 448.8万件和1 842.7万件。根据中国保险行业协会产品库统计，2014年在售的互联网人身保险产品多达2 032个，其中网销专属渠道产品241个，包括寿险产品106个，占43.98%；意外险产品76个，占31.54%；健康险产品59个，占24.48%。具体来说，人身保险有两个特点：

首先是理财型业务规模保费高。2014年互联网保险规模保费排名前十的产品除了建信人寿销售的金富跃年金保险外，都是理财型产品，见表6-5。2014年，万能型和投连型保费收入分别为2 043 476.6万元和569 889.6万元，合计高达261.3亿元，占比为74%；而普通型和分红型寿险份额保费收入分别为213 312.5万元和471 616.4万元。其中，万能型保费较2013年增长了2倍，占据了半数以上的市场规模，是互联网人身保险最大的保费贡献者。

表6-5 **2014年互联网保险规模保费排名前十的产品**

公司名称	产品名称	设计类型	承保件数（万件）	规模保费（万元）
前海人寿	聚富三号	万能型	318.9	394 878.7
生命人寿	生命e理财年金保险	万能型	15.8	372 448
工银安盛	财富宝三号两全保险	分红型	2.5	312 241
光大永明	光明财富2号B款年金保险	投连型	6.6	266 142.4
昆仑健康	存乐长期护理保险	万能型	12.8	233 930.6
珠江人寿	珠江汇赢1号终身寿险	万能型	11.2	224 438.1
光大永明	光明财富2号A款年金保险	投连型	6.8	208 129.8
建信人寿	金富跃年金保险	普通型	1.5	135 036
阳光人寿	理财王两全保险	万能型	0.6	72 231.7
光大永明	光明财富2号M2款年金保险	万能型	1.1	69 168.1

其次是意外险的保单数量增大。据统计，2014年互联网保险承保件数排名前十的产品七成都是意外险，保险期限短，以交通意外险为主，见表6-6。意外险的特点是期限短、件均保费低、保费规模不大，但是承保件数却占据了互联网人身保险的半壁江山，占比超过80%，其中一年期及一年期以内的短期意外险占比为92.3%。这是因为短期意外险与人们出行和旅游相关，保险期间灵活，且价格低廉，是客户主动需求较旺盛的险种。在淘宝保险频道上，可以看到不少公司以几元甚至1分钱的价格销售交通工具意外险。

表6-6 **2014年互联网保险承保件数排名前十的产品**

公司名称	产品名称	产品类别	承保件数（万件）	规模保费（万元）
交银康联	财富稳赢	寿险	10 322	42 043
北大方正	保利来终身寿险	寿险	9 458	20 000
阳光人寿	飞机乘客意外伤害保险	意外险	2 794	27 978.6
合众人寿	航空意外险	意外险	1 481.5	35 833.4
太保寿险	任我行交通工具意外伤害保险	意外险	1 015.8	20 316.2
人保寿险	出行意外综合保障计划	意外险	936.7	25 169.4
前海人寿	聚富三号	寿险	318.9	394 878.7
阳光人寿	交通工具综合保险QN3卡	意外险	276.3	4 144.8
中航三星	航空旅客意外险	意外险	246.5	4 882.4
瑞泰人寿	瑞驰交通工具意外伤害保险	意外险	148.4	3 001.7

综上所述，近几年互联网保险发展快速，规模保费飙升，渠道持续拓展，以多样的产品、便利的服务赢得了客户的认可和青睐。但是仍需注意，互联网保险也出现了一些问题，比如发展速度迅猛，缺乏有效监管，经营模式多样，缺乏完善体系。特别是随着大数据时代的到来，数据公开与共享成为大数据时代的趋势，但伴随数据公开而来的法律、伦理、道德等方面的争议，制约了互联网保险的发展。

（3）"保险+"服务内容丰富

互联网保险和传统保险运作不同，理赔服务完成并不意味着保险保障功能的结束，互联网保险积累的大量用户理赔数据可以衍生出更多的保险服务。"保险+"服务也成为互联网保险时代的显著特征，各家公司都在积极研发新的服务项目，为客户提供日趋丰富、高效完善的创新服务。

首先是增值服务。围绕互联网保险产品本身，基于大数据分析，提供配套的一体化服务。例如保险黑板擦为了改善用户体验，主动介入后续服务，打造一站式"保险+"服务。最典型的是为"碎乐"产品提供后续上门维修服务，而名为"漫鱼"的自由行旅游保障产品则结合了旅游保险、自由行翻译、救援以及10天免费试用的移动WiFi设备，实现了出境旅游的"保险+"服务，在保险和相关产业间形成服务闭环。不仅旅游险中可以嵌入增值服务，慧择网的健康保险也能提供健康管理（筛查、体检、治疗）和慧择服务（健康咨询、心理疏导等）两方面的服务项目。车辆保险嵌入的增值服务项目更多，南京人人保网络技术有限公司旗下品牌车险无忧推出的"车宝"产品，围绕车主增加了车况故障检测、分段油耗显示、电子围栏提示、高速公路救援、基于驾驶习惯的精准保养提醒等服务。而上海保橙网络科技有限公司开发的OK车险的增值服务项目更具创新性，如汽车借贷、"我要加加油"（加油充值卡优惠）、违章代办（贴条险）、晴雨洗车宝等。

其次是社交服务。许多互联网保险产品的APP应用可以对数据信息进行分析，把客户信息分类化，为他们提供相关的社交主体活动和分享活动，以保证客户群一定的用户黏性。比如有些人身保险产品根据客户的年龄、性别、职业、学历等进行分类，为客户提供不同的聊天、社区平台。泰康人寿为电商平台上的卖家等群体提供医疗保险服务的"乐业保"，会根据淘宝卖家经常出现的健康问题，如呼吸道感染、颈椎疼痛、慢性胃炎等疾病，在社交平台上推送不同的健康指南和提醒。前面提到的"车宝"项目在社交服务上引入了基于车型、城市、年龄的车友聊天以及汽车分享社区平台。

除了上面所列举的项目外，我国的互联网保险市场已经进入一个高速发展的时期，也带给我们前所未有的机遇和挑战，未来在技术应用和机制优化的推动下，互联网保险的渗透率会进一步提高，互联网保险的创新性将不断增强。预计到2020年，整个互联网保险市场规模保额有望达到7 400亿元，互联网财产险和人身险将分别有4 000亿元和3 400亿元的市场，各个市场主体能否突破现有的决策标尺，投入时间和成本迎接互联网保险时代的挑战，将影响整个互联网保险市场的发展之路。

解读互联网保险九大发展趋势：助力保险发展

6.3 互联网保险的商业模式

2015年6月中国保监会主席项俊波在上海陆家嘴金融论坛上指出，推进保险行业商业模式的改革对提升行业竞争力，打造产品丰富、渠道多元、服务优良的生动局面有着深远的意义。其中，借助互联网的力量扩展传统销售渠道将大力推进保险销售模式的多样化，新渠道、新技术将为整个行业迎来新的机遇。保险行业的商业模式关乎整个行业的综合竞争力，是行业转型升级的重要推进力量。经过十多年的发展，截至目前，我国互联网保险已建立起以官方网站模式、第三方电子商务平台模式、专业互联网保险公司模式和互联网互助保险组织模式四种模式为主导的基本互联网保险商业模式体系。本节将主要借助互联网保险商业发展实践来阐述互联网保险业商业模式的规划与建设问题。

1）官方网站模式

互联网保险的官网模式是指在互联网金融产品的交易平台中，大中型保险企业、保险中介企业等为了更好地展现自身品牌、服务客户和销售产品所建立的自主经营的互联网站。现阶段开通的官网，主要是引导客户在自己搭建的一体化网上商城平台上，自助完成保险产品的购买，从而培养客户的购买习惯。而对于购买意愿有限的客户，官网自身配套的咨询通道也能增强客服座席咨询服务的能力，引导、帮助客户上网完成交易，图6-10展示了中国人寿保险股份有限公司的官方网站。官方网站模式具有的优势：一是完整执行保险公司的战略决策和服务理念，配合自己设计的互联网保险产品，推进服务的智能化，利用有限的座席人力在合适的时间、合适的环节给客户提供必要的帮助，最大化地促进客户在线上完成投保。二是为客户提供完整流程的服务项目，客户在官网购买后再由公司的客服团队进行客户回访、处理投诉或客户意见等服务项目，没有其他因素的干扰，便于保险公司发现问题和解决问题。通常保险公司官网提供的服务有：产品查询与介绍、购买、报价、支付、保单管理、理赔查询、在线咨询等，基本实现了保险服务的各类前端功能。2014年，财产保险公司和人身保险公司分别通过官网实现的保费收入为454.5亿元和17.75亿元，占其互联网保险整体保费收入的比例达到89.9%和5.03%。

图6-10 中国人寿保险股份有限公司官网主页

（1）财产保险。

目前所有开展互联网保险业务的公司都开设了自己的官方网站，2014年排名前十的互联网财产保险公司的自主网站累计访问量达到了 86 506.33 万次，其中访问量最大的官方网站是平安产险，其次是太保产险、中国人保财险、安盛天平、阳光产险、中国人寿财险、永诚保险、中国大地保险、美亚财险和华泰财险。以人保财险为例，2010 年 4 月正式筹备网销中心，2010 年 11 月 17 日正式营业。2012 年，人保财险实行网销事业部改革，成立网络保险事业部，实现了网销业务的集中运营管理，并同时结合了公司传统的落地服务优势。该公司依托官网，如图 6-11 所示，借助网络营销、落地服务、线下推荐等手段，综合应用 B2C、B2B、O2O 等电商模式，实现了网销商业模式的多元化和客户选择的自主性。同时，该公司与电商平台以及垂直类网站合作，实现多渠道获客。未来，人保财险将充分借鉴互联网企业的经营模式，不断进行技术创新，持续关注客户对互联网保险新生产品的需求，并迅速上线能满足互联网业务发展需求的产品，加快抢占新型保险领域。同时，该公司还将打造集 E-PICC 官网、对外合作平台、移动互联于一体的立体化获客平台，积极开展跨界合作。

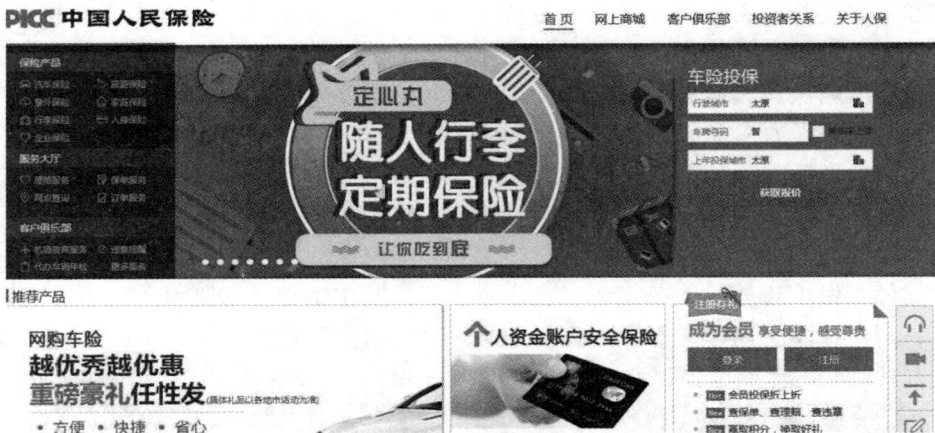

图 6-11 中国人保财险公司官网主页

（2）人身保险。

相比财产保险公司，互联网人身保险公司的官方网站访问量普遍偏低，2014 年排名前十的互联网人身保险公司的自主网站访问量只有 13 125.45 万次，其中访问量最大的网站是泰康人寿，其次为友邦保险（官网主页如图 6-12 所示）、国华人寿、中德安联、中意人寿、新华人寿、昆仑健康、陆家嘴国泰、太平人寿和复星保德信等。与财产保险公司不同，各人身保险公司之间的官网访问量差异较大，这是因为各家公司的经营重点不同，排名靠前的许多公司都是处于初创期的保险公司和外资、合资公司，它们在官方网站平台上倾注了更多的精力。

建立官方网站的公司需要具备以下几个特点：一是资金充足。企业建立自己的官网，更多的是为了展示品牌、销售产品。为此，企业需要雄厚的资本，获取更多的访问量和广告投入。二是丰富的产品体系。在互联网金融中，很多企业是利用产品优势获得成功的，拥有几个或一系列完整的产品体系，满足客户在不同时期、不同状态下的需求，一直是选择官网模式的企业所追求的目标。三是运营和服务能力。一个官方网站要长足经营，需要充分建立和使用互联网快速、便捷、安全的线上管理信息系统、F 客户关系管理系统，以及企业资源计划系统等，对运营流程进行改造。

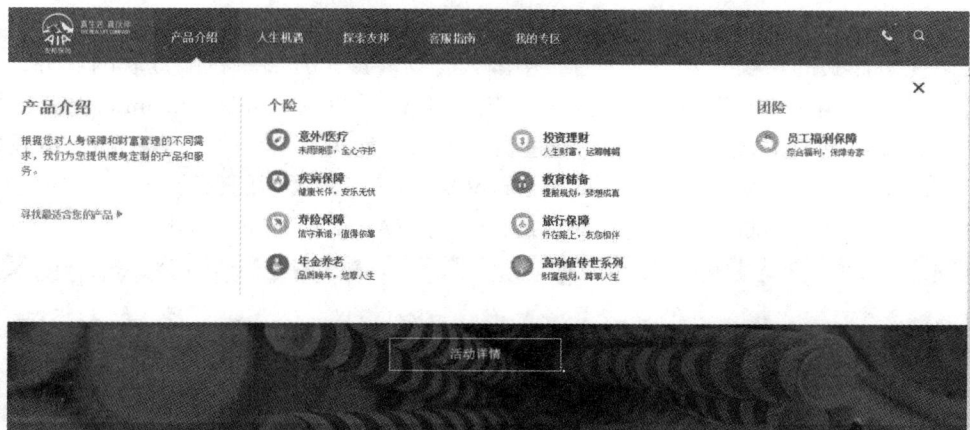

图6-12 友邦保险公司官网主页

（3）其他官方平台。

除了官方网站以外，保险公司还采用新的技术在互联网上建立了其他自主运营的官方平台，包括移动官网／WAP、移动APP、微信公众号等，给拥有不同的互联网使用习惯的消费者提供了更多的官方接触通道。2014年财产保险公司通过这三种方式产生的保费收入分别为0.95亿元、11.50亿元和10.99亿元，比重分别为0.19%、2.27%、2.17%。2012—2014年财产保险公司互联网分渠道保费收入见表6-7。

表6-7 　　　　　　　　2012—2014年财产保险公司互联网分渠道保费收入

模式	2012年		2013年		2014年	
	保费收入（万元）	占比（%）	保费收入（万元）	占比（%）	保费收入（万元）	占比（%）
PC官网	860 642	85.26	2 029 554	76.90	4 545 020	89.86
PC第三方	72 535	7.19	342 289	12.97	277 820	5.49
移动APP	332	0.03	8 083	0.31	115 042	2.27
移动官网／WAP	—	—	809	0.03	9 544	0.19
微信公众号	—	—	9 554	0.36	109 935	2.17
移动第三方	—	—	1.8	—	339	0.01

①移动官网／WAP。

移动互联网用户人数和流量蓬勃发展，据统计，全球范围内的移动互联网流量在互联网流量中的占比年增1.5倍。2012年全球智能手机用户数为11亿。我国在2012年6月通过手机接入互联网的网民数量为3.88亿，超过台式电脑的3.80亿，手机成为我国网民的第一大上网终端。2015年全球智能手机用户达到19.1亿，2016年该指数增长12.6%，达到21.6亿。从2014年到2018年，中国将有1.84亿新增智能手机用户，使得智能手机用户在人口中的比例从38.3%增长至51.1%。所以，把互联网保险公司的官网平台移植到智能手机上就成了大势所趋。移动官网是把互联网技术应用到移动网络中，实现保险业务的移动上网。随着智能手机的普及，3G和4G技术的发展，互联网保险公司的移动官网已经出现并将持续出现爆炸式的增长。2012年6月，中国人寿财险最早开展手机端互联网业务，之后其他各大保险公司纷纷开发移动互联业务应用。WAP手机网（m.epicc.com.cn）是中国人保财险的移动官网，如图6-13所示，通过自然搜索及对外合作，对新客户的获取及需求挖掘，不断引导客户到WAP手机网站。目前WAP涵盖多种类型的保险产品，实现多类产品的交叉销售，并且不断把其他销售平台的客户向WAP手机网进行转化。

图6-13　中国人保财险的移动官网主页

②移动APP。

移动APP不同于前面所说的移动官网，它侧重于一种或单项保险功能的手机应用，比移动官网更具专业性。移动APP提供给具有特定保险需求的客户专业性的服务，如果说移动官网是以标准化的方式被动响应用户的操作，那么移动APP的响应方式是灵活的、人性化的。因为它能自动感知用户的地理位置和应用场景，结合用户的操作为用户提供柔性服务。也就是说，用户的同一操作在不同场景下会获得不同的效果，这才真正符合移动APP在操作界面和传感器两个方面都"移动"的特质。未来，移动APP的发展将更为主动化和智能化，比如手机APP的交互方式将能理解用户的真实意图，而不再是简单地被动响应用户操作，其融合场景数据、用户行为和语言以及用户个人数据（包括历史数据），精准把握用户的真实用途。更为重要的是，根据这个结论，手机APP结合后台大数据和用户偏好数据为客户主动提供最优的决策建议，并自动执行这些决策。2014年5月28日，"保险黑板擦"面世，这是一款以互联网保险产品创新为核心的生活方式类智能手机APP，它由上海意时网络科技有限公司自主设计研发，其安装主页如图6-14所示。意时"保险黑板擦"产品，面向的是包括航班延误、户外旅行、手机损失、运动损伤等各类生活中时常面对的风险和意外，并且每天定时抢购。打开这个应用，客户能看到七大功能模块：黑板擦首页、凭证、保单、权卡、优惠码、个人中心、其他。"保险黑板擦"倡导"保险试用装营销"的理念，即用免费的服务产品激发大众下一步更多更深层次的风险对抗/转移服务（保险）的需求，并在此基础上首推零险（用户体验）模式。"保险黑板擦"的这种理念借助了移动互联网的低成本推广优势，真正做到可以擦掉中间高额的利润部分，让利给大众，使用户获得最低乃至零元价格的保险；就算付费的保险产品，也是擦去了保险暴利，没有复杂的保险条例，不用面对保险推销员的忽悠。

保险黑板擦

9.5分　260条评价　下载：5万次　7.60M

【小编点评】一款覆盖各类风险，提供保障服务的超级APP。

应用介绍　　　⊘安全无毒　⊘无广告　⊘免费　⚡权限：7　⚡参与绿剑行动

保险黑板擦，是由意时公司打造的一款0元买保险，100%得理赔的互联网保险app。突破传统买保险的复杂、严肃、繁琐过程，保险黑板擦给用户简单、快速、方便、有趣的保险体验。当你下载保险黑板擦并注册后，你

展开∨

图6-14　"保险黑板擦"安装主页

③微信公众号。

移动互联网时代的到来，使保险公司可以借助微信等移动平台，迅速将金融产品与使用场景相结合，随时随地办理保险业务，简化业务流程，缩短理赔周期，提高运作效率和用户体验。微信公众号在互联网保险的运营过程中主要在于吸引和留存客户，最终把客户转向移动官网或手机 APP 应用。除此以外，微信公众号在宣传保险常识、培养客户的风险意识和保险意识、提高客户的保险认知方面有非常重要的作用。另外需要注意的是，微信公众号目前充当了快速理赔的媒介，许多小额理赔、便捷理赔都是通过微信公众号展开的。但是各家保险公司通过微信理赔的险种各不相同，有医疗险、车险、人身意外险等。为了防止骗保等事件发生，险企都设置了理赔金额上限。保险公司人士提醒，投保人不要因为是微信理赔，就伪造理赔资料，一旦发现，将被记入保险行业的黑名单。据统计，按照点赞数量，2015 年，各大保险公司的微信公众号排名前十的分别为：中国平安、中国太平洋保险、中国人寿、新华保险直通车、中国太平、中国阳光保险、富德生命人寿、都邦保险、中国出口信用保险公司和中意人寿。以人保财险推出的微信公众账号"人保财险网络直销"为例，如图6-15所示，能实现微信投保、续保、支付等全流程闭环服务。人

保财险微信账号主要可以从事的经营活动包括：车险、旅游险的微信全流程投保及支付、人保车险老客户一键续保，理赔详情、进度、保单验真及查询等。以在线车险投保为例，用户只需在人保财险微信公众账号中输入所选城市、车牌号码、车主姓名、手机号等关键信息，即可查看相关险种。同样，人保财险微信公众号还可以办理国内旅游及自驾游所涵盖的医疗费用补偿、亲友慰问探访、航班延误、托运行李丢失等多项保险。以北京为例，其中国内旅游保险分为6元经济型、18元舒适型和30元豪华型三款，自驾游保险分为5元、15元和24元三种，最高保险额可达80万。如果客户尝试操作购买一款自助游险，在选择好险种，并填写办理人及被投保人各项相关信息后，则直接跳转至人保财险基于HTML5产生的支付页面。随后，选择相应的支付银行信用卡号和验证码后，即可完成保险的办理。此外，通过人保财险微信公众号亦可直接进行保单查询和理赔查询，以及各种保险促销优惠活动。据了解，目前通过微信平台完成操作，商业车险将直降15%，同时享受24小时在线服务和1小时赔付服务。

图6-15　人保财险微信公众号

2）第三方电子商务平台模式

从客户流量上来看，保险公司的官方网站平台的访问流量和大型互联网保险公司的访问流量不是一个数量级，单纯依靠保险公司自身平台来推动互联网保险的发展，其力量是十分有限的。官网的客户群范围狭窄，难以快速扩展，需要借助第三方平台进行拓展，通过第三方平台的跨领域特性促进互联网保险生态的活力，让保险业务深入各行各业，融入客户的生活。第三方电子商务平台，是指独立于商品或服务交易双方，使用互联网服务平台，依照一定的规范，为交易双方提供服务的电子商务企业或网站。通常来说，第三方电子商务平台具有相对独立、借助网络和流程专业等特点。保险公司借助第三方平台的优势，将保险意识渗入多行业板块，在体现保险的社会责任核心价值的同时，也进一步在互联网保险领域中巩固保险战略布局。现阶段，保险公司与第三方平台合作的形式主要有三种：

（1）专业互联网保险平台。

专业互联网保险平台就是由保险经纪公司或专业保险代理公司建立的自有网站，比其他第三方平台更具专业性，具有代理资质，利用自身优势，为保险公司与客户或者代理人与保险公司的交易建立第三方平台。用户进入这些平台，可以自由地比价，如同在网上购物一样进行投保，目前按照代理资质的不同可以分为保险类垂直电商和搜索比价平台。

①保险类垂直电商。

保险类垂直电商是指拥有保险网销资格，经保监会批准建立的专门性保险第三方电子商务网站，这些公司的在线投保流程优化程度远超保险公司官网的平均水平。慧择保险网、中民保险网、新一站保险网、E家保险网等垂直类保险电商经过数年的积累和运营，已经培育了多条稳定的业务渠道、一批重要的客户群，成为第三方平台中不可忽视的力量。其中，慧择保险网是经中国保监会批准，于2006年成立的互联网保险电子商务平台，其主页如图6-16所示。其联合70多家保险公司，推出数千种保险产品，为用户提供含投保交易、风险评估、理赔协助等在内的一站式保险综合服务。慧择保险网是中国首家集产品对比功能、保险垂直交易与预约购买及为客户提供保险专业咨询互动为一体的综合型第三方保险电子商务平台。慧择保险网的出现是中国第三方保险电子商务里程碑式的突破，它真正地以客户的需求及价值最大化为使命。慧择保险网打破保险公司与客户之间因信息不对等而造成的高额中间人成本及索赔难的现象，在推出伊始便以专业诚信的精神赢得了广大客户的一致赞誉。

图6-16 慧择保险网主页

②搜索比价平台。

搜索比价平台，也叫保险直销平台，这类企业不具备相应保险营销资格，只提供O2O导购型服务，将客户从线上对接至线下代理人。这类平台主要有两类：一类是垂直保险细分平台，只针对某一细分保险领域，如车险、意外险、旅游险等，提供保险比价、测试、个性化推荐等服务，如靠谱网、富脑网、车盟等。第二类是代理人O2O平台，通过保险代理人分单系统、问答社区、产品和公司展示区，将客户对接至相应的代理人或保险公司，如向日葵（官方主页如图6-17所示）、大家保、和讯放心保、沃保网、聚米网等。

图 6-17　向日葵官网主页

（2）在第三方平台上的专营网店。

为了更多地借助第三方平台的流量优势，许多保险公司直接在第三方平台上"售卖"自己的保险产品，如同开设网店，这种模式能最大限度地利用第三方平台的"客户群"优势，吸引"买家"投保。目前淘宝平台是保险公司主要的合作伙伴，截至 2016 年上半年，共有 48 家保险公司在天猫保险频道开设了自己的保险官方旗舰店，中国人寿、中国平安等公司依托淘宝的平台，进行保险产品的推广、报价及在线咨询等服务，并利用支付宝进行购买和支付，将"网购"的体验成功移植到投保上，方便了客户，提高了客户的满意度。天猫保险频道上销量排名前十的公司为中国平安、美亚保险、安联财产保险、人保寿险、人保财险、中国人寿财产保险、百年人寿、中国人寿人身保险、太平财险和生命人寿，销售的大多数保险产品的价格与线下相比都有一定折扣，如图 6-18 所示。同时，保险公司也可以在现有主产品基础上，提供不同档次的保障内容和价格供客户自由选择。

图 6-18　天猫保险频道搜索页面

（3）兼业代理的第三方平台。

在第三方平台其他商品或服务的销售流程中嵌入保险类产品的销售，这种合作形式一般是基于对一定交易场景下附加产生的保险需求的满足，比如在机票销售流程中嵌入航空意外险的销售流程，在自助行旅游套餐销售流程中嵌入旅游意外险的销售流程。这些兼业代理的销售平台会承担一部分代理销售保险的职能，在这个过程中还会以推荐或优惠的方式吸引客户购买保险，但是其他交易的客户能自由选择是否接受推荐的保险产品，这种把保险与其他互联网产品绑定在一起销售的方式也是互联网保险的商业模式之一。目前这种场景化的第三方平台主要是一些购票、旅游、母婴网站，如携程网、去哪儿网、同程网、春秋航空等。截至2016年初，与去哪儿网合作的保险公司共44家，携程网的合作伙伴有21家，两家公司的保费规模为50亿元。涉及的产品主要是主营业务的附属品，如去哪儿网的航班延误险、航空意外险、酒店取消险等旅游类保险，更多地体现了互联网保险产品场景化的特征。

保险公司与第三方平台的合作能挖掘出客户的保险需求，有助于新险种的开发。这种合作在一定程度上加快了互联网保险行业的创新步伐，推动了互联网保险生态圈的建设，拓展了保险的服务范围。当然，与第三方平台的合作也面临着一些问题，例如，有些保险公司把线下产品简单地搬到线上，险种同质化严重，频频出现"价格战"。有的保险公司过分依赖第三方平台的流量导入，不仅要向第三方平台支付较高的代理手续费用，还导致产品的议价能力变弱。还有的保险公司不能及时处理线上产品的投诉，导致客户与保险公司之间的信息通道不畅，信息传递和沟通存在时滞，当客户对服务不满时保险公司难以在第一时间获知并及时处理，容易引发投诉升级。

3）专业互联网保险公司模式

互联网保险公司不同于传统保险公司，它是将产品筛选、电子投保、理赔服务等业务流程都进行线上化，仅依靠互联网，尽可能地减少线下人员配置，为互联网经济参与者提供保障和服务的公司类型。目前仅众安保险、泰康在线、安心财险、易安保险4家险企拥有互联网保险牌照。其中众安保险于2013年2月份获保监会筹建批复，并于当年11月份正式开业。其他3家险企均于2015年6月下旬获得互联网保险牌照，目前也都开业。拿到专业互联网保险公司牌照的四家公司均为财险公司，从经营的产品来看，主要集中在与互联网交易直接相关的企业/家庭财产保险、货运保险、责任保险、信用保证保险、短期健康/意外伤害保险。目前，只有众安保险拿到了经营车险的资格，另外，安心财险拿到了经营工程保险（仅限家庭装修工程保险）的资格。专业互联网保险公司的经营范围仍然比较有限，也缺乏线下服务能力，其优势集中在能够独立、完整地通过互联网实现销售、承保、理赔、退保等全流程服务。因此，互联网场景类产品成为专业互联网公司的一致选择，例如，众安保险的银行卡盗刷资金损失保险、泰康在线的互联网消费信用保险等。可以说，专业互联网保险公司的优势集中体现在与生俱来的互联网基因、不断捕捉场景并开发设计出优质产品的能力以及不断打开基于互联网场景的保险产品的"天花板"的魄力。在这方面，传统保险公司由于方方面面的原因显得力不从心，专业互联网公司则可由此与传统保险公司、特别是大型保险公司进行错位竞争。

虽然专业互联网保险公司的运作模式已得到社会广泛关注，但目前其线上成交的保费规模比较小，据《21世纪经济报道》统计，众安保险开业3个月的保费收入为2 341.13万元，泰康在线为215.45万元，安心财险为1.5万元，易安保险为3.51万元，运营模式也都在不断地探索和尝试之中。随着互联网金融环境的逐步成熟、专业互联网保险公司的不断创新，预计在不远的将来，线上交易会逐步以其独有的优势成为保险公司互联网金融的中坚力量。

4）互联网互助保险组织模式

凭借"互联网+"，互助保险即由该基金对合同约定的事故发生所造成的损失承担赔偿责任，或者当被保险人死亡、伤残或达到合同约定的年龄、期限等条件时承担给付保险金责任的保险活动。

互联网互助保险是由一些具有共同要求和面临同样风险的人自愿组织起来，预交风险损失补偿分摊金的一种保险形式。但是它又不同于相互保险，因为它将相互保险与互联网巧妙地结合，采用独立于商业保险和公益事业的互联网互助保障，最大的特点是去中介化。所有的会员通过互联网获取，不预交保费、不设基金，在业内人士看来，相比传统保险，互联网互助保险可以更好地彰显保险"互助共济"的本质，弘扬"我为人人，人人为我"和"扶危济困"的保险互助文化。为促进相互保险规范发展，2015年1月底，中国保监会印发了《相互保险组织监管试行办法》，其中，一般相互保险组织需要满足"有不低于1亿元人民币的初始运营资金"及"有不低于500个初始会员"等主要设立条件，区域性、专业性相互保险组织需要满足"有不低于1 000万元初始运营资金"和"有不低于100个初始会员"等主要设立条件。2014年4月20日，中国第一家"互联网+相互保险组织"——壁虎互助平台全网征集创始会员，其中前1 000名将作为公司发起会员，记入公司史册。壁虎互助平台官网首页如图6-19所示，其宣传口号也颇具互联网色彩，"一切道德教化，都不及契约的力量"。一周之后，泛华网络互助保险公司筹备组也发布了关于成立泛华网络互助保险公司的初步设想，前期会员主要以泛华员工、代理人、客户、泛华集团发起的互联网互助平台——E互助会员及其家属为对象，并逐步覆盖社会中更广泛的中低收入群体。南开大学校友会也在筹备"天津公能相互健康保险公司"，同样是征集1 000名发起人作为创始会员，初始运营资金1亿元。拟成立的公司性质为一般互助保险组织，保险产品方向包括人身意外保险、大病保险、个人储蓄性养老保险、住房反向抵押养老保险。

除了那些排队等待保险牌照的互助保险组织之外，国内也有一些未申请牌照的互助平台发展迅速，"抗癌公社"就是其中一例。"抗癌公社"原名互保公社，是一个旨在解决癌症医疗费的民间组织。其目标是为每个不幸患上大病的公社成员筹集不超过30万元的治疗和生活费用。"抗癌公社"不设立基金，资金从捐助人直达患癌者。假设"抗癌公社"成员达到6万名，如果成员不幸患癌，将得到其他成员每人5元的援助，支付的方式是通过"抗癌公社"网站提供的支付通道，使用支付宝账户向其支付。而成员如果达到10万名，如果有人患癌，只需要每名成员援助3元，即可为其筹集到30万元；如果成员达到30万名，那每名成员仅需援助1元。这种模式完全依靠互联网搭建，最大的特点是捐助资金从成员直接到成员，不经过"抗癌公社"，"抗癌公社"亦不设立基金。成员随时可以主动退出、放弃捐助而自动退出互保公社，权利与义务同时中止。而互联网平台即时、便捷、信息透明的特性，可以让捐赠资金在捐赠者和受捐者之间直接流动，消除了捐赠和慈善的"黑箱"，这是一个创新。截至2015年9月，"抗癌公社"的成员已经达到20.7万名。不过，这股浪潮裹挟的并不都是正面信息。保监会也发布过相关风险提示，发现有人假借互助之名，行非法集资之实。有机构和人员编造虚假相互保险公司筹建项目，试图通过承诺高额回报方式吸引社会公众出资加盟，涉嫌严重误导社会公众，扰乱正常金融秩序，可能给相关投资者造成经济损失。

图 6-19 壁虎互助平台官网首页

这几种商业模式各有利弊：官网模式经营灵活，但受到平台自身影响力和流量的制约，需要较高投入，适合产品丰富、有名望或互联网营销能力较强的保险机构；电商合作模式可充分享受电商平台的流量红利，但是产品之间的竞争比较激烈，没有强大资源和特色产品难以吸引到消费者的关注；专业化的互联网保险公司的经营自主性强，能够完整实施保险产品筛选、电子投保、理赔服务等流程，但是由于牌照限制，目前允许进入市场的公司主体较少；互联网互助保险组织的"去中介化"对成本的控制影响比较明显，但是在可持续经营、资金沉淀等方面可能出现问题。除此以外，当前的互联网保险实践还有其他一些诸如互助社区、朋友保险等创新型的商业模式。我们坚信在今后会出现更具丰富性、创新性的互联网保险商业模式，引领互联网保险的进程。

我国的互联网保险公司

6.4 互联网保险的业务与流程

6.4.1 互联网保险的基本业务

1）保险信息咨询

通过相关网页，提供保险公司的历史介绍、财务状况、公司公告、保险产品种类及费率、业务人员个人形象及特长等信息，同时，还能及时地给客户提供国内外丰富、全面的保险新闻、政策法规、监管机构要求以及保险入门知识、保险经典案例等。

2）保险产品分析

保险公司或保险中介机构设有专业的保险需求评估工具，通过点击它，客户便可以轻松地获得从初步到精确、从综合到分险种的需求分析。在进行充分的需求分析的基础上，客户既可自行比较、选购各种保险产品或套餐，也可简单描述个人情况，让保险需求评估工具为其量身定制投保方案，从而使客户全面享受个性化的服务。

3）在线投保

保险公司对客户在互联网上提出的投保意向进行沟通，核保后通过互联网发出已填好的保险单。客户可以通过网上银行将保险费划拨到保险公司的账户上，承保过程完全通过网络来完成，续期保险费的缴纳、各种保险金的领取等都可以通过网络来实现，客户足不出户就可以得到全方位的保险服务。

4）在线理赔

在线理赔服务，不仅应提供理赔作业流程、注意事项、争议解决办法、查询理赔所需单证和出险争议解决办法以及出险联系电话和地址等服务，而且应提供方便快捷的网络报案服务系统，及时反馈客户投诉，并提供划拨赔款到客户指定账户的服务。

5）在线交流

通过在线交流服务，客户不仅可就任何有关保险的问题，向保险专家请教并得到及时解答，而且可以在 BBS 论坛上畅所欲言，发表对保险的各种看法和投保的心得体会，结交朋友，寻求帮助；保险业务员也可以及时与同行交流专业经验，结识新的朋友。通过在线交流服务，保险公司和保险中介机构还可以通过它搜集、了解客户的意见，对新保险产品进行市场调研，及时掌握市场需求变动等信息，以改善公司的经营管理。

> **✖ 拓展思考 6-2**
>
> 区别于传统保险产业，互联网保险理赔服务的新特点有哪些？
>
> 答：互联网保险对场景的深耕、对用户需求的挖掘、对资源和平台的联接，使得一种较为完整的社会生态逐渐建立。未来互联网保险的赔付方式可能不仅仅是财务的补偿，而是朝着解决方案提供者的方向演变。

（1）全过程理赔。

互联网保险首先要实现服务的全流程化，这一步目前来看已经比较普遍。比如，航班延误险、酒店退订险、退货运费险等轻质的服务性险种，已经实现从投保到理赔，所有服务都在线上完成，不需要线下办理。传统的车险在出险后，按照合同约定，对人伤、车损等进行鉴定，然后赔付一定的金额。而互联网保险可以实现出险后自助理赔，用户在软件的指引下拍照、传送，后台工作人员远程定损、赔付。传统车险的理赔过程可能需要 2～3 天，全流程服务可以做到几分钟就解决。

（2）理赔附加服务。

"附加服务"的方式是互联网保险公司推出的理赔新服务。比如，购买健康险产品赠送定期体检服务，购买重疾险产品赠送血糖仪等医疗器械。泰康在线 2015 年在微信平台中开展了中医体质测试活动，这个活动用户可以免费测试自己是何种体质，如阴虚质或者阳虚质等，同时后续又和中粮我买网展开合作，用户可以根据自己的体质特质在我买网免费领取适合自己体质的产品如绿豆等，深受用户喜欢。

（3）规避风险。

当互联网保险实现以解决方案的赔付代替财务的赔偿后，还可以再前进一步。以强大的数据监控和环境监测技术，将风险扼杀在还未发生之时。用户投保后，享受的是维护服务，因为潜在的损失已被技术提前预见并规避了。在汽车领域，通过 OBD 设备检测车主行为和机械状况，预判可能发生的危险情况，提前为车主提出操作建议或提供维护服务。安装 ADAS 辅助驾驶系统或 Mobile Eye 智能行车预警系统，可以帮助车主预判周边路况。在居住领域，京东正在研制的智能门锁、智能门窗、智能自来水管理系统，能对房屋的安全进行监控，购买这些设备的同时购买京东保险产品，就能够在风险发生前及时发出防火防盗防水的警告，甚至可以与物业、派出所联合，避免客户损失。

在过去，这些理赔项目整合资源的成本比较高，而在互联网时代，成本相对较低。一方面，保险公司或服务平台要主动介入其他行业的数据体系，将外部解决方案的提供者引入保险业；另一方面，要进一步放开投资，使保险公司可以通过更多的投资、并购行为，促进资源整合，这需要监管层的支持和监督。总之，保险的服务属性越来越凸显，以解决方案代替现金赔偿将成为未来互联网保险发展的新趋势和新机会。互联网保险应通过业务合作或者直接提供服务等形式，大胆向外延伸，甚至打破现有产品的形态，更好地发挥保险在社会生活中的作用。

6.4.2 互联网保险的基本业务流程

1）车险报价查询实务操作

（1）登录平安直通保险网站 http：//www.4008000000.com，点击"保险购买"中的"汽车保险"，如图6-20所示。

图6-20 "保险购买"页面

（2）进入页面，选择"我是新客户，我要报价"，填写基本信息后，点击"获取报价"，如图6-21所示。

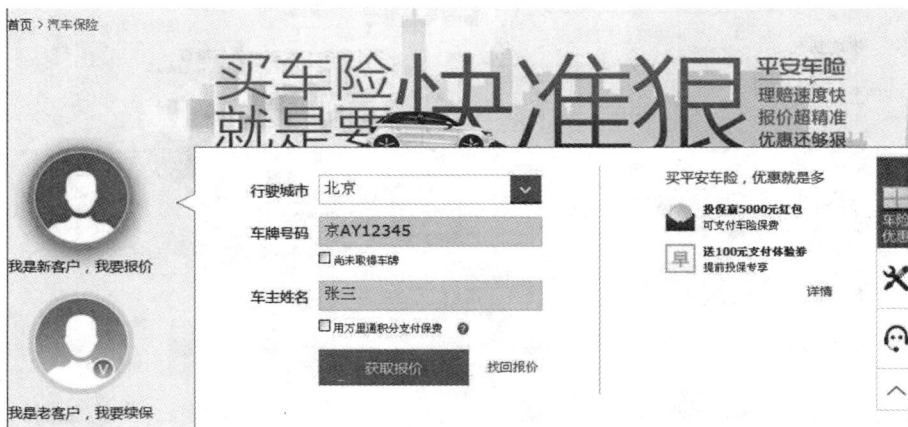

图6-21 "获取报价"页面

（3）进入页面，通过手机号进行注册，如图6-22所示。

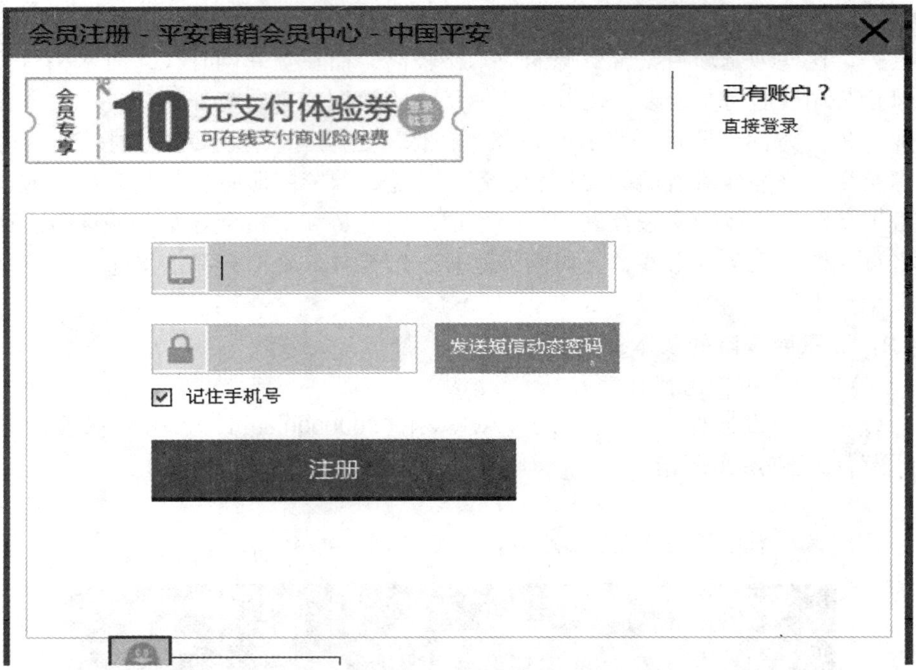

图6-22　注册页面

（4）按照要求填写车辆基本信息，点击"立即报价"，获得该车辆的保险报价，如图6-23所示。

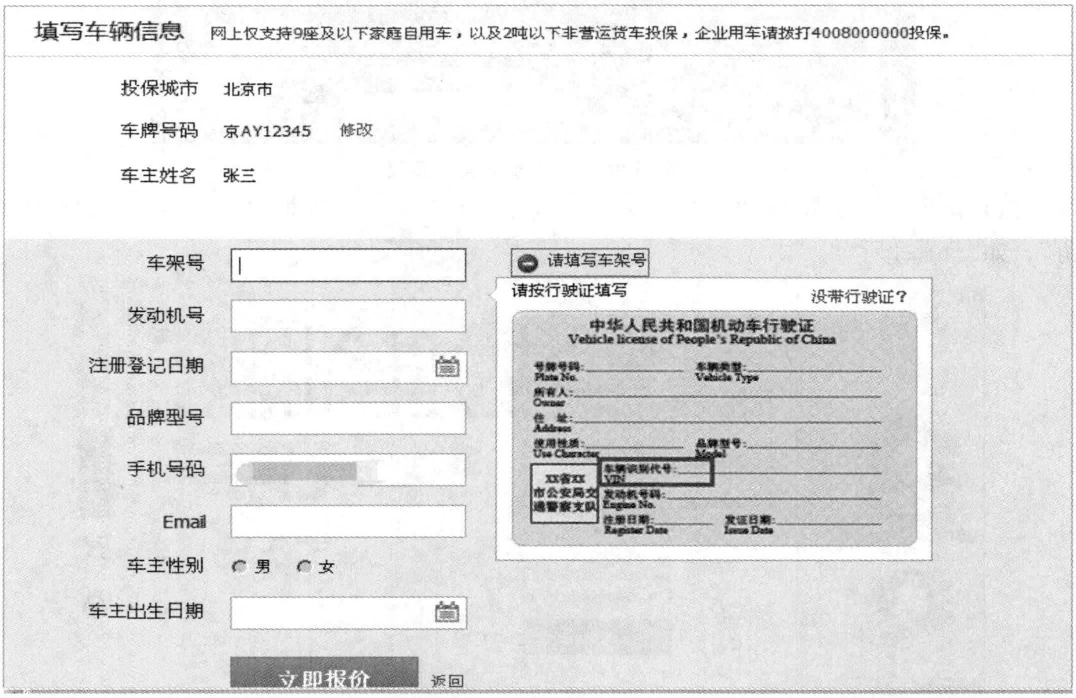

图6-23　"立即报价"页面

2）互联网投保实务操作

（1）登录中国人寿保险公司网站http：//www.chinalife.com.cn，如图6-24所示。

图6-24 中国人寿保险公司网站登录页面

（2）点击进入"网上商城"页面，点击"意外保障"，如图6-25所示。

图6-25 "网上商城"页面

（3）进入页面，查看"如E公民出境保障计划"，点击"立即购买"，如图6-26所示。

图6-26 "如E公民出境保障计划"页面

（4）填写信息后，点击"测算价格"，如图6-27所示。

图6-27 "测算价格"页面

（5）登录账户，填写"投保信息"，包括"投保人信息"和"被保人信息"，如图6-28所示，图中保单的投保人与被保人及受益人是同一人。

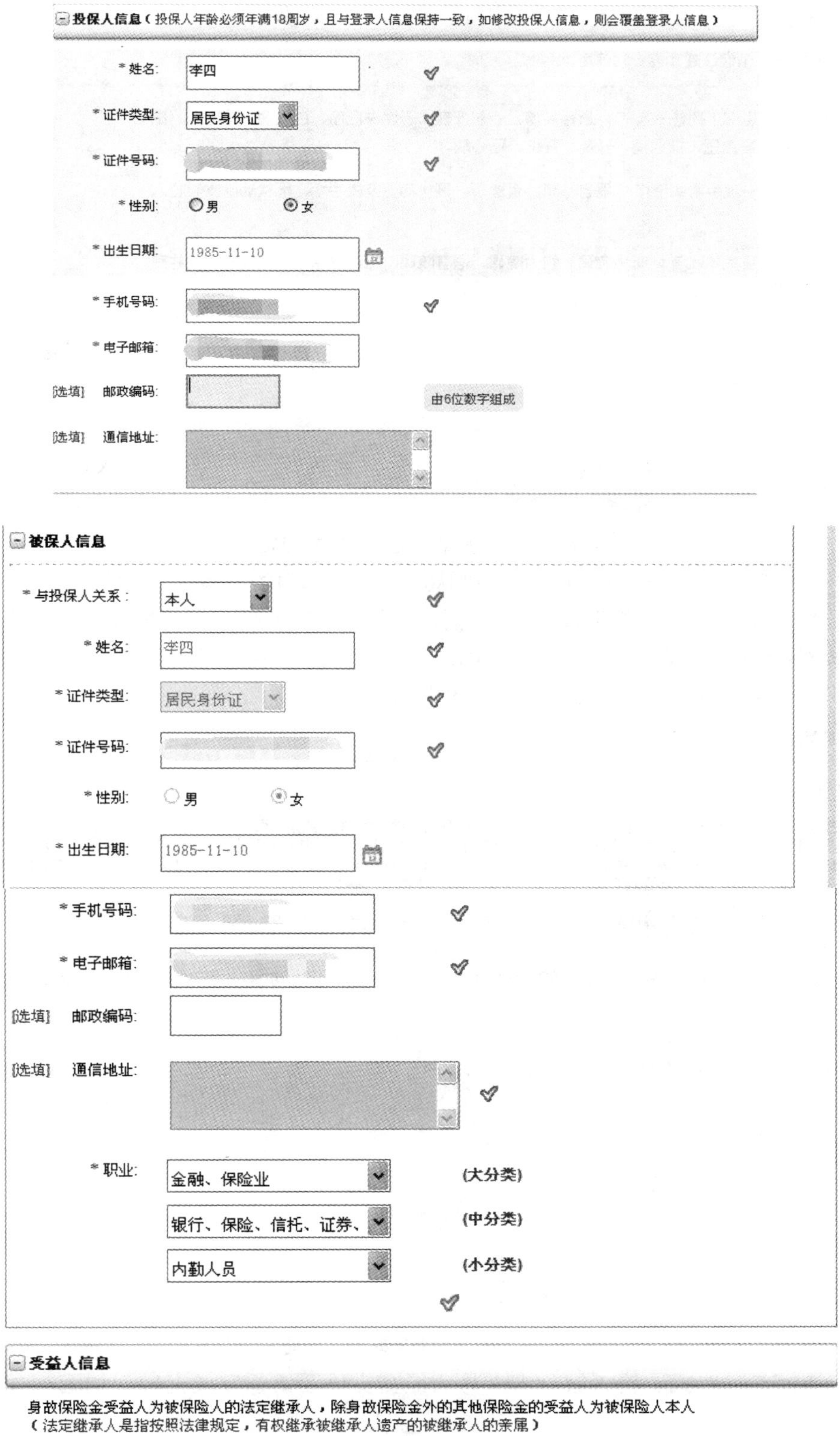

投保人信息（投保人年龄必须年满18周岁，且与登录人信息保持一致，如修改投保人信息，则会覆盖登录人信息）

* 姓名： 李四 ✓

* 证件类型： 居民身份证 ✓

* 证件号码： ✓

* 性别： ○男 ⦿女

* 出生日期： 1985-11-10

* 手机号码： ✓

* 电子邮箱：

[选填] 邮政编码： 由6位数字组成

[选填] 通信地址：

被保人信息

* 与投保人关系： 本人 ✓

* 姓名： 李四 ✓

* 证件类型： 居民身份证 ✓

* 证件号码： ✓

* 性别： ○男 ⦿女

* 出生日期： 1985-11-10

* 手机号码： ✓

* 电子邮箱： ✓

[选填] 邮政编码：

[选填] 通信地址： ✓

* 职业： 金融、保险业 （大分类）

银行、保险、信托、证券、 （中分类）

内勤人员 （小分类）

✓

受益人信息

身故保险金受益人为被保险人的法定继承人，除身故保险金外的其他保险金的受益人为被保险人本人
（法定继承人是指按照法律规定，有权继承被继承人遗产的被继承人的亲属）

图6-28 "投保信息"页面

（6）如实填写"被保险人告知"事项，点击"下一步"选项，如图6-29所示。

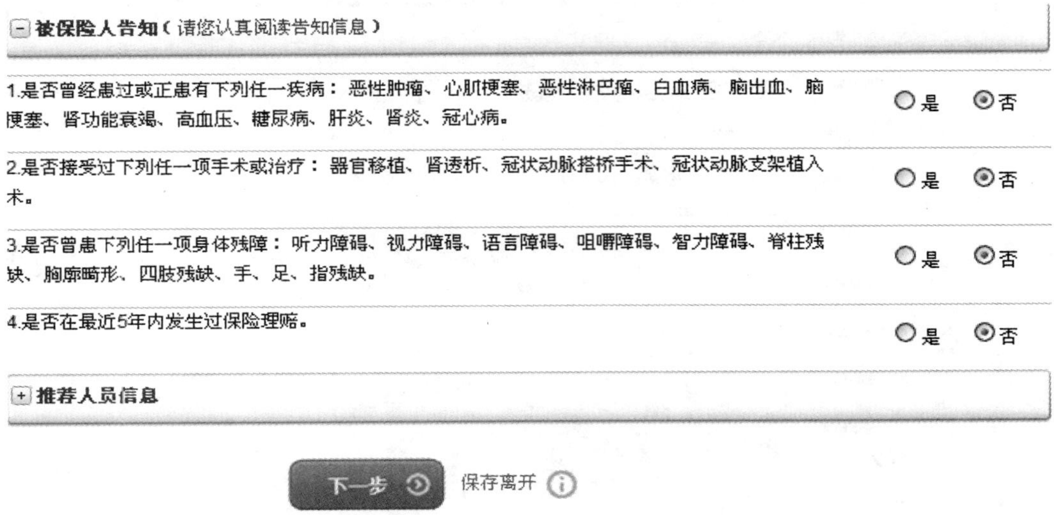

被保险人告知（请您认真阅读告知信息）

1. 是否曾经患过或正患有下列任一疾病：恶性肿瘤、心肌梗塞、恶性淋巴瘤、白血病、脑出血、脑梗塞、肾功能衰竭、高血压、糖尿病、肝炎、肾炎、冠心病。   ○是 ◉否

2. 是否接受过下列任一项手术或治疗：器官移植、肾透析、冠状动脉搭桥手术、冠状动脉支架植入术。   ○是 ◉否

3. 是否曾患下列任一项身体残障：听力障碍、视力障碍、语言障碍、咀嚼障碍、智力障碍、脊柱残缺、胸廓畸形、四肢残缺、手、足、指残缺。   ○是 ◉否

4. 是否在最近5年内发生过保险理赔。   ○是 ◉否

推荐人员信息

下一步 ⊙   保存离开 ⓘ

图6-29 "被保险人告知"事项页面

（7）在投保预览中进行保单确认，确认提交投保单中的投保人、被保险人、受益人信息的填写及保障利益和保单生效时间的选择等信息填写无误，如需更改请点击修改按钮。阅读《国寿出境人员意外伤害保险（2013版）条款》，并在"投保声明"页面中，选择"已阅读"，点击"确认并支付"，如图6-30所示。

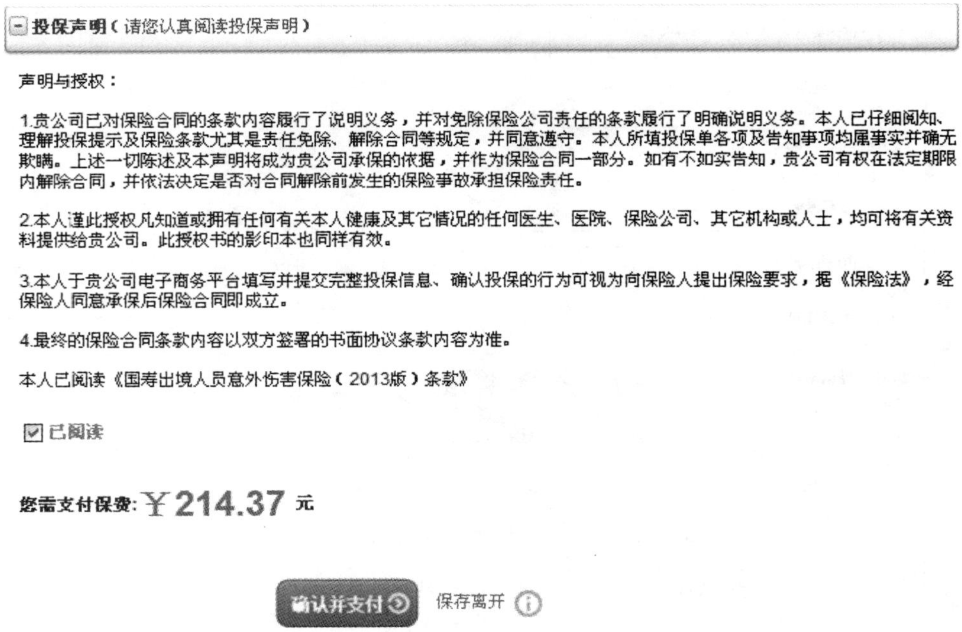

投保声明（请您认真阅读投保声明）

声明与授权：

1. 贵公司已对保险合同的条款内容履行了说明义务，并对免除保险公司责任的条款履行了明确说明义务。本人已仔细阅知、理解投保提示及保险条款尤其是责任免除、解除合同等规定，并同意遵守。本人所填投保单各项及告知事项均属事实并确无欺瞒。上述一切陈述及声明将成为贵公司承保的依据，并作为保险合同一部分。如有不如实告知，贵公司有权在法定期限内解除合同，并依法决定是否对合同解除前发生的保险事故承担保险责任。

2. 本人谨此授权凡知道或拥有任何有关本人健康及其它情况的任何医生、医院、保险公司、其它机构或人士，均可将有关资料提供给贵公司。此授权书的影印本也同样有效。

3. 本人于贵公司电子商务平台填写并提交完整投保信息、确认投保的行为可视为向保险人提出保险要求，据《保险法》，经保险人同意承保后保险合同即成立。

4. 最终的保险合同条款内容以双方签署的书面协议条款内容为准。

本人已阅读《国寿出境人员意外伤害保险（2013版）条款》

☑ 已阅读

您需支付保费：￥214.37 元

确认并支付 ⊙   保存离开 ⓘ

图6-30 "投保声明"页面

（8）选择支付方式、输入银行卡卡号、提交支付要素，完成支付，如图6-31至图6-34所示。

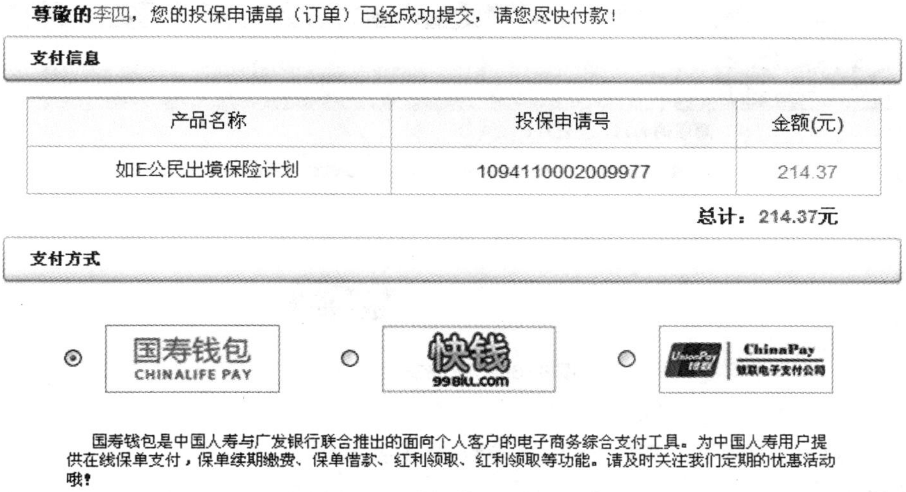
尊敬的李四，您的投保申请单（订单）已经成功提交，请您尽快付款！
支付信息
产品名称
投保申请号
金额(元)
如E公民出境保险计划
1094110002009977
214.37
总计：214.37元
支付方式
国寿钱包
CHINALIFE PAY
快钱
99bill.com
ChinaPay
银联电子支付公司
国寿钱包是中国人寿与广发银行联合推出的面向个人客户的电子商务综合支付工具。为中国人寿用户提供在线保单支付，保单续期缴费、保单借款、红利领取、红利领取等功能。请及时关注我们定期的优惠活动哦！

图6-31　选择支付方式页面

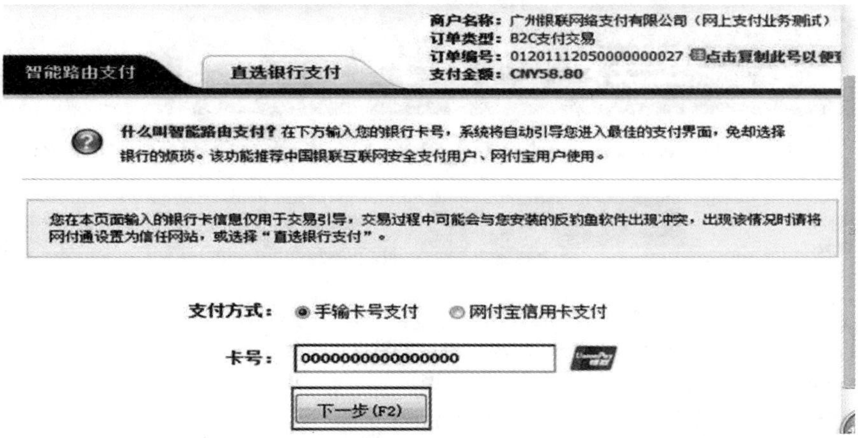
商户名称：广州银联网络支付有限公司（网上支付业务测试）
订单类型：B2C支付交易
订单编号：01201112050000000027
支付金额：CNY58.80
智能路由支付
直选银行支付
什么叫智能路由支付？在下方输入您的银行卡号，系统将自动引导您进入最佳的支付界面，免却选择银行的烦琐。该功能推荐中国银联互联网安全支付用户、网付宝用户使用。
您在本页面输入的银行卡信息仅用于交易引导，交易过程中可能会与您安装的反钓鱼软件出现冲突，出现该情况时请将网付通设置为信任网站，或选择“直选银行支付”。
支付方式：
手输卡号支付
网付宝信用卡支付
卡号：
0000000000000000
下一步(F2)

图6-32　输入银行卡卡号页面

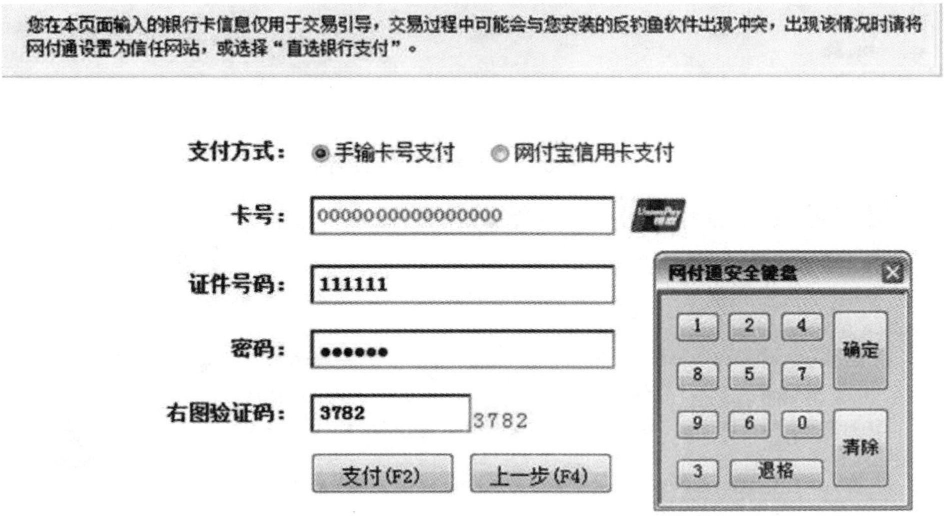
您在本页面输入的银行卡信息仅用于交易引导，交易过程中可能会与您安装的反钓鱼软件出现冲突，出现该情况时请将网付通设置为信任网站，或选择“直选银行支付”。
支付方式：
手输卡号支付
网付宝信用卡支付
卡号：
0000000000000000
证件号码：
111111
密码：
右图验证码：
3782
3782
支付(F2)
上一步(F4)
网付通安全键盘
1 2 4
8 5 7
9 6 0
3
退格
确定
清除

图6-33　提交支付要素页面

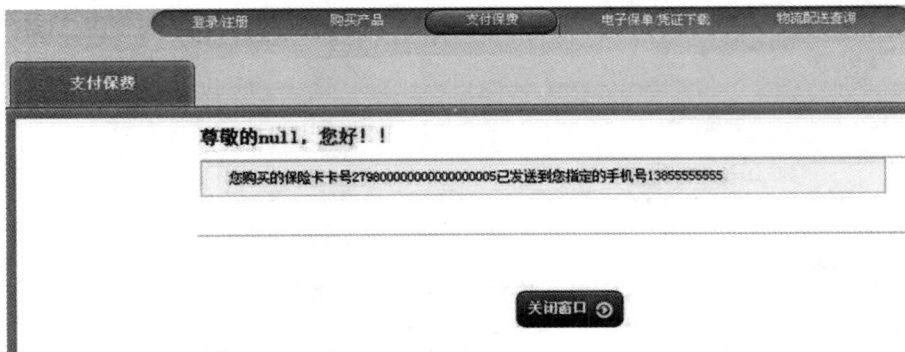

图6-34　完成支付页面

（9）进入"个人客户空间"，点击"保单查询"中的"保单信息查询"，查找已支付保单，下载并保存电子保单，如图6-35至图6-38所示。

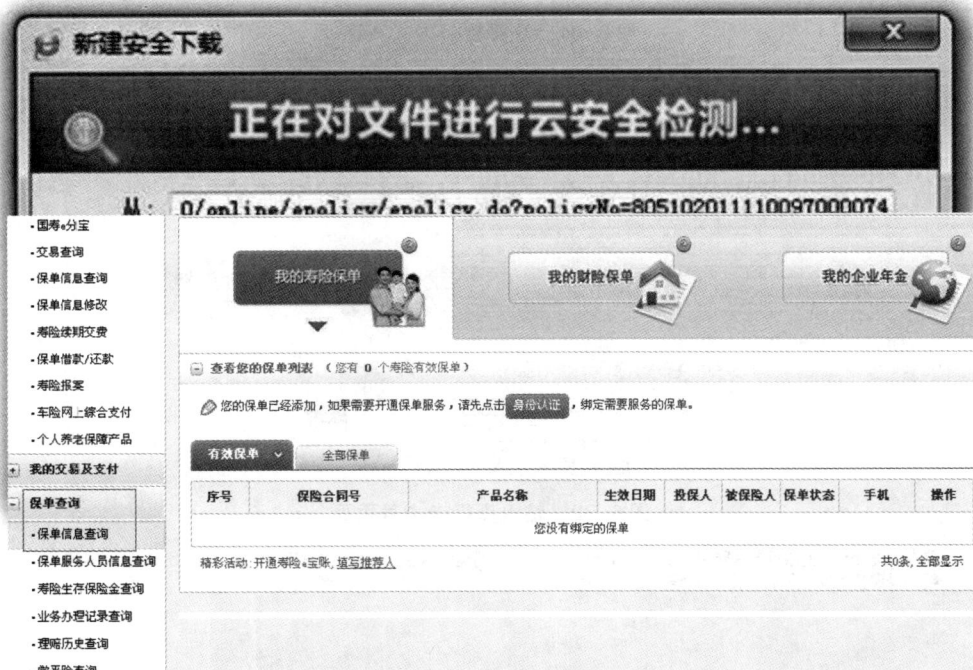

图6-35　"保单查询"页面

图6-36　已支付保单页面

图6-37　已支付保单下载页面

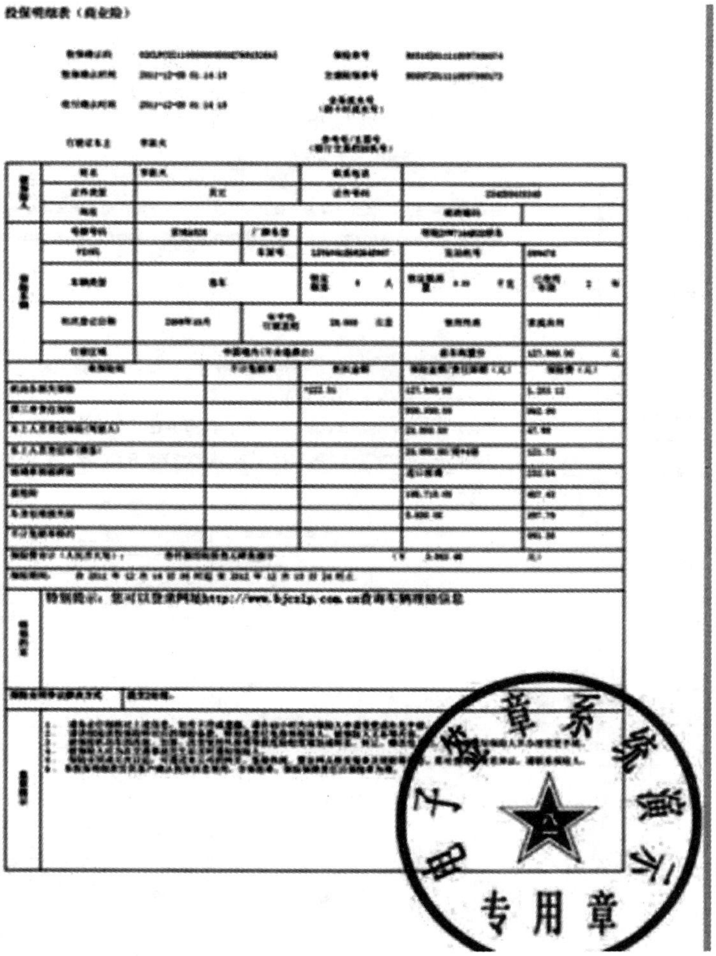

图6-38　电子保单

3）互联网保险理赔操作实务

（1）进入"个人客户空间"，点击"理赔服务"中的"寿险报案"，填写出险人、案件、投保地的详细信息，确认信息后，完成保险报案，如图6-39、图6-40所示。

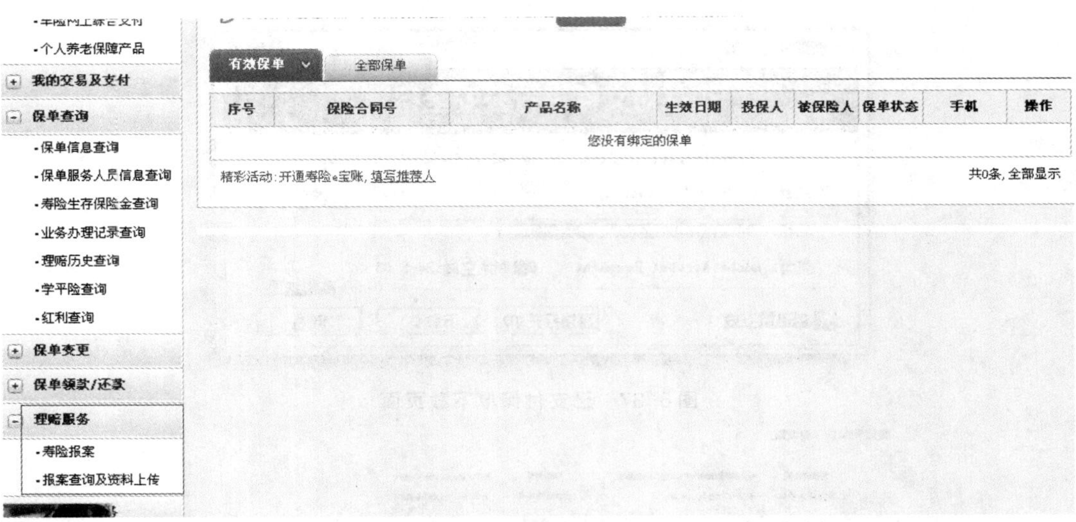

图 6-39 "寿险报案"页面

图 6-40 填写"寿险报案"页面

（2）进入"个人客户空间"，点击"我的保单"中的"理赔历史查询"，如图6-41所示。

图6-41 "理赔历史查询"页面

（3）进入"绑定保单查询"，点击"进入查询"，进入查询明细页面，如图6-42、图6-43所示。

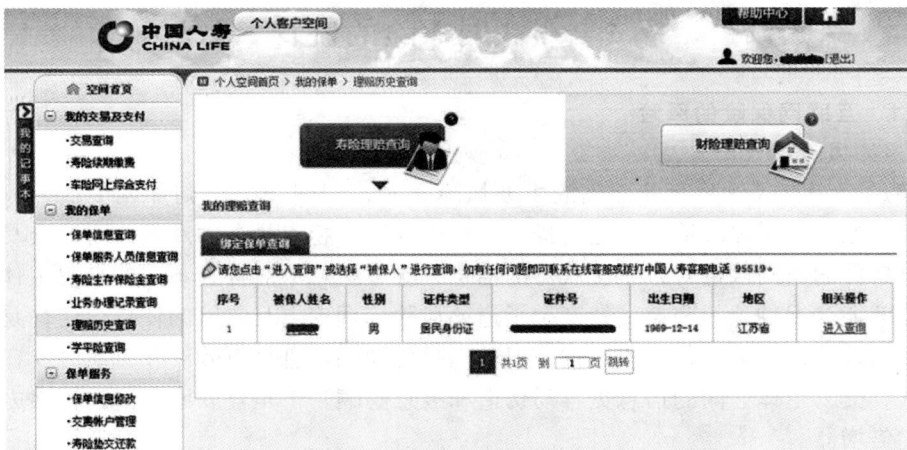

图6-42 "绑定保单查询"页面

图6-43 查询明细页面

（4）查找理赔信息，核对理赔保险金额，完成理赔，如图6-44所示。

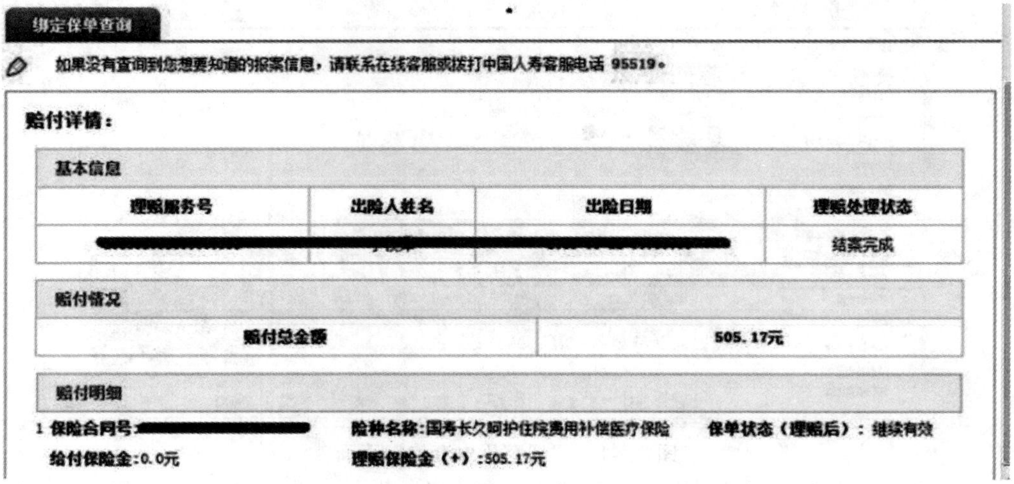

绑定保单查询

如果没有查询到您想要知道的报案信息，请联系在线客服或拨打中国人寿客服电话 95519。

赔付详情：

基本信息

理赔服务号	出险人姓名	出险日期	理赔处理状态
▇▇▇▇▇▇▇▇▇	▇▇▇	▇▇▇▇▇▇▇▇	结案完成

赔付情况

赔付总金额	
	505.17元

赔付明细

1 保险合同号：▇▇▇▇▇▇▇▇　　险种名称：国寿长久呵护住院费用补偿医疗保险　　保单状态（理赔后）：继续有效
给付保险金：0.0元　　　　　　　　理赔保险金（+）：505.17元

图6-44　"赔付详情"页面

6.5　互联网保险的监管

6.5.1　互联网保险的风险

1）道德风险

道德风险一直是保险行业面临的主要风险之一，"互联网+"则加剧了这一风险，这里的道德风险主要是保险欺诈和逆选择。互联网保险的特点是非面对面交易，交易一方会因为信息条件的不同获得对方无法获得的信息，导致信息不对称，不同的交易主体通过这种不对称就能获得额外的利益，就产生了道德风险。理论上互联网的使用会使交易双方的信息实现高效传递，消除信息不对称，但前提是传递的信息是有效的和真实的。在互联网保险时代，交易主体之间的信息更容易伪造和故意隐瞒，于是互联网强大的传播力成为道德风险的倍增器。

（1）保险欺诈。

互联网保险的保险欺诈分为两类，一是投保人的欺诈，二是保险人的欺诈。

首先是投保人的保险欺诈，即投保人一方不遵守诚信原则，故意隐瞒有关保险标的的真实情况，诱使保险人承保，或者利用保险合同内容，故意制造或捏造保险事故造成保险公司的损失，以谋取保险赔付金。出现这种现象的原因是互联网保险通过互联网自助办理保险业务，与营销人员、核保员并不进行面对面的交流，这就使投保人有可乘之机，而且通过网络平台进行交易，对投标人缺乏心理压力的约束，因此具有更大的动力伪造或选择性告知信息以获取更大的利益。特别是一些完全基于互联网保险的险种，更易发生保险欺诈。例如，国内首例互联网保险诈骗案在浙江省湖州市吴兴区人民法院宣判，被华泰财险起诉的"职业骗保师"以保险诈骗罪被判处有期徒刑6年零6个月，并处罚金。据保险行业专家介绍，这是国内已知互联网保险领域的首例诈骗判决案例。此次互联网保险诈骗判决案例所涉及的产品，是华泰财险与淘宝合作推出的有"中国第一款真正意义上的互联网保险"之称的"网络购物退货运费损失保险"。一审判决书显示，被告人通过虚假购物投保并申请运费险理赔，共计骗取保险赔款20余万元。退货运费险因其嵌入式的投保特点，客户提供的有效信息有限，随着业务的飞速发展，恶意诈骗行为日益严重，甚至出现了流水化作业的职业骗保团伙。不过，华泰财险通过大数据分析和反欺诈核心模型等手段，并在淘宝网和监管部门的支持下，陆续发现多个涉嫌保险诈骗的团伙。在公安、司法机关的高度重视和全力侦破、审理下，终于取得了首个反欺诈成果。

其次是保险人的欺诈，由于互联网保险业务不需要实体店面，投标人无法直接审核保险人的资格，保险人也有更大可能性进行无牌经营或超范围经营。例如，以理财产品宣传销售保险产品、故意夸大保险产品收益、隐瞒保险期限等，借助互联网的传播，可能更易放大这种违规违法行为的不良影响。

（2）逆选择。

互联网保险逆选择是指由于交易双方的信息不对称而导致次货驱赶良货的一种现象。由于消费者投保互联网保险的主动性强，许多险种都是消费者在各种网络平台上自我选择、自助投保的。一般来说，假设某公司推出一款保障某种特定风险的互联网保险产品，必然会在各种网络平台上进行推送，这种推送经过大数据和云计算的过滤被呈现在"有需要"的用户面前，而恰恰只有高风险人群才会在搜索引擎中查找相关内容，于是就产生这种局面——认为自身存在某一类高风险的客户更加积极地搜索相关产品，也更容易获取相关产品的信息，他们更加积极地购买相应的保险产品；反之对于那些风险评价较低的客户，则不会关心或购买相应的保险产品。举例来说，身体健康的人可能很少关注健康类的保险产品，而身体不好的客户则更可能主动上网浏览健康类信息、购买重疾险。

2）信息风险

信息系统是互联网保险的技术基础。互联网保险的信息风险来自于两个方面：一是信息安全的问题。目前，支撑互联网金融的大数据、云计算等新技术发展还不成熟，安全机制尚不完善，安全管理水平有待提升。互联网保险的业务数据和客户个人信息全部电子化，信息安全若得不到有效保障，将有可能酿成业务数据和客户信息灭失、泄露等重大风险。互联网保险对网络、信息系统和数据的依赖程度很高，面临特殊的信息安全风险，包括计算机软件和硬件运行风险、互联网安全风险、计算机病毒风险等。计算机软件和硬件带来的运行风险，主要是由于计算机系统软硬件的不完善造成的，如存在设计缺陷、兼容问题等引起的系统故障，有可能给使用者带来巨大损失；计算机病毒可能改变或破坏在线业务数据，给保险公司和客户带来很大威胁；网络保险系统虽然有多重安全设计，但仍然易受到攻击，随着黑客技术的不断提高，保险公司及客户的信息及服务程序面临着被修改、删除或盗取等非法操作风险。二是信息泄露的问题。互联网保险使一些在线下不可保产品成为可保产品，一些私人定制产品变得触手可及，一批批精细化创新产品很快成为互联网保险业务新的增长点，网络的便捷性和低成本极大地提高了行业的经营效率，但同时也带来了网络信息安全的困扰与技术安全风险的担忧。互联网保险公司在获得个人大数据信息的同时，应防止个人信息的泄露和注重公民隐私权的保护。此前发生的网上保险个人信息泄露而产生电话扰民事件，无论是保险公司有意为之，还是风险管理的疏漏，都对行业的长远发展不利。行业要长远发展，自律应当仁不让。另外网上支付流程的安全可靠性和资金的安全涉及投保人的利益和参保意愿，因此网络信息技术安全风险的防范，更是重中之重。"斯诺登棱镜门事件"提醒我们，信息安全和技术安全风险，绝不能空谈，应做好长远风险管控计划，切实付诸行动。

3）产品风险

互联网保险的产品是对传统险种的颠覆，以保险的本质为依托，却又借助了互联网的概念，这样的产品在效率上更有优势，但同时也引发了新的问题。例如，专门针对互联网设计的保险产品，定位为"服务互联网，专注互联网"，然而互联网领域的风险在表现形式、损害计量上与传统风险有较大区别，由于缺乏历史精算数据，针对这些风险的保险产品，在开发和精算定价上难度较大。首先，不同于传统险种，互联网保险的设计和定价没有经验可循。虽然保险业在大数据应用方面进行了积极探索，但总体上，行业内部数据积累、数据挖掘、发现数据背后价值的能力还不平衡。由于缺少相关历史数据积累及应用，在创新型产品开发上还存在定价风险，可能产生较大偏差。保险公司在网上销售的保险产品，目前主要集中在理财型产品，基本保障型产品比较缺乏，这些理财型产品大都期限较短，一旦遭遇集中退保或到期给付，可能会给保险公司带来流动性压力。其次，在互联网保险的发展过程中，出现了各种各样的"奇葩险种"。例如，个别保险产品违背保险基本原理和大数法则，带有博彩性质，混淆了创新的边界，有伪创新、真噱头之嫌，"摇号险""世界杯遗憾险"等就属于这种。这些保险在费率厘定、合法合规等方面都存在问题，有些险种投保人获赔的概率微乎其微，有些险种借保险名义行博彩之实。无论哪种情况，这些保险产品都存在巨大的风险问题，有些险种的保费过低，在风险发生时保险公司根本没有能力偿付。

4）法律风险

互联网保险在重塑产业链的过程中也带来了新的法律纠纷难题，并对传统法律纠纷解决机制提出了挑战。互联网保险的法律风险主要有以下三个问题：一是挑战了传统法律纠纷起诉机制。传统保险产品的受众是分地域的，也就是某一区域内的保险产品在保险费率、保险责任等方面与域外地区的保险产品是有区别的。那么如果针对这一产品产生交易、理赔、保全方面的纠纷，可以在区域内进行纠纷的解决，哪怕是采用诉讼的方式。而互联网保险时代的产品很容易实现跨地域销售，但也同时带来了跨地域法律纠纷的问题。例如，一家注册地在上海自贸区的互联网保险公司，其客户可能遍布全国各地，甚至突破国家界限，如果产生纠纷，目前我们难以通过法律的方式解决，这就对传统具有极强地域性的民商事争议解决模式提出了挑战。二是挑战了法律纠纷解决方式。互联网保险产品的单价低，一旦出现纠纷，可能会导致"纠错"的成本极高，更不要说许多客户会直接放弃投诉权利了。如2014年"双十一"，淘宝和天猫共销售1.86亿份退货运费保险，创下了中国保险业单日同一险种成交保单份数的纪录，但每份保单的金额可能只有几毛钱。另外互联网保险产品的数量大，理赔纠纷的概率也会增加，如果这些纠纷都最终被诉至法律，那么现有法律体系将面临不可想象的挑战。三是挑战了法律证据法理论的限制。互联网保险业务都是电子化凭证，虽然我国民事诉讼法已经确认了电子证据的地位，但是电子证据主要还是配合传统的书证、物证使用。一旦案件中的主要证据都是电子化的数据，将对现有的证据法理论产生重大的挑战。同时，完全电子化的证据还面临电脑病毒、黑客攻击、系统崩溃、人为修改等方面的问题。

此外，互联网保险还面临其他传统风险和衍生出来的新型风险，如设备风险、服务风险、营销风险等。如混业风险，在"互联网+"如火如荼的今天，互联网的触角已经深入到各行各业，对于金融业更是如此，"大保险"的概念呼之欲出，混业经营是其发展的另一大趋势。银行、保险、证券、基金以及信托等金融机构之间的界限将会变得越来越模糊，风险也随之而来。首先是牌照问题，在国家层面上，政策上对混业经营的支撑渐趋明朗，那么保险公司、证券公司、期货公司、基金管理公司等的交叉牌照必须公开透明、进退有序。其次是相互控股、参股的方式也容易将单一风险扩大，如果没有合理的监管方式，混业经营将变成无序经营。最后是互联网保险的团队风险，由于互联网保险要求保险与技术紧密结合。所谓互联网保险的团队建设是建成一支技术人员与需求人员立场一致、共同长期深入参与项目的团队。这就对互联网保险的人力资源提出了很高的要求，如果人员配备不能协调合作，对于互联网保险产品的设计、维护、服务都是有影响的，严重的可能会产生"多米诺骨牌"效应，让保险公司的运营举步维艰。

综上所述，传统保险行业在互联网保险的时代必然要出现适应性问题，要想维持互联网保险的活力，只有管控好这些风险，以防出现系统性风险。保险创新风险管理和体系监管应多管齐下，在声誉建设中变革创新，在规范下谋求发展，这样才能够充分利用"互联网+"促进保险产业的转型与升级，使之成为保险业增长的新引擎。

6.5.2 互联网保险的监管建议

随着互联网保险的深入，相关的监管措施也在不断尝试与调整。2015年7月，《互联网保险业务监管暂行办法》正式公布，标志着我国互联网保险行业监管实践的正式开始，对于行业的持续健康发展有着重要意义。不过对于互联网保险行业本身以及监管措施来说都仍然处于发展时期，互联网保险行业的监管仍需调整，不足之处有待我们在未来的监管实践中不断改进。

互联网保险的监管是伴随着互联网的发展不断深入的，各个时期的互联网保险监管法规和政策都有时代的印记和特征，互联网保险相关法律法规见表6-8。从2009年12月29日《保险公司信息化工作管理指引（试行）》开始，国家对保险公司信息化工作进行指引。这是最早的关于互联网保险方面的政策措施，提出了"信息化"保险的概念，要求各保险公司能利用计算机、通信、网络等现代信息技术在业务处理、经营管理等方面开展相应的信息化组织架构建立、制度建设，以及基础环境建设等工作。接着根据"十二五"规划纲要的规定，中国保监会于2011年8月18日发布了《中国保险业发展"十二五"规划纲要》，提出要大力发展保险电子商务，全面提升保险机构运用信息化手段管控风险能力，积极推进建设功能完善的风险管理信息系统。同年4月15日，公布了《互联网保险业务监管规定（征求意见稿）》，9月20日，公布了《保险代理、经纪公司经营互联网保险业务监管办法（暂行）》。2012年5月16日，公布了《关于提示互联网保险业务风险的公告》。在《保险公司开业验收指引》基础上，2013年8月13日公布了《关于专业互联网保险公司开业验收有关问题的通知》。这些法规的颁布，正式开启了我国互联网保险监管的大幕，虽然其中一些法规并没有立即实施，但是却对互联网保险的经营与发展具有警示作用。到了2014年，人身保险公司互联网销售短期意外险和健康险、定期寿险和终身寿险这样的"网销专属产品"空前火爆。而保险公司在跨区域经营、公司宣传和披露以及风险合规管理等方面问题突出，保监会于当年1月中旬和4月分别颁布《关于促进人身保险公司互联网保险业务规范发展的通知（征求意见稿）》和《关于规范人身保险公司经营互联网保险有关问题的通知（征求意见稿）》，特别是在当年年底还颁布了《互联网保险业务监管暂行办法（征求意见稿）》，把监管工作上升到新的高度。另外，由于互联网保险的发展势头迅猛，新型产品、组织不断涌现，互联网保险的监管工作也变得与时俱进，例如

《国务院关于加快发展现代保险服务业的若干意见》提出"鼓励开展多种形式的互助合作保险"。 2015年1月23日，《相互保险组织监管试行办法》实施，规定了相互保险公司在章程管理、产品审核、偿付能力、信息披露等方面的监管细则，配合了我国的"推进大众创业万众创新"工作。根据中国人民银行等十部委联合发布的《关于促进互联网金融健康发展的指导意见》这一指引互联网金融行业发展的纲领性文件，2015年7月27日《互联网保险监管暂行办法》正式出台，这既是首个互联网金融细分行业的监管办法，也是首次正式出台的互联网保险业务系统性的监管政策，标志着我国互联网保险监管实践系统化、完整化。《互联网保险监管暂行办法》共6章30条，于2015年10月1日起施行，施行期限为3年，主要对互联网保险业务的经营主体、经营条件、经营区域、信息披露、监督管理等方面做出了规范性的限制，大幅度放开了准入许可，加强了事中监测和事后处置，建立了退出机制，充分体现了监管部门支持互联网保险业务、鼓励创新、防范风险、趋利避害、健康发展的基本态度。总的来看，当前对于互联网保险的监管已经初见成效，对于维持互联网保险行业的健康持续发展起到了推动作用，不过在监管的主动性和创新性方面仍有不足，需要我们进行调整。

表6-8　　　　　　　　　　　　　　　**互联网保险相关法律法规**

发布时间	政策法规	主要内容
2009.12.29	《保险公司信息化工作管理指引（试行）》	为加强保险公司信息化工作管理，促进信息化工作规范化与标准化建设，提高保险业信息化工作水平
2011.08.18	《中国保险业发展"十二五"规划纲要》	积极推进保险监管电子政务建设，提升监管部门公共服务和监管能力，进一步完善与偿付能力、公司治理和市场行为监管相配套的监管信息系统，逐步实施动态监管，全面提升风险控制和预警能力
2011.4.15	《互联网保险业务监管规定（征求意见稿）》	促进互联网保险业务规范健康有序发展，防范网络保险欺诈风险，切实保护投保人、被保险人和受益人的合法权益
2011.09.20	《保险代理、经纪公司互联网保险业务监管办法（暂行）》	促进保险代理、经纪公司互联网保险业务的规范健康有序发展，要求保险代理、经纪公司开展互联网保险业务，应当遵守《保险法》《保险专业代理机构监管规定》《保险经纪机构监管规定》等法律法规和中国保监会的有关规定
2012.05.16	《关于提示互联网保险业务风险的公告》	规定除保险公司、保险代理公司、保险经纪公司以外，其他单位和个人不得擅自开展互联网保险业务，包括在互联网站上比较和推荐保险产品、为保险合同订立提供其他中介服务等
2013.08.13	《关于专业互联网保险公司开业验收有关问题的通知》	为有效防范风险，保护保险消费者利益，维护保险市场公平竞争，针对专业网络保险公司开业验收，制定了十一条补充条件
2014.01.15	《关于促进人身保险公司互联网保险业务规范发展的通知（征求意见稿）》	强调了对保险产品网销的严格监管，这包括要求公司宣传和披露以及风险合规管理与其他渠道看齐。同时要求，客户回访内容和标准化不低于其他渠道
2014.04.21	《关于规范人身保险公司经营互联网保险有关问题的通知（征求意见稿）》	规定人身保险公司经营互联网保险应具备相关条件、合作的中介网站规范等内容
2014.12.10	《互联网保险业务监管暂行办法（征求意见稿）》	从经营原则、经营区域、信息披露、经营规则、监督管理等多个方面对互联网保险经营进行了规范
2015.01.23	《相互保险组织监管试行办法》	在章程管理、产品审核、偿付能力、信息披露等方面制定配套监管细则，力争打造一个"遵循基本规律、符合国际惯例、体现相互特色"的新型相互保险监管体系
2015.07.22	《互联网保险监管暂行办法》	主要就参与互联网保险业务的经营主体、经营条件、经营区域、信息披露、监督管理等方面做出了规定

近年来，互联网金融风生水起，特别是随着政府"互联网+"行动计划的推出和大数据、云计算等新技术的深入应用，互联网金融处于前所未有的黄金时期。各种形态的互联网新经济和生活方式层出不穷，这些项目自然也蕴含着新风险，需要互联网保险来对其进行风险控制。从这个方面来说，互联网保险已经成为互联网金融领域的一片"蓝海"。同时，保险行业作为涉及公众风险、影响公众利益的金融机构，实质上偏向于社会化企业，我们必须有效地对其进行风险控制，但是这种监管却经常是粗放的，即只能避免最坏事件的发生，却无力全面地保障公众利益，这就要求我们改变传统的监管机制和模式，在更大的层面调整互联网保险监管机制和模式。

本章小结

本章通过对互联网保险的概念和特征的分析，并结合当前互联网保险的发展实践，总结了我国互联网保险的四大商业模式——官方网站模式、第三方电子商务平台模式、专业互联网保险公司模式和互联网互助保险组织模式。与传统保险模式相比，互联网保险具有明显的优势，但由于网上保险在发展过程中还存在很多问题，特别是互联网保险潜在的风险也逐渐显现出来，对互联网保险的监管也更为重要。在此基础上，本章模拟真实的互联网保险环境，介绍了互联网保险的投保和理赔等业务流程，帮助学生提高互联网保险操作实务的能力。

关键概念

互联网保险 官方网站模式 第三方电子商务平台模式 专业互联网保险公司模式 互联网互助保险组织

综合训练

1.不定项选择题

（1）下列关于互联网保险概念的描述中，正确的是（ ）。

A.互联网保险能借助大数据等互联网技术对传统保险行业进行革新、升级和改造

B.互联网保险是从互联网金融衍生出来的

C.互联网保险的概念将随着互联网保险的实践不断变化

D.互联网保险是对现有的保险产品、运营和服务模式进行重构

（2）从保险产品的角度来说，互联网保险具有（ ）的特征。

A.碎片化、费率低   B.多元化、竞争性

C.主动性、社交化   D.去中介化

（3）下列（ ）模式不属于互联网保险公司的官方平台。

A.移动官网   B.搜索比价平台   C.微信公众号   D.移动APP

（4）从信息安全的角度看，下列（ ）说法是错误的？

A.互联网保险对网络、信息系统和数据的依赖程度很高

B.计算机软件和硬件运行会影响互联网保险的安全

C.依靠新技术，互联网保险不会泄露个人信息

D.互联网保险系统虽然有多重安全设计，但仍然易受到黑客攻击

2.简答题

（1）简述对互联网保险概念的界定经历了哪几个阶段。

（2）简述互联网新技术对互联网保险的影响。

（3）互联网保险的产业链是如何得到重塑和创新的？

（4）互联网的特征有哪些？

（5）简述互联网保险的发展。

（6）分析互联网保险的四种商业模式。

3.案例分析

国外互联网保险如何创新——Friendsurance

Friendsurance是2010年创立于德国首都柏林的一家保险代理公司，公司名是英文单词朋友（Friend）与保险（Insurance）的结合，其首创了"P2P保险"的概念。

在Friendsurance的创始人看来，传统保险太贵并且缺乏透明度，很多人每年支付高昂的保费却没有得到任何回报。因此，Friendsurance提出了具有革命性的P2P（Peer-to-Peer）保险的概念，以奖励那些每年年底没有出现索赔的小组成员。Friendsurance的模式是用户先在Friendsurance平台购买相应的保险产品，然后通过Facebook、Linkedin等社交平台邀请朋友、家人组成4~16人的小组，建立互助保险关系。用户也可以不邀请好友，Friendsurance会通过网上自动匹配的方式，将持有相同类型保险的用户进行分组。用户所交的保费会被分为两部分，一部分作为传统保险产品的保费，另一部分则进入一个回报资金池。每年年底，如果小组里没有成员出险，则各成员能够获得回报资金池中保费的返还，最高可以达到40%，如果发生了索赔，则每个成员获得的返还奖励将相应降低。

根据Friendsurance提供的数据，2013—2014年，有超过80%的消费者获得了保费返还的奖励，其中财产保险保费的平均返还比例为33%。如果小组中有成员出险，当其索赔额度较小时，则从回报资金池中直接予以赔付。当索赔额度超过回报资金池的覆盖范围时，则由保险公司对超出的部分予以赔付，形成小额赔付互助分摊，大额赔付由保险公司承担的模式。同时，如果发生的小额索赔较多，回报资金池的资金在其覆盖范围内不足以处理索赔时，Friendsurance还建立了一个止损保险，以承担超出资金池承受能力的部分。Friendsurance通过不同层次的保障措施，使得投保人可以自始至终享受完全承保，同时也不用多支付保费。

Friendsurance模式之所以能够实现对消费者保费的返还，其根源在于大幅降低了各方面的成本，主要包括以下几个方面：

一是降低了保险反欺诈的成本。Friendsurance是通过社交网络将具有同质风险的亲朋好友聚集成小的群体，由于成员之间相互认识，情感因素的存在，使得发生保险欺诈的可能性更小，也减少了保险公司应对保险欺诈的成本，如图6-45所示。

二是降低了风险行为及赔付费用。消费者在拉入其他成员时，会基于对其的了解和认识，倾向于选择风险行为更低的成员，降低整体风险发生的概率，从而也降低了整体赔付的费用。从实际情况来看，Friendsurance的索赔率确实低于市场平均值，如图6-46所示。

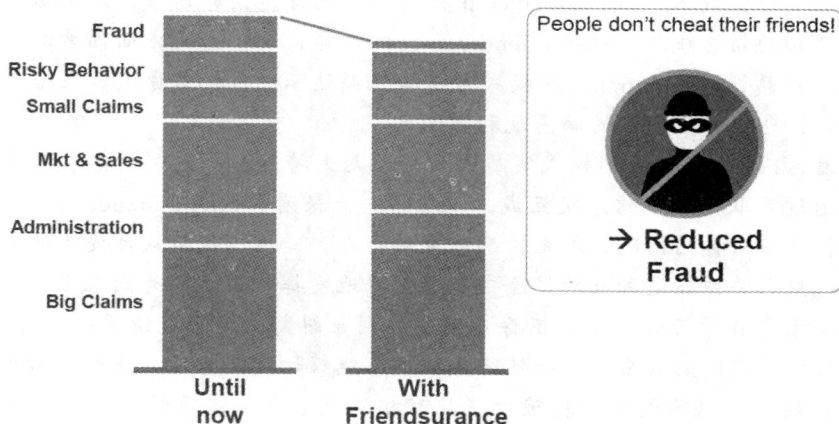

图6-45 Friendsurance模式降低保险反欺诈成本

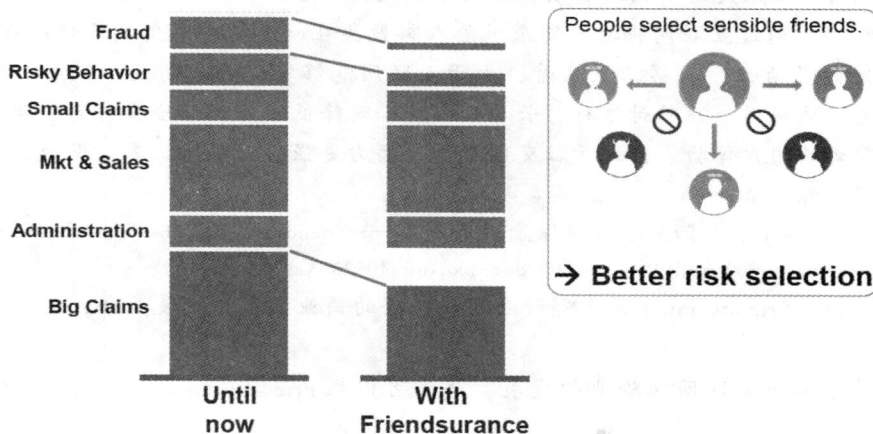

图6-46 Friendsurance模式降低小组整体风险

　　三是降低了小额赔付的处理成本。Friendsurance通过建立回报资金池对消费者的小额赔付进行覆盖，减少了保险公司处理这种小额赔付的管理成本。同时，对于消费者来说也避免了过去保险公司复杂的理赔流程，提高了用户体验，如图6-47所示。

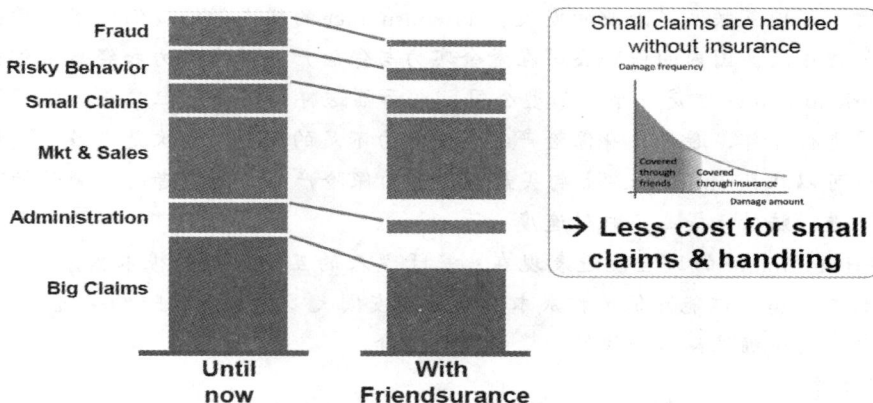

图6-47 Friendsurance模式降低小额赔付处理成本

四是降低了销售成本。Friendsurance在社交网络进行传播和销售，能够通过病毒式营销降低保险产品的销售成本。根据Friendsurance的测算，在以上几方面因素的影响下，相比于传统保险产品，Friendsurance的模式可以降低高达50%的成本费用。在给予消费者切实优惠的同时，也提高了用户的满意度和忠诚度

总体来看，Friendsurance的模式实质上利用了两大特点，一是利用熟人关系降低风控成本，二是通过互联网降低信息交互成本。从第一点来看，Friendsurance通过引入熟人关系，减少了信息不对称的情况，加之情感因素的存在，降低了保险欺诈发生的概率。与社交借贷相比，熟人关系在这种互助保险中能够更好地发挥作用。因为熟人之间参加这种互助小组的根本需求在于互帮互助，不存在太多的利益纠葛，与社交情感关系具备一致性，因此能够产生相互促进的效应，从而使得风控成本能够切实地降低。此外，由于投保人之间相互了解，增加了风险聚集的精确性（具有相同风险发生概率的人更容易组成小组），朋友圈、熟人圈本身具有的同质性，也与保险聚集同质风险的要求相一致，从而降低了保费的风险溢价。如果是通过网络自动匹配的方式进行分组，利用熟人关系降低风控成本的效果会下降，但通过互联网将具有同质风险人群聚集在一起的成本仍然比传统保险要低，且具备一定的灵活性。从第二点来看，由于互联网能够实现更加高效、低成本的信息交互，能够更好地应对小额赔付这种"长尾"市场，既降低了传统保险公司的管理成本，也提高了消费者的用户体验。借助于社交网络等传播力更强的互联网工具，保险产品销售的成本也能够大幅降低。

资料来源：奚玉莉. 国外互联网保险如何创新——Friendsurance［EB/OL］.［2016-04-05］. http：//finance.sina.com.cn/roll/2016-04-05/doc-ifxqxqmf4052053.shtml.

问题：（1）Friendsurance属于哪种互联网保险的商业模式？发展至今，它表现出哪些特点？

（2）对于国内互联网保险业的发展，我们可以从Friendsurance的模式本身学习哪些方面？

（3）与传统保险机构相比，Friendsurance在发展的过程中是如何规避风险的？

分析提示：

（1）Friendsurance类似于朋友保险，属于互联网互助保险组织模式的一种。Friendsurance模式有两大特点。

（2）对于国内互联网保险业的发展，Friendsurance的模式带给我们以下思考：首先是善于利用传统保险，国内的保险公司在资金实力与保险产品开发能力和经验上都存在不足与缺陷，Friendsurance也是一个初创型公司，也面临这样的问题，但它与一些有优势的保险中介公司进行合作，避开自身保险产品开发能力不足的问题。其次是"多赢"目标的设置，消费者可以在Friendsurance上购买最为优惠的保险产品，消费者的小额赔付可以通过回报资金池进行赔付，提高了赔付速度。

（3）Friendsurance的风险规避表现在：基于熟人的互助小组的根本需求是互帮互助，没有太多利益纠葛，这能降低风控成本。而且朋友圈大多由相同风险发生概率的人组成，增加风险聚集的精确性，从而降低保费的风险溢价。

4.实践训练

实训项目：模拟在中国平安保险商城APP客户端投保交通意外保险和关注"平安直

通客服"微信公众账号。

实训目的：掌握移动手机终端的下载，并进行交通意外险的投保和出单程序。

实训步骤：

（1）登录中国平安保险直通保险官方网站主页，通过扫描二维码的方式下载"平安保险商城"软件，并关注"平安直通客服"微信公众账号。

（2）进入"平安保险商城"，选择"交通意外险"。

（3）选择"被保险人"。

（4）填写信息、提交投保单、在线支付。

（5）进入"平安金服客服"，选择"金服管家"。

（6）通过登录名查询投保保单，并点击配送保单服务。

第7章 P2P网络借贷

学习目标

在学习完本章之后你应该能够：了解P2P网络借贷的含义、特点；明确P2P网络借贷在国内外产生和发展的概况；熟知P2P网络借贷的风险以及防范措施；掌握P2P网络借贷的运作模式及交易流程。

引 例

校园借贷的罗生门

"在两年的时间内，福建某大学学生通过网络借贷平台，借款30万元左右在网络上购买彩票赌球，恨铁不成钢的父亲一怒之下将儿子打成骨折"；"女大学生用手持身份证的裸体照片替代借条获得贷款，当发生违约不还款时，放贷人以公开裸体照片或与借款人父母联系的手段要挟、逼迫借款人还款"。校园网络借贷，一次又一次地站在风口浪尖。

在搜索引擎输入校园网络借贷，第一个结果就让人细思极恐："校园借款，额度最高可达50万元，最快一天到账"。其额度之大、速度之快，令人瞠目。学生网贷的途径大致有3类：一是单纯的P2P贷款平台，如名校贷、我来贷等；二是学生分期购物网站，如趣分期等；三是京东、淘宝等电商平台提供的信贷服务。

这些网络借贷平台不需要任何抵押，不看信用记录，只需要两样东西：一是身份证，二是学生证。其不讲究风控，不讲究项目质量，不讲究保障措施。他们强调的是客户贷款的便利性和低门槛。网络借贷平台面对的客户是学生，借款人若是逾期或者无法偿还，催收方式简单粗暴，直接冲到学校或直接联系家长。借款学生还不起，就让借款学生的父母来偿还。

在借款人登记信息的时候，不仅需要登记学生的信息资料，还需要登记其父母的信息资料。而这些网络借贷平台知道，如果家长发现学生在使用网络平台借款的话，家长会制止。所以平台在验证父母身份和电话真假时，使用的方法十分狡猾，比如打电话询问对方是否是某同学的父母，或者假扮辅导员和家长沟通，假扮快递员和家长确定相关信息等。

网络借贷平台何以在校园跑马圈地？"功劳"当属网络借贷中介招聘的代理，传单无孔不入，不管是墙上还是门缝下，总是会有机会让学生看到"某某平台招贷款助理，成功一单50元"。代理通过QQ群、微信群，专门向大学生发放贷款。而加入这些群，必须要出示学生证，甚至需要提供辅导员的电话号码等信息。这些群会不间断地发送各种借贷信息，指明仅向大学生发放贷款。根据学历的不同，贷款额度有差别：专科生最高贷款6 000元，本科生最高有1万元的贷款额度，研究生则可贷2万元。

这种网络借贷平台日复一日地采用洗脑式的宣传方法，让大学生们将网络贷款的便利性、快捷性铭记于心，并且一步一步地瓦解大学生们对网络贷款的戒心，从而做成一单又一单的"利滚利"生意。

资料来源：根据网贷之家（http：//www.wdzj.com/）的资料整理。

这一案例表明：随着互联网金融的流行，针对大学生的网络分期贷款业务，这两年也出现在了高校校园。但"裸条"借贷事件和贷款赌球等事件，也暴露出了其中的问题。谁来监管"校园贷"？2016年4月，教育部办公厅和中国银监会办公厅共同发布相关通知，要求加大不良网络借贷监管力度，加大学生消费观教育力度，增强学生金融、网络安全防范意识。

7.1　P2P网络借贷概述

7.1.1　P2P网贷的定义

P2P是英文peer to peer的缩写，意思是"个人对个人"；P2P网贷又称P2P网络借贷（Peer-to-Peer Lending），即点对点信贷，国内又称为"人人贷"，是基于互联网应用的一个金融创新模式。P2P网贷指的是由P2P网络信贷公司提供中介平台，借贷双方（包括自然人、法人及其他组织）通过独立的第三方网络平台相互直接借贷，即资金借入人在平台发放借款标，到期偿还本金；资金借出人向借款人放款，获取利息收益，并承担风险；网络信贷公司收取中介服务费的一种网络金融行为。

P2P网贷的前世今生

7.1.2　P2P网贷的特点

1）投资门槛低

除个别P2P网贷平台要求最低投资需要1万元以上以外，大部分P2P网贷平台的投资门槛为100元。相比信托和银行理财产品的高门槛，P2P网贷是低门槛的大众理财产品，适合所有阶层的投资者，能够将社会闲散资金更好地进行配置，使每个人都可以成为信用的传播者和使用者。

2）操作简单、交易方便

P2P网贷的相关认证、记账、清算和交割等流程均可以通过网络来完成，借贷双方无须直接接触便可以通过P2P网贷平台实现借贷，对借贷双方都是很便利的。

3）资金流动性好

同银行理财产品期限单一、大部分不能提前变现相比，P2P网贷平台投资期限的选择更加多样化，短到若干天，长到一年甚至三五年都有，投资者可以根据自己的资金情况进行选择。此外，有的P2P网贷平台还开通了债权转让业务，资金的出借人可以将未到期的债权转让变现，提前收回资金；有的P2P网贷平台允许投资者用未到期的投资作担保，在平台上借款，以满足临时的资金需求；有的P2P网贷平台早上提出提现申请，中午或者下午资金就能到达投资者的银行卡里。这些创新让网贷投资的流动性得以充分释放，其实际的流动性比货币型基金都要强。

4）投资收益稳定、收益率高

作为约定利率的借贷产品，P2P网贷投资的收益是比较稳定的。另外，在我国，相比低迷的股市、随之消沉的开放式基金和各种私募产品以及与CPI拉不开距离的低收益储蓄和银行产品，P2P网贷投资的平均收益率一直保持在10.25%以上，2013年7月P2P网贷行业综合收益率水平曾达到最高点26.36%。投资收益稳定、收益率高，这也是P2P网贷吸引众多投资者的主要原因。

5）投资风险大、信用风险高

P2P网贷作为民间借贷的网络化形式，投资风险较大。其中，信用风险是最主要的风险，也就是如果借款人不还钱，那么投资者就有损失本金的可能性。但是在中国，许多作为资金中介的P2P网贷平台充当了担保人的角色，如果借款人逾期不还款，P2P网贷平台会先行垫付本金或者本息，这让投资者规避了借款人逾期不还款的信用风险，而所有的风险只在于网贷平台本身是否可靠、平台自身是否能够承受逾期的压力。只要平台存在，投资者就没有损失本金的风险。因此，如果P2P网贷平台本身资本较少，一旦出现大额贷款问题，就有可能导致资金链断裂；而有的P2P网贷平台在创立之初目的就不单纯，携款潜逃的案例屡有发生。

案例分析 7-1

银行、基金、信托及P2P理财深度对比

据盈灿咨询及网贷之家统计，2015年全年P2P网贷成交量达到了9823.04亿元；2016年1—7月累计成交量达到10252.58亿元，第一次自然年内累计成交量突破万亿元。虽然目前P2P网贷行业规模仍不及银行理财、基金及信托等，但无法否认P2P网贷投资逐渐成为大众主流的理财方式之一。

（一）理财市场现状

1.资金面整体宽松，资金需求端成本降低

在稳健货币政策下，央行通过结构性调控释放流动性，市场整体资金面较为宽松。在经历多次降准降息后，社会融资成本已逐渐降低。以金融机构一年期贷款基准利率为例，基准利率从20世纪90年代的高峰12.06%下降至前几年的6%附近，到目前则仅有4.35%。

2.各类理财产品的收益率普遍下降

从收益率的角度看，P2P网贷投资（综合收益率水平10.25%）与货币基金投资（平均收益率跌破3%，如余额宝目前7日年化收益率已跌至2.36%）、银行理财（平均预期收益率跌破4%）、信托投资（门槛高，一季度平均收益率水平为8.18%）相比仍具有一定的优势。当然，投资人需要明确的是，不同类别的理财产品风险程度是不一致的，往往收益率越高，投资人所承受的风险越大。

（二）理财产品分析

银行理财、基金、信托及P2P网贷情况一览表见表7-1。

1.产品发行结构情况

银行理财产品的发行结构按收益类型来看，主要以非保本浮动收益型为主；按期限结构来看，以1～3月期及3～6月期短期理财为主；按不同的收益率划分，目前以3%～5%发行产品数量占比最多。基金产品的发行结构按投资方向来看，混合型基金在产品数量上

表 7-1　　　　　　　　　　银行理财、基金、信托及 P2P 网贷情况一览表

	银行理财	基金	信托	P2P 网贷
收益水平	3%~4%	货币型基金：2%~3%	8.18%	10.25%
产品规模	超 20 万亿元	公募基金超 8 万亿元	超 16 万亿元	1 万亿元
投资门槛	普遍 5 万元起	公募基金基本无门槛；私募基金普遍 100 万元起	普遍 100 万元起	普遍 100 元或 1 000 元起
合格投资人	未明确规定银行普通理财产品的合格投资者标准，但相关法规均要求商业银行对理财客户进行风险承受能力评估；高净值客户的标准与集合资金信托合格投资者标准相同	私募基金：个人金融资产不低于 300 万元，或者近 3 年内个人年均收入不低于 50 万元	集合资金信托：个人或家庭金融资产总计在其认购时超过 100 万元，或者个人收入在最近 3 年内每年超过 20 万元人民币或者夫妻双方合计收入在最近 3 年内每年超过 30 万元	《网络借贷信息中介机构业务活动管理暂行办法》规定的出借人条件是：参与网络借贷的出借人，应当具备投资风险意识、风险识别能力，拥有非保本类金融产品投资的经历并熟悉互联网
产品投向	利率、债券、票据、股票、信贷资产、商品、汇率等	债券、股票、货币市场、QDII、另类投资等	工商企业、金融机构、基础产业、债券、房地产、股票、基金等	个人信贷、车辆抵押、房屋抵押、供应链金融、融资租赁、票据等
监管部门	银监会	证监会	银监会	银监会

占多数，占比近半成；其次是债券型基金、股票型基金等。但按资产净值占比来看，货币市场型基金占比超过半成。在信托产品发行数量方面，证券投资信托发行数量占比最大，贷款类信托产品其次；而从发行额度规模占比来看，贷款类信托和权益投资信托占比接近且最多。

2. 产品收益结构情况

从银行理财产品近年收益结构来看，外资银行理财产品预期收益率波动幅度大，峰值高于大型商业银行、股份制银行、城商行及农商行。2010 年至今年 6 月，信托产品收益结构数据显示，股权投资及房地产信托产品预期收益率波幅较大；非证券投资类及组合投资预期收益率波动较小。对 P2P 网贷行业来讲，资产端业务开发不断创新，模式种类丰富多样。通常，就收益率而言，无场景信用贷投资＞车辆、房屋抵押类＞供应链金融、融资租赁＞票据。

3. 资产投向情况

由于受限于金融业的分业经营，银行理财资金投向较为有限。相比与银行理财，信托及基金的投向范围较广。

资料来源：根据相关资料整理。

问题：P2P网贷的兴起，对现有金融业务有何影响？

分析提示：P2P网贷行业有其特有的优势，如投资门槛低、小额分散、投资便捷及相对较好的收益表现，使得P2P网贷投资的吸引力非常大。对现有金融业务的影响主要体现在以下几个方面：①将会加快利率市场化的进程，降低资金使用者的资金成本；②拓宽了金融业的服务领域，实现了惠普金融；③冲击了现有的金融格局，加快了金融机构的改革；④促进了金融监管体系的不断完善。

7.1.3 P2P网贷的交易流程

P2P网贷包括3个核心主体：网贷平台、借款人和出借人。除此之外，还涉及第三方支付、征信系统等。在P2P网贷过程中，借款人和出借人双方首先需要在P2P网贷平台上注册，建立账号，并提供身份证、手机号码、电子邮箱等用于核实真实身份，绑定同名的银行账号用于资金划拨。P2P网贷平台对上述信息审核后，借款人和出借人才有资格进行借贷。

借款人向网贷平台提出借款申请，包括资金用途、金额、接受的利息率幅度、还款方式和借款期限等信息。网贷平台审核通过后，借款人的相关信息即在平台上公布（也称为发标）。出借人可以根据平台发布的借款项目列表，自行选择借款项目，自行决定借出金额，实现自助式放贷（也称为投标）。P2P网贷平台上的借款交易多采用"竞标"的方式实现，即一个借款人所需的资金多由多个出借人出资，待所借金额募集完成后，该借款项目就无法再进行投标，此过程一般为5天左右。之后，资金从出借人账户转出，转入借款人账户，同时生成电子借贷合同，借款人在约定的时间还本付息，出借人得到相应的利息、本金，网贷平台也会获得相应的收益。若借款项目未能在规定的期限内筹到所需资金，则该借款项目流标。

P2P网贷平台的借款利率一般有3种模式：第一种是平台给出利率范围，由借款人自行决定利率，如人人贷、拍拍贷等。第二种是平台根据借款人的信用水平决定借款利率，信用级别较低的借款人则会被要求支付较高的利率。该模式实际上是由P2P网贷平台根据借款人的资信情况直接设定借款利率，如合力贷。第三种是根据出借人的投标利率范围确定贷款利率，投标利率最低者获得签订借款合同的资格。

知识链接 7-1

不可不知的P2P网贷术语

资金站岗：投资人的资金在平台上闲置，没有东西可以投资的P2P网贷现象。资金站岗，将会导致投资人实际有效的投资期限变短，相应的投资收益减少，平均后将会拉低整体的年化收益率。

拆标：分为金额拆标和期限拆标。金额拆标是指对标的金额进行拆分，将大额标拆成多个小额标；期限拆标是指对标的期限进行拆分，将长期标拆成几个短期标。金额拆标是行业正常现象，对投资者而言也是有益的；而期限错配对平台资金的流动性会造成一定冲击，如果平台期限拆标比例过大的话，投资者需谨慎。

网贷黄牛：在网贷平台上用个人投资净值作担保，发布净值标，通过低息借入高息借出而赚取利息差的一类投资者。出现网贷黄牛的地方，平台的人气一般很旺；如果平台人气一般，做黄牛很辛苦，而且还可能会赔钱。

网贷打新族：又称"网投游击队""网投敢死队"，是指投资人群体中一群追求高收益、能够承担高风险的投资人，他们最常做的一件事就是到新开的 P2P 网贷平台上投资。

平台自融：一些网贷平台将出借人的资金留给自己使用的做法。自融的背后一般是企业老板为了帮自己的公司或者关联公司筹资而设立一个 P2P 网贷平台，在平台上所筹集到的资金，绝大部分都投入自有公司或关联公司的项目。平台自融从定义上已经偏离了 P2P 的定义，在法律上也踩了非法集资的红线。

网贷团购：一部分投资人组成紧密或松散的小团体，在同一段时间去某网贷平台投标，类似电商行业中的团购行为。网贷团购的目的主要有两个：一是收益；二是安全。团购是网贷投资进行到一定时期自然出现的市场行为，且目前呈现扩大化的趋势。网贷团购组织形式不一，有松散型，即与网贷平台约标，参团队员各自投标；还有紧密型，大家共用一个账户统一操作。

7.1.4　P2P 网贷国内外的发展概况

1）P2P 网贷国外发展概况

P2P 网贷模式的雏形，是英国人理查德·杜瓦、詹姆斯·亚历山大、萨拉·马休斯和大卫·尼克尔森 4 位年轻人共同创造的。2005 年 3 月，他们创办的全球第一家 P2P 网贷平台 Zopa 在伦敦上线运营。Zopa 是"Zone of Possible Agreement"（可达成协议的空间）的缩写。在 Zopa 网站上，投资者列出想要借出款项的金额、利率和时间，而借款者则根据用途、金额搜索适合的贷款产品，Zopa 向借贷双方收取一定的手续费，而不是赚取利息。如今 Zopa 的业务已扩至意大利、美国和日本，平均每天线上的投资额达 200 多万英镑。

P2P 网贷平台在英美等发达国家的发展已相对完善，这种新型的理财模式已逐渐被身处网络时代的大众所接受。一方面，出借人实现了资产的收益增值；另一方面，借款人可以用这种方便快捷的方式满足自己的资金需求。目前，国外比较大的网贷平台有 Prosper、Zopa、Kiva、Auxmoney、Smava 等。根据平台不同的运营模式，可以把国外的 P2P 网贷平台分为 3 类：单纯中介型平台（Prosper），出借人和借款人完全是自主交易；复合中介型平台（Zopa），平台除了是中介以外，还是担保人、联合追款人、利率制定人；非营利公益型平台（Kiva）。

（1）单纯中介型平台：Prosper

美国的 Prosper 成立于 2006 年 2 月，是美国第一家 P2P 网贷平台，也是全球最大的 P2P 网贷市场，在美国许多州拥有发放贷款的注册许可证，图 7-1 是 Prosper 的网站页面。借款人注册成为 Prosper 会员，填写清楚借款金额、目的、期限以及愿意支付的最高利率，形成借款列表。Prosper 采取竞标模式，即在 14 天的竞标期限内，出借人提出各自愿意借出的金额及能接受的最低利率与借款列表进行匹配，当借款列表中的金额全部筹满时，即为"满标"。如果在 14 天内就已经满标，其他出借人还是可以继续提出更低的利率进行竞标，一旦 14 天期限到，该投标过程结束。在这种情况下，出借意愿超过借款需求，其中提供最低利率的几位出借人将中标。最后，所有的出借人按照中标者中的最高利率获取回报。一旦借贷完成，借款人每个月定期向出借人账户里还款。

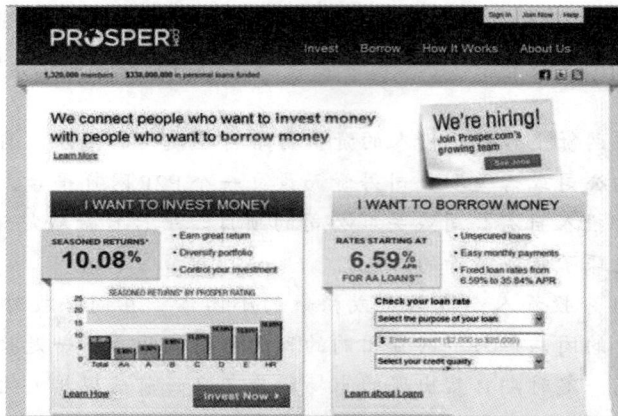

图7-1　Prosper网站页面

　　借款人通过Prosper寻求个人贷款，贷款额度为2000~35000美元，期限为3年或5年。Prosper需要完成的工作就是确保安全、公平的交易，包括贷款支付和选择符合借贷双方要求的借款人和出借人。网站靠收取手续费盈利，Prosper的收入来自借贷双方，根据借款人的评级高低，从借款人处收取每笔借款不同比例的费用，从出借人处按年总出借额收取固定比例的服务费。Prosper模式是比较单纯的信贷中介模式，即出售平台服务并收取服务费，比较适合于社会征信体系比较发达的国家采用。

　　（2）复合中介型平台：Zopa

　　Zopa起源于英国，如今是英国最大的P2P借贷公司，自成立起共进行了4轮融资用于公司发展，并在意大利、美国和日本得到推广。它提供的是P2P社区贷款服务，图7-2是Zopa的网站页面。Zopa模式的特点在于分散贷款、划分信用等级、强制按月还款，网站承担了更多的工作，能较好地控制风险。

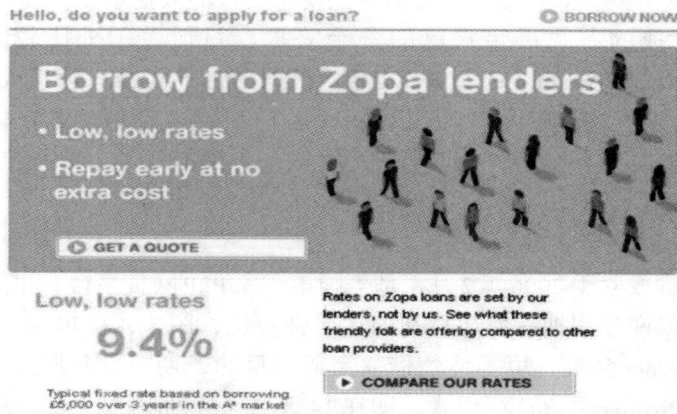

图7-2　Zopa网站页面

　　为了保证安全，Zopa对客户实行实名认证，将借款人按信用等级分为A★、A、B和C4种，根据不同的信用等级，借款人可借入1 000~15 000英镑的借款。另外，Zopa希望能够用各种保护措施来降低出借人的风险，如强制要求借款人每月偿还贷款，借款人提前还款不收取任何的违约金或罚息；并且把每个出借人的资金平均发放给50个借款人，即所谓"不把鸡蛋放在一个篮子里"。

Zopa在整个交易中代替银行成为中间人，责任包括借贷双方交易中有关借款的所有事务、完成法律文件、执行借款人的信用认证、雇用代理机构为出借人追讨欠账等。Zopa模式获得了业界的认可，在2007年分别获得了威比奖（Webby Award）的"最佳金融/支付网站"奖和银行家奖（Banker Award）的"最佳在线项目"奖。

（3）非营利公益型平台：Kiva

2005年成立的Kiva是一家非营利公益型P2P网站，致力于向发展中国家的创业者提供小额贷款，实现消除贫穷的目标，图7-3是Kiva的网站页面。Kiva网站的首页是借款人的照片，背景是他们的小商店、牲口圈、手工作坊等，点击照片可以看到借款人的名字、故事和国籍。在该网站上，每一项借款请求都会详细列出借款人的简历、贷款理由和用途、贷款时限以及潜在的风险等。出借人根据地域、商业类型和风险水平等进行选择，一般是6~12个月的中短期贷款，还款分为到期一次性偿还和按月分期还款。

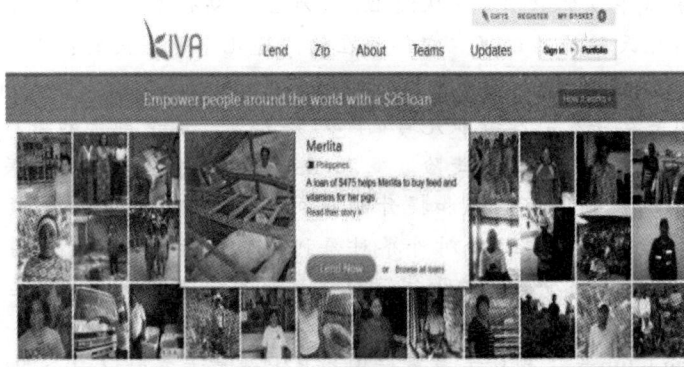

图7-3　Kiva网站页面

Kiva采取"批量出借人+小额借贷"的模式，一般每位出借人只需支付25美元，而一旦一笔贷款的总额募集完成，Kiva就会通过PayPal将贷款转给当地的合伙人。当地的合伙人一般是发展中国家当地的小额金融服务机构（MFI），或者是学校、非政府组织等，负责寻找、跟踪和管理贷出的款项，最后将到期的贷款收集齐后返还给Kiva，Kiva再通过PayPal返还给出借人。目前，Kiva平台已向全世界77个国家的借款人借出款项，在无任何抵押的情况下，还款率为98.85%，不良贷款率仅为1.15%。

案例分析 7-2

Lending Club跌下神坛，从辉煌到垂死

2016年8月，Lending Club公司公布2016年第二季度财报，亏损8140万美元；同时，公司还公布了管理层人事变动，首席财务官（CFO）离职，CFO离职常被认为是公司财务存在不确定风险，此消息引发Lending Club股价在盘后一度跌逾8%，随后股价有所反弹。

全球P2P龙头老大——Lending Club从神坛上走了下来。"旗杆"倒了，这无论对美国还是对中国的P2P行业来说，都是一脸大写的尴尬。短短几年，P2P行业是如何从顶着金融创新名头的云端，跌落至速生速死的深渊？这背后所折射出的行业乱象、信任危机以及监管框架都值得人们反思。

Lending Club犯了什么错？据报道，由于创始人兼首席执行官（CEO）雷诺·拉普兰

赫（Renaud Laplanche）将2 200万美元的近优质贷款出售给了一个单一投资者，违反了公司一直奉行的行业原则以及监管原则，因此董事会决定让CEO辞去其职务。不少业内人士认为，雷诺·拉普兰赫"罪不至此"，有点小题大做，但这更说明了市场经济中规则的重要性。自从"拉普兰赫丑闻"发生后，Lending Club公司的股票价格一路下跌，投资人在Lending Club平台上的投标热情也大减。

不过，冰冻三尺非一日之寒，Lending Club的问题还不仅仅是违规贷款这么简单。创始人辞职这个事情，其实只是压死Lending Club的最后一根稻草。众所周知，Lending Club自2014年年底上市以来，股价走势一直不理想。在过去一年，Lending Club的股价已经跌去了80%，市值也从50亿美元跌到了目前的10亿美元。作为P2P的鼻祖，Lending Club在资本市场上的窘境也折射出整个行业所遭受的质疑和不被认可，这也意味着这种定位为信息中介的金融服务模式走到了一个关键而艰难的时期。

反观中国，东窗事发的P2P——从泛亚到e租宝，从快鹿到中晋，无不散发着坑蒙拐骗的气息，隐藏着庞氏骗局的逻辑。它们存在的问题几乎是一致的：涉及非法融资，资金链断裂，最终窗户纸被捅开，公司因无力偿还而垮台。如果对照Lending Club的处罚措施，这些P2P的相关责任人引咎辞职几百回都难掩其过，诉诸刑责的概率几无避免。因为在一个健全的市场，难以想象铤而走险、蒙混过关的机会主义者能够闯关到底甚至批量发生。这说明，我们的机制还有改进和提升的空间。国内P2P上市第一股——宜人贷也在2015年年底上市首日遭遇破发。面对外界对盈利模式不清晰、经营不善等问题的信任危机，P2P行业可谓正处在一个关键的十字路口，行业的稳健发展任重道远。

资料来源：根据相关资料整理。

问题：Lending Club跌下神坛，最需要国内P2P网贷平台引以为鉴的是什么？

分析提示：P2P网贷平台所有问题的核心是风控。不管是在美国还是中国，P2P都是互联网大潮下对金融的一种创新，同时也是一种补充。然而创新也不能摆脱金融这个缰绳。一旦脱缰，不但自食恶果，而且还是对金融秩序的一种破坏，同时也背离了金融服务实体经济的初衷，最终埋单的仍然是消费者。

2）P2P网贷国内发展概况

自2007年国外P2P网贷平台模式引入中国以来，国内P2P网贷平台蓬勃发展、百花齐放，迅速形成了一定规模。根据网贷平台数量、成交金额以及投资人数量等特征，2007年至今我国P2P网贷发展一共经历了4个阶段。

（1）2007—2011年：以信用借款为主的初始发展期

2007年国内首家P2P网贷平台拍拍贷在上海成立，让很多敢于尝试互联网投资的投资者认识了P2P网络借贷模式，其后一部分具有创业冒险精神的投资人尝试开办了P2P网络借贷平台。这一阶段，全国的网贷平台大约发展到20家左右，活跃的平台只有不到10家。截止到2011年年底，月成交金额大约5亿元，有效投资人在1万人左右。

（2）2012年：以地域借款为主的快速扩张期

这一阶段，网贷平台开始发生变化，一些具有民间线下放贷经验同时又关注网络的创业者开始尝试开设P2P网贷平台。同时，一些软件开发公司开始开发相对成熟的网贷平台模板，每套模板售价3万～8万元。其弥补了那些具有民间线下放贷经验的创业者开办网贷平台在技术上的欠缺。基于以上条件，这一阶段开办一个网贷平台成本大约在20万元左右，国内网贷平台从20家左右迅速增加到240家左右。截止到2012年年底，月成交金额达到30亿元，有效投资人在2.5万~4万人。

（3）2013年：以自融、高息为主的风险爆发期

在这一阶段，网贷系统模板的开发更加成熟，甚至在淘宝店花几百元就可以买到前期的网贷平台模板。由于2013年国内各大银行开始收缩贷款，很多不能从银行贷款的企业或者在民间有大额高利贷借款的投机者从P2P网贷平台上看到了商机，他们花费10万元左右购买网贷系统模板，然后租个办公室简单进行装修就开始上线圈钱。这一阶段国内网贷平台从240家左右猛增至600家左右。截止到2013年年底，月成交金额在110亿元左右，有效投资人在9万~13万人。

（4）2014年至今：以规范监管为主的政策调整期

当前，国家表明了鼓励互联网金融创新的态度，并在政策上对P2P网贷平台给予了大力支持，使很多始终关注网贷平台而又害怕政策风险的企业家和金融巨头开始尝试进入互联网金融领域，组建自己的P2P网贷平台。但同时，P2P网贷平台迅速扩张暴露出来的问题，也使国家加大了对P2P网络借贷的监管。政策方面逐步收紧、对P2P行业进行洗牌清理是势在必行的，一些不具备资产优势、业务能力不强的平台将会被清洗，这将使整个P2P行业优胜劣汰、迅速聚拢，从不合规走向合规。

截至2016年7月31日，我国P2P网贷平台数量达4 070家，其中在运营的平台数量为1 965家，首次跌破2 000家，平台数量地域分布如图7-4所示。在图7-4中，广东省累计平台数量仍居首位（截至2016年7月31日），累计达736家，相比上月增加1家；山东省7月份累计平台数量为515家，比上月多出2家。两个省份合计平台数量占全国平台总数的30.73%，与上月相差较小。在广东、山东之后依次是北京、浙江、上海、江苏、安徽、湖北、四川和河北，8个地区平台数量均超过100家，合计占全国平台总数的50.02%，相比上月大约增长2个百分点，地区排名次序依旧不变。

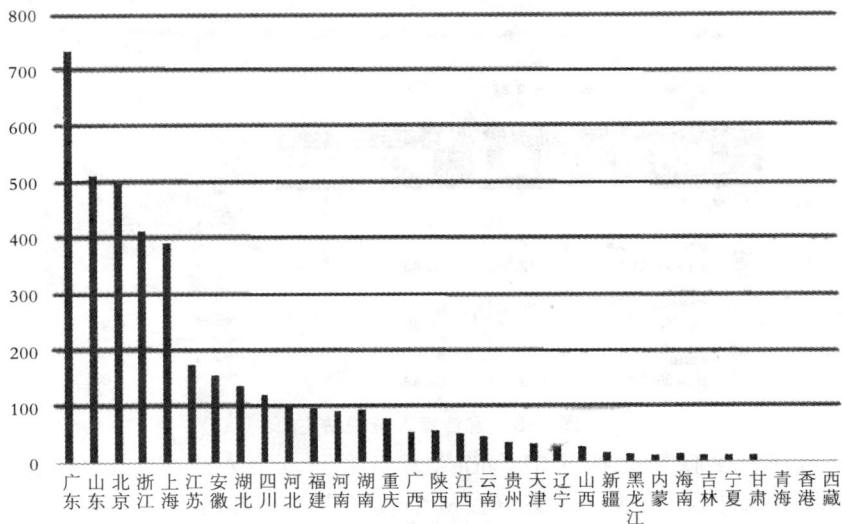

图7-4　平台数量地域分布

资料来源：佚名.网贷天眼发布7月网贷行业数据报告分析［EB/OL］.［2016-08-01］.http://finance.caijing.com.cn.

7.2 P2P网络借贷模式

7.2.1 纯平台模式和债权转让模式

根据借贷流程的不同，P2P网贷可以分为纯平台模式和债权转让模式两种。

1）纯平台模式

纯平台模式又称作传统P2P模式，是指借贷双方的借贷关系是通过彼此在平台上直接接触，一次性投标达成的。在此模式下，网贷平台仅为借贷双方提供信息流通交互、信息价值认定和其他促使交易完成的服务，不实质性参与到借贷的利益链条之中，借贷双方直接发生债权债务关系，网贷平台则依靠向借贷双方收取一定的手续费维持运营。在我国，由于公民的信用体系尚未规范，传统的P2P模式很难保护投资者的利益，一旦发生逾期等情况，投资者将血本无归。

2）债权转让模式

债权转让模式又称"多对多"模式，是指借贷双方不直接签订债权债务合同，而是通过第三方个人先行放款给资金需求者，再由第三方个人将债权转让给投资者。其中，第三方个人与P2P网贷平台高度关联，一般为平台的内部核心人员。在此模式下，网贷平台能够更好地连接借款者的资金需求和投资者的理财需求，主动地批量化开展业务，而不是被动地等待各自匹配，从而实现了自身规模的快速扩展。债权转让模式与国内互联网发展尚未普及到小微金融的目标客户群体息息相关，2012年以来成立的网贷平台多以该模式为主，并以这种债权转让模式来规避非法集资的法律风险。实行债权转让模式最典型的是宜信，其旗下的P2P网贷平台宜人贷于2015年年底在纽交所敲钟上市。图7-5为宜信宜人贷网站主页。

图7-5 宜信宜人贷网站主页

在最初的宜信债权转让模式中，借款人与第三方个人唐宁（宜信集团创始人兼CEO）签订"借款协议"，唐宁将钱直接从个人账户划给借款人，再将手握的债权按时间、金额拆细，形成宜信宝、月息通等期限不同、收益不同的产品，卖给想获取固定收益的大众理财人群或者说出借人。出借人同样将钱直接打到唐宁的个人账户，出借人和借款人两端市场的对接由此完成。

以宜信为代表的债权转让模式因其运营独特，不断遭到外界的质疑。那么宜信的 P2P 模式究竟有没有违规呢？2016 年 8 月 24 日中国银监会、工业和信息化部、公安部、国家互联网信息办公室共同制定并发布的《网络借贷信息中介机构业务活动管理暂行办法》（下称《办法》）是这样规定的：网络借贷信息中介机构不得从事或者接受委托开展类资产证券化业务或实现以打包资产、证券化资产、信托资产、基金份额等形式的债权转让行为。可见，就目前而言，对直接流向实体经济的债权转让业务并没有禁止。但是，《办法》中规定禁止将融资项目的期限进行拆分。

7.2.2　纯线上模式和线上线下相结合模式

根据融资渠道的不同，P2P 网贷可以分为纯线上模式和线上线下相结合模式。

1）纯线上模式

纯线上模式是指通过网络、电话等非线下的方式选择借款人和投资人，对借款人的信用审核也是通过网络进行的，因此借款项目多为信用借款，且额度较小。在资金借贷过程中，P2P 平台只作为纯粹的信息中介方，为借款人提供平台、发布借款信息，投资者在平台上选择适合的借款人。这种纯线上模式要求投资者具备较高的风险自负意识，通常由投资者承担全部的风险，或者在一定限额内通过设立风险保证金为投资者提供部分保障，但绝大部分风险由投资者自负，平台所需承担的风险较小，对信贷技术的要求很高。此类 P2P 网贷平台的收入以佣金、服务费或管理费为主，盈利模式中利息差所占比例较小。当前，纯线上模式的业务扩张能力有一定的局限性，业务运营难度高，但被普遍认为是国内 P2P 网贷未来的发展方向。国内采用纯线上模式的平台较少，最典型的是拍拍贷。

2007 年 6 月在上海成立的拍拍贷，是中国第一家网贷平台。截止到 2015 年年底，拍拍贷平台注册用户达 1 211 万，服务覆盖全国 98% 的地区，无论是品牌影响力、用户数还是平台交易量，均在行业内占据领先位置。在拍拍贷上，借款人发布借款信息，把自己的借款原因、借款金额、预期年利率以及借款期限一一列出来；投资者可以把自己的闲置资金出借给信用良好且有资金需求的个人，获得一定的资金回报。其具体流程如图 7-6 所示。

图 7-6　拍拍贷交易流程图

拍拍贷的风险控制措施主要包括以下几个方面：①自主研发了魔镜个人信用评级系

统，通过大数据甄别风险，进行借款审核；②以个人消费信贷为主，单个借款额度低，违约风险小；③建立了强大的催收团队，并委托专业的资产管理公司进行催收；④三层防火墙隔离系统的访问层、应用层和数据层集群，确保交易数据安全。

2）线上线下相结合模式

线上线下相结合模式，是指以线上为主、线下为辅，线上线下相互结合的模式。由于传统P2P无抵押、无担保，是纯粹的个人信用贷款，在征信体系不健全的国内并不适用，所以很多P2P网贷平台采用线上线下相结合的模式发展。该模式的特点是从互联网上获取资金，线下用传统的方式获取和审核项目，平台提供担保，P2P平台线上销售贷款，通过"高收益+本金保障"计划吸引线上投资者。这是国内P2P网贷的主流方式，在行业内占比达到60%以上。实行该模式的典型平台有人人贷等。

于2010年5月成立的人人贷同拍拍贷一样，是中国最早一批基于互联网的P2P信用借贷服务平台。其创始人及高管团队全部是科班精英出身，属于P2P平台中的"金融学院派"。人人贷的操作流程与拍拍贷类似，借款人在平台上发布借款信息，平台审核通过后，投资人通过平台选择适合自己的贷款对象。人人贷的交易流程如图7-7所示。2016年10月14日，人人贷品牌升级后，理财端we.com为理财人提供专业的理财服务，借款端renrendai.com为借款人提供借款服务。

图7-7　人人贷交易流程图

人人贷有一整套从美国等发达国家引入的科学的信用审查及风险控制机制，通过多年的实践并完善，形成了一整套适用于中国实际，并贯穿于产品设计、前端销售、贷前审核、贷中跟踪、贷后管理的全面而严密的服务流程。具体来说，人人贷的风险控制主要依托三大手段：①通过设立线下实体店寻找借款人资源及进行线下风险管控；②专门设置风险准备金，作为出借客户的风险缓冲；③设计具有代表性的U计划产品，分散投资，降低风险。

7.2.3　有担保模式和无担保模式

根据有无担保机制，P2P网贷可以分为有担保模式和无担保模式。

1）有担保模式

有担保模式是指网贷平台引入担保机制，保障出借人借出的款项能够及时收回。根据担保机构的不同，有担保模式又可分为平台自身担保模式和第三方担保模式。

（1）平台自身担保模式

平台自身担保模式主要包括两种：一种是平台利用自有资金收购出借人已逾期债权；另一种是通过设立风险保证金的方式来填补出借人的本金损失。风险保证金又叫风险准备金，是目前国内 P2P 网贷平台最常使用的一种安全保障模式。采取风险保证金制度的平台，一般会先设立一个专门存放风险保证金的账户，并从平台自身的资金中取出一部分，作为风险保证金的启动资金。当某笔借款成功时，平台会从收取的费用中提取一部分出来，这个比例一般根据平台的坏账率而定，并将这笔费用放入风险保证金账户中。如果平台安全性高一些，平台会委托一些第三方机构如银行等对风险保证金进行托管，并定期开具资金流动报告。这种平台自身担保的保本模式最先来自于红岭创投。

知识链接 7-2

红岭创投周世平为什么有勇气晒 5 亿元坏账？

近日，红岭创投董事长周世平在红岭创投官网论坛上主动曝光红岭坏账约 5 亿元，坏账率接近 3%。

无论是传统金融机构还是互联网金融平台，对坏账的披露都是慎之又慎。P2P 网贷行业甚至一直存在"零逾期""零坏账"的宣传。周世平此举可谓震动业界。但让人更为叹服的是，红岭创投平台并未出现挤兑等风波，而是风平浪静，运营如常。那么，是什么让周世平如此底气十足？红岭创投为何不怕挤兑、资金链断裂？它还能给整个 P2P 行业带来什么？周世平的回答值得所有互联网金融从业者认真品味。

记者（以下简称"记"）：红岭创投为什么敢于自曝坏账？

周世平（以下简称"周"）：监管政策的出台，要求 P2P 平台提高信息透明度。但大部分平台都不愿意自曝坏账，怕影响投资人的信心。有的平台平时把自己包装得高大上，对外宣传团队有多强、零坏账等，给投资人的形象是完美的，可一旦发生坏账，处理不得当，现金流又跟不上，往往会导致资金链断裂。我们把 5 亿元的坏账都公布了，在投资人看来，再坏也坏不到哪里去了，投资人自会判断。我们都是透明的，标的、抵押物都是真实的，能让投资人正确地评估我们的公司。

记：陆金所董事长计葵生近日公开表示，P2P 行业坏账率普遍在 15%～20%，你们只有不到 3%，是不是有水分？

周：我们做大额项目，属于类银行项目，有将近 3% 的坏账已经很高了。银行的坏账率为百分之零点几。而且我们中间管理费的空间不大，我们收取借款人的年化收益率最高到 24%，普遍为 15%～20%，我们给投资人 12%，所以中间一般有 6% 的利息差，再去掉 2% 的坏账，扣除人员工资，平台是微利的，所以将近 3% 的坏账率已经很高了。但小额贷款项目靠高收益覆盖高风险，他们放款一般收取 45% 的年化收益率，给投资人的只有 8%，中间有很大空间，即使 15% 的坏账还有钱赚。而我们如果超过 3%，就可能不赚钱了。

记：你自曝的 5 亿元坏账指的是什么程度的坏账？

周：就是收不回来了。有的人都跑掉了，有的是抵押物不充分。至于不良贷款经常发生，逾期比较常见，但过段时间就还了，这都不算坏账。

资料来源：南方财富网. 红岭创投周世平为什么有勇气晒 5 亿元坏账？[EB/OL]. [2015-11-10]. http://www.southmoney.com/P2P/201511/443840.html.

（2）第三方担保模式

第三方担保模式是指P2P网贷平台与第三方担保机构合作，其本金保障服务全部由担保机构提供，P2P网贷平台不再提供风险性服务。其中，第三方担保机构为担保公司或有担保资质的小额贷款公司。目前，陆金所（融资性担保公司提供担保）、开鑫贷（有担保资质的小额担保公司、非融资性担保公司提供担保、票据质押）、有利网（有担保资质的小额担保公司、融资性担保公司提供担保）等均属这种模式。

担保模式是为了满足市场投资者的需求而引入的，可以说是具有中国特色的网贷创新模式。提供本金甚至利息担保的P2P模式，现已成为P2P网贷的主流模式。但不管是平台担保模式还是第三方担保模式，都只是转移了风险，而不是降低了风险。如果没有一个良好的机制来约束借款人，增加其违约成本，P2P网贷的逾期率和坏账率依然会维持在原有水平，不会从根本上提高其运营效益。新出台的《网络借贷信息中介机构业务活动管理暂行办法》规定：网络借贷信息中介机构不得直接或变相向出借人提供担保或者承诺保本保息。可见，在完善法律、法规和征信系统后，P2P网贷平台未来的发展方向还将是无担保模式，平台仅作为借贷双方之间的中介，而不介入借贷双方的交易。

知识链接 7-3

改名平安普惠去P2P标签？

2012年3月网络投融资平台（www.lufax.com）正式上线后，陆金所初期主要面向中小投资者推小额贷款项目，一直以其P2P业务"稳盈-安e"和"稳盈-安业"作为主打产品。然而，历经3年多的发展，上述P2P业务在公司整体业务模块中所占的份额逐渐减少。陆金所董事长计葵生此前透露，目前上述P2P业务仅占陆金所个人网络投融资平台（lufax平台）业务量的10%～20%。

值得一提的是，就在2015年3月17日，平安集团宣布，将平安直通贷款业务、陆金所辖下的P2P小额信用贷款以及平安信用保证保险事业部的业务管理团队整合成统一的"平安普惠金融"业务集群，实现优势互补，发挥规模效益。其中，陆金所将纯化为金融资产交易信息服务平台，更好地发挥其非标金融资产集散地的市场作用，构建成一个开放平台。2015年9月15日，陆金所召开新闻发布会，正式披露陆金所开放平台战略3.0，并启用新域名lu.com。

"3年时间里，陆金所累计20多万笔贷款案例，但与平安集团的资源整合后，借款的客户数便从20多万变成100多万。"计葵生曾表示，通过资源整合，将"养牛喝牛奶"转变为成立牛奶市场，发挥平台的最大效益。

此项改进起初被外界传为陆金所P2P业务被剥离，实际上陆金所方面希望通过资源有效整合，大大增加了其P2P项目供给，同时达到陆金所"P2P平台"标签淡化的目的。陆金所官网显示，除P2P系列项目外，陆金所已经陆续推出了养老保障委托管理产品"富盈人生"、"安盈-票据"等；上线了基金频道，与汇添富、易方达两家基金公司合作，上线了20多只基金产品。

据计葵生介绍，未来陆金所平台上将聚合3类产品：P2P（借款方必须为个人）、非标金融资产（如资管计划）、标准的金融产品（如基金、寿险等）。他同时表示，不管是现在还是未来，P2P产品都是陆金所平台最重要的获客来源。

资料来源：王宇.陆金所"坏账"事件后积极"去P2P标签"[EB/OL].[2015-10-12]. http://money.163.com/15/1012/01/B5MILSKF00253B0H.html.

2）无担保模式

无担保模式保留了 P2P 网贷模式的原始面貌，平台仅发挥信用认定和信息撮合的作用，提供的所有借款均为无担保的信用贷款，由出借人根据自己的借款期限和风险承受能力自主选择借款金额和借款期限。贷款逾期和坏账的风险完全由出借人自己承担，网站不进行本金保障承诺，也不设立专门的风险准备金来弥补出借人可能发生的损失。

这种模式体现了直接融资的概念，是金融脱媒的一种表现形式，改变了以往资金通过银行等中介汇集再给予资金需求方的模式，是一种创新的金融模式。坚持做纯平台无担保模式的 P2P 平台，全国屈指可数，在大量带担保的 P2P 平台的围剿下，其生存难度日益加大。

✖ 拓展思考 7-1

面对众多 P2P 平台标榜一两千万或四五千万元的风险保证金，你认为风险保证金到底能"保"多少？P2P 平台风险保证金模式真的能保障投资安全吗？

答：保障是微乎其微的。其主要原因如下：首先，风险保证金模式是建立在 P2P 平台自我增信的基础上的，没有得到有效的法律约束，当出现问题时要不要偿付都是平台说了算；其次，对一个平台来说，交易金额少则几千万元，多则上亿元，很多项目的金额是远远大于风险保证金总额的，一旦项目出现坏账，保证金只是杯水车薪。

7.3   P2P 网络借贷的风险

7.3.1   借款人信用风险

一直以来，我国的信用体系都是以央行为主导的单一格局。央行征信系统主要收集企业和个人与银行发生关系的信贷信息。截至 2015 年 4 月底，央行征信中心的金融信用信息基础数据库已收录企业及其他组织近 2 068 万户，收录自然人 8.6 亿。其中，有信贷记录的只有 3 亿人，不在央行征信中心数据库的自然人规模接近全国人口总数的一半，而不与银行发生信贷关系的自然人更是多达数十亿，其信用程度如何不得而知。不管是在用户的覆盖面上还是在数据的多样性上，央行征信系统都有很大的局限性。央行征信系统的数据无法满足 P2P 网贷平台在线上审核借款人信用时的需要，使得 P2P 网贷平台在审核借款人的资质时更多的是依靠平台自身的实力来完成。另一方面，由于信用体系不完善，个人参与 P2P 信贷活动的信用与整个金融体系的信用或社会信用体系不对接，在 P2P 平台违约一般不会使借款人在社会信用体系中有不良的信用记录，对借款人来说违约成本低，不会影响其在其他平台借款，也不会给他的社会经济生活带来严重的后果，这就无法对借款人起到约束作用。

案例分析 7-3

小额信贷标是怎么来的？

总的来说，一个小额信贷标的诞生要迈过两道大门：首先是线下业务专员拓展借款人。在线下业务专员获得借款客户之后，就会把借款客户的纸质版信息提供给线下门店客服。之后，就进入第二个阶段——贷前风险控制。小额信贷标的流程如图 7-8 所示。

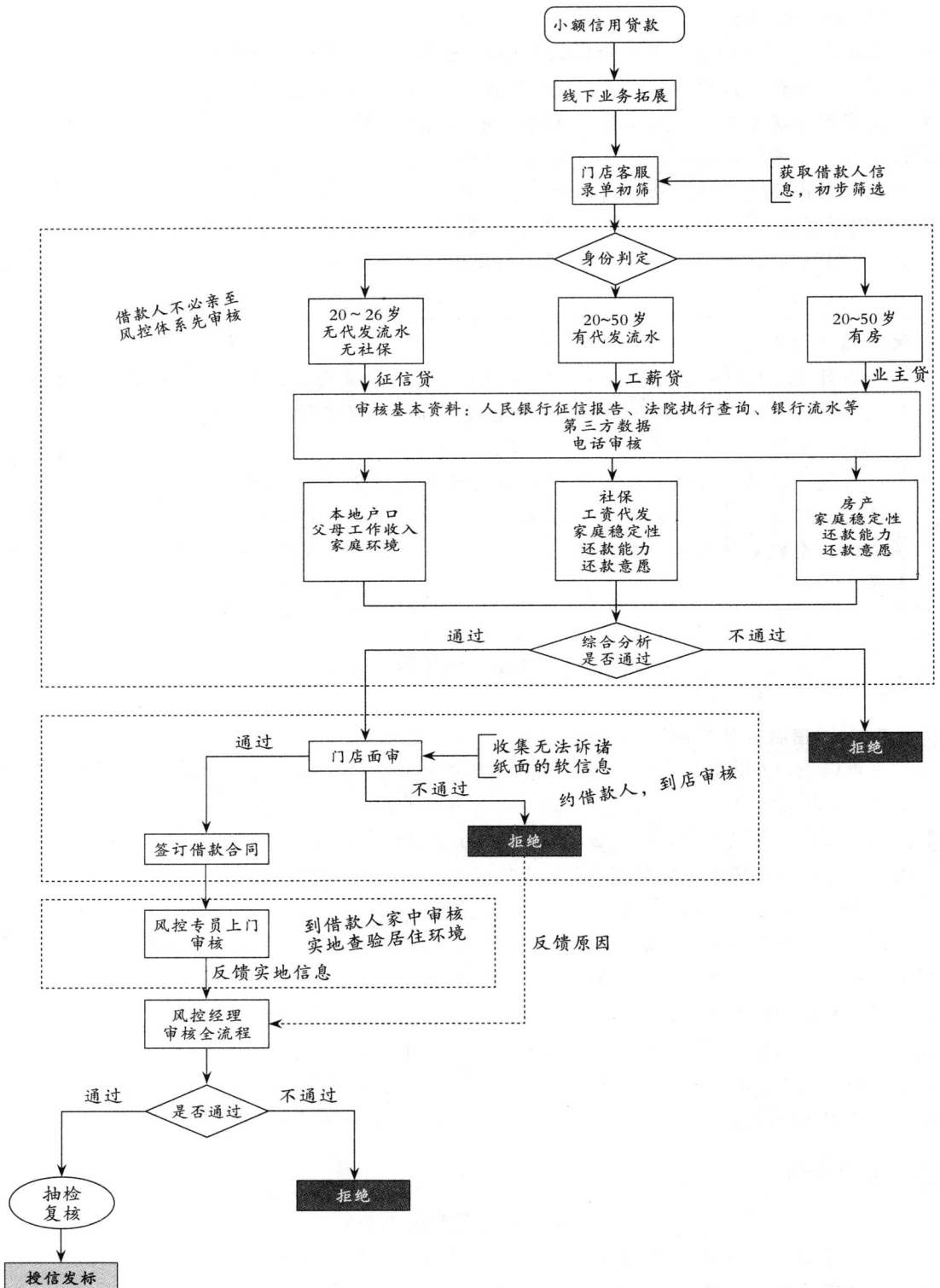

图7-8　小额信贷标流程图

　　线下门店客服会对借款人的信息进行粗筛，一般没有过分明显的不可贷款条件都会放行。客服把粗筛过后的借款人信息录入 P2P 平台的审单系统，公司风控部就会收到客户信息，信审专员（进行风险控制审核的专业人员）会根据公司的风控标准进行研判。

　　此时，贷前风险控制进入了核心阶段，也就是流程图里第一个虚线框圈起来的部分。信审专员会根据借款人的意愿和借款人条件对其进行身份判定。比如，一位没有房产的上班族来借钱，如果他能提供工资代发流水和现工作单位的社保，那就有可能通过工薪贷（各平台名称不同，业务没差别）借到钱；如果是有自己物业的借款人，就有可能通过业主贷借到钱；如果既无代发流水，也没有房产，就只能通过征信贷借钱。上述贷款产品无论名称如何，都属于信用贷款，也就是无抵押贷款。

　　每种贷款产品的借款额度不一样，审核的侧重点也不一样。比如，征信贷，信审专员更多考虑的是如果借款人违约，其父母是否具备偿还能力，由此信审专员就会在获取借款人家庭背景方面的信息上投入更多的心思。但无论是哪种贷款，信审专员都要查看以下资料：门店客服录入的基本资料、人民银行征信报告（打印日期一般要求 15 天内）、全国法院被执行人信息查询（如图 7-9 所示）、银行流水（征信贷借款人也是需要提供银行流水的，但不要求是工资代发流水）。在审核了这些基本资料之后，信审专员会利用民间的第三方个人信用状况数据库核实借款人更多的信息。接下来就是紧张刺激的电审了，信审专员在向借款人询问时通常不会隐瞒身份，而是直接表明自己是××平台的审核员，直接进行询问。除了对借款人本人进行电话审核外，信审专员还会打电话给借款人的亲友。至此，风控部信审专员基本上就可以对借款人的借款申请作出评估了，如果通过，借款人就会进入面审流程。

图 7-9　全国法院被执行人信息查询

　　面审是指借款人带上相关材料来到平台的线下门店，在这一步中，主要是审核材料手续是否齐备、借款人言语间流露出的还款意愿，并且对借款人的精神气质进行观察。这些软信息，比之标准化信息，能更加真实地反映借款人的态度、意愿和品格。除非借款人是演员，否则掩藏的难度很大。

　　门店审核这一关如果通过了，就直接签订借款合同。之后进行上门审核，如果上门实地查看发现借款人撒谎就直接拒绝。上门审核主要是看实际居住环境与填写资料是否相符，一旦借款人通过了上门审核环节，基本上就可以确定能够在该平台发标了。再接下去就是风控经理把全过程再审核一遍，看有没有违反规定的地方，没有问题就发标。在发标之前还有个抽检，一小部分标的会被随机抽出复核。

上述所有过程结束之后，投资人就可以在电脑中看到新鲜出炉的借款标的了。

资料来源：信贷大王.详解：你们投的小额信贷标是怎么来的［EB/OL］.［2016-08-19］. http://www.wdzj.com/zhuanlan/guancha/17-2651-1.html.

问题：根据资料，总结小额信贷标的产生流程。

分析提示：线下拓展—门店客服录单—风控部信审专员审核（未见借款人）—线下门店面审（见到借款人）—风控专员上门审核（见到借款人的居住环境）—风控经理审核流程—抽检—发标，审核步步深入，所见信息愈加丰富。

7.3.2 资金挪用风险

目前，绝大多数的P2P平台未与银行业金融机构合作，对出借人与借款人的资金作第三方托管或存管。在平台数量和交易金额都领先于全国的深圳，采用全面资金托管模式的平台目前还不到1/10。推及全国，采用第三方资金托管的P2P平台很难超过50%，并且在声称采用第三方资金托管模式的P2P平台中，还存在着大量的假托管，如有的用第三方支付功能来冒充第三方资金托管功能。这就意味着出借人的资金在到达借款人账户前是被暂时存放在平台账户中的，平台经营者随时有机会转移资金（携款逃跑）或利用平台筹集的资金解决公司自身的资金问题。

7.3.3 网络与信息风险

除信用与违约风险外，网络与信息风险是使投资者蒙受损失的另一主因。由于尚无政策法规明确规定P2P网贷平台的准入条件，网贷平台几乎无准入门槛，这就使得一些不法分子或小公司只需要花极少的费用，就可以购买代码或系统，在网络上注册一个域名就能建立起一个P2P网贷平台。这样的平台安全系数极低，甚至有部分平台恶意出售客户的个人信息，即便是正规的网贷平台，如果在运行过程中无技术支持，不对网站进行日常维护升级，也很容易遭到黑客的入侵。轻者，网贷平台系统瘫痪，投资人无法在平台进行正常的交易或取现；严重时，客户的个人信息和账户资金会被盗取，甚至会威胁到客户日常的经济和人身安全。

知识链接 7-4

黑客攻击P2P频次增加，超150家平台被"恶整"

2015年4月9日，一则名为"芝麻金融P2P网站数据库泄露可导致用户千万级资金受影响"的漏洞，通过了国内互联网安全漏洞平台"乌云网"的后台审核，其中指出"逾8 000名用户资料被泄露，包括用户姓名、身份证号、手机号、邮箱、银行卡信息等"，涉及金额高达3 000余万元。对此，芝麻金融的客服人员向《21世纪经济报道》记者坦承："今早业内数家P2P机构后台均遭到攻击，很不幸芝麻金融成了其中的一员。"

乌云网联合创始人邬迪告诉《21世纪经济报道》："这并不是P2P领域数据的第一次泄露，但绝对是规模较大的一次。"漏洞信息显示，"随便登录几个账户，后台显示都是10万量级以上的资金"。

事实上，自2013年P2P行业火爆以来，其遭遇黑客攻击的频次亦呈量级增加。据

《21世纪经济报道》记者不完全统计，自2014年起，全国已有逾150家P2P平台由于黑客攻击造成系统瘫痪、数据被恶意篡改等。据一不愿具名的知情人士透露，今年前3个月，仅广州地区便有逾20家P2P平台遭遇不同程度的黑客攻击，"且逾半数平台在上线一年后需要推倒、重新建设其后台系统"。

根据世界反黑客组织的通报，中国P2P平台已成为全世界黑客"宰割的羔羊"。业内人士表示，目前P2P软件提供商鱼龙混杂，不少平台IT系统简单、漏洞多，是被黑客轻易攻击的主要原因。P2P网贷平台对技术的要求不亚于银行，如何解决网贷系统安全问题，事关P2P平台公司的存亡。

资料来源：吴燕雨，朱志超.黑客盯上P2P漏洞 芝麻金融惊现数据库泄露门［EB/OL］.［2015-04-15］. http://imoney.21so.com/2015/scqy_415/1377708.html.

7.4 P2P网络借贷风险防范

7.4.1 完善个人信用体系，将信用评级与风险定价相结合

全面的信息是P2P平台准确判断借款人信用等级的良好基础，完善的征信体系也能对借款人的违约行为有一定程度的约束。应该尽快完善个人信用体系，将个人参与P2P网贷的信用记录融入央行征信系统中，使得整个金融体系都能够共享个人的信用信息，通过提高失信成本，对借款人的违约行为进行约束。

一方面，P2P平台可以根据借款人的信用等级、近期的借款次数及金额、贷款期限等内容对借款申请人进行评级打分，根据不同的评级结果设置不同的利率，信用评级越低，借款利率越高；另一方面，也可以对不同信用评级的借款人收取差别的账户管理费或服务费等，信用评级越低，管理费越高。

2016年1月21日，国家发展和改革委员会、最高人民法院、最高人民检察院、公安部、国家工商行政管理总局、国家安全生产监督管理总局等联合召开新闻发布会，对外通报44部门联合签署的《关于对失信被执行人实施联合惩戒的合作备忘录》（以下简称"备忘录"）。

《备忘录》共提出55项惩戒措施，基本可以分为八大类：对失信被执行人设立金融类机构的限制措施，从事民商事行为的限制措施，行业准入的限制措施，担任重要职务的限制措施，享受优惠政策或荣誉的限制措施，高消费及其他消费行为的限制措施，限制出境、定罪处罚的限制措施，协助查询和公示失信被执行人信息的措施。

> ❈ 拓展思考7-2
> 一般来说，影响个人信用的常见行为主要有：①信用卡连续3次、累计6次逾期还款；②房贷月供累计2~3个月逾期或不还款；③车贷月供累计2~3个月逾期或不还款；④贷款利率上调，仍按原金额支付月供，产生欠息逾期；⑤水、电、燃气费不按时缴纳；⑥个人信用卡出现套现的行为；⑦助学贷款拖欠不还款；⑧"睡眠信用卡"不激活也产生年费，不缴纳就会有负面信用记录；⑨信用卡透支消费、按揭贷款没有及时按期还款；⑩为第三方提供担保时，第三方没有按时偿还贷款；⑪个人信用报告还会记录法院部分经济类判决，因此，欠账等经济纠纷也会影响信用记

录；⑫手机扣费与银行卡扣费挂钩，在手机停用后没有办理相关手续，因欠月租费而形成逾期，也会有不良记录；⑬被他人冒用身份证或身份证复印件产生信用卡欠费记录；⑭将违建行为人的信息纳入信用记录，对经多次催促仍不履行处罚决定的违法当事人采取征信手段，将其基本信息及违法事实提供给征信机构，由征信机构录入信用系统；⑮交通失信行为分为三类：一般、较重、严重，一般失信以提醒、教育为主，较重、严重失信与评优评先、职业准入、个人信贷、车辆保险等挂钩。根据《备忘录》，你认为不良信用记录会对个人生活造成什么样的影响？

答：①无法在银行、小额贷款公司等金融机构申请贷款。申请房贷、车贷都会被拒之门外。②不能再办理信用卡。③影响个人出行。如果个人信用记录是黑名单，被银行起诉，将导致借款人不能乘坐飞机、无法入住星级酒店等。④个人信用记录除对自身有影响外，也影响一个家庭，如丈夫信用记录不良，那么妻子按揭贷款也会遭拒。

7.4.2 引入第三方资金托管或存管机制，将平台资金与客户资金隔离管理

P2P平台资金存管，是指P2P平台将交易资金、平台相关备付金、风险金等存放于第三方账户上，如银行账户或第三方支付机构账户。第三方资金托管或存管是保障P2P网贷用户资金安全的有效手段。新出台的《网络借贷信息中介机构业务活动管理暂行办法》规定，网络借贷信息中介机构应当实行自身资金与出借人和借款人资金的隔离管理，并选择符合条件的银行业金融机构作为出借人与借款人的资金存管机构。这样既能避免以圈钱为目的的伪P2P网贷平台或诈骗平台的出现，也能对网贷平台自身的资金进行监控，防止平台私设资金池或进行自融，即使在平台经营不善面临倒闭时经营者也无法转移资金或携款逃跑。

2016年8月，银监会向各家银行下发了《网络借贷资金存管业务指引（征求意见稿）》。意见稿中定义了网络借贷资金存管业务，是指银行业金融机构作为存管人接受网络借贷信息中介机构（以下简称网贷机构）的委托，按照法律、法规的规定和合同的约定，履行网络借贷资金专用账户的开立与销户、资金保管、资金清算、账务核对、信息披露等职责的业务。资金存管的作用主要有三点：一是能够根据资金的性质和用途为网贷机构、网贷机构的客户（包括出借人、借款人及其他网贷业务参与方等）设立单独的资金账户，实现各账户之间的有效隔离。二是依照出借人与借款人发出的指令或有效授权的指令，办理网络借贷资金的清算支付，确保资金指令真实合法，防止网贷机构非法挪用客户资金。三是能完整记录网贷平台的客户信息、交易信息、项目信息及其他关键信息，并向借款人和出借人提供信息查询功能。有了这些信息，存管银行可以定期出具存管报告，平台的交易量、交易余额、投资人数、不良率、逾期率等关键信息可以更透明。

知识链接 **7-5**

银行为何要卡住P2P资金存管的脖子

近日，监管机构出台了《网络借贷资金存管业务指引（征求意见稿）》，P2P行业资

金存管要求再次升温。然而，此时距离监管机构首次要求落实资金存管制度已经过了一年的时间。截至2016年6月底，仅有30家平台真正达到了合规要求，超过98%的平台仍处于合规裸奔状态。

问题在于，不是平台不愿意，而是主动权在银行手里，银行却没啥动力，积极性差。于是，对大多数平台而言，一方面，"存管合规"成了遥不可及的奢望，不知何时才能落地；另一方面，合规大限却越来越近。所以，这是要逼死人的节奏吗？这个难题该如何解决呢？

银行谨慎对待P2P存管业务的原因主要有两个：

原因一：收益和成本不匹配

银行在提供资金存管服务的过程中，收入主要来自于接入费（一次性收取）、服务费（按年收取）和交易费（按交易金额收取）三大块，具体视平台交易类型和复杂程度而定，一般接入费和服务费多在10万元以下，交易费率多为0.15%～0.3%，有的会高一些，能达到0.5%左右。

相应地，存管银行需要履行以下义务：设置负责资金存管业务与运营的一级部门，搭建专门的网络借贷存管业务技术系统并确保其安全、高效、稳定地运行，每日与平台进行账务核对，并定期出具网络借贷资金存管报告等。这需要投入专门的人力和物力资源。

接入每一家平台，银行的支出基本上是一致的，但收益与平台的规模直接相关，接入一些大平台，银行的手续费收入多，且可获得可观的资金沉淀，自然是愿意的；但接入绝大多数中小平台，收益和成本并不匹配，沉淀的资金也勾不起银行的兴趣，银行的积极性自然不高。此外，接入中小平台还有一个潜在问题，那就是中小平台倒闭的风险太高。银行好不容易搭建好了系统，没过几个月，银行还没回本，小平台就倒闭了，银行找谁说理去？

原因二：投资人迁怒风险和连带赔偿责任

当前仍是P2P平台创立者跑路的高发期，平台创立者跑路后，投资人要钱无门，抱着"要回一点是一点"的想法，几乎必然会向资金存管方讨说法，何况资金存管方又是银行这个"大财主"。

在P2P行业中，"平台跑路、资金存管方躺枪"的事情并不少见。作为资金存管方，银行即便在法律上无须承担任何责任，也不愿牵扯到任何潜在的风险之中，这是其对资金存管业务积极性不高的另一个重要原因。

资料来源：薛洪言. 银行为何要卡住P2P资金存管的脖子 [EB/OL]. [2016-08-19]. http://finance.sina.com.cn/zl/china/2016-08-19/zl-ifxvcsrn8658782.shtml.

7.4.3　加强监管，提高网络安全技术，保护客户隐私与资金安全

由于P2P网贷平台交易模式的特殊性，国家或行业主管部门应该针对P2P网贷平台设立一定的资金准入门槛，并要求平台建立或使用与其业务规模相匹配的网络技术系统与硬件设施。

网络借贷信息中介机构应当按照国家网络安全相关规定和国家信息安全等级保护制度的要求，开展信息系统定级备案和等级测试；要有完善的防火墙、入侵检测、数据加密以及灾难恢复等网络安全设施和管理制度；要建立信息科技管理、科技风险管理和科技审计

等方面的制度，配置充足的资源，采取完善的管理控制措施和技术手段，保障信息系统安全、稳健地运行，保护出借人与借款人的信息安全。

网络借贷信息中介机构应当记录并留存借贷双方的上网日志信息、信息交互内容等，留存期限为自借贷合同到期日起5年；每两年至少开展一次全面的安全评估，接受国家或行业主管部门的信息安全检查和审计。

网络借贷信息中介机构成立两年以内，应当建立或使用与其业务规模相匹配的应用级灾备系统设施。

本章小结

P2P网贷又称P2P网络借贷（Peer-to-Peer Lending），是基于互联网应用的一个金融创新模式，指的是由P2P网络信贷公司提供中介平台，借贷双方通过该独立的第三方网络平台相互借贷，即资金借入人在平台发放借款标，到期偿还本金；资金借出人向借入人放款，获取利息收益，并承担风险；网络信贷公司收取中介服务费。

P2P网贷具有投资门槛低、操作简单、交易方便、资金流动性好、投资风险大、信用风险高、投资收益稳定、收益率高等特点。P2P网贷投资逐渐成为大众主流的理财方式之一。

根据不同的运营模式，国外的P2P网贷平台可以分为三类：①单纯的中介型平台（Prosper），出借人和借款人完全是自主交易；②复合中介型平台（Zopa），平台除了是中介人以外，还是担保人、联合追款人、利率制定人；③非营利公益型平台（Kiva）。

P2P网贷平台的运营模式主要有三种划分标准：按借贷流程，可分为纯平台模式和债权转让模式；按融资渠道，可分为线上模式和线上线下相结合模式；按有无担保，可分为有担保模式与无担保模式。国内的P2P网贷平台根据我国的国情和平台自身的优势，形成了多种多样的P2P网贷平台运营模式。

中国P2P网贷平台运营中存在的风险主要有：借款人信用风险、网络与信息风险、资金挪用风险。针对风险，主要有以下三点防范措施：①完善个人信用体系，将信用评级与风险定价相结合；②引入第三方资金托管或存管机制，将平台资金与客户资金隔离管理；③加强监管，提高网络安全技术，保护客户隐私与资金安全。

关键概念

P2P　网络借贷　单纯中介型平台　复合中介型平台　纯平台模式　债权转让模式线上模式　线上线下相结合模式　有担保模式　无担保模式　资金存管风险准备金

综合训练

1.不定项选择题

（1）中国平安集团旗下的理财平台是（　　　）家。

A.陆金所　　　　　　B.拍拍贷　　　　　　C.开鑫贷　　　　　　D.贝通网

（2）以下（　　　）平台的保障形式为"融资性担保公司"。

A.人人贷　　　　　　B.拍拍贷　　　　　　C.红岭创投　　　　　　D.积木盒子

（3）P2P 的全拼是（　　　）。

A.Peer to Peer

B.People to People

C.Person to Person

D.Previous to Present

（4）以下四种模式中，（　　　）不属于国内 P2P 平台模式。

A.纯线上模式

B.线上线下相结合模式

C.债权转让模式

D.纯线下模式

（5）以下（　　　）平台是单纯中介型平台。

A.Zopa

B.Prosper

C.红岭创投

D.宜信宜人贷

（6）按融资渠道的不同，P2P 运营模式可分为（　　　）。

A.线上模式

B.线上线下相结合模式

C.债权转让模式

D.有担保模式

（7）担保模式的 P2P 平台包括（　　　）。

A.平台自身担保

B.小额信贷公司担保

C.非融资性担保公司担保

D.融资性担保公司担保

（8）网络借贷行业的风险包括（　　　）。

A.网络风险

B.信用风险

C.担保垫付风险

D.流动性风险

2.简答题

（1）什么是 P2P 网络借贷？它有哪些特点？

（2）我国 P2P 网贷的发展经历了哪几个阶段？

（3）P2P 网贷平台的运营模式主要有哪几种划分标准？

（4）资金存管和风险准备金的作用是什么？

（5）P2P 理财与银行理财、信托理财相比有哪些优势？

（6）针对 P2P 网贷的风险，有哪些防范措施？

（7）中国 P2P 网贷平台运营中存在的风险主要有哪些？

（8）P2P 网贷未来会向什么方向发展？对此你有什么建议？

3.案例分析

P2P 平台跑路典型案例分析

（1）P2P 网贷第一案：优易网（2012 年）

江苏的 P2P 平台优易网于 2012 年 8 月上线。2012 年 12 月 21 日上午，优易网在其网站发布公告称"公司停电，下午 3 点恢复正常"。该公告发出后，公司客服电话就再也无人接听，3 位负责人也联系不上了。就在当天，优易网自称的控股股东香港亿丰国际投资发展有限公司也在网站上挂出声明，称"公司旗下从未有所谓的南通优易电子科技有限公司"。案件现已侦破，主犯以及从犯均被抓回，但优易网受害投资人 2 000 万元的款项至今未能获得一分钱补偿。

出借人之所以有资金的损失，主要是由于第三方支付机构并未起到资金监测的作用。优易网网站信息显示，出借人可以通过两种方式将投资款划拨给优易网：一是直接通过银行转账到优易公司的工行账户；另一种是通过第三方支付机构国付宝和环迅支付充值。这种模式的问题在于：一是在优易网与第三方支付机构签订的合作协议中，第三方支付机构的责任仅限于将出借人充值的资金结算给优易网，未接触过借款人；二是第三方支付直接绑定托管银行即优易网的开户行账户，出借人的钱全部都在托管银行账户中，银行是否冻结以及银行里沉淀了多少资金，第三方支付机构并不清楚；优易网从第三方支付结算账户提现就是直接将钱提到开户账户里，优易网收到出借人款项后的真实用途根本无法查证。

（2）自融性平台：三大平台都是一个老板（2013年）

杭州国临创投、深圳中贷信创、上海锋逸信投3家P2P网贷平台于近日同时倒闭。据投资者反映，3家平台公司的实际控制人为同一人。目前，此人可能已经跑路，上述3家平台被卷跑的资金至少在1亿元以上，投资人损失少则十余万元，多则上百万元。杭州、深圳、上海投资者俱已报案，警方已立案。

一份"关于成志德和郑旭东涉嫌集资诈骗的报案材料"显示，杭州国临创投（杭州西府电子商务有限公司发起成立）的法人代表成志德（其实际控制人是郑旭东或是他的亲朋好友），于2013年6月开设"国临创投"P2P网贷平台，并由"深圳市中瑞隆信托资产管理有限公司"对借款合同进行100%本息担保。该平台以高利率为诱饵，利用互联网针对不特定的网民进行集资诈骗活动，诈骗金额达3 000万元以上。同时，平台法人代表成志德和实际控制人郑旭东虚拟借款人，涉嫌以高息月标诱骗众多受害人出借资金投资国临创投翠意满园资产包份额抵押标，这些资金直接进入了成志德或郑旭东的个人账户，被其非法侵占。杭州国临创投的投资者称，此前在该平台投资，除了能获得利息外，还有一定的奖励，一笔资金最后获得的收益最多可达40%。所有的投资者都知道网贷平台风险很大，但是敌不过高利率的诱惑。也有业内人士认为三家P2P网贷平台可能都属于自融性平台，只是披着P2P的外衣。

（3）纯粹诈骗平台：科迅网（2014年）

2014年6月，上线仅4个月左右的深圳P2P平台科迅网跑路。该事件涉及受害者千余人，金额超5 000万元。科迅网在运营中存在许多造假的地方，如团队介绍造假，执行董事"高大上"的学历等皆为虚构，团队人员的照片也是从别的网站抄袭过来的；宣传资料造假，早在其成立一个月余时便有投资人曝光网站的合作项目是用Photoshop做出来的；注册地址造假，后来经实地查看，发现其注册地址上根本不存在这家公司。

但这些都未引起投资人的重视，当时的科迅网获得了百度加V认证和百度财富推广，投资人也就放松了警惕。科迅网属于纯粹的诈骗平台，投资人应当引以为鉴。

资料来源：根据相关资料整理。

问题：从以上案例我们可以看出，P2P平台跑路时有发生。根据案例结合所学的知识，你认为P2P网贷投资中的风险有哪些？作为个人投资者如何识别诈骗平台，保障个人资金安全？

分析提示：P2P网贷平台运营中存在的主要风险。

4.实践训练

实训项目：体验不同的P2P平台。

实训目的：结合实践，了解P2P网贷交易流程以及不同P2P平台运营模式的区别。

实训步骤：

（1）进入几个P2P平台的网站（如拍拍贷、人人贷、陆金所等）。

Tips：平台尽可能多样化，注意网络安全；从P2P平台官网进入，防止钓鱼网站。

（2）注册成为网站会员。

Tips：注意保护个人隐私。

（3）浏览网站的主要业务。

Tips：你觉得哪些 P2P 平台的产品设计更吸引投资者，为什么？

（4）体验网站的特色项目

Tips：比较不同 P2P 平台运营模式的区别。

第8章　网络金融安全技术

学习目标

　　本章阐述了网络金融现存的问题、网络安全技术、网络支付与安全协议。通过本章的学习，学生应了解当前网络金融采用的安全技术，包括防火墙技术、入侵检测技术、防病毒和防木马等技术，以及安全协议的作用和配置管理。

引　例

央行：中国金融信息安全面临挑战　应加强监控

　　中新社北京5月25日电（记者贾靖峰）中国人民银行25日称，中国金融业信息安全相关6部门近期召开会议警示，中国金融信息安全工作仍面临挑战，金融机构信息安全问题依然存在，信息安全事件时有发生，要求加强对薄弱环节的监控，确保金融信息系统安全运行。

　　中国人民银行党委委员、行长助理李东荣在会上说，近年来人民银行通过现场检查、风险评估、等级测评、规范管理等工作，不断提高金融信息安全风险防范能力，建立了应急管理机制，促进了灾备中心建设，并积极与工信部、公安部、电监会跨部门协调，加大了金融机构信息安全工作力度。

　　但他又指出，中国金融信息安全工作仍面临挑战，金融机构深层次信息安全问题依然存在，信息系统架构合理性问题、信息系统高可用问题、自主运维能力等问题逐步显现。

　　李东荣强调，2010上海世博会和广州亚运会对中国金融信息安全提出了新要求，各金融机构应落实保障措施，加强对薄弱环节的监控，加强风险预测，做好各项应急准备，确保金融信息系统安全运行。

　　据悉，此次与会机构不仅有人民银行、国家发改委、公安部、工信部、银监会、国家信息化专家咨询委员会、境内商业银行，还包括中国香港金融管理局、中国澳门金融管理局。

　　资料来源：贾靖峰.央行：中国金融信息安全面临挑战应加强监控［EB/OL］.［2010-05-25］. http://www.chinanews.com/cj/cj-gncj/news/2010/05-25/2303911.shtml.

　　这一案例表明：金融安全事件频发，金融安全问题时时刻刻威胁着金融系统的正常运作，国家金融监管机构将加强信息安全工作规范，提高安全防范能力。政府将加强各部门的配合，采取金融信息系统监控和应急措施，保证金融信息系统的安全运行，从而保证国家重大会议和活动的正常进行。

8.1 网络金融安全问题

随着互联网在我国的快速普及，国内出现了许多知名的电子商务网站，如淘宝网、当当网等。电子商务网站的存在必定需要提供发达的网上银行支付手段，也正是这种通过互联网的方便支付方式引发了网络金融安全问题，包括网络欺骗、密码盗用、个人隐私泄露等，直接导致电子商务信用的失败。

事实表明：交易安全是用户最关心的问题。网络金融安全问题可以定义为：与金融交易有关的信息能否通过互联网进行安全传输的一系列相关问题。网络金融安全涉及的环节较多，包括技术方面、管理方面、社会意识方面、网络标准方面和法律方面等。网络金融安全问题从技术层面讲，就是由于当前技术的缺陷导致网络金融交易出现可以利用的漏洞，存在着大量的安全隐患。网络金融安全性标准包括四个方面的内容：①信息的保密性；②信息的准确性；③信息的完整性；④信息的不可否认性。

任何网络安全系统都是相对安全的，而不是绝对安全的。例如，防病毒系统总是在新病毒开始对社会有影响的情况下，才发现和研究防止该病毒的措施。也就是说，安全系统总是在新的安全问题下进行改造和升级的，总是滞后于非安全因素的发展。这个结论提醒我们：网络安全是时刻需要注意的，没有一劳永逸的网络措施，应树立正确的网络安全观念。

8.1.1 网络安全支付

1）网络安全问题

根据网络安全标准，网络支付需要解决以下几个安全问题：①数据的安全性。由于电子商务是建立在开放的互联网的基础之上的，用户交易的账户和密码也就会通过互联网传输，很容易被窃取，那么就需要通过加密技术对这些敏感信息进行加密处理，这样即便这些信息通过网络技术被窃取，其原文也不会轻易被得到，保证了传输数据的私密性。②身份验证。电子商务交易过程中需要对双方的身份作出准确的合法验证，以防止虚假交易，可以采用数字证书以及 CI 认证的方式保证交易各方身份的合法。③数据的完整性和准确性，主要是防止数据在网络传输中意外丢失或被篡改等影响信息的完整性、准确性。通过信息摘要技术，可以保证信息传输的完整和准确。④信息的不可否认性。当交易双方有一方违约，否认自己已提交的电子交易时，必定会损害对方的利益，因此需要交易系统具有审查和备案功能，防止交易一方有抵赖行为。这就需要采用数字签名技术来确认交易过程并备案，以使交易方不能随意违约。

网络金融面临的安全威胁按对象来源可分为：①来自互联网的威胁。网络金融是通过金融内网与互联网直接或间接地交换金融信息的，由于互联网的开放性等特点，金融内网的信息会暴露在世界的任何角落里。②来自内网的威胁。内部网络的攻击占据了网络安全事件的70%，而内部员工对公司的网络结构和特点比较熟悉，攻击或者泄露重要信息将会直接威胁到公司信息的安全。③来自黑客的攻击。随着互联网的发展，黑客技术也在不断提高，金融系统的网站将面临巨大的威胁。黑客通过网络技术可以窃取银行账户、盗取公司的机密文件、删改他人的重要文件，直接导致经济损失。④来自病毒的感染。当前的病毒结合黑客网络技术，可以使带有病毒的文件在网络中扩散，导致金融业务不能正常开展，给安全和信用带来巨大威胁。

✖ 拓展思考8-1

当前，"互联网+"模式大行其道，但是互联网的隐患也逐渐暴露出来了，各种系统奔溃频频发生：在证券多账户放开的第一天，中登结算系统整个奔溃；在大盘跳水的第二天，好几个券商的交易系统停止运行；支付宝的光纤被切；携程网出故障，全面瘫痪……嘉丰瑞德理财师发现，发生故障的都是一些有着数以亿计客户的互联网公司、金融公司、第三方移动支付企业。那么我们如何才能保证我们的资金安全呢？要快捷、方便，更要安全。

现在移动支付业务增长速度飞快，2012年，全国互联网支付交易成交额6.89万亿元；而到了2014年，成交额高达17.05万亿元；移动支付业务也从2012年的总成交额1 811.94亿元一跃上升到2014年的8.24万亿元。前者翻了一番，而后者则上升了40多倍。

当前，移动支付已经渗透到生活的各个方面，便利店可以"刷手机"，坐地铁、公交车也可以刷手机；手机网上支付购买各类商品、使用手机银行转账汇款、发红包、聚餐用微信红包AA支付、使用手机打车软件支付各类车费等。

采取这种模式的支付机构也配备了备灾系统。据嘉丰瑞德理财师了解，《商业银行数据中心监督指引》规定，总资产规模在1 000亿元人民币以上且跨省设立分支机构的法人商业银行应设立备灾中心，比如在相隔较远的地方分别建立多个数据中心、使其都处于工作状态并且相互进行数据的备份、数据中心采用多家通信运营商线路进行相互备份、相互备份的通行路线不得经过同一路由节点等。用第三方理财的话来讲，就是分别管理，互不干涉，相互监督。但是清一色的网上支付甚至指纹支付，简单的同时暗藏着风险。嘉丰瑞德理财师认为，还是要注意防范、减少支付风险。"互联网+"模式下，要保障资金安全，我们能做些什么？

资料来源：佚名. "互联网+"模式下如何保障我们的资金安全 [EB/OL]. [2015-06-05]. http://finance.ifeng.com/a/20150605/13756987_0.shtml.

答：①不要告诉陌生人卡号，保管好自己的身份证号码、银行卡号、手机验证码等；②不要扫来路不明的二维码，不要在蹭Wifi时进行账户操作；③为手机设置开机密码、屏幕密码，最好设置双密码，如指纹和数字共同验证；④为转账、支付交易设立每日限额；⑤如果手机丢了，第一时间挂失，办理手机银行注销手续等。

我们不能完全防范手机丢失的风险，但是我们可以做到把风险系数降到最低。

2）网络安全支付策略

网络金融安全问题涉及技术、法律、管理等多方面因素，目前从技术角度可以采取如下几项技术：

（1）防火墙技术

对于面向Internet开放的服务器，应使用防火墙来实现对它们的访问控制。防火墙技术是确保网上银行安全的基本措施，它可以有效地监控内部网与Internet之间的任何活动。

（2）身份认证技术

身份认证技术是在计算机网络中为确认操作者身份的过程而产生的有效解决方法。它解决了操作者的物理身份与数字身份相对应的问题，保证了以数字身份进行操作的操作者就是这个数字身份的合法拥有者。

（3）信息加密技术及数字签名技术

要保证信息的私密性，就需要对网上传输的信息进行加密，即通过加密算法将信息伪装，未经授权者许可无法了解信息内容，而授权者用密钥解密后才可以得到信息的明文。

使用加密技术只能保证信息的私密性，不能保证信息的真实性和不可伪造性。为了保证信息的真实性和不可伪造性，可使用数字签名技术。数字签名实际上是采用密码技术使信息发出者不能否认自己所发出的信息的一种技术。它一方面可以确认发送方的真实身份，另一方面发送方或非法者不能伪造、篡改信息，从而保证了消息的真实性和完整性。

（4）防病毒技术

对病毒的防范不能停留在杀毒阶段，要防重于杀，要在工作站、服务器和网络防火墙上部署病毒实时监控系统，形成多层防御体系，并且要及时更新杀毒软件版本，注意病毒流行动向，及时发现正在流行的病毒，并采取相应措施。

8.1.2 移动安全支付

移动支付常见的安全问题包括应用缺陷、钓鱼网站、病毒木马、欺诈信息（电子邮件、手机短信）、数字证书文件被窃取、动态密码被盗用以及人为因素造成的安全问题。移动支付涉及用户、网络、商户、金融机构等多个环节，每个环节都存在网络与技术上的风险。

1）移动安全支付的三个层面

从交易的端到端流程分析，可将移动支付安全分为三个层面：网络基础设施、交易过程、终端。

（1）网络基础设施安全，包括由支付平台、接入网络、POS机、手机终端、软件程序等构成的IT基础设施的安全保障。可能发生的问题包括网络传输中数据被截取、密码短信遭拦截、软件漏洞被利用、电子商务网站被攻击植入木马、交易信息泄露等。

（2）交易过程安全，包括用户从开始登录发起交易到交易完成的各环节的安全保障。首先是对参与交易的各方的身份进行识别，即对商家和消费者合法身份的确认；其次是交易过程监控，如账号监测、分级安全管理、风险管理控制等。常见的问题包括账户或卡被盗用、恶意支付请求、欺诈短信、欺诈邮件、钓鱼网站等。

（3）终端安全面对的主要威胁包括系统后门或漏洞导致的恶意软件危害、病毒木马植入，以及终端丢失、用户信息泄密导致的账户盗用等。此外，我国商业信用体系尚不够完善，还可能造成恶意透支、恶意拒付等风险。

知识链接 8-1

网络支付增势明显，手机木马、漏洞威胁大

2014年3月11日，360互联网安全中心发布《2014年第一期中国移动支付安全报告》。数据显示，2013年以来，360互联网安全中心共截获支付及购物类恶意程序2 962个。其中，假冒类木马为最常见的移动支付恶意程序，占比约74%。除了恶意程序的攻击外，手机本身存在的安全漏洞也是造成移动支付环境恶化的原因之一。

此前360曾发布了手机安全研究报告。报告指出，市场主流品牌的手机普遍存在安全

漏洞，并且70%的漏洞是由厂商定制开发产生的，难以修复。而正是由于手机存在这类漏洞，才使得恶意程序能够轻易地入侵网民手机，威胁网民移动支付的安全。

中国互联网络信息中心（CNNIC）的数据显示，由于中国手机支付用户规模成倍增长（同比增长126.0%），目前已达1.25亿，移动支付成为大趋势。而伴随这一趋势产生的移动支付安全问题也"水涨船高"。近期，由于遭受假冒类木马、植入类恶意插件、含木马垃圾短信、二维码病毒等恶意程序入侵导致的网银、支付账户被盗案件频频发生，网民移动购物、支付安全受到了严重威胁。

资料来源：佚名. 移动支付安全报告：手机漏洞威胁支付安全［EB/OL］.［2014-03-12］. http：//tech.gmw.cn/2014-03/12/content_10652895.htm.

2）三大移动支付方式

（1）扫码支付

二维码支付是一种基于账户体系搭建起来的新一代无线支付方案。用户通过手机客户端扫描二维码，便可实现与商家支付宝账户的支付结算。

由于许多二维码扫码工具并没有恶意网址识别与拦截的能力，给了手机病毒极大的传播空间。

（2）生物识别支付

伴随着移动互联网技术的不断发展和移动终端计算能力的不断提高，移动终端已逐步支持生物特征识别技术，如苹果手机支持指纹识别技术、三星手机支持人脸识别技术等。

所谓生物识别技术，就是通过计算机与光学、声学、生物传感器和生物统计学原理等高科技手段密切结合，利用人体固有的生理特性（如指纹、脸像、虹膜等）和行为特征（如笔迹、声音、步态等）来进行个人身份的鉴定。相比于传统的身份识别方法，生物识别技术具有稳定、便捷、不易被仿造等优点。但是，生物数据也是可以被黑客窃取的，已有很多窃取用户生物数据的安全入侵事件发生。例如，在2015年，美国联邦政府人事管理办公室保存的560万个员工的指纹数据就被黑客盗走了。

（3）NFC支付

NFC技术是一种短距离的高频无线通信技术，允许电子设备之间进行非接触式的点对点数据传输（在10厘米内）。NFC支付可以让人们完全脱离POS机，通过手机或NFC设备近距离完成支付过程。例如，Apple Pay使用的就是NFC短距离无线通信技术，使用这种技术进行支付，不需要借助网络，使用流程很便捷，只需要手机碰一下刷卡器，输入密码或指纹即可，一般3秒钟就可以搞定。

但是，NFC的普及需要有大量的硬件设备来支持，而手机厂商和金融机构部署大量硬件设备的前提是有一个足够大的市场。另外，这种支付方式还面临着使用哪一家的标准、用户手机丢失怎么办、支付额度如何设定等问题。

8.1.3　假网站诈骗

1）什么是假网站诈骗

假网站诈骗是"网络钓鱼"的一种，通常是指不法分子未经许可，以某家银行的名义，通过互联网建立貌似银行网站或网上银行的假网页，并借此发布虚假消息，搜集客户资料，骗取客户网上银行的注册卡号（登录ID）、密码、口令等信息，进而达到非法窃取客户资金的目的。

假网站这种欺诈手法最初出现在北美，2003年开始在亚洲蔓延，并在中国香港地区发生了多宗利用假网站骗取客户网上银行账户口令和资金的案例。2004年，假冒银行网站开始在中国内地出现，网络安全事件也频繁见诸媒体，使网上银行安全问题成为公众关注的焦点。假网站的表现形式有：

第一，假网站的网址与真网站的网址较为接近。由于国内注册域名的成本非常低，不法分子为增强假网站的欺骗性，往往使用和真实网站网址非常相似的域名。

第二，假网站的页面形式和内容与真网站相似。假网站的页面往往使用正规网站的Logo、图表、新闻内容和链接，而且在布局和内容上与真网站非常接近。

2）不法分子欺诈的通常手法

（1）通过病毒传播假网站信息

不法分子克隆一个与银行网站一模一样的网页，并且使用的登录地址也与银行网站的地址非常接近，然后使用一些电脑病毒程序、垃圾软件等将假网站的地址发送到客户的电脑上，或放在搜索网站上诱骗客户登录，以窃取客户的卡号、密码等信息。

（2）冒充银行发送诈骗短信

不法分子常冒充银行向客户发送诈骗短信，声称客户中奖了或账户被他人盗用了等，要求客户尽快登录到短信中指定的网站进行身份验证，而该网站是不法分子建立的用于套取客户信息的假网站。如客户登录该网站并进行操作，客户的卡号、密码、身份证件等信息将会被不法分子获悉。

（3）冒充银行邮箱，发送虚假信息，引诱客户登录假网站

不法分子以垃圾邮件的形式大量发送欺诈性邮件，这些邮件多以中奖、顾问、对账等内容，或是以银行账号被冻结、银行系统升级等各种理由，要求收件人点击邮件上的链接地址，登录一个酷似银行网页的界面，而用户一旦在这个指定的登录界面输入了自己的卡（账）号、密码等，这些信息就会被窃取。近期有的银行发现，不法分子以所谓"银行网络安全科"的名义，向客户发送电子邮件，谎称持卡人账户被冻结，要求客户到指定的网页修改密码。

（4）建立假电子商务网站，通过假的支付页面窃取客户网上银行信息

不法分子首先建立一个假的电子商务网站，然后在淘宝网、腾讯网等支付平台网站发布虚假的商品信息，该信息中的商品价格往往比市场同类商品便宜得多；同时，不法分子还会留下自己的QQ号等即时通信工具号码以及假电子商务网站的网址。当客户对该网站销售的便宜商品动心，通过该网站购物并进行支付时，就会链接到一个假的银行支付页面，客户在假支付页面下输入的卡号、密码等信息就会被不法分子获取。

3）防范假网站诈骗的方法

（1）安装客户证书

个人网上银行客户证书是专门用于保护网上银行客户安全的"智能卫士"，如果客户已经申请了客户证书，只要保管好自己手中的客户证书及其密码，就可以高枕无忧，简单、安全地使用网上银行了，不用再担心黑客、假网站、木马病毒等各种风险隐患。

（2）预留信息验证

"预留信息验证"是帮助客户有效识别银行网站、防范不法分子利用假网站进行网上诈骗的一项服务。客户可以在银行预先记录一段文字，即"预留信息"，当客户登录个人网上银行、在购物网站进行在线支付或在线签订委托代扣协议时，网页上会自动显示客户的预留信息，以便客户验证该网站是否为真实的银行网站。如果网页上没有显示预留信息或显示的信息与客户的预留信息不符，便可以确认该网站是假网站。

（3）输入正确的网址登录

每个银行的域名都是固定的，如工行的域名是www.icbc.com.cn，客户在登录前要正确输入域名才能打开正确的银行网页。

（4）核对网址

建议客户在登录网上银行或进行在线支付时，核对所登录的网址与银行公布的网址是否相符，谨防不法分子恶意模仿银行网站，骗取客户信息。如工行个人网上银行登录页面和在线支付页面的网址均以https：//mybank.icbc.com.cn开头。

（5）查看安全锁

工行个人网上银行登录页面和网上支付页面都经过128位SSL加密处理，在打开上述页面时，在IE浏览器右下角状态栏上会显示一个"挂锁"图形的安全证书标识，点击挂锁，显示内容应该为：颁发给：mybank.icbc.com.cn——普通版网银，vip.icbc.com.cn——贵宾版网银，颁发者：VeriSign Class 3 Extended Validation SSL SGC CA（如图8-1所示）。

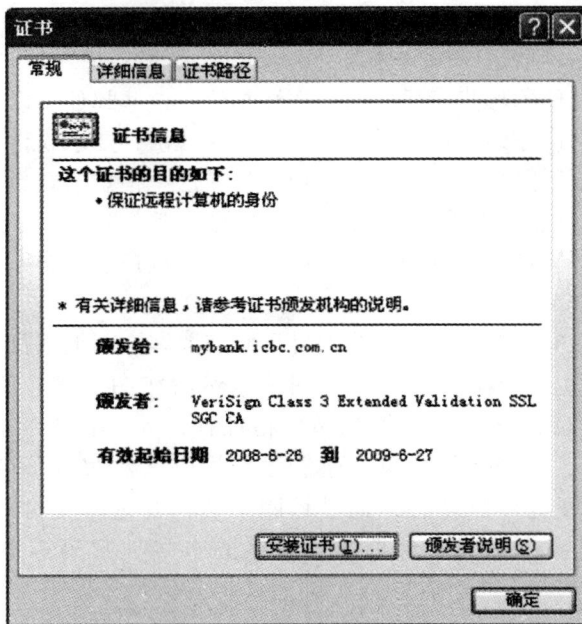

图8-1 安全证书对话框

（6）安装安全软件

建议为个人电脑安装防火墙程序，并经常升级，以防止个人账户信息遭到黑客窃取。此外，为防止他人利用软件漏洞进入计算机窃取资料，建议客户及时更新下载Windows操作系统的补丁程序。

网银安全控件

网银安全控件针对网银系统方面的病毒，扫描及清除有关盗取网银客户的账号与密码等重要信息的间谍软件、系统漏洞方面的病毒。在网银系统的用户登录页面（如中英文个人网银登录页面、企业客户通过门户登录网银的登录页面）及支付提交页面（如C2C、B2C支付页面）等关键交易界面提供链接到安全检测功能，通过这些链接，网银客户可以下载与该项目有关的控件及文件，也能访问到网银安全功能页面。

资料来源：佚名. 网银安全控件［EB/OL］.［2010-10-01］. http：//zhidao.ikaka.com/default.shtml.

（7）增强防范意识

不下载、不安装未知软件，对短信和电子邮件发来的银行账户和密码修改的提示加以注意，不轻易通过网络修改这些信息。

（8）设置余额变动短信提示

现代网银支持向用户提供其账户余额变动短信提示，这可以帮助用户在最短的时间内了解自己的账户资金变动情况。

不法分子制作工行假网站被判刑10年

据《武汉晚报》报道，近日武汉市洪山区法院对5名制作虚假工行网站的犯罪嫌疑人进行了审理和判决，判处蔡德华有期徒刑10年，并处罚金5万元；刘军波被判刑2年，并处罚金5 000元；其他几人分别被判处有期徒刑1年4个月至1年6个月。

资料来源　佚名. 不法分子制作工行假网站被判刑10年［EB/OL］.［2016-11-09］. http://www.icbc.com.cn.

问题：假银行网站欺诈的手段有哪些？

分析提示：病毒、手机短信、电子邮箱、电子商务信息。

8.1.4　网上支付安全应用

为了保证网上用户的支付安全，各个银行都确立了网上安全支付流程，用户可以在安全支付的提示下，正确进入安全支付流程。

工行网上安全支付的正确流程如图8-2、图8-3所示。

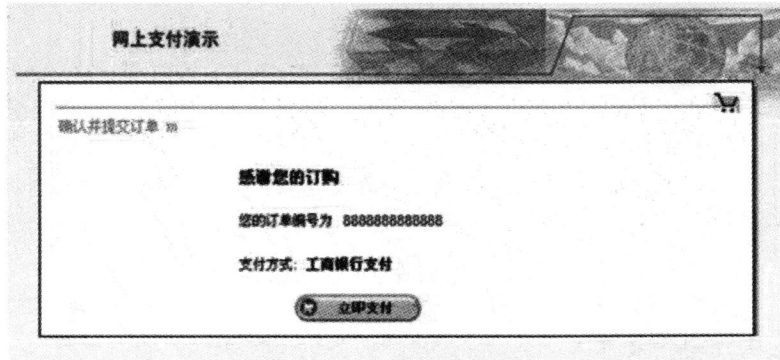

图8-2　工行网上支付确认页面

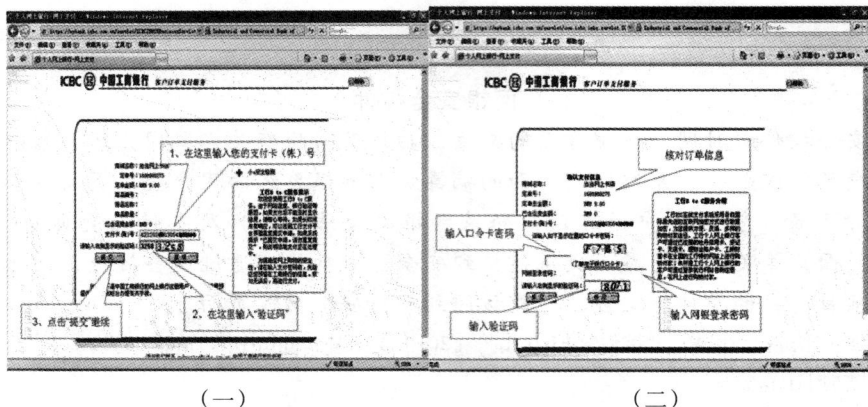

（一）　　　　　　　　　　　　　　　（二）

图8-3　工行网上支付页面

案例分析 8-2

　　银川市的韩先生在网上购物时，他的即时交流工具突然收到一条信息：某数码网站正在搞优惠活动，他看中的一款手机仅售850元。随后韩先生查询了该网站，发现该网站不仅有备案，而且网民评价也不错。于是，他就按照该网页提示，通过所谓的"工商银行"网上银行支付货款，可是不知为什么，每次到输入口令卡坐标密码时就发生错误。无奈之下他便到银行询问，这才发现卡上的1 000多元被骗走了。

　　资料来源：作者根据相关资料整理。

　　问题：为何韩先生每次输入口令卡坐标密码时就发生错误？

　　分析提示：客户信息被窃取了。

案例分析 8-3

　　家住黑龙江省大庆市的女硕士常某，就因为扫描带有木马的二维码而损失了1万元。3月1日下午，常某在某网店订购了900余元的商品，卖家称可送她运费险，但需要用手机扫描二维码。于是，常某扫描了对方发过来的二维码，之后按照对方的提示用手机输入了网络支付账户的账号密码。随后她收到了一个验证码，对方让她把验证码发过去，常某也一并照做。操作完后，常某发现她的淘宝网账户竟然出现了两笔订单，订单名称均为"补拍退款邮费"，每笔5 000元，一共是1万元。她立即取消了这两笔她没订过的订单，但是网上显示交易已成功，无法退回货款。

　　资料来源：佚名. 误扫恶意二维码女硕士损失1万元［EB/OL］.（2014-03-14）. http：//stock.sohu.com/20140314/n396619128.shtml.

　　问题：为什么常某会有如此大的损失？

　　分析提示：我国商业信用体系尚不够完善，存在着众多风险，手机漏洞威胁着网络支付安全。

8.2　网络安全技术

8.2.1　数据加密技术概述

　　数据的加密最早是由于军事的需要，第二次世界大战中的电报密码传输加速了密码学的出现。数据的加密传输主要是通过特殊算法将明文转换成密文,即便在传输过程中被截获也不能轻易明白其中的内容。

1)对称密钥加密技术

这种技术使用同一个密钥对报文进行加密和解密,也称为单钥加密或传统加密,因此,报文传递的发送者和接收者必须预先共享一个密钥(如图8-4所示)。

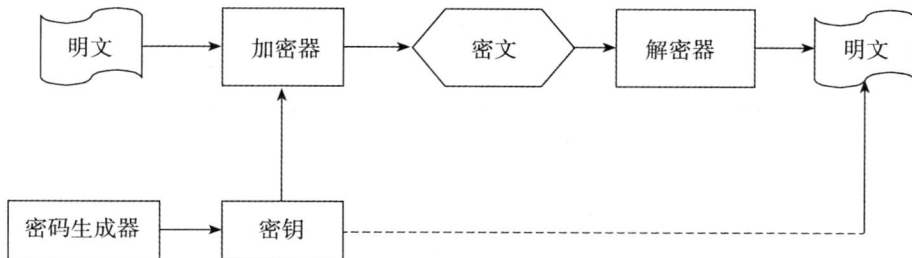

图8-4　对称加密原理

当前主要流行的对称加密技术有:①DES。1971年,IBM密码研究所研制出了一种被称为Lucifer的算法,主要应用于商业领域,最终成为世界上一个主要的数据加密标准(Data Encryption Standard,DES)。②AES。2000年10月2日,美国国家标准与技术研究所公布了高级加密标准(Advanced Encryption Standard,AES),宣告DES结束。③IDEA。IDEA(International Data Encryption Algorithm)是由瑞士联邦技术学院提出的新技术标准,该算法密钥可以长达128位,并具有很强的抗差分分析能力。

对称加密技术的优点是:效率高、算法简单、系统开销小、速度快、适合加密大量的数据。其中,DES算法是目前世界上应用最广泛的加密算法。其缺点是:发送方和接收方共享密钥而不能泄露。

2)公开密钥加密技术

公开密钥加密技术要求密钥成对出现,即加密和解密分别由两个密钥来实现,每个用户都有一对选定的密钥:一个可以公开,即公共密钥,用于加密;另一个由用户安全拥有,即私钥,用于解密。公开密钥加密技术与对称密钥加密技术是不一样的,也就是解密的方法不能通过加密的方法导出。其工作原理如图8-5所示。

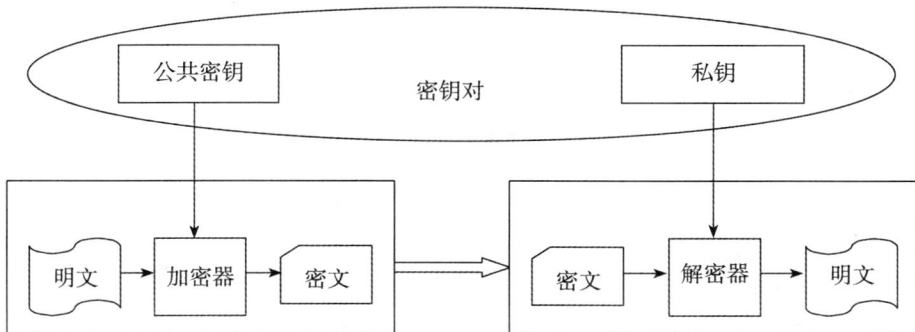

图8-5　公钥加密解密原理

公钥的特点是:第一,仅知道加密算法和加密密钥,要推出解密密钥,在计算上是不可能的。第二,通过公钥加密后,使用公钥是无法解密的。第三,公钥系统本质是一对钥匙，公钥加密需要私钥解密；反之，私钥加密需要公钥解密，这也是数字签名验证的方法。

公开密钥加密技术常用的加密算法有：①RSA算法，是建立在大数分解和素数检测理论的基础上的；②DSA算法，主要被美国用作数字签名的技术标准。

公钥加密技术的优点是：密钥分配简单，存储量小，可以满足互不认识的用户的安全使用需求。此外，公钥加密技术还可以用做数字签名和数字鉴别。其缺点是：密钥会产生麻烦，主要受到算法技术的限制；在安全性上，已经有数学的理论破解方法；其加密速度慢，该方法比对称密钥加密方法要慢几个数量级。所以，在实际运用中，需要将对称密钥加密技术和公开密钥加密技术混合使用，做到优势互补。

3）数字证书

数字证书是一种数字标识，可以说是互联网上的安全护照或身份证明。最简单的证书包含一个公开密钥、名称、证书授权中心的数字签名，以及有效期、发证机关的名称、该证书的序列号等信息。证书的格式遵循ITUTX.509国际标准。数字证书包括的内容主要有：①基本数据信息；②发行数据证书的CA签名与签名算法。

数字证书的工作原理是：信息接收方在网上收到发送方发来的业务信息时，同时收到发送方的数字证书，这时通过对数字证书的验证，可以确认发送方的真实身份。在发送方与接收方交换数字证书的同时，双方得到对方的公开密钥。由于公开密钥是包含在数字证书中的，且借助证书上数字摘要的验证，能确信收到的公开密钥是对方的。通过公钥，双方即可完成数据传送中的加/解密工作。

4）PKI加密技术

PKI，即公共密钥基础设施（Public Key Infrastructure），能从技术上解决网上身份认证、电子信息的完整性和不可抵赖性等安全问题，为网络应用提供可靠的安全服务。

PKI从广义上讲，是提供公钥加密和数字签名服务的管理平台。PKI的主要目的是通过自动管理密钥和证书，为用户建立一个安全的网络运行环境。

完整的PKI系统必须具有权威认证机构（CA）、数字证书库、密钥备份及恢复系统、证书作废系统、应用接口（API）等基本构成部分（如图8-6所示），构建PKI也围绕着这五大系统进行。

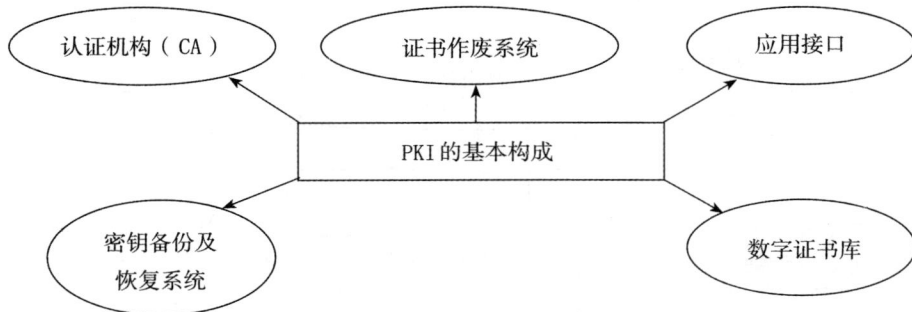

图8-6　PKI的基本构成

认证机构（CA）：数字证书的申请及签发机关，CA必须具备权威性。

数字证书库：用于存储已签发的数字证书及公钥，用户可由此获得所需的其他用户的证书及公钥。

　　密钥备份及恢复系统：如果用户丢失了用于解密数据的密钥，则数据将无法被解密，这将造成合法数据的丢失。为避免这种情况，PKI提供备份与恢复密钥的机制。但需注意，密钥的备份与恢复必须由可信的机构来完成，并且，密钥备份与恢复只能针对解密密钥，签名私钥为确保其唯一性而不能够备份。

　　证书作废系统：是PKI的一个必备组件。与日常生活中的各种身份证件一样，证书在有效期以内也可能需要作废，原因可能是密钥介质丢失或用户身份变更等。为实现这一点，PKI必须提供有关作废证书的一系列机制。

　　应用接口（API）：PKI的价值在于使用户能够方便地使用加密、数字签名等安全服务，因此一个完整的PKI必须提供良好的应用接口系统，使得各种各样的应用能够以安全、一致、可信的方式与PKI交互，确保安全网络环境的完整性和易用性。

　　通常来说，CA是证书的签发机构，是PKI的核心。众所周知，构建密码服务系统的核心是如何实现密钥管理。公钥体制涉及一对密钥（私钥和公钥），私钥只由用户独立掌握，无须在网上传输，而公钥则是公开的，需要在网上传输，故公钥体制的密钥管理主要是针对公钥的管理问题，目前较好的解决方案是数字证书机制。

　　为什么要建立PKI呢？原因是为了使网络应用和网络安全基础实现分离。因为网络安全基础的开发本身就需要大量的安全知识等。把网络安全基础独立出来，就像电厂提供用电生产部门的基础设施一样，用电部门只关心如何生产，而不用考虑如何去发电。现在有了独立的PKI安全基础设施，电子商务开发人员就可以重点关心电子商务如何实现了，而无须关心安全如何具体实现。

　　PKI在公开密钥密码的基础上，主要解决密钥属于谁，即密钥认证的问题。在网络上证明公钥是谁的，就如同现实中证明谁是什么名字一样具有重要意义。通过数字证书，PKI很好地证明了公钥是谁的。PKI的核心技术就围绕着数字证书的申请、颁发、使用与撤销等整个生命周期而展开。其中，证书撤销是PKI中最容易被忽视但却是很关键的技术之一，也是基础设施必须提供的一项服务。

　　PKI技术的研究对象包括数字证书、颁发数字证书的证书认证中心、证书持有者和证书用户，以及为了更好地成为基础设施而必须具备的证书注册机构、证书存储和查询服务器、证书状态查询服务器、证书验证服务器等。

　　PKI作为基础设施，两个或多个PKI管理域的互联就非常重要。PKI域间如何互联，如何更好地互联是建设一个无缝的大范围的网络应用的关键。在PKI互联过程中，PKI关键设备之间、PKI末端用户之间、网络应用与PKI系统之间的互操作、接口技术是PKI发展的重要保证，也是PKI技术的研究重点。

电子印章

8.2.2　数据完整性技术概述

　　数字摘要技术是采用单向散列函数即Hash函数对文件中的若干重要元素进行某种变换运算，得到固定长度的摘要码，并在传输信息的过程中随加入的文件一同发送给接收方，接收方收到信息后，用相同的方法进行变换运算，如结果与发送的摘要码相同，可断定文件未被篡改。如果将需要加密的明文"摘要"成一串128位比特的密文，这串密文被称为数字指纹（Finger Print），因此，该摘要就成了验证明文是否是真文的手段了。

　　数字签名（Digital Signature）是指用户用自己的私钥对原始数据的数字摘要进行加密

所得的数据。信息接收者使用信息发送者的公钥对附在原始信息后的数字签名进行解密，获得数字摘要，并通过与自己收到的原始数据产生的数字摘要对照，便可确信原始信息是否被篡改了。这样就保证了消息来源的真实性和数据传输的完整性。

当前，在商业中应用的数字签名方式主要是RSA数字签名体制，该体制使用RSA公开密钥密码算法进行数字签名。它既可以进行邮件加密，也可以进行数字签名。该方法能够保证数据在网络通信中的完整性、机密性、不可否认性和身份认证。

知识链接 8-3

由于数字签名具有数学严格性，黑客对交易信息哪怕只改动一个字、一个比特，系统都会发现、识破。又由于私钥是不可仿造、伪造的，因此从某种意义上说，数字签名比手写签名更严格可靠。2004年国家颁布的《电子签名法》赋予了电子签名以法律意义。其规定，"可靠的电子签名能够与手写签名、盖章一样，受到法律保护"。

资料来源：根据相关资料整理

8.2.3 认证中心

电子商务认证授权机构（Certificate Authority，CA）也称为电子商务认证中心，是负责发放和管理数字证书的权威机构，并作为电子商务交易中受信任的第三方，承担公钥体系中公钥合法性检验的责任。

CA为每个使用公开密钥的用户发放一个数字证书，数字证书的作用是证明证书中列出的拥有合法证书的用户的公开密钥。CA的数字签名使得攻击者不能伪造和篡改证书。在SET交易中，CA不仅对持卡人、商户发放证书，还对银行、网关发放证书。

CA是证书的签发机构，是PKI的核心。CA是负责签发证书、认证证书、管理已颁发证书的机关。它要制定政策和具体的步骤来验证、识别用户身份，并对用户证书进行签名，以确保证书持有者的身份和公钥的拥有权。

中国金融认证中心（China Financial Certification Authority，CFCA）是由中国人民银行牵头，联合14家全国性商业银行共同建立的国家级权威金融认证机构，是国内唯一一家能够全面支持电子商务安全支付业务的第三方网上专业信任服务机构。

CFCA证书的功能有：①实体鉴别；②交易保密；③保证交易数据的真实性和完整性；④使交易不可抵赖；⑤进行密钥的历史管理；⑥进行密钥的解密和恢复；⑦进行密钥的自动更新；⑧进行在线证书撤销列表的实时查询和检索；⑨时间戳保证与用户的时间一致；⑩交叉认证，支持跨域功能。

CFCA证书的申请审批流程为：①证书申请，CFCA授权的证书注册审核机构（Registration Authority，RA）为各金融机构；②证书的审批，RA将申请资料发给CFCA，由CFCA签发；③证书的发放，各金融机构给用户发放证书；④证书的生成，证书在本地生成，包括私钥；⑤证书的存放，证书往往保存在U盘、SIM卡中。

案例分析 8-4

使用网上银行应巧用"数字证书"

国庆长假将至，而长假往往是网上银行交易的高峰期，也是各类网银欺诈案件的高发期。中国金融认证中心副总经理曹小青近日在重庆举行的2009放心安全使用网银联合宣传年巡展活动上说，消费者使用网上银行，除了配合使用银行提供的安全工具、养成良好的网银使用习惯外，一定要学会使用数字证书。

"现在，不少消费者在使用网银时仍然习惯性地依赖密码，仅此远远不够。"曹小青说，安全的做法是使用数字证书给自己的账号加一道锁，同时最好使用银行提供的USBKEY，这样就能够切断病毒木马的攻击，从而保证资金的安全。

据介绍，数字证书相当于用户网上交易的身份证，是建立在密码保护基础之上的安全性更高的安全机制。当用户使用数字证书进行交易时，系统会通过多重加密保障交易信息不被篡改、劫持，以保证用户交易的安全。曹小青说，中国金融认证中心发放的数字证书具有法律效力，有赔付承诺，能够提供有法律依据的数字签名，能更好地为用户规避网银使用风险。如果数字证书因加密机制被破解致使用户遭受损失，用户可向中国金融认证中心索赔。

中国金融认证中心是经中国人民银行和国家信息安全管理机构批准成立的国家级第三方安全认证机构，目前国内开设网上银行业务的89家银行中，已有78家银行被纳入了中国金融认证中心建设的"统一金融安全认证体系"。曹小青说，由CFCA联合18家银行为网银安全推出的"网银绿色通道"，由EV证书、网银病毒专杀工具和反欺诈联动机制三大核心体系构成，分别从反钓鱼网站、反病毒木马盗窃和打击网银犯罪三个层次为用户提供全方位保护。

资料来源：佚名. 使用网上银行应巧用"数字证书"［N］.北京商报，2009-11-10.

问题：网上银行使用数字证书有何特点？我国网银的数字证书由哪个机构颁发并作安全保障？

分析提示：数字证书相当于用户网上交易的身份证，是建立在密码保护基础之上的安全性更高的安全机制。当用户使用数字证书进行交易时，系统会通过多重加密保障交易信息不被篡改、劫持，以保证用户交易的安全。

我国网银使用的数字证书由中国金融认证中心颁发。中国金融认证中心发放的数字证书具有法律效力，有赔付承诺，能够提供有法律依据的数字签名，能更好地为用户规避网银使用风险。如果数字证书因加密机制被破解致使用户遭受损失，用户可向中国金融认证中心索赔。

8.2.4 防火墙技术概述

网络金融的实现是基于互联网的，这会把自己的系统或本地网络暴露在互联网当中，会产生大量的安全隐患，可能遭受到网络的攻击，重要的机密文件可能会被窃取或篡改。为了防止这种肆意的网络行为，需要在内外网中间采取一些措施以防止恶意的、非授权的访问，而这种需要促使了防火墙的产生。

1）防火墙的定义

防火墙（Firewall）是保护本地网络系统避免来自外部网络（包括互联网）安全威胁的一种有效手段，需要用户在内网和外网之间的设备上安装，可以是硬件设备，也可以是软件设备，根据安全策略对通过的信息进行过滤和限制，以获得安全访问效果。

2）防火墙的类型

（1）网络层防火墙

网络层防火墙可视为一种IP封包过滤器，运作在底层的TCP/IP堆栈上。我们可以枚举的方式，只允许符合特定规则的封包通过，其余的一概禁止穿越防火墙。这些规则通常可以经由管理员定义或修改，不过某些防火墙设备可能只能套用内置的规则。

我们也能以另一种较宽松的方式来制定防火墙规则，只要封包不符合任何一项"否定规则"就予以放行。现在的操作系统及网络设备大多已内置防火墙功能。

较新的防火墙既能利用封包的多样属性来进行过滤，如来源IP地址、来源端口号、目的IP地址或端口号、服务类型（如WWW或是FTP），也能经由通信协议、TTL值、来源的网域名称或网段等属性来进行过滤。

（2）应用层防火墙

应用层防火墙是在TCP/IP堆栈的"应用层"上运作的，我们使用浏览器时所产生的数据流或是使用FTP时的数据流都属于这一层。应用层防火墙可以拦截进出某应用程序的所有封包，并且封锁其他的封包。理论上，这一类防火墙可以完全阻绝外部的数据流进入受保护的机器里。

（3）代理服务

代理服务设备（可能是一个专属的硬件，或只是普通机器上的一套软件）也能像应用程序一样回应输入封包（如连接请求），同时封锁其他的封包，取得类似于防火墙的效果。由外在网络代理使篡改一个内部系统更加困难，并且一个内部系统误用不一定会导致一个可被防火墙外面利用的安全漏洞；相反，入侵者也许会劫持一个公开可及的系统并使用它作为入侵者的代理人为攻击目的服务，代理人然后伪装成那个系统中的内部机器。当对内部地址空间的用途加强安全保护时，破坏狂也许仍然采用譬如IP欺骗的方法试图通过IP包过滤到达目标网络。

防火墙的适当配置要求技巧和智能。它要求管理员对网络协议和电脑安全有深入的了解，因为小差错可能会使防火墙不能作为安全工具。

3）防火墙常用配置方案

防火墙的常用配置方案很多，主要有：

（1）单一防火墙的简单配置

采用这种配置时，如图8-7所示，只在互联网和专用网之间设置单个防火墙系统。该系统可以是单个包过滤路由器，也可是单个应用网关。这种系统安全性很低，但配置简单。

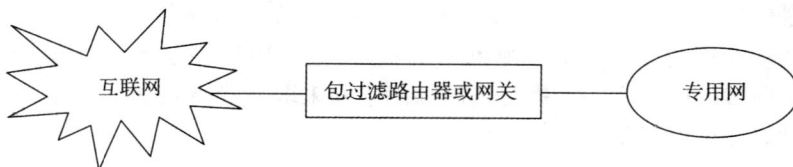

图8-7　单一防火墙配置

包过滤路由器，通常是在该路由器上采取策略，预先设定包通过的过滤规则，满足条件的包可以通过该路由器，不满足的包将被摧毁。

（2）单宿主堡垒主机（屏蔽主机式防火墙）系统

如图8-8所示，这种配置方案的防火墙由一台包过滤路由器和一台堡垒主机两个系统构成。堡垒主机系统是个功能强大的系统，通常被配置为应用网关平台。堡垒主机也是个专门的系统，有专门的软硬件设备可以实现身份认证、代理服务、通信监听、防御攻击等。

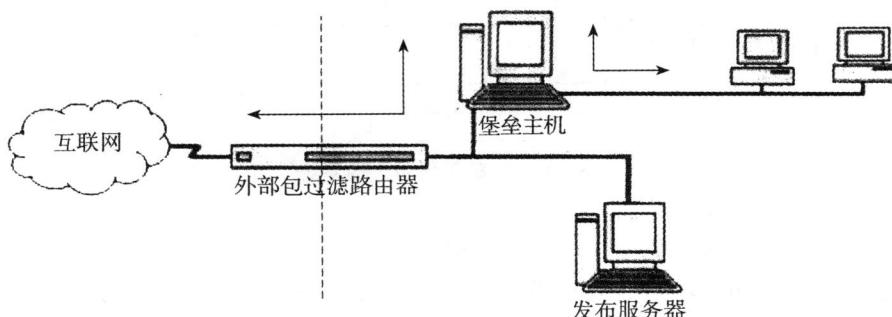

图8-8 单宿主堡垒主机

该配置要比单一防火墙配置安全得多，因为它同时采用网络层包过滤技术和应用层包过滤技术。此外，如果攻击者想成功地进入系统，他首先必须通过包过滤路由器和堡垒主机两个独立的系统。此外，这种配置有比较灵活的安全策略，如某项服务不需要应用层的过滤时，可以直接修改路由器使其数据直接通过。

（3）双宿主堡垒主机（屏蔽主机式防火墙）系统

在上述的单宿主堡垒主机屏蔽方式下，如果路由器被完全破坏，那么所有的通信量都可以穿透路由器，直接访问内网的所有主机。为避免出现这种情况，可以采用双宿主堡垒主机（如图8-9所示）的屏蔽方式，从物理上隔离线路，避免上述单宿主堡垒主机屏蔽方式的漏洞。

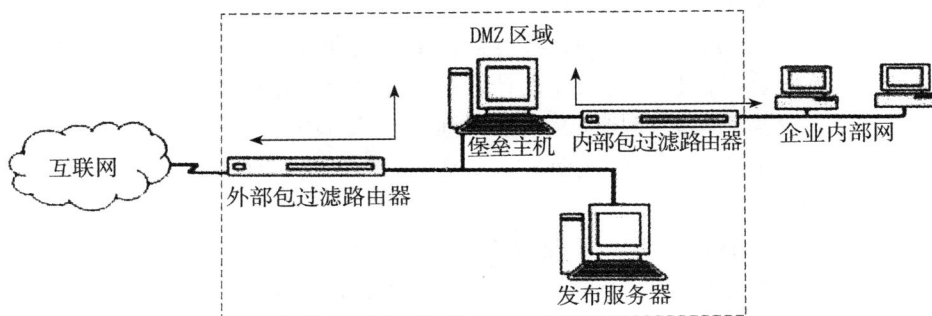

图8-9 双宿主堡垒主机

双宿主堡垒主机的屏蔽方式彻底地从物理层隔离内外网，充当内外网的转发器。内外网之间的通信完全由宿主主机上的应用代理程序来完成，因此对外屏蔽了内部网络的结构。

（4）屏蔽子网防火墙系统

屏蔽子网式配置是相对比较安全的一种配置方案。这种方案有两个包过滤路由器：一个位于堡垒主机和互联网之间，另一个位于堡垒主机与内网之间（如图8-10所示）。这种配置形成了独立的屏蔽子网，子网内至少包含一个堡垒主机，也可以有多个信息服务器，如Web服务器。从结构上看，屏蔽子网位于内外网络的中间，所以互联网和内部网络的通信必须通过屏蔽子网。

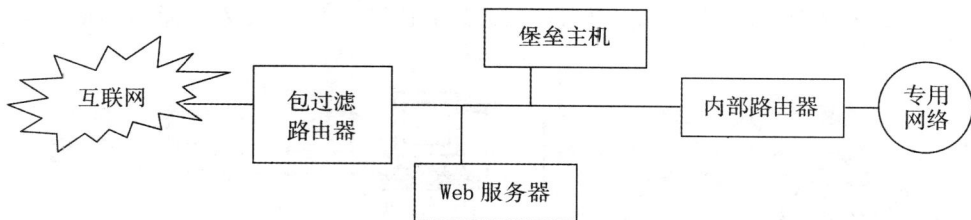

图 8-10　屏蔽子网防火墙系统

（5）扩展式防火墙系统结构

扩展式防火墙是一种新的防火墙体系结构，主要有状态检查防火墙和火鸡防火墙。状态检查防火墙是建立在多层状态检查 SMLI 技术基础上的，是一个高效的增强型包过滤器和应用网关混合的防火墙结构。它能对 OSI 模型中各个层的数据包的状态和应用数据进行检查。火鸡防火墙是将软件、硬件和防火墙技术组合在一起，一般将装有防火墙软件的计算机安放在网络上即可。这种防火墙结构简单，适合没有特殊安全需要的小公司。

8.2.5　防病毒技术概述

对网络安全构成威胁的除了黑客攻击外，还有计算机病毒。

1）计算机病毒

计算机病毒，指编制或者在计算机程序中插入的破坏计算机功能或者数据、影响计算机使用并且能够自我复制的一组计算机指令或者程序代码。

计算机病毒寄生在其他程序之中，当执行这个程序时，其就起破坏作用，而在启动这个程序之前，它是不易被人发觉的。计算机病毒不但本身具有破坏性，更重要的是其具有传染性，一旦病毒被复制或产生变种，其传染速度之快令人难以预防，而且有些病毒像定时炸弹一样，让它什么时间发作是预先设计好的。计算机病毒还具有很强的隐蔽性，时隐时现，变化无常，这类病毒处理起来通常很困难，计算机中毒后，可能会导致正常的程序无法运行、计算机内的文件被删除或使文件受到不同程度的损坏。

2）常见的计算机病毒

（1）伴随型病毒。这类病毒并不改变文件本身，它们根据算法产生 EXE 文件的伴随体，具有同样的名字和不同的扩展名（COM）。例如，XCOPY.EXE 的伴随体是 XCOPY.COM。病毒把自身写入 COM 文件并不改变 EXE 文件，当 DOS 加载文件时，伴随体优先被执行到，再由伴随体加载执行原来的 EXE 文件。

（2）"蠕虫"型病毒。它通过计算机网络传播，不改变文件和资料信息，利用网络从一台机器的内存传播到其他机器的内存，计算网络地址，将自身的病毒通过网络发送。有时它们在系统中存在，一般除了内存不占用其他资源。

（3）寄生型病毒。除了伴随型病毒和"蠕虫"型病毒，其他病毒均可称为寄生型病毒，它们依附在系统的引导扇区或文件中，通过系统的功能进行传播，按其算法不同可分为：①练习型病毒。病毒自身包含错误，不能进行很好的传播，如一些病毒在调试阶段。②诡秘型病毒。它们一般不直接修改 DOS 中断和扇区数据，而是通过设备技术和文件缓冲区等 DOS 内部修改，不易看到资源，使用比较高级的技术，利用 DOS 空闲的数据区进行工作。③变形病毒（又称"幽灵病毒"）。这类病毒使用一个复杂的算法，使自己每传播一份都具有不同的内容和长度。它们一般由一段混有无关指令的解码算法和被变化过的病毒体组成。

3）计算机病毒的传染途径

使用被感染的软盘可能会感染计算机病毒，从不同渠道得来的系统盘、来历不明的软件和游戏盘等是最普遍的传染途径。使用带有病毒的软盘，会使机器感染病毒发病，并传染给未被感染的"干净"软盘。

硬盘传染也是主要的渠道，带有病毒的机器移到其他地方使用、维修等，会将干净的软盘传染并再扩散。

由于光盘容量大，存储了海量的可执行文件，大量的病毒就有可能藏身于光盘中。对于只读式光盘，不能进行写操作，因此光盘上的病毒不能清除。当前，盗版光盘的泛滥给病毒的传播带来了很大的便利。

随着互联网的普及，病毒的传播又增加了新的途径，这种传染性扩散极快，能在很短的时间内传遍网络上的机器。它的发展使病毒可能成为灾难，反病毒的任务更加艰巨。

4）计算机病毒的处理

安装查杀病毒的软件（如360安全卫士、瑞星杀毒软件、超级巡警免疫工具、SSM等）是最常见的一种病毒处理方法。这些软件通常具有实时检测系统功能，能够在操作系统运行期间检测到病毒的启动，甚至可以在操作系统启动前对磁盘和内存进行查杀，具有很强的病毒处理能力，但需要时常更新病毒库、升级杀毒软件。

5）病毒的预防

（1）经常更新杀毒软件，以快速检测到可能入侵计算机的新病毒或者其变种。

（2）使用安全监视软件（和杀毒软件不同，如360安全卫士、瑞星卡卡），主要防止浏览器被异常修改、插入钩子、安装不安全的恶意插件等。

（3）使用防火墙。

（4）关闭电脑自动播放功能，并对电脑和移动储存工具进行常见病毒免疫。

（5）定时进行全盘病毒木马扫描。

（6）注意网址的正确性，避免进入山寨网站。

（7）在插入光盘、移动硬盘、U盘等外部存储设备时，先进行杀毒，然后再进行访问，防止病毒通过外部存储设备传播。

（8）对浏览器进行适当的配置，防止浏览器中毒，或直接通过安全浏览器上网。

日常的病毒检测可以使用杀毒软件，如卡巴斯基、NOD32、Avast5.0等。有些杀毒软件配有防火墙，可以把防火墙软件一起安装到电脑上。

8.3　网络支付与安全协议

8.3.1　安全协议的相关概念

在安全协议里有许多概念，涉及网络技术专业、电子商务专业还有金融专业等专业术语，现对主要的专业术语进行必要的解释。

TCP/IP协议：是供已连接互联网的计算机进行通信的通信协议。

超文本传输协议：HTTP协议，是互联网上应用最为广泛的一种网络传输协议，所有的 WWW 文件都必须遵守这个标准。设计 HTTP 最初的目的是为了提供一种发布和接收 HTML 页面的方法。

开放式系统互联：OSI（Open System Interconnect），是 ISO（国际标准化组织）在 1985 年研究的网络互联模型。该体系结构标准定义了网络互联的七层框架：①物理层；②数据链路层；③网络层；④传输层；⑤会话层；⑥表示层；⑦应用层。

电子钱包（Electronic Purse（EP）、E-Wallet，Electronic Wallet）：是安全电子交易中的一环，是一个计算机软件，用以让消费者进行电子交易与储存交易记录。消费者在网络上进行安全电子交易前，必须先安装符合安全标准的电子钱包。

商家软件：包括商品供销、转让的信息发布平台和资源管理平台等。

支付网关（Payment Gateway）：是银行金融网络系统和 Internet 网络之间的接口，是由银行操作的将 Internet 上传输的数据转换为金融机构内部数据的一组服务器设备，或由指派的第三方处理商家支付信息和顾客的支付指令。支付网关可确保交易（信息）在 Internet 用户和交易处理商之间安全、无缝地传递，并且无须对原有主机系统进行修改。它可以进行所有 Internet 支付协议的处理、Internet 安全协议的处理、交易交换、信息及协议的转换以及本地授权和结算处理。另外，它还可以通过设置来满足特定交易处理系统的要求。离开了支付网关，网络银行的电子支付功能也就无法实现了。

电子认证：即采用电子技术检验用户合法性的操作。其主要内容包括以下三个方面：①保证自报姓名的个人和法人的合法性的本人确认。确认本人的简单方法一般有组合使用用户 ID 和密码、磁卡或 IC 卡和密码。需要进行慎重的认证时，可利用指纹、虹膜类等可识别人体的生物统计学技术。②通过电子商务进行贵重物品的交易时，保证个人或企业间收发的信息在通信的途中和到达后不被改动。③数字签名。在数字信息内添加署名信息。

8.3.2 安全协议

到目前为止，国内外已经出现了多种电子支付安全协议，这些协议主要是在交易时通过加密等手段使信息安全传输。市场上常见的两种安全协议是：安全套接层 SSL 协议和安全电子交易 SET 协议。这两种协议在电子商务交易过程中被广泛应用。

1）SSL 协议

安全套接层是美国网景公司推出的建立在网络传输层（参见开放系统互联 OSI 模型）之上，基于 RSA 加密技术，通过密钥在浏览器和 Web 服务器之间安全传输的连接技术。它是迄今最早应用于电子交易、能满足消费者和商家双方银行卡支付的安全协议。

SSL 协议的主要功能有：①确认用户和服务器，保证数据在客户端和服务端正确发送；②加密被传输的数据，防止明文数据被直接窃取；③维护数据的正确性和完整性，保证数据在传输过程中不被篡改。

SSL 协议的工作原理是：SSL 是一个安全协议，它提供使用 TCP/IP 的通信应用程序间的隐私与完整性。互联网的超文本传输协议（HTTP）使用 SSL 来实现安全的通信。

在客户端与服务器间传输的数据是通过使用对称算法进行加密的。公用密钥算法（通常为 RSA）是用来获得加密密钥交换和数字签名的，此算法使用服务器 SSL 数字证书中的公用密钥。有了服务器的 SSL 数字证书，客户端也可以验证服务器的身份。SSL 协议的版本 1 和 2 只提供服务器认证，版本 3 添加了客户端认证，此认证同时需要客户端和服务器的数字证书。

SSL协议的运行过程如下：

（1）接通阶段。客户通过网络向服务端打招呼，服务端响应。

（2）密钥交换阶段。客户与服务端之间交换双方认可的密钥。

（3）协商密钥阶段。客户与服务端彼此协商，产生会话密钥。

（4）验证阶段。验证服务端取得的密钥。

（5）客户认证阶段。验证客户的可信度。

（6）结束阶段。客户端和服务端之间相互交换结束信息。

SSL协议的特点是：在SSL 2.0版本中只提供服务器对客户端信息的保密，而不提供客户对服务器信息的保密，信息只提供单方面的安全，不利于客户。这是由于在早期阶段，提供电子商务业务的主要是信用比较好、实力比较强的大公司，但随着电子商务的发展，小公司也开始参与电子商务交易，这就需要SSL3.0提供双方身份认证。但SSL3.0认证仍然只提供双方认证，不能提供多方认证，也就是当前的SSL协议不能涉及多方电子交易。

2）SET协议

SET（Secure Electronic Transaction）是美国Visa和MasterCard两大信用卡组织联合推出的用于电子商务的行业规范。其本质是一种应用于互联网、以信用卡为基础的电子支付系统规范。SET协议妥善解决了信用卡在电子商务交易过程中数据的保密、数据的完整以及身份验证等安全问题。

（1）SET支付系统包括：①持卡人；②商家；③发卡行；④收单行；⑤支付网关；⑥认证中心。此外，基于SET协议的电子卡交易系统还需要软件支持，包括电子钱包、商家软件、支付网关软件和电子认证等。

（2）SET协议的工作过程是：①客户通过互联网购买商品，服务器为客户产生订单，包括购买时间、商品、数量等明细。②商家的服务器提示客户的购买信息。③客户选择付款方式（银行卡电子支付），确认订单，发出付款指令，此时SET服务开始启动。④客户在确认订单和发出付款指令时，需要进行数字签名，确保商家看不到客户的账户信息，并且交易是加密的、不可篡改的。⑤商家接受订单后，向消费者所使用电子卡的发卡行请求支付许可，信息通过支付网关到收单银行，再到发卡行确认。批准交易后，确认信息返回到商家。⑥商家发送交易成功的确认信息给客户，客户端的软件可记录交易日志。⑦商家提供商品或服务，并通知收单银行将钱划拨到商家账户里。

在以上的电子卡交易过程中，从第三步开始都是基于SET协议的。SET协议确保了数据加密传输、身份认证等。

3）两种协议的比较

（1）身份认证。在SSL2.0中没有关于商家身份的认证机制，只是单方面地对客户身份进行认证；在SSL3.0中通过数字证书可以实现双方互相认证，但仍然不能实现多方认证。而SET协议可以实现多方认证。

（2）安全性。SET协议涉及交易活动的整个过程，涉及数据交换过程的多方，但都对数据加密传输，并进行身份认证，最大限度地保证了交易的协调和安全。SSL协议只对客户和商家之间的交易传输过程提供保护，而没有整个商务的整体含义，因此只能作为传输过程的技术规范。所以说，SET协议比SSL协议更高级、更安全。

（3）在网络技术中的地位及含义。SSL协议是基于传输层的安全协议，而SET协议主要是建立在应用层的，所以SET协议具有广泛的应用性。

（4）应用领域。SSL协议主要涉及Web的具体应用，而SET协议涉及电子卡交易的全过程。也就是说，只涉及Web服务端和客户端的电子交易仅需要SSL协议就可以了，而涉及多方交易时，则应采用SET协议，以提供完整的多方商务服务。

知识链接 8-4

SSL协议在网上银行的应用

网上银行是借助于互联网数字通信技术，向客户提供金融信息发布和金融交易服务的电子银行。它是传统银行业务在互联网上的延伸，是一种电子虚拟世界的银行。网上银行的运营模式与传统银行的运营模式有很大区别，其涵盖了银行的所有对公业务（B2B）和对私业务（B2C）。此外，它还利用互联网的特点对传统银行业务有所创新。网上银行基于互联网，采用SSL协议将客户与银行连接起来，实现客户端与网银服务器网关的端对端连接。按SSL握手协议和记录协议的原理，客户与网上银行之间形成一个安全管道，进行客户与网银之间的证书交换、交易数据的加密，实现身份认证与交易的数字签名。

数字证书是可信的、权威的第三方认证机构CA签发的，是网上身份、虚拟世界身份的证明。证书的存放介质一定要采用USBKEY，它是一种CPU智能卡，内存密码算法、公钥证书及其对应的私钥，其内容不可拷贝。但是，存放在硬盘中的"文件证书"存在被黑客攻击的风险。

首先，利用它可以实现网上身份认证，即根据交易模式B2B或B2C进行单向或双向认证。认证时，客户端与服务器端由安全应用软件按需求分别通过第三方认证机构CA的目录服务器，利用LDAP轻型查询协议去查询证书的有效期或黑名单（CRL），以证明双方身份的真实性，即完成网上身份的识别与鉴别。

其次，利用数字证书可以完成网上交易数据的加密传输与数字签名。网上交易数据要经过客户与银行双方的数字签名，才能实现交易的不可否认性，符合《中华人民共和国电子签名法》的要求。数据电文一旦签名，即不可改动，如果被改动，则能被发现。

数字签名的验签是接收方利用发放的公钥，解密用其私钥加密的交易数据电文的杂凑值，然后接收方再利用同样的杂凑算法，对交易原数据作杂凑运算，得出一个新的杂凑值。两个杂凑值作比较，如结果相等，证明签字是可靠的，验证通过。

资料来源：李晓峰、赵海.SSL安全协议及在网银中的应用［J］. 金融电子化，2007（11）.

本章小结

安全是金融信息系统的生命，金融信息安全是根据金融系统的实际应用需求，将密码学、密钥管理、身份认证、访问控制、应用安全协议和事务处理等信息安全技术运用到金融信息系统安全工程中，并能在系统运行过程中发现、纠正系统暴露的安全问题，它关系到金融机构的生存和经营的成败。

网络金融安全涉及的环节较多，包括技术方面、管理方面、社会意识方面、网络标准方面和法律方面等。网络金融安全问题从技术层面讲，就是由于当前技术的缺陷导致网络金融交易出现可以利用的漏洞，其存在着大量的安全隐患。

网络金融安全防范主要包括以下内容：黑客防范、计算机病毒防治技术、密钥技术、身份认证与识别、网络防火墙、安全支付协等。

关键概念

金融安全 安全支付 黑客 加密解密技术 CA PKI 计算机病毒防火墙 SSL协议 SET协议

综合训练

1.不定项选择题

（1）网络金融安全性标准包括（   ）等方面的内容。

A.信息的保密性　　　　　　　　　　B.信息的准确性

C.信息的完整性　　　　　　　　　　D.信息的不可否认性

（2）根据网络安全标准，网络支付需要解决（   ）等安全问题。

A.数据的安全性　　　　　　　　　　B.身份验证

C.数据的完整性和准确性　　　　　　D.信息的不可否认性

（3）不法分子欺诈的通常手法有（   ）。

A.病毒传播假网站信息

B.冒充银行发送诈骗短信

C.钓鱼网站

D.冒充银行邮箱，发送虚假信息引诱客户登录假网站

（4）防范假网站诈骗的方法有（   ）。

A.查看安全锁　　　　　　　　　　　B.安装数字证书

C.预留信息验证　　　　　　　　　　D.输入正确的网址登录E.核对网址

（5）对称加密技术的优点是（   ）。

A.效率高，算法简单，系统开销小　　B.速度快，适合加密大量的数据

C.安全级别高，不易破解　　　　　　D.可分为私钥和公钥

（6）公开密钥加密技术说法正确的是（   ）。

A.公开密钥加密技术要求密钥成对出现，即加密和解密分别由两个密钥来实现

B.每个用户都有一对选定的密钥：一个可以公开，即公共密钥，用于加密；另一个由用户安全拥有，即私钥，用于解密

C.公开密钥加密技术与对称密钥加密技术是不一样的，也就是解密的方法不能通过加密的方法导出

D.公钥密钥加密技术没有对称加密技术安全

（7）公开密钥加密技术常用的加密算法有（   ）。

A.PKI　　　　　　B.DES　　　　　　C.RSA　　　　　　D.DSAE.CA

（8）关于PKI加密技术，说法正确的有（   ）。

A.是一种非对称式加密算法

B.公共密钥基础设施（Public Key Infrastructure，PKI）从技术上解决网上身份认证、电子信息的完整性和不可抵赖性等安全问题，为网络应用提供可靠的安全服务

C.PKI从广义上讲，是提供公钥加密和数字签名服务的管理平台。PKI的主要目的是

通过自动管理密钥和证书，为用户建立一个安全的网络运行环境

D.完整的PKI系统必须有权威认证机构（CA）、数字证书库、密钥备份及恢复系统、证书作废系统、应用接口（API）等基本构成部分，构建PKI也将围绕着这五大系统进行

（9）常用的安全支付协议有（　　　）。

A.Http　　　　　　B.TCP/IP　　　　　　C.SSL协议　　　　　　D.SET协议

（10）防火墙的类型主要有（　　　）。

A.链路防火墙　　　B.网络层防火墙　　　C.应用层防火墙　　　D.代理服务

2.简答题

（1）根据网络安全标准，简述网络安全支付的几个要求和网络金融安全威胁的来源。

（2）简述公开密钥加密技术的工作原理。

（3）简述PKI的组成部分以及PKI的作用。

（4）简述防火墙的功能和分类。

（5）简述计算机病毒的特点。

（6）简述网上支付SSL协议和SET协议的主要区别。

3.案例分析

安全问题扼住网银发展的喉咙

随着电子商务的发展，越来越多的人开始接受在网上办理银行业务的方式。与此同时，各家银行也纷纷推出和优化自己的网上银行业务。在网上银行用户数持续增长的同时，网络安全等问题也逐渐暴露出来，成为网银业务发展的隐患。

在CFCA一项关于网银用户行为特征的调查中，安全性再次成为关注的重点，调查结果显示：无论是对企业网银用户而言，还是对个人用户（包含活动用户和潜在用户）而言，网银的安全性能仍然是他们选择网银时最看重的因素。

为了提高安全性，第三方认证被广泛采用。数字证书作为成熟、有效的安全保障手段被更多的用户所认可。数据显示：目前有65.1%的企业网银活动用户使用专业版/数字证书版网银，超过半数（51.7%）的个人用户使用数字证书版网银。

工业和信息化部信息安全协调司负责人在CFCA的年会上强调说，《中华人民共和国电子签名法》是一部规范网络活动的基础性法律，第三方电子认证机构是《中华人民共和国电子签名法》确立的对电子签名进行认证的法定机构，具有公正、公平的独立地位，采用第三方认证机构提供的服务，对解决网络银行业务中的纠纷具有不可替代的作用。CFCA相关负责人也指出，第三方证书的应用普及对银行、用户来说是一种双赢，尤其是当交易双方发生纠纷时，第三方认证机构将履行关键的举证义务，切实保障用户利益。长远来看，随着消费者安全意识的不断提升以及银行意识的转变，第三方证书必将成为主流。

CFCA的调查显示，数字证书版网银由于其高安全性而被超过半数（51.7%）的用户所选择，使用口令卡型网银的活动用户比例为47.6%。

大部分数字证书用户认为其保证网上信息不被窃取和篡改的功能最重要，比例超过60%。

在使用数字证书的网银活动用户中，81.0%的用户接受数字证书的收费形式，希望免

费的用户只占19.0%。这说明银行服务收费已经被大部分用户所接受。

但同时，高达50.0%的用户可接受的年服务费在10元以下，这又说明个人网银用户对网上银行服务费的价格接受程度还较弱。个别用户提出的"按交易额的一定比例来收取服务费"的建议各银行不妨考虑一下。

而在企业用户中，对于数字证书的服务年费，50元以内能接受的用户比例为38.6%；若超过100元，也有38.5%的用户表示能接受。

当然，目前第三方认证仍存在一些问题。譬如，我国各认证中心存在重复建设、所发证书互不信任、信任域狭小等问题，这既造成了巨额资金浪费又可能形成网络割据、数字鸿沟，危害电子支付系统的发展。因此，认证中心的建设与管理需要更高级的统一和协调。

资料来源：戈晶晶.安全问题扼住网银发展的喉咙［EB/OL］.［2016-11-29］. http://www.sootoo. com/content/3401/.

问题：根据以上资料分析我国当前网银发展的安全问题所在。

提示：数字认证、第三方认证。

4.实践训练

实训项目：网银安全支付流程的应用。

实训目的：体验网银的安全支付。

实训步骤：

（1）登录电子商务网站。

（2）选购商品后，点击"支付"，选择工行支付。

（3）启动安全支付流程。

第9章　网络金融的法律问题

学习目标

在学习完本章之后，你应该能够：了解网络金融法的概念和特征；明确网络金融法的调整对象；熟知我国网络金融法的渊源；掌握网络金融交易和网络金融监管所涉及的法律问题。

引　例

网银被盗 5 000 元　储户告银行败诉

2012 年 5 月，冯女士在某国有银行东凤支行开立了银行卡，并开通了短信动态口令验证的网银，以冯女士提供的 186 开头的手机号接受验证码。据了解，网银功能包括查询账户余额及明细、网上购物、银行网上商城购物、转账汇款、话费充值等。只要以预设的证件号码及密码登录网银，通过手机验证码即可实现转账等功能。2013 年 9 月 13 日晚上 8 时许，冯女士在某电器商场购买电器时发现银行卡里少了 5 000 元。银行客服人员在电话中确认，这笔交易发生在当天下午 5 时许，通过网银分两次转到伍某美和林某的账户，对方是通过正确的网银账户和动态口令完成的。冯女士认为，自己将资金存放在银行，事实上已构成储蓄合同，银行却没有尽到保障储户存款安全的义务，应承担全部责任，故向法院提起诉讼，要求银行赔偿 5 000 元及利息损失。被告某国有银行东凤支行辩称：银行是按储户发出的指令进行交易的，符合双方合同的约定，已对储户的银行存款尽到安全保障义务，因此银行无须对原告银行存款被转移承担责任。法院认为：冯女士在被告银行开立银行卡存款账户，双方之间建立了储蓄存款合同关系，ATM、网上银行交易作为银行柜台交易的延伸，应视为银行本身的行为。而网上银行交易过程中登录用户名、登录密码以及动态口令等是实现网上银行交易的必备条件，储户只有输入正确的登录用户名、登录密码才能进入网上银行账户并进行交易，登录用户名、登录密码等由储户自行设置并掌握，银行及其工作人员无从知晓，故妥善保管登录用户名及登录密码的义务在于储户本身。同时，储户已指定短信动态口令接收手机号码，故银行将短信动态口令发送至指定手机号码便已履行其应尽义务。本案中，银行不存在过错，无须承担赔偿经济损失的责任。

资料来源：郑平，李世寅.网银被盗 5 000 元 储户告银行败诉 [N]. 南方日报，2014-04-02.

这一案例表明：网络银行的普及对银行账户的安全性提出了更高的要求。网络银行交易与传统银行交易不同的是，在没有银行卡、存折、提款单的情况下，凭账号、密码、电子证书就可以完成交易。因此，客户不得向任何人泄露登录密码和交易密码，要妥善保管电子证书。那么如何防止网络银行账户被不法分子窃取？账户被窃后应向谁追究责任？银行是否应赔偿用户损失？这类法律问题正在引起公众的关注。

9.1　网络金融法概述

9.1.1　网络金融法的概念和特征

金融是现代经济的核心，将网络信息技术运用于金融领域，给我们的经济生活带来了深远影响。法律作为上层建筑的一部分，势必会对网络金融所涉及的社会关系和社会行为加以调整和规范。

1）网络金融法的概念

网络金融法是调整网络金融关系的各种法律规范的总称，是金融法应对金融电子化、网络化的产物。网络金融法不是一个独立的部门法，仍属于金融法的范畴，它所规范的社会关系同时也被银行法、证券法、保险法、网络信息保护法、电子商务法等法律所约束。

2）网络金融法的特征

（1）技术性。网络技术的运用给传统金融活动带来了高效率，也带来了高风险。要保证金融业安全稳健地运用，必须在立法中统一技术标准，所以越来越多的法律文件直接引用技术性规范。中国证监会《证券公司网上证券信息系统技术指引》就引用了大量的技术性规范。

（2）混合性。网络金融法既有私法的自治性，又有公法的规范性。在网络金融交易方面，它强调尊重交易主体的个人意志；在网络金融监管方面，它对涉及社会整体利益和金融安全的问题适度干预。

（3）开放性。计算机技术的飞速发展使过于严格、精确的法律规范往往还没生效就已经跟不上技术变革的脚步，为了防止几经周折生效的法律规范在现实生活中过早地退出历史舞台，网络金融领域的立法中大量使用开放性条款。

（4）国际性。借助互联网的作用，电子货币使全球货币资金的流动更加迅速。为了应对各国在资金划拨手段上发生的巨大变化，联合国国际贸易委员会于 1992 年公布了《国际贷记划拨示范法》，网络金融立法的国际化趋势不容忽视。

9.1.2　网络金融法的调整对象

不同的社会关系由不同的法律加以规范，网络金融法的调整对象是人们在网络金融活动中所形成的各种社会关系，它包括两个方面：网络金融交易关系和网络金融监管关系，这是传统金融交易关系和金融监管关系在网络空间的表现。

1）网络金融交易关系

网络金融交易关系是指各种社会主体借助网络完成诸如存贷款、银行结算、证券交易、保险产品买卖等相关金融交易所形成的社会关系。与传统金融交易关系相比，二者的共同之处是交易形成的法律关系都属于民商事法律关系，都适用当事人意思自治原则、契约自由原则、过错责任原则等民商法基本原则。二者的不同之处表现在主体方面和交易形式方面。网络金融交易以数据信息作为识别当事人身份的唯一标准，区别于传统金融交易当事人身份的实际核实；同时，网络金融交易的电子程序也比传统的交易方式更迅速。

2）网络金融监管关系

网络金融监管关系是指政府主管部门对网络金融活动进行监督管理所形成的法律关系。政府的干预主要体现在对金融机构进入市场的限定，对网络金融业务的强制性规定，对网络金融业务安全的监控，以及对违规行为的查处等方面。与网络金融交易关系相比，网络金融监管关系中双方当事人的法律地位并不平等，是一种监管与被监管的强制性关系。

9.1.3 网络金融法的渊源

法的渊源一词有多种含义，通常是指法律规范的表现形式。网络金融法的渊源，是指各种网络金融法律规范表现和存在的形式。我国用于规范网络金融关系的法律规则散见于各种相关的法律文件中。

1）法律

法律仅指全国人民代表大会及其常务委员会制定、颁布的规范性法律文件，主要包括：1997年生效的《中华人民共和国刑法》（分则中对破坏金融管理秩序罪作出了专节规定）、1999年颁布的《中华人民共和国合同法》、2003年修订的《中华人民共和国中国人民银行法》、2015年修订的《中华人民共和国商业银行法》（简称《商业银行法》）、2015年修订的《中华人民共和国保险法》、2012年修订的《中华人民共和国证券投资基金法》、2014年修订的《中华人民共和国证券法》等。

2）行政法规及部门规章

行政法规及部门规章是指国务院及其所属机构制定的规范性文件。规范网络金融关系的行政法规及部门规章主要有：

（1）在金融领域主要有中国人民银行2005年实施的《电子支付指引（第一号）》、2010年实施的《非金融机构支付服务管理办法》、2016年实施的《非银行支付机构网络支付业务管理办法》；中国银监会2006年实施的《电子银行业务管理办法》、《电子银行安全评估指引》、2010年实施的《商业银行数据中心监管指引》；中国证监会2009年公布的《证券公司网上证券信息系统技术指引》和《网上基金销售信息系统技术指引》；中国保监会2011年公布的《保险代理、经纪公司互联网保险业务监管办法（试行）》等法律文件。

（2）在计算机网络保护方面主要有：1997年国务院修正的《中华人民共和国计算机信息网络国际联网管理暂行规定》；1998年公安部与中国人民银行联合公布的《金融机构计算机信息系统安全保护工作暂行规定》；2000年国务院公布的《互联网信息服务管理办法》、2001年公布的《计算机软件保护条例》；2005年信息产业部公布的《电子认证服务管理办法》；2010年工业和信息化部公布的《通信网络安全防护管理办法》。

9.2 网络金融交易中的法律问题

9.2.1 网络银行交易中的法律问题

网上银行是近年来随着互联网的蓬勃发展而兴起的银行业务，它能够在任何时间、任何地点为客户提供完善、便捷的金融服务，因而被广大客户迅速接受。当用户通过互联网享受便捷的金融服务时，若没有妥善的安全保护，就可能将某些薄弱环节暴露在互联网上，给犯罪分子提供可乘之机。当前，网络银行交易的法律纠纷也日渐增多。

1）客户身份信息泄露引起的法律纠纷

客户身份信息是指银行在网络交易中用于识别客户身份的信息，包括客户号（用户昵称、证件号码等）、密码、电子证书、网银盾、动态口令、签约设置的主叫电话号码、签约设置的手机 SIM 卡或 UIM 卡等。客户身份信息泄露的原因主要有两个：一是客户自己保管不善或在操作时不注意防范被他人获取；二是银行对客户信息没有尽到保密义务，使信息泄露。对于前者，因客户有意泄漏交易密码，或者未按照服务协议尽到应尽的安全防范与保密义务造成损失的，银行可以根据电子服务协议的约定免于承担相应责任，即所造成的损失应由客户自己承担。纵观各家网络银行的服务协议，虽然表述略有不同，但都要求客户妥善保管本人的信息。例如，"中国建设银行电子银行个人客户服务协议及风险提示"要求：客户身份认证要素是银行在提供电子银行服务过程中识别客户的依据，客户必须妥善保管，不得将身份认证要素提供给任何第三方（包括银行工作人员）或交于任何第三方（包括银行工作人员）使用。使用上述身份认证要素所完成的一切交易操作均视为客户本人所为，并对由此产生的后果负责。如客户的身份认证要素发生遗失、被盗、遗忘或怀疑已被他人知悉、盗用等可能导致账户安全性降低的情形，应立即对账户进行挂失或对相关电子银行渠道进行终止，在挂失或终止生效之前发生的损失均由客户本人承担。对于后者，我国《商业银行法》有明确规定：银行办理个人储蓄存款业务，应当遵循为存款人保密的原则；银行的工作人员不得泄露其在任职期间知悉的国家秘密、商业秘密。由此可知，银行及其工作人员对客户信息负有保密义务。在交易过程中，由于银行及其工作人员工作疏忽造成客户信息泄露，致使客户账户资金被盗的损失应由银行承担赔偿责任。

案例分析 9-1

2013年5月，张某通过网上聊天认识了上海的李小姐。在两个人交往期间，张某发现李小姐喜欢刷卡消费，就悄悄记下了李小姐的信用卡密码。一天，张某见李小姐的银行卡随手放在桌子上，又偷偷地记下了李小姐的银行卡卡号。后来，张某发现李小姐不但喜欢刷卡消费，而且更喜欢通过网上银行办理转账、缴费等手续。2013年9月，张某与李小姐分手后，马上在与李小姐相同的银行开立了一个银行账户。10月23日，张某查看了李小姐的网上银行账户，发现账户内有近10万元的存款。10月23日至26日的4天内，张某分四次分别在上海、杭州、北京、天津的网吧内，通过网上银行将李小姐银行账户上的5万元转到自己的银行账户上，再通过银行ATM提款供自己挥霍。若不是李小姐在26日那天登录网上银行查账发现资金短缺，及时向银行挂失的话，账户内的钱款可能会悉数被张某盗走。不久后张某被警方逮捕。

资料来源：作者根据相关资料整理。

问题：在网上银行办理业务时应该注意些什么？

分析提示：本案中，李小姐在网上聊天交友本无可厚非，但其对银行账户和密码等秘密信息却疏于保护，由于网络银行以密码为识别客户身份的标志，对于张某利用网银转账盗取资金的行为，银行没有责任。此外，从司法审判实践来看，绝大多数受害人对纸质的银行票据，如存款单、存折有比较强的安全防范意识，而对网络银行账户和密码则缺乏必要的安全意识，这也给不法分子以可乘之机。

2）银行系统漏洞导致客户账户被盗

银行系统自身存在的漏洞主要有两种情况：一是由于网络银行的硬件出现问题，导致交易错误或不能交易；二是由于网络银行软件或具体操作程序出现问题，导致服务迟延、服务不当或不能服务。对于前者，银行有保障自身计算机硬件设施正常运行的义务，当硬件设施事故导致客户利益受损时，银行要承担赔偿责任。如果硬件设备本身质量不合格，银行在对客户承担法律责任后，可向设备销售者、生产者追究法律责任。对于后者，银行对客户安全服务的承诺中也包括对技术安全的承诺。金融机构在提供电子银行服务时，因电子银行系统存在安全隐患、金融机构内部违规操作和其他非客户原因等造成损失的，金融机构应当承担相应的责任。因此，银行软件或具体操作程序出现问题给客户带来经济损失的，银行应向客户赔偿损失。

3）黑客攻击网络导致客户账户被盗

由于攻击银行系统难度高、代价大，更多的不法分子将目光转向终端用户。黑客常用的手段有：其一，发送电子邮件，以虚假信息引诱客户中圈套；其二，利用钓鱼网站进行诈骗，即申请一个与真实银行网站相似的域名，此域名将链接到黑客伪造的网络银行页面，不明真相的客户访问该假网站时，按其要求填入个人重要资料就会泄露自己的财务数据；其三，利用木马技术窃取客户信息后实施盗窃活动，通过记录键盘操作来盗取账号和密码是典型的作案方式；其四，利用公共无线网络设置陷阱，通过公共无线网络分享好吃的、好玩的、好看的内容的同时，也有可能将自己的个人信息"分享"出去，有黑客宣称15分钟便可以盗取账号和密码。针对上述不法侵害行为，客户当然有权追究黑客的法律责任。非法侵入银行计算机信息系统盗取数据的行为严重危害了国家金融安全和经济稳定，我国刑法分则中对下列行为作出了严厉的处罚规定：①违反国家规定侵入计算机信息系统或采用其他技术手段获取该计算机信息系统中存储、处理、传输的数据以及对该计算机信息系统实施非法控制的行为；②提供专门用于侵入、非法控制计算机信息系统的程序、工具，或明知他人实施侵入、非法控制计算机信息系统的违法犯罪行为而为其提供程序、工具的行为；③违反国家规定对计算机信息系统的功能进行删除、修改、增加、干扰，造成计算机信息系统不能正常运行的行为；④故意制作、传播计算机病毒等破坏性程序的行为以及利用计算机实施金融诈骗的行为。

知识链接 9-1

使用网上银行的安全小贴士

一、保管好数字证书和手机

使用移动证书登录网上银行时，需将证书下载到U-KEY中妥善保管，不要随意交给他人使用，仅在需要使用时才将U-KEY插入电脑中，完成交易后要及时拔出。使用浏览器证书时，务必启用动态密码保护，并设置一个较小的动态密码启用金额（如100元）。

开通网银时预留的接收动态密码的手机及手机号码需由本人使用，不可转借他人。所收到的动态密码不可转发或告知他人，并在使用后及时删除。同时，谨防手机病毒，不要随意访问手机网站、接收彩信或其他手机文件。

二、保护好密码

查询密码、交易密码在任何时候都不要泄露给他人（包括自称银行工作人员的任何人）。不要使用相同数字、连续数字、生日、电话号码等作为密码，查询密码和各卡/折的交易密码均应设置为不同数值，并定期更改。

三、谨防欺诈

1.提防假网站

严防他人通过钓鱼网站或虚假交易骗取动态密码；输入动态密码前要检查短信中的收款账号、交易金额等信息，尤其应注意防范他人骗取动态密码，修改网银通知手机号码。

2.认清银行短信通知号码

在进行转账、支付等关键交易时，要留意交易过程中收到的动态密码短信，检查短信中的收款账号、交易金额等提示信息是否与实际操作相符。

3.防范欺诈邮件

来历不明的电子邮件，陌生人通过聊天工具发送的文件、照片等不要轻易打开。

四、关注计算机的安全性

定期下载、安装最新的操作系统和浏览器安全程序或补丁；安装个人防火墙，以防止黑客入侵您的计算机；安装并及时更新杀毒软件。

五、培养安全习惯

不在网吧、图书馆等公用网络上使用网上银行，以防止他人安装木马程序窃取您的卡号和密码。每次使用网上银行后，应点击"安全退出"按钮，及时退出网上银行。在其他渠道（如ATM取款、自助终端登录）进行交易时，注意密码输入的保护措施，防止他人通过录像等方式窃取到您的卡号和密码。

资料来源：根据相关资料整理。

4）网络银行外包服务商失职造成客户损失

网银的重要性毋庸置疑，不过受资金和技术等因素的限制，有些中小银行无法独立完成网银业务，所以将其外包给有实力的IT服务商。网络银行业务外包，就是金融机构将网络银行部分系统的开发、建设，网络银行业务的部分服务与技术支持，电子银行系统的维护等专业化程度较高的业务委托给外部专业机构承担的行为。

金融业的特殊性决定了银行对外包服务商的选择有严格的要求，同时银行应对外包业务进行风险管理和安全管理，禁止外包服务商转包并严格控制分包。如果银行没有尽到管理责任，没有建立完整的业务外包风险评估与监测程序，没有审慎管理业务外包产生的风险，没有制订针对网络银行业务外包风险的应急计划，在发生意外的情况下不能够实现外包服务供应商顺利变更，给客户财产带来损失的，银行要承担相应的法律责任；反之，如果银行已经按照有关法律、法规和行政规章的要求，尽到了网络银行风险管理和安全管理的相应职责，但因其他金融机构或者其他金融机构的外包服务商失职等原因，造成客户损失的，则由外包服务商承担相应责任，银行除协助客户处理有关事宜外并不承担责任。

> ✖ 拓展思考9-1
>
> 如何选择安全的网络借贷信息中介机构？
>
> 答：截至2016年10月，全国正常运营的网络借贷信息中介平台有2 154家，选择安全的中介平台应该注意以下问题：一是平台的风险控制能力，让客户的资金和平台完全隔离，加强了对客户资金的安全保障，让电子合同在具有法律效应的同时

具有不可篡改及不可伪造性。二是平台的安全运营能力，采用多种网络安全技术保护平台用户的信息安全和个人隐私。三是平台的稳定经营能力，超高年化收益率的平台是不可取的，因为收益和风险是成正比的，高收益代表高风险，不要被高额投资回报率所诱惑。四是平台的商业信誉，有知名度、社会影响力的平台会维护品牌的形象，努力遵守法规、配合监管，在技术、风险控制方面也会排在行业前列。

9.2.2　网络证券中的法律问题

网络信息技术的发展，使证券公司可以通过数据专线将证券交易所的股市行情和信息资料实时发送，也使投资者可以通过互联网向其开户的证券公司下达证券交易指令、进行资金划拨、获取成交结果，但便捷高效的网络服务也使网络证券交易的风险明显高于传统证券交易，其法律问题也明显复杂于传统证券交易。

1）网络证券委托当事人的权利和义务

网络证券委托是证券公司通过互联网，向在本机构开户的投资者提供有关下达证券交易指令、获取成交结果的一种服务方式。网络证券委托法律关系的主体是证券公司和投资者，双方在网络证券委托协议或合同中约定各自的权利和义务。

（1）证券公司的义务。

证券公司至少要履行三方面的义务：第一，在业务方面，证券公司应向投资者提供证实证券公司身份、资格的证明材料；制定专门的业务工作程序规范网上委托，与客户本人签订专门的书面协议明确双方的法律责任，并以风险揭示书的形式向投资者解释相关风险；证券公司不得开展网上证券转托管业务。第二，在技术方面，证券公司必须自主决策网上委托系统的建设、管理、维护；有关投资者资金账户、股票账户、身份识别等数据的程序或系统不得托管在证券公司的合法经营场所之外；网上委托系统应有完善的系统安全、数据备份和故障恢复功能；应安排本公司专业人员负责管理、监督网上委托系统的运行，并建立完善的技术管理制度和内部监控制度。第三，在信息披露方面，证券公司应提供一个固定的互联网站点，并在入口网站和客户终端软件上进行风险揭示。揭示的风险至少包括：因在互联网上传输，交易指令可能会出现中断、停顿、延迟、数据错误等情况；机构或投资者的身份可能会被仿冒；行情信息及其他证券信息有可能会出现错误或误导；其他证券监管部门认为需要披露的风险。

（2）投资者的权利。

投资者的权利主要有：了解网上交易操作规则及有关风险的权利；要求证券公司按照电子指令完成交易业务的权利；查证交易指令的操作结果，若有异议向证券公司提出并要求处理的权利；因证券公司过错造成交易损失，向证券公司索赔的权利。

2）网络证券委托交易风险的承担

证券公司接受投资人的委托进行证券交易时，如果交易指令无法执行，势必引发双方的法律纠纷。面对网络给证券委托交易带来的各种风险，如何划分当事人的法律责任，需要具体问题具体分析。

（1）因证券公司网络交易系统硬件或软件存在缺陷，导致交易指令无法执行，给投资者造成的损失，应由证券公司承担。根据我国《网上证券委托暂行管理办法》的规定，证券公司有保障交易系统正常工作的义务，交易系统硬件或软件存在缺陷，理应由证券公司承担责任。事后，证券公司可向系统硬件或软件提供商追究有关责任。

（2）因投资者的电脑系统出现故障、感染病毒或电脑系统与网上交易系统不匹配，导致无法下达委托指令或委托失败的，应由投资者自己承担责任。如果电脑硬件或软件本身有质量问题而引起故障，投资者可以依据《消费者权益保护法》要求产品销售者、制造者承担责任。

（3）因通信线路繁忙、服务器负载过重，投资者不能及时进入行情系统的，则需要进一步分析。通常，引起通信线路繁忙、服务器负载过重的原因有两个：一是投资者的网络宽带有限；二是证券公司的系统容量有限。前者的风险应由投资者自己承担；后者的风险则应由证券公司承担。但如果证券公司能及时提供足够的替代方法，如电话委托等形式，证券公司的责任应当得到部分免除。

（4）因地震、台风、水灾、火灾、战争等不可抗力，或因停电等无法控制、无法预测的突发事故，给投资人造成的损失，证券公司不承担赔偿责任。

知识链接 9-2

网上招股说明书的法律效力

招股说明书，是股份有限公司发行股票时，就发行中的有关事项向公众作出披露，并向非特定投资人提出购买或销售其股票的要约邀请性文件。招股说明书经政府有关部门批准后，即具有法律效力。公司发行股份或发起人、社会公众认购股份的一切行为，除应遵守国家有关规定外，也要遵守招股说明书中的有关规定，否则要承担相应的法律责任。为保护投资者的合法权益、提高证券市场效率、促进证券市场的健康发展，发行人及其主承销商应按照拟上市交易所的有关规定在其指定网站上披露招股说明书供公众查阅。网上披露的招股说明书应当与中国证券监督管理委员会核准的招股说明书版本一致，因主承销商工作失误给投资者造成损失的，主承销商应承担全部责任，并及时采取措施补救。

资料来源：根据相关资料整理。

9.2.3　网络保险交易中的法律问题

对保险人而言，网络保险可以降低经营成本、延长业务时间、提高工作效率；对投保人而言，网络保险的保险信息丰富，透明度较高，利于比较、筛选。网络保险的蓬勃发展给保险法领域带来了新的研究课题。

1）电子保单的法律效力

保险单又称保单，是保险合同的正式书面形式。投保人应按照保单向保险人支付保险费，保险人应按照保单在约定的保险事故发生或约定的保险期限届满时，履行赔偿或给付保险金的义务。运用互联网进行保险交易，保单是以电子数据的形式存在的，这种电子保单具有法律效力吗？根据我国《合同法》和《电子签名法》的规定，书面形式不仅指合同书或信件，也包括数据电文。其中，数据电文是指以电子、光学、磁或者类似手段生成、发送、接收或者储存的信息，如电报、电传、传真、电子邮件等。由此可知，电子保单与纸质保单具有同等法律效力。数据电文进入发件人控制之外的某个信息系统的时间，视为该数据电文的发送时间。当收件人指定特定系统接收数据电文时，数据电文进入该特定系统的时间，视为该数据电文的接收时间；未指定特定系统的，数据电文进入收件人任何系统的首次时间，视为该数据电文的接收时间。法律、行政法规规定或者当事人约定数据电文需要确认收讫的，发件人在收到收件人的收讫确认时，数据电文视为已经收到。发件人的主营业地为数据电文的发送地点，收件人的主营业地为数据电文的接收地点。没有主营业地的，其经常居住地为发送或者接收地点。当事人对数据电文的发送地点、接收地点另有约定的，从其约定。

2）电子保单的解释规则

电子保单可以作为网络保险当事人行使权利、履行义务的法律依据，但前提是当事人对保单的内容有统一、准确的理解，并能将自己的真实意思用正确的语言表达出来。在现实生活中，由于投保人和保险人没有办法面对面地进行交流，加之双方对文字的理解能力不同、对保险法律知识和保险业务的熟悉程度也不同，很容易产生分歧和争议，所以对电子保单的内容进行合理解释有助于双方当事人全面、适当地履行保险合同。

根据《合同法》的相关规定，如果保险人与投保人、被保险人或者受益人对电子保单的条款产生争议，按照下列规则进行解释：首先，按照通常的理解予以解释，即无须提供证明、说明或者其他资料就能理解的问题。其次，对合同条款有两种以上解释的，由人民法院或者仲裁机构作出有利于被保险人和受益人的解释，即作出不利于保险人的解释。由于电子保单是保险人预先拟订的，已经充分表达了他的真实意思，而接受方的意思却不一定全部表达清楚，所以在对争议条款进行解释时，倾向于投保人、被保险人和受益人。

3）网络保险中电子签名的法律效力

我国《电子签名法》中规定的电子签名，是指数据电文中以电子形式所含、所附用于识别签名人身份并表明签名人认可其中内容的数据。如果将电子签名技术运用于保险领域，通过它来证明当事人的身份、证明当事人对文件内容的认可，可以实现网上投保、在线支付、网上智能核保和发送电子保单等全E化流程。可靠的电子签名与手写签名或者盖章具有同等的法律效力。所谓可靠的电子签名，要同时符合下列四个条件：第一，电子签名制作数据用于电子签名时，属于电子签名人专有；第二，签署时电子签名制作数据仅由电子签名人控制；第三，签署后对电子签名的任何改动能够被发现；第四，签署后对数据电文内容和形式的任何改动都能够被发现。

此外，电子签名人具有保管电子签名制作数据的义务。当电子签名人知悉电子签名制作数据已经失密或者可能已经失密时，应当及时告知有关各方，并终止使用该电子签名制作数据。如果电子签名人在知悉电子签名制作数据已经失密或者可能已经失密后，没有及时告知有关各方，没有终止使用电子签名制作数据，没有向电子认证服务提供者提供真实、完整和准确的信息，或者有其他过错的，由此给电子签名依赖方、电子认证服务提供者造成损失的，承担赔偿责任。

9.3　网络金融监管中的法律问题

9.3.1　网络金融机构监管的法律问题

金融机构的交易活动是金融业运行的核心，关系到整个社会经济的稳定，世界各国都将金融机构作为金融监管的主要内容之一。为确保银行业、证券业和保险业的正常运作，维护银行客户、证券投资人、投保人的利益，从整个金融体系的安全出发，我国对金融机构的市场准入、业务范围、业务安全等有严格的法律规定。

1) 对网络银行的法律规制

网络银行除了存在传统银行运营中的各种风险外，还面临基于网络信息技术的系统风险和基于虚拟金融服务的业务风险。要保证网络银行安全、平稳运行，除了参照传统银行的监管标准外，还应重点考虑以下几方面的问题：

（1）网络银行的市场准入制度。经中国银监会批准，金融机构可以在中华人民共和国境内开办电子银行业务，向中华人民共和国境内企业、居民等客户提供电子银行服务，也可以开展跨境电子银行服务。金融机构开办电子银行业务，应当具备以下条件：①金融机构的经营活动正常，建立了较为完善的风险管理体系和内部控制制度，在申请开办电子银行业务的前一年内，金融机构的主要信息管理系统和业务处理系统没有发生过重大事故；②制定了电子银行业务的总体发展战略、发展规划和电子银行业务安全策略，建立了电子银行业务风险管理的组织体系和制度体系；③按照电子银行业务发展规划和安全策略，建立了电子银行业务运营的基础设施和系统，并对相关设施和系统进行了必要的安全检测和业务测试；④对电子银行业务风险管理情况和业务运营设施与系统等，进行了符合监管要求的安全评估；⑤建立了明确的电子银行业务管理部门，配备了合格的管理人员和技术人员；⑥中国银监会要求的其他条件。

如果金融机构开办以互联网为媒介的网上银行业务、手机银行业务等电子银行业务，其还应具备以下条件：①电子银行基础设施设备能够保障电子银行的正常运行。②电子银行系统具备必要的业务处理能力，能够满足客户适时业务处理的需要。③建立了有效的外部攻击侦测机制。④中资银行业金融机构的电子银行业务运营系统和业务处理服务器设置在中华人民共和国境内；外资金融机构的电子银行业务运营系统和业务处理服务器可以设置在中华人民共和国境内或境外。设置在境外时，应在中华人民共和国境内设置可以记录和保存业务交易数据的设施设备，能够满足金融监管部门现场检查的要求，在出现法律纠纷时，能够满足中国司法机构调查取证的要求。

（2）网络银行业务的审批制度。金融机构在开办各种电子银行业务时，应根据电子银行业务的类型，向中国银监会提出申请或报告。其中，利用互联网等开放性网络或无线网络开办的电子银行业务，包括网上银行、手机银行和利用掌上电脑等个人数据辅助设备开办的电子银行业务，必须批准后才能开展。申请开办电子银行业务，应提交相关文件和资料。中国银监会或其派出机构在收到完整申请资料3个月内，作出批准或者不批准的书面决定；决定不批准的，应当说明理由。

（3）网络银行安全评估制度。在我国，网络银行安全评估是金融机构开办或持续经营电子银行业务的必要条件，也是金融机构电子银行业务风险管理与监管的重要手段。承担金融机构电子银行安全评估工作的机构，可以是金融机构外部的社会专业化机构，也可以是金融机构内部具备相应条件的相对独立部门。网络银行安全评估的主要内容包括：安全策略、内控制度建设、风险管理状况、系统安全性、电子银行业务运行连续性计划、电子银行业务运行应急计划、电子银行风险预警体系以及其他重要安全环节和机制的管理。

金融机构应按照中国银监会的有关规定，定期对电子银行系统进行安全评估，并将其作为电子银行风险管理的重要组成部分。但是金融机构开办电子银行业务后，出现下列情况，应立即组织安全评估：①由于安全漏洞导致系统被攻击瘫痪，修复后运行的；②电子银行系统进行重大更新或升级后，出现系统意外停机12小时以上的；③电子银行关键设备与设施更换后出现重大事故，修复后仍不能保持连续不间断运行的；④基于电子银行安全管理需要应立即评估的。

2）对网络证券的法律规制

（1）网络证券委托的市场准入制度。网络证券委托是投资者进行网上交易的必经程序，为了保证网上交易的安全，只有达到法定条件、获得中国证监会颁发的"经营证券业务许可证"的证券公司，才可向中国证监会申请开展网上委托业务。证券公司申请开展网上委托业务需具备四个条件：①建立了规范的内部业务与信息系统管理制度；②具有一定的公司级技术风险控制能力；③建立了一支稳定的、高素质的技术管理队伍；④在过去两年内未发生重大技术事故。

证券公司申请开展网上委托业务的程序分为四步：第一步，申请受理。证券公司准备申请文件一式三份，分别报送中国证监会机构监管部和信息中心，并送当地派出机构备案。中国证监会收到申请文件后，在5个工作日内作出是否受理申请的决定。第二步，初审。中国证监会受理申请文件后，对申请文件的合规性进行初审，并在30日内将初审意见函告证券公司，经修改完善后进一步审核，形成初审报告。第三步，专家审核。证监会聘请专家组成审核委员会，对申请文件中的有关事宜和技术应用方案进行审核，并提出审核意见。第四步，核准决定。依据公司基本情况和专家审核意见，中国证监会对申请作出是否核准的决定。予以核准的，出具同意开展网上委托业务的文件；不予核准的，出具书面意见说明理由。中国证监会从受理申请文件到作出决定的期限为3个月。

（2）网络证券投资咨询服务的法律规制。网络证券投资咨询是取得监管部门颁发的相关资格的机构及其咨询人员，通过电话、传真、网络等电信设备系统为投资者提供证券投资的相关信息或建议，并收取服务费用的活动。合法的网络证券投资咨询应具备三个条件：第一，从事证券投资咨询业务必须取得中国证监会的业务许可。第二，从事证券投资咨询业务的人员，必须取得证券投资咨询从业资格并加入一家有从业资格的证券、期货投资咨询机构后，方可从事证券、期货投资咨询业务。任何人未取得从业资格或者取得从业资格后未在证券投资咨询机构工作的，不得从事证券、期货投资咨询业务。第三，从事证券投资咨询业务的机构接受投资人委托，提供咨询服务时，应当与投资人或者客户签订投资咨询服务合同。投资咨询服务合同的订立应当遵循自愿、平等和诚实信用的原则，不得违反国家的法律、法规和中国证监会的有关规定。

揭秘微信炒股骗局

（3）网络证券信息系统安全管理制度。为保证网络证券业务顺利开展，证券公司应制定安全管理制度，内容包括：安全管理目标、安全管理组织、安全人员配备、安全策略、安全措施、安全培训、安全检查、系统建设、运行管理、应急措施、风险控制、安全审计等。

证券公司的网络证券信息系统应自主运营、自主管理。如涉及第三方，应与其签订保密协议和服务级别协议，明确双方的责任，并采取措施防止通过第三方泄露用户信息；如外包定制的网络证券信息系统，应与软件开发商签署服务协议和保密协议，明确客户端、服务端以及数据传输过程均无后门，明确软件开发商应用软件中使用的插件具备合法版权，以确保客户数据、交易资料不被泄漏。

证券公司应通过多种方式揭示使用网上交易方式可能面临的风险和客户应采取的风险防范措施，提醒投资者加强账号、口令的保护工作，建议投资者定期修改口令、增强口令强度、防止口令泄露、防止用于网上交易的计算机或手机终端感染木马、病毒等，并根据投资者的需要开启或关闭网上交易方式。证券公司应尽可能使用统一的网上证券服务电话、域名、短信号码等，在与投资者签订的协议或合同中明确告知客户使用网上证券信息系统的合法途径、意外事件的处理办法以及证券公司的联系方式等。

3）对网络保险的法律规制

当前，网络已成为保险公司销售保险的新渠道，网络保险业务的风险隐患也在逐步积累。针对网络保险的监管，目前仍适用《保险法》以及中国保监会公布的《保险专业代理机构监管规定》《保险经纪机构监管规定》《保险公估机构监管规定》《保险代理、经纪公司互联网保险业务监管办法（试行）》等法律、法规和中国保监会的其他有关规定。

（1）网络保险市场准入制度。根据《保险代理、经纪公司互联网保险业务监管办法（试行）》的规定，保险代理、经纪公司开展互联网保险业务，应当具备下列条件：①具有健全的互联网保险业务管理制度；②具有合理的互联网保险业务操作规程；③注册资本不低于人民币1 000万元，且经营区域不限于注册地所在省、自治区、直辖市；④中国保监会规定的其他条件。同时，保险代理、经纪公司应当在具备下列条件的互联网上开展保险业务：①依法取得互联网行业主管部门颁发的互联网信息服务增值电信业务经营许可证或者在互联网行业主管部门完成网站备案；②网站接入地在中华人民共和国境内；③有与开展互联网保险业务相适应的电子商务系统，能实现投保人的全部投保信息与保险公司核心业务系统的实时对接；④具备健全的网络信息安全管理体系及安全技术，具有防火墙、入侵检测、加密、第三方电子认证、数据备份等功能；⑤中国保监会规定的其他条件。保险代理、经纪公司的从业人员不得以个人名义通过互联网站销售保险产品。

此外，保险代理、经纪公司开展互联网保险业务的，应当由具备中国保监会规定的资格条件、取得中国保监会颁发的资格证书的从业人员负责保险产品的销售及服务。

（2）网络保险业务的管理制度。与传统保险业相同，网络保险代理人、经纪人及从业人员在开展保险业务活动时也不得有下列行为：①欺骗保险人、投保人、被保险人或者受益人；②隐瞒与保险合同有关的重要情况；③阻碍投保人履行如实告知义务，或者诱导其不履行如实告知义务；④给予或者承诺给予投保人、被保险人或者受益人保险合同约定以外的利益；⑤利用行政权力、职务或者职业便利以及其他不正当手段强迫、引诱或者限制投保人订立保险合同；⑥伪造、擅自变更保险合同，或者为保险合同当事人提供虚假证明材料；⑦挪用、截留、侵占保险费或者保险金；⑧利用业务便利为其他机构或者个人牟取不正当利益；⑨串通投保人、被保险人或者受益人，骗取保险金，以及泄露在业务活动中知悉的保险人、投保人、被保险人的商业秘密。

根据《保险代理、经纪公司互联网保险业务监管办法（试行）》的规定，保险代理、经纪公司开展互联网保险业务的，应当在相关互联网站页面的投保流程中设置投保人点击确认环节，由投保人确认以下内容："是否已阅读保险条款的全部内容，了解并接受包括免除保险公司责任条款、犹豫期、费用扣除、退保、保险单现金价值等在内的重要事项。"保险代理、经纪公司应当通过柜台、电话、短信、电子邮件、网上在线等方式，及时、全面、准确地回答社会公众有关互联网保险业务方面的咨询，主动向投保人提示承保信息，告知投保人有要求提供纸质保险单证、保险费发票凭证的权利。投保人要求提供纸质保险单证、保险费发票凭证的，保险代理、经纪公司应当自保险合同成立之时起48小时内寄出，并于10个工作日内送达投保人。因特殊原因不能在约定时间内送达的，应当与投保人协商一致或者及时向投保人说明有关情况。向投保人提供保险单证时，应当附保险合同全部条款。保险代理、经纪公司开展互联网保险业务的，应当妥善保管保险合同生成的全部信息、互联网保险业务账簿、相关原始凭证和资料，保管期限自保险合同终止之日起计算，保险期间在1年以下的不得少于5年，保险期间超过1年的不得少于10年。

（3）网络保险中的隐私保护制度。投保人在网上进行用户注册登记、网上投保续保、保费试算、保单验真、理赔状态查询、保险咨询、事故报案等时，通过填写用户注册表、电子投保单等，保险人可以轻易获取投保人详尽的个人信息，包括姓名、性别、身份证号、生日、电话号码、家庭住址、邮箱地址、职业、收入、个人健康状况、个人爱好以及银行账户等，这增加了个人隐私在网络保险业务中受侵害的风险，所以，在未来的网络保险监管法规中，必须对个人隐私给予特别保护，使网络保险业务健康、有序地发展。

首先，应当明确规定保险人的保密义务。保险人应采用必要的技术尽最大可能保护个人信息，以防止未经授权的任何人，包括保险公司的工作人员获取投保人的信息。除非根据法律或政策的强制性规定，或得到个人许可，保险人不得将投保人的任何资料提供给无关的第三方。此外，任何代理人、承包商或向保险人提供行政、电信、计算机、付款或证券结算或其他与保险人业务运作有关的服务的第三方供应者，也应当严格遵守保密制度。

其次，应当限制保险人对个人信息的使用。保险人只能在必要的业务范围内使用已收集的个人资料，只有在规定的特殊情况下，才能用于保险业务以外。比如，为了避免投保人在人身或财产方面的紧急危险时，为了社会公共利益时，以及取得投保人书面同意的其他情况下。

最后，应当限制保险人的免责范围。免责条款是双方当事人在订立合同时，为免除或限制一方或双方当事人的责任而设立的条款。为了防止保险人通过免责条款减免自身的责任，侵害投保人的权益，对保险人设立的明显违反诚实信用原则和损害社会公共利益的免责条款，应当视为无效。比如，造成对方人身伤害或者因故意或者重大过失给对方造成财产损失的免责条款应视为无效。

9.3.2 网络金融市场监管的法律问题

电子货币与电子支付是信息技术和金融领域交叉的创新成果。为了促进金融市场合法、稳健地运行，树立公众对金融业的信心，有必要对电子货币和电子支付在制度上进行规范管理。

1）对电子货币的法律规制

电子货币在我国还处于创新发展时期，但它对金融体系和传统货币政策体系的影响不容忽视，也对传统金融监管的内容和方法提出了挑战。

（1）电子货币的发行与回收

电子货币的发行机构是经中国人民银行批准，取得电子货币发行与清算业务许可的支付清算组织。电子货币的发行机构应当具备下列条件：①依法取得了"支付清算业务许可证"。②流动资产不少于待偿电子货币总额的10%。③自有资金不少于待偿电子货币总额的8%；营业期未满一年的，自有资金不少于待偿电子货币总额。④制定了电子货币发行与清算业务管理办法及操作规程。⑤拥有符合要求的营业场所、安全保障措施和与电子货币发行、清算有关的其他设施。⑥中国人民银行规定的其他条件。电子货币按实收人民币货币资金等值发行。发行机构可以发行记名的电子货币，也可以发行不记名的电子货币。同时发行记名电子货币和不记名电子货币的，应当建立相互分离的电子货币发行、清算业务处理系统，对记名、不记名电子货币的发行和交易信息分别管理。

电子货币的购买人要求发行机构回收电子货币的，应当凭有效身份证件在发行机构指定场所办理。发行机构应当按照回收的电子货币金额从其电子货币发行资金专用存款账户等值支付购买人或特约商户。发行机构不得拒绝回收电子货币，否则造成购买人或特约商户经济损失的，应当承担赔偿责任。

（2）电子货币的使用

发行机构应当与特约商户签订电子货币受理协议。发行机构应当了解特约商户的经营背景、经营范围、财务状况、资信等，核实其法定代表人或单位负责人、授权代理人的身份，并对特约商户受理电子货币的情况进行监督、检查。发行机构或其认定的机构提供交易设备的，应当负责交易设备的布放和日常维护，并向特约商户提供操作指导。购买人应当在发行机构指定的特约商户处，以发行机构规定的方式使用电子货币购买。发行机构可以使用交易设备打印的纸质凭证、交易设备屏幕显示的结果、交易设备发出的声音或其他方式将交易结果告知购买人。

购买人的电子货币存储介质超过使用期限或毁损的，应当凭有效身份证件、过期或毁损的存储介质在发行机构指定场所进行更换。发行机构应当将过期或毁损存储介质内的电子货币转入为购买人更换的存储介质内，告知购买人转账期限、转账金额等事项。发行机构应当与记名电子货币的购买人约定使用电子货币支付的密码、密钥等，不得与不记名电子货币的购买人约定使用电子货币支付的密码、密钥等。密码、密钥等遗忘、遗失的，购买人应当凭有效身份证件在发行机构指定场所办理挂失。

2）对电子支付的法律规制

当前，我国电子支付业务正处于创新发展时期，涉及电子支付业务的许多法律问题仍处于研究和探索阶段。为了给电子支付业务的创新发展营造较为宽松的制度环境，本着在发展中规范、以规范促进发展的指导思想，中国人民银行在《电子支付指引（第一号）》的基础上正在研究制定《电子支付指引（第二号）》和《互联网支付业务管理办法》等制度。

（1）电子支付业务的申请

客户和银行之间发生电子支付业务时，银行应根据审慎性原则，确定办理电子支付业务的客户的条件，按照一定的程序办理电子支付业务的申请手续，具体程序如下：

首先，银行向公众公开披露办理电子支付业务的相关信息，具体包括：①客户办理电子支付业务的条件；②所提供的电子支付交易品种、操作程序和收费标准等；③电子支付交易品种可能存在的全部风险；④客户使用电子支付交易品种可能产生的风险；⑤提醒客户妥善保管、使用或授权他人使用电子支付交易存取工具的警示性信息；⑥争议及差错处理方式等。

其次，客户提出办理电子支付业务的申请。客户依照银行公布的办理电子支付业务的信息向银行提出申请，银行应认真审核并应告知客户所提供信息的使用目的和范围、安全保护措施以及客户未提供或未提供真实相关资料信息的后果。

最后，银行与客户以书面或电子方式签订电子支付合同或协议。合同或协议的内容应当包括：①客户指定办理电子支付业务的账户名称和账号；②客户应保证办理电子支付业务账户的支付能力；③双方约定的电子支付类型、交易规则、认证方式等；④银行对客户提供的申请资料和其他信息的保密义务；⑤银行根据客户要求提供交易记录的时间和方式；⑥争议、差错处理和损害赔偿责任等。此外，如果客户利用电子支付方式从事违反国家法律、法规的活动，银行应当按照有关部门的要求停止为其办理电子支付业务。

（2）电子支付的安全保障

为了保障电子支付的安全性，银行应采用符合有关规定的信息安全标准、技术标准、业务标准，建立针对电子支付业务的管理制度，以保证电子支付业务处理系统的安全性，以及数据信息资料的完整性、可靠性、安全性、不可抵赖性。

在信息安全方面，银行应在物理上保证电子支付业务处理系统的设计和运行能够避免电子支付交易数据在传送、处理、存储、使用和修改过程中被泄露和篡改；采取有效的内部控制措施为交易数据保密；在法律、法规许可和客户授权的范围内妥善保管和使用各种信息和交易资料；提倡由合法的第三方认证机构提供认证服务，以保证认证的公正性；要求在境内完成境内发生的人民币电子支付交易信息处理及资金清算。

在保护客户信息方面，银行应采取必要措施为电子支付交易数据保密。对电子支付交易数据的访问需经合理授权和确认；电子支付交易数据需以安全方式保存，并防止其在公共、私人或内部网络上传输时被擅自查看或非法截取；第三方获取电子支付交易数据必须符合有关法律、法规的规定，以及银行关于数据使用和保护的标准与控制制度；对电子支付交易数据的访问均需登记，并确保该登记不被篡改。除国家法律、行政法规另有规定外，银行应当拒绝除客户本人以外的任何单位或个人的查询。

此外，银行应针对不同客户，在电子支付类型、单笔支付金额和每日累计支付金额等方面作出合理的限制。银行通过互联网为个人客户办理电子支付业务时，除采用数字证书、电子签名等安全认证方式外，应通过协议约定单笔金额的上限、每日累计金额的上限；银行应在客户的信用卡授信额度内，设定用于网上支付交易的额度供客户选择，但该额度不得超过信用卡的预借现金额度。

本章小结

网络金融法是调整网络金融关系的各种法律规范的总称，是金融法应对金融电子化、网络化的产物。网络金融法不是独立的部门法，仍属于金融法的范畴，但它具有区别于其他法律制度的四大特性：技术性、混合性、开放性、国际性。网络金融法的调整对象是人们在网络金融活动中所形成的各种社会关系，包括网络金融交易关系和网络金融监管关系。网络金融法的渊源主要是指规范网络金融活动的相关法律和行政法规及部门规章。

在网络银行交易中常见的法律纠纷有：客户身份信息泄露引起的法律纠纷、银行系统漏洞导致客户账户被盗、黑客攻击网络导致客户账户被盗、网络银行外包服务商失职造成客户损失。在网络证券交易中要明确证券委托当事人的权利和义务、证券委托交易风险的承担；在网络保险交易中要掌握电子保单的法律效力及其解释规则、明确电子签名的法律效力。在对网络金融机构的监管方面要完善网络银行、网络证券、网络保险机构的市场准入制度，规范网络银行、网络证券、网络保险机构的业务管理制度，加强网络银行安全评估制度、网络证券安全管理制度、网络保险中的隐私保护制度。在对网络金融市场的监管方面要进一步规范电子货币的发行、回收、使用制度，电子支付业务的申请和安全保障制度。

关键概念

网络金融法 网络金融法的调整对象 网络金融机构监管 网络金融市场监管

综合训练

1. 简答题

（1）简述网络金融法的调整对象。

（2）简述网络证券委托中双方当事人的权利。

（3）简述电子保单的法律效力。

（4）简述网络银行的安全评估制度。

（5）简述金融机构发行电子货币的条件。

2. 案例分析

银行职员假冒客户开通网上银行冒领款项

为方便支取现金，张先生在杭州甲银行的一家营业厅申办了一张借记卡。2013年9月，张先生发现借记卡被取现10万元，由于自己并未取款，遂向当地警方报案。经调查，2012年11月22日，甲银行职员王某在办理业务中知晓了张先生的个人信息，并假冒张先生在该银行的杭州分行开通了网上银行业务，获取了网上银行用户证书和密码。注册成功后，犯罪嫌疑人王某在2013年9月2日通过网上银行成功地将张先生借记卡内的资金分两次划转至他人账户。由于被冒领的款项无法追回，张先生将甲银行杭州分行告上法庭。经法院调查发现，甲银行开办网上银行业务并未经过中国银监会的审批。

资料来源：根据相关资料整理。

问题：张先生能否胜诉？甲银行存在哪些过错？如果甲银行开办网上银行业务，其应符合哪些条件？

分析提示：上述案件在司法实践中屡有发生，其核心问题就是客户信息泄露是双方当事人中哪一方存在过失。若银行没有较好地履行保障资金安全的义务，则要承担赔偿储户损失的责任。本案中，甲银行工作人员王某利用职务之便盗取客户资料，甲银行应向张先生赔偿损失。同时，我国银行开办网上银行业务必须经过中国银监会的批准，并符合银监会规定的条件。

3.实践训练

实践项目：制定一份网络证券咨询协议。

实训目的：结合实践理解网络证券咨询中双方当事人的权利和义务。

实训步骤：

（1）讨论开展网络证券咨询业务的证券公司的权利和义务。

（2）讨论开展网络证券咨询业务的投资人的权利和义务。

（3）参考相关法律、法规，划分当事人各方的法律责任。

（4）制定出网络证券咨询协议的文本。

主要参考文献

［1］罗明雄，唐颖，刘勇．互联网金融［M］．北京：中国财政经济出版社，2013．

［2］陈勇．中国互联网金融研究报告（2015）［M］．北京：中国经济出版社，2015．

［3］李天阳．一本书读懂互联网金融［M］．哈尔滨：北方文艺出版社，2016．

［4］李耀东，李钧．互联网金融——框架与实践［M］．北京：电子工业出版社，2014．

［5］程剑鸣．网络金融应用［M］．北京：清华大学出版社，2005．

［6］谢平，邹传伟．互联网金融模式研究［J］．金融研究，2012（12）．

［7］崔玉萍．浅析互联网金融面临的机遇与挑战［J］．时代经贸，2013（18）．

［8］万建华．互联网金融的七个基本特征［J］．清华金融评论，2015（12）．

［9］罗明雄．互联网金融门户初探究［EB/OL］．［2014-08-05］．http：//stock.sohu.com/20140805/n403143414.shtml．

［10］王龙华．网络金融［M］．北京：中国金融出版社，2009．

［11］彭晖，吴拥政．网络金融理论与实践［M］．西安：西安交通大学出版社，2008．

［12］张宽海．网上支付与结算［M］．北京：机械工业出版社，2008．

［13］李洪心．马刚．银行电子商务与网络支付［M］．北京：机械工业出版社，2007．

［14］刘刚，范昊．网上支付与金融服务［M］．武汉：华中师范大学出版社，2007．

［15］张波，孟祥瑞．网上支付与电子银行［M］．上海：华东理工大学出版社，2007．

［16］张衢．商业银行电子银行业务［M］．北京：中国金融出版社，2007．

［17］吕露．网上证券交易模式研究［D］．武汉：武汉大学，2005．

［18］陈钦．基于SWOT分析我国网络发展问题［J］．长春理工大学学报，2012（10）．

［19］杜红权．浅论网络保险的发展策略［J］．金融理论与实践，2012（7）．

［20］林俊民，武力超．关于网络保险发展和监管的若干思考［J］．上海保险，2011（1）．

［21］丁蕾，高天毅．网上证券交易模式探讨与分析［J］．科技风，2010（4）．